大西洋重要金枪鱼渔业与资源管理

张　帆　朱江峰　冯　佶　吴　峰　主编

海洋出版社

2025年·北京

图书在版编目（CIP）数据

大西洋重要金枪鱼渔业与资源管理 / 张帆等主编.
北京 ：海洋出版社，2025. 7. -- ISBN 978-7-5210
-1517-1

Ⅰ. F316.4；S965.332

中国国家版本馆CIP数据核字第2025FU9947号

责任编辑：杨　明
责任印制：安　淼

海洋出版社 出版发行
http://www.oceanpress.com.cn

北京市海淀区大慧寺路 8 号　　邮编：100081
涿州市般润文化传播有限公司印刷　　新华书店经销
2025年7月第1版　　2025年7月第1次印刷
开本：787mm×1092mm　　1／16　　印张：23.5
字数：382千字　　定价：198.00元
发行部：010-62100090　　总编室：010-62100034
海洋版图书印、装错误可随时退换

《大西洋重要金枪鱼渔业与资源管理》
编委会

主　　编：张　帆　朱江峰　冯　佶　吴　峰
副 主 编：程　心
参编人员：承昱航　耿紫宜　万发如意　陆冬琦

大西洋独特的海洋环境为其提供了富饶的渔业资源，盛产鳕鱼、鲭鱼、鲑鱼、鳀鱼、沙丁鱼、鱿鱼和金枪鱼等。金枪鱼渔业是大西洋海域的重要渔业产业之一，2017—2021 年大西洋金枪鱼年均产量为 54.86 万吨，约占世界金枪鱼产量的 11%，主要捕捞物种包括鲣鱼、黄鳍金枪鱼、大眼金枪鱼、长鳍金枪鱼和蓝鳍金枪鱼等。同时，大西洋也是我国金枪鱼远洋渔业的发源地。1985 年，我国第一支远洋渔业船队在大西洋西非海域从事捕捞生产，正式开启我国远洋渔业的发展之路。历经几十年的快速发展，如今我国已逐渐成为世界远洋渔业大国。

我国于 1996 年正式加入大西洋金枪鱼管理组织——养护大西洋金枪鱼国际委员会（The International Commission for the Conservation of Atlantic Tuna，以下简称"ICCAT"），开始深度参与大西洋金枪鱼渔业资源管理，并为此投入了大量的科研力量和资金。大西洋金枪鱼渔业作为我国远洋渔业的重要组成部分，对于我国远洋渔业可持续发展以及维护国家权益具有举足轻重的意义。一方面，金枪鱼类资源分布广泛，金枪鱼渔业管理日趋国际化和规范化，加之捕捞作业方式的多样性和技术的先进性均决定了金枪鱼捕捞技术和资源管理话语权的独特性；另一方面，近年来金枪鱼类年产量保持稳定，金枪鱼渔业产业持续蓬勃发展，然而随着主要金枪鱼资源状况出现不同程度的衰退，ICCAT 的养护管理措施日趋完善，对于金枪鱼资源的养护管理日益严格，捕捞物种、作业海域和时间以及捕捞量等均受到严格的限制，我国大西洋金枪鱼渔业进一步发展空间也正面临挑战。因此，有必要对 ICCAT 所辖主要金枪鱼渔业资源及其管理情况进行系统性梳理。通过深入了解大西洋金枪鱼渔业主要物种的资源状况和管理措施，不仅有利于帮助渔业企业科学合理地规划一线渔业生产，促进其自觉遵守各项养护管理措施，积极树立负责任渔业大国形象，同时也能够为大西洋金枪鱼渔业可持续发展提供科学参考，助力推动我国从远洋渔业大国向远洋渔业强国转变。

本书聚焦于 ICCAT 管辖的主要渔业，从鱼类生物学、资源评估和管理策略等方面对各物种进行了梳理总结。本书共分为 9 章，第一章大西洋金枪鱼管理组织，主要介绍 ICCAT 的组织架构、日常事务等基本情况和 ICCAT 公约等内容；第二章大西洋金枪鱼主要渔业发展现状，着重介绍大西洋金枪鱼渔业的主要捕捞方和渔业发展情况，并对非法、不报告和不管制（Illegal, unreported and unregulated，IUU）管理措施及完善金枪鱼渔业管理进行了分析；第三章至第八章选取了大眼金枪鱼、黄鳍金枪鱼和鲣鱼三种热带金枪鱼、蓝鳍金枪鱼、长鳍金枪鱼、剑鱼、旗鱼类和鲨鱼类等大西洋金枪鱼渔业主要物种，对其基础生物学、渔业及历史捕捞量、资源状况以及管理措施等方面进行了详细介绍；第九章主要介绍大西洋金枪鱼渔业科学发展，围绕当前大西洋金枪鱼渔业科学前沿研究内容，即管理策略评价和基于生态系统的渔业管理进行了阐述并加以展望。

  本书旨在帮助渔业科学领域学者和研究人员加深对于大西洋金枪鱼渔业与资源管理的了解，同时也可供相关领域科技工作者作为参考。书中难免存在错误与不妥之处，恳请读者批评指正。

编 者

2023 年 8 月

目　录

第 1 章   大西洋金枪鱼管理组织

1.1   ICCAT 简介

由于金枪鱼和其他大型高度洄游物种的分布不限于任何单一主权国家的水域，为了分享现有的渔业统计和研究资料，通常建立区域性渔业管理组织（Regional Fisheries Management Organizations, RFMO）对这些鱼类进行资源评估与管理。养护大西洋金枪鱼国际委员会（The International Commission for the Conservation of Atlantic Tuna, ICCAT）负责养护大西洋和邻近海域的金枪鱼和类金枪鱼物种。1966 年 5 月 2—14 日，养护大西洋金枪鱼全权代表大会于巴西里约热内卢召开，会议制定并通过了《养护大西洋金枪鱼国际公约》（International Convention for the Conservation of Atlantic Tunas）（以下简称《ICCAT 公约》），此外会议还通过了一项有关数据收集的决议。经过批准程序，《ICCAT 公约》于 1969 年正式生效，将英语、法语和西班牙语定为 ICCAT 的官方语言。1984 年和 1992 年，ICCAT 召开了两次养护大西洋金枪鱼全权代表大会，分别对《ICCAT 公约》的不同条款进行了修订。1996 年 6 月 15 日，国务院批复同意我国正式加入 ICCAT。同年 10 月 24 日，中国递交加入书，正式成为《ICCAT 公约》缔约方以及委员会成员国。

ICCAT 负责养护与管理的金枪鱼和类金枪鱼物种约 30 种，主要包括：大西洋蓝鳍金枪鱼（*Thunnus thynnus*）、黄鳍金枪鱼（*T. albacares*）、长鳍金枪鱼（*T. alalunga*）、大眼金枪鱼（*T. obesus*）和鲣（*Katsuwonus pelamis*）；剑鱼（*Xiphias gladius*）；旗鱼类如白枪鱼（*Tetrapturus albidus*）、蓝枪鱼（*Makaira nigricans*）、大西洋旗鱼（*Istiophorus albicans*）等；鲭鱼类如椭斑马鲛（*Scomberomorus maculatus*）和大耳马鲛（*S. cavalla*）；以及小型金枪鱼如小鲔（*Euthynnus alletteratus*）、扁舵鲣（*Auxis thazard*）和狐鲣（*Sarda Sarda*）等。南方蓝鳍金枪鱼（*T. maccoyii*）也是《ICCAT 公约》所载的养护物种之一，但目前主要

负责评估和管理该物种的区域性渔业管理组织为南方蓝鳍金枪鱼养护委员会（Commission for the Conservation of Southern Bluefin Tuna, CCSBT）。

除上述《ICCAT 公约》涉及的金枪鱼和类金枪鱼物种外，另外一些金枪鱼船队偶然捕获的兼捕物种也受到 ICCAT 的监督与管理，包括大西洋中上层鲨鱼类，如大青鲨（*Prionace glauca*）和尖吻鲭鲨（*Isurus oxyrinchus*）等。

1.2 《ICCAT 公约》和区域

1.2.1 《ICCAT 公约》

1966 年 5 月 14 日，美国、英国、法国、加拿大、日本等 17 个国家于巴西里约热内卢签署《养护大西洋金枪鱼国际公约》（即《ICCAT 公约》），该公约包含序言及 16 项条款，原始文本由联合国粮食及农业组织（Food and Agriculture Organization of the United Nations，FAO）存档保管。经过批准程序后，该公约于 1969 年 3 月 21 日正式生效。1984 年 7 月 9—10 日，于法国巴黎召开了一次养护大西洋金枪鱼全权代表大会，会议对该公约的第 14 条、第 15 条和第 16 条款进行了修订，根据《ICCAT 公约》，任何联合国或联合国专门机构的成员的政府均可随时加入该公约，签署国的批准书、核准书或加入书应交存联合国粮食及农业组织总干事；1992 年 6 月 4—5 日，于西班牙马德里召开了一次养护大西洋金枪鱼全权代表大会，会议对《ICCAT 公约》的第 10 条款第 2 段进行了修订，其内容主要包括各缔约方应每年按照委员会通过的《财务条例》中的规定办法所计算金额向委员会预算进行捐助，预算将基于各缔约方的委员会和管理小组成员的固定基本费用、大西洋金枪鱼和金枪鱼类罐头产品的总捕捞量和净重以及缔约方的经济发展程度。2019 年 11 月在西班牙马略卡岛帕尔马举行的养护大西洋金枪鱼国际委员会第 26 次常规会议上，委员会批准了一项修订《养护大西洋金枪鱼国际公约》的议定书。修订后的《ICCAT 公约》更加符合现代渔业管理标准，并进一步明确了 ICCAT 管理大西洋鲨鱼类和鳐类（sharks and rays）的职责。《ICCAT 公约》及 2019 年《ICCAT 公约》修订议定书见本章附录Ⅰ和附录Ⅱ。

1.2.2 《ICCAT 公约》覆盖区域

《ICCAT 公约》区域覆盖整个大西洋海域（70°N 至 60°S）和地中海。

1.3　ICCAT 组织架构与运行机制简介

1.3.1　ICCAT 组织架构

ICCAT 委员会由《ICCAT 公约》缔约方组成。委员会可由任何联合国成员国政府、任何联合国专门机构或由已将《ICCAT 公约》管辖事项的管辖权移交给其的国家组成的任何政府间经济一体化组织加入。此外，ICCAT 委员会还设立了一类特殊身份，即合作非缔约方、实体或渔业实体（Cooperating Non-Contracting Party, Entity or Fishing Entity）。被授予这类特殊身份的合作非缔约方、实体或渔业实体与缔约方一样，具有相同的义务，并享有相同的权利。目前，ICCAT 委员会共有 52 个缔约方，以及 5 个合作非缔约方、实体或渔业实体，分别是玻利维亚、苏里南、圭亚那、哥斯达黎加这几个国家和地区。

ICCAT 委员会设主席一名，第一副主席和第二副主席各一名。ICCAT 委员会主席的主要职责为：①宣布委员会和理事会每次会议的开幕和闭幕；②指导会议的讨论并确保遵守议事规则；③给予发言者发言的权利并限制发言的时间；④就程序问题做出裁决（任何代表有权要求将主席的任何裁决提交委员会或理事会做出决定）；⑤组织投票表决并宣布投票结果；⑥代表委员会或理事会就委员会或理事会每次会议的议事记录签署一份报告，以供转交委员会成员；⑦履行委员会或理事会或《ICCAT 公约》赋予的任何其他职能。现任 ICCAT 委员会主席为 Ernesto Penas Lado（欧盟），第一副主席为 Z. Driouich（摩洛哥），第二副主席为 Ramón Chang（库拉索）。

ICCAT 委员会下设若干附属机构（图 1-1），职责为分析不同类型的资料信息，并将结论和建议提交给委员会供其做最后决定。

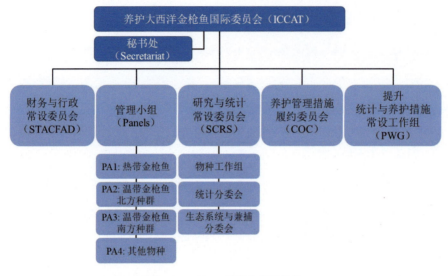

图 1-1　ICCAT 委员会组织架构

（引自 ICCAT 官网，https://www.iccat.int/en/organization.html）

1.3.2　ICCAT 秘书处

ICCAT 秘书处（Secretariat）是 ICCAT 委员会下设的行政机构，主要负责协调和促进委员会的工作，具体内容包括管理委员会的预算、协调研究方案、收集、维护和分析数据库、编写出版物和组织委员会及其附属机构的会议。秘书处由委员会任命的执行秘书（Executive Secretary）进行日常管理，其主要负责选择和管理委员会的工作人员，并监督委员会主要职能的执行。现任执行秘书为 Camille Jean Pierre Manel 先生（塞内加尔）。此外，还有一名助理执行秘书（Assistant Executive Secretary），主要负责协调 ICCAT 研究与统计常设委员会（Standing Committee on Research and Statistics，SCRS）以及管理 ICCAT 研究项目。现任助理执行秘书为 Miguel Neves dos Santos 博士（欧盟）。

ICCAT 秘书处的下设部门主要包括科学部门、统计部门、履约监管部门、翻译与出版部门、行政与财务部门（图 1-2）。科学部门主要负责数据资料的分析、生态系统与兼捕物种的研究以及各物种的资源评估工作；统计部门主要负责数据资料的质量控制与管理、数据库与软件的开发以及综合在线管理系统（Integrated Online Management System，IOMS）的维护管理；履约监管部门主要负责汇编

ICCAT 的养护管理措施，并监督和记录措施执行情况；翻译与出版部门主要负责科学报告及会议记录的英、法、西语的翻译以及编制出版工作；行政与财务部门主要负责 ICCAT 秘书处日常运行的管理，以及预算编制和控制等工作。

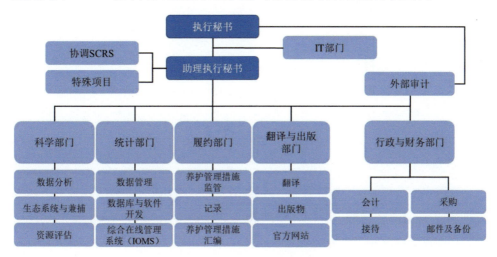

图 1-2　ICCAT 秘书处组织架构

（引自 ICCAT 官网，https://www.iccat.int/en/secretariat.html）

1.3.3　其他附属机构

除秘书处外，ICCAT 委员会下设的附属机构还包括财务与行政常设委员会（Standing Committee on Finance and Administration, STACFAD）、管理小组（Panels）、研究与统计常设委员会（SCRS）、养护管理措施履约委员会（Conservation and Management Measures Compliance Committee, COC）、提升统计与养护措施改进常设工作组（Permanent Working Group for the Improvement of ICCAT Statistics and Conservation Measures, PWG）、渔业科学家和管理人员对话常设工作组（Standing Working Group on Dialogue between Fisheries Scientists and Managers, SWGSM）以及其他工作组。

财务与行政常设委员会（STACFAD）主要负责审查所有财务和行政事项并编制预算。此外，STACFAD 就与执行秘书及其工作人员有关的事项、委员会预算、委员会会议的时间和地点、委员会的出版物以及委员会可能提交的其他事项向委员会提供意见。现任 STACFAD 主席为 Deidre Warner-Kramer（美国）。

　　研究与统计常设委员会（SCRS）是 ICCAT 的科学委员会，主要负责向委员会建议收集、汇编、分析和传播渔业统计的所有政策和规程，确保委员会在任何时候都能获得关于《ICCAT 公约》区域内捕捞活动的最完整和最新的统计数字以及关于所捕捞鱼种的生物资料。此外，SCRS 还负责协调各国家的研究活动，制定特别国际合作研究项目计划，进行各物种的资源评估工作，并就需要采取具体的养护和管理措施向委员会提出建议。SCRS 由研究不同物种或不同主题的附属机构组成，即物种工作组（Species Groups，负责评估物种资源状况的工作组）以及统计分委会（Sub-Committee on Statistics）和生态系与兼捕分委会（Sub-Committee on Ecosystems and Bycatoh）。现任 SCRS 主席为 Craig Brown 博士（美国）。

　　管理小组（Panels）主要负责对其管辖范围内的物种、物种群或地理区域进行审查，并收集与之相关的科学和其他信息。在委员会调查的基础上，各管理小组可向委员会提出建议，由缔约方采取联合行动，将种群资源维持在最大可持续捕捞的水平。管理小组共分为四个小组，其中第一管理小组是热带金枪鱼管理小组，主要负责黄鳍金枪鱼、大眼金枪鱼以及鲣鱼。现任第一管理小组主席为 Paul Bannerman（加纳）；第二管理小组是北方温带金枪鱼管理小组，主要负责长鳍金枪鱼和大西洋蓝鳍金枪鱼。现任第二管理小组主席为 Shingo Ota（日本）；第三管理小组是南方温带金枪鱼管理小组，主要负责长鳍金枪鱼和南方蓝鳍金枪鱼。现任第三管理小组主席为 Qayiso Kenneth Mketsu（南非）；第四管理小组是其他物种管理小组，主要负责剑鱼、旗鱼类和鲨鱼。现任第四管理小组主席为 Amar Ouchelli（阿尔及利亚）。目前，我国已加入全部四个管理小组。

　　ICCAT 的履约合规事宜由养护管理措施履约委员会（COC）和 ICCAT 统计与养护措施改进常设工作组（PWG）两个机构负责。其中，COC 主要负责审查在 ICCAT 公约区域内养护和管理措施履约合规情况的所有事宜，特别是关于 ICCAT 缔约方的措施履行情况。PWG 主要负责审查有关 ICCAT 公约区域内鱼类贸易和其他有关渔业资料，以排查 ICCAT 统计资料的缺失。在必要时制定或修改技术措施，以确保有效执行 ICCAT 的养护和管理措施，包括收集和报告统计数据的措施，以及适当适用《ICCAT 公约》的各项规定。此外，PWG 还负责监督并制定《ICCAT 公约》区域内从事非法、不报告和不管制（IUU）捕捞活动的船只名单，并就该事项向委员会提出建议。现任 COC 主席为 D. Campbell（美国），PWG 主席为 N. Ansell（欧盟）。

除上述附属机构外，ICCAT 委员会可根据需要召集其他工作组，如人工集鱼装置（FAD）特设工作组、电子监测系统（EMS）特设工作组、劳工标准特设工作组等。

1.3.4　ICCAT 日常事务

ICCAT 作为大西洋金枪鱼国际管理组织，其日常事务主要包括收集汇编大西洋金枪鱼渔业统计资料，开展大西洋金枪鱼、类金枪鱼以及兼捕物种的科学研究，监督各缔约方依规履行义务与权利，组织召开各类科学及履约会议等。

大西洋金枪鱼渔业统计资料主要由各缔约方通过 ICCAT 数据提交程序提交至 ICCAT 秘书处，截止日期一般为每年的 7 月 31 日前。目前，ICCAT 数据库主要包含名义捕捞量（Nominal catch）、捕捞量对应的捕捞努力量（Effort）、体长频率（Size frequency）以及基于体长的捕捞量（Catch at size）等数据类型，可以通过 ICCAT 官网（https://www.iccat.int/en/index.asp）查询获取。

ICCAT 的科学研究工作主要由 SCRS 负责，如制定并协调各类科学研究计划。具体实施则主要由各缔约方的科学家承担。目前，ICCAT 的科学研究工作主要包括大西洋金枪鱼、类金枪鱼以及兼捕物种的种群资源评估、管理策略评价（Management Strategy Evaluation, MSE）、基础生物学研究、近亲标记重捕（Close-Kin Mark-Recapture, CKMR）技术研究、基于生态系统的渔业管理（Ecosystem Based Fishery Management, EBFM）等内容。

ICCAT 各缔约方根据《ICCAT 公约》要求和各项养护管理措施（Conservation and Management Measures, CMM）规定履行各自义务与权利。主要履约内容包括按规定及时缴纳年度会费、根据 ICCAT 数据提交程序要求提交各类渔业统计数据、上报鱼种的年度捕捞计划、根据养护管理措施要求开展科学观察员项目并提交科学观察员数据、提交年度报告（Annual report）以阐述各缔约方本年度的捕捞及履约措施执行情况等。

除上述日常事务外，每年度 ICCAT 都会举行各类科学及履约会议，会议类型主要包括负责某一正在开发事项的技术工作组（Technical working group）会议、负责各物种或管理工具（如电子监测系统 EMS）的工作组会议、负责评估各物种资源状况的物种小组（Species Groups）会议、负责协调实施各鱼种养护管理措施的管理小组（Panels）会议、各物种种群的数据筹备及资源评估会议、SCRS 年度会议以及委员会常规（特别）会议。参加 ICCAT 各类会议的参会人员主要包括各缔约方的渔业管理人员、科学家、观察员代表、非政府组织（Non-Governmental Organization, NGO）代表、ICCAT 执行秘书以及其他秘书处工作人员等。

附录 I　养护大西洋金枪鱼国际公约

序言

其正式授权代表已签署本公约的各国政府，考虑到其对在大西洋海域发现的金枪鱼和类金枪鱼物种种群的共同利益，出于食品需求和其他目的，希望合作将这些鱼类的种群维持在最大可持续产量水平，决心缔结一项养护大西洋金枪鱼和类金枪鱼鱼类资源的公约。为此目的商定如下：

第一条

本公约所适用的范围（以下简称"公约区域"），应为大西洋所有水域，包括其邻近海域。

第二条

本公约的任何内容均不得被视为影响任何缔约方在国际法规定的领水界限或渔业管辖权范围方面的权利、主张或意见。

第三条

第一款　本公约各缔约方同意设立并维持一个委员会，称为养护大西洋金枪鱼国际委员会（以下简称"委员会"），该委员会应负责执行本公约所规定的目标。

第二款　本公约各缔约方在委员会中的代表不得超过三名。这些代表可得到专家和顾问的协助。

第三款　除本公约另有规定外，委员会的决定应由缔约方投票多数做出，每个缔约方有一票表决权。三分之二的缔约方构成委员会的法定出席人数。

第四款　委员会应每两年召开一次例会。应多数缔约方要求或根据第五条规定的理事会的决定，可在任何时候召开特别会议。

第五款　在委员会第一次会议和随后的每次例会上，委员会应从其成员中选出一名主席、一名第一副主席和一名第二副主席，不得连选连任。

第六款　除非委员会另有决定，委员会及其附属机构的会议应公开举行。

第七款　委员会的官方语言为英语、法语和西班牙语。

第八款 委员会应有权通过履行其职能所需的议事规则和财务条例。

第九款 委员会应每两年向缔约方提交一份关于其工作和调查结果的报告，并应根据要求将与本公约目标有关的任何事项通报任何缔约方。

第四条

第一款 为实现本公约的目标，委员会应负责研究金枪鱼和类金枪鱼鱼类种群（鲭科 Scombriformes，除带鱼科 Trichiuridae 和蛇鲭科 Gempylidae 以及鲭属 Scomber 外），以及在公约区域进行金枪鱼渔业所捕捞而未受其他国际渔业组织调查的其他相关鱼类种群。此类研究应包括对鱼类的丰度、生物统计学和生态学的研究；其生存环境的海洋学；以及自然和人为因素对其丰度的影响。委员会在履行这些职责时，应在可行的情况下，利用缔约方官方机构及其附属机构等官方单位所提供的技术、科学服务和信息，并在必要时利用任何公共或私人机构、组织或个人提供的信息和服务，并可在其预算范围内承担独立研究，以补充政府、国家机构或其他国际组织正在进行的研究工作。

第二款 履行本条第一款规定的工作应包括：

（a）收集和分析与公约区域金枪鱼渔业资源现状和趋势有关的统计信息；

（b）研究和评估有关措施和方法的信息，以确保将公约区域内的金枪鱼和类金枪鱼鱼类种群维持在允许最大可持续产量的水平，并确保以符合该产量的方式有效开发这些鱼类；

（c）向本公约各缔约方建议有关研究和调查；

（d）出版及以其他方式传播与公约区域内金枪鱼渔业有关的调查结果和统计资料、生物和其他科学信息的报告。

第五条

第一款 在委员会内设立一个理事会，由委员会主席和副主席以及不少于四个且不超过八个缔约方的代表组成。参加理事会的各缔约方应通过委员会的每次例会选举产生。然而，如果在任何时候缔约方的数量超过四十个，委员会可以额外选举两个缔约方作为理事会代表。主席和副主席为其国民的缔约方不应被选为理事会成员。在选举理事会成员代表时，委员会应适当考虑各缔约方的地理关系、金枪鱼捕捞和金枪鱼加工利益，以及各缔约方代表在理事会中的平等权利等因素。

第二款　理事会应履行本公约赋予或由委员会指定的职能，并应在委员会定期会议之间至少举行一次会议。理事会应对工作人员所履行的职责做出必要的决定，并向执行秘书发出必要的指示。理事会所做出的决定应遵照委员会制定的规则。

第六条

为实现本公约的目标，委员会可根据物种、物种群或地理区域设立小组。在这种情况下，每个小组：

（a）应负责对其管辖范围内的物种、物种群或地理区域进行审查，并收集与此有关的科学和其他信息；

（b）可在科学调查的基础上，向委员会提出本公约缔约方联合行动的建议；

（c）可向委员会建议进行必要的研究和调查，以获取有关其物种、物种群或地理区域的信息，并协调本公约缔约方的调查方案。

第七条

委员会应任命一名服务于委员会的执行秘书。执行秘书在遵守委员会厘定的规则和程序的前提下，有权选择和管理委员会工作人员。除其他外，执行秘书还应履行委员会可能规定的以下职能：

（a）协调本公约各缔约方的调查方案；

（b）编制年度预算供委员会审查；

（c）根据委员会的预算授权拨款；

（d）对委员会的资金进行核算；

（e）安排与本公约第十一条所述组织的合作；

（f）准备收集和分析为实现本公约目的所需的必要数据，特别是与金枪鱼种群当前和最大可持续产量有关的数据；

（g）编写委员会及其附属机构的科学、行政和其他报告，以供委员会批准。

第八条

第一款　（a）委员会可在科学证据的基础上提出建议，旨在将公约区域内可捕捞的金枪鱼和金枪鱼种群维持在允许最大可持续捕捞的水平。这些建议应在本条第二和第三款规定的条件下适用于本公约各缔约方。

（b）前述建议应在下述时机提出：

（i）如果尚未设立适当的小组，则由委员会提议，或者如果已设立适当的小组，则需得到所有缔约方总数的至少三分之二的批准。

（ii）若适当小组已经成立则根据该小组的建议。

（iii）如果有关建议涉及一个以上的地理区域、物种或物种群，则由有关小组共同建议。

第二款　除本条第三款规定的情况外，根据本条第一款提出的每项建议，应在委员会向缔约方转交建议的通知之日起六个月后对所有缔约方生效。

第三款　（a）如果任何缔约方在根据上文第一款（b）段（i）提出的建议，或有关小组的任何缔约方成员在根据上文第一款（b）段（ii）或（iii）提出的建议，在上文第二段规定的六个月期限内向委员会提出对该建议的反对意见，则该建议的生效日期应延期六十天。

（b）因此，任何其他缔约方可在额外的六十天期限届满之前，或在另一缔约方在该额外的六十天内发出反对通知之日起的四十五天内提出反对，以较晚的日期为准。

（c）该建议应在延长的一个或多个反对期结束时生效，已提出反对的缔约方除外。

（d）然而，若某项建议仅遭到一个或不到四分之一的缔约方根据上文（a）和（b）段规定提出的反对，委员会应立即通知提出该反对意见的缔约方，该反对意见将视为无效。

（e）在上文（d）段所述情况下，有关缔约方应在上述通知之日起的六十天内重申其反对意见。在此期限届满时，该建议将生效，但在规定的延迟期内提出反对意见并重申反对意见的任何缔约方除外。

（f）若某项建议根据上文（a）和（b）段规定遭到四分之一以上但少于半数缔约方的反对，则该建议对没有提出反对意见的缔约方生效。

（g）若超过半数的缔约方提出反对意见，则该建议将不会生效。

第四款　反对建议的任何缔约方可在任何时候撤回反对意见，若建议已经生效，则该建议应立即对该缔约方生效，或在本条规定的期限内生效。

第五款　委员会应在收到每项反对意见、每项反对意见撤回以及任何建议生效后立即通知本公约各缔约方。

第九条

第一款　本公约各缔约方同意采取一切必要行动以确保本公约的实施。各缔约方应每两年或在委员会可能要求的其他时间向委员会提交一份关于其为这些目的采取的行动的声明。

第二款　本公约各缔约方同意：

（a）应委员会的要求，提供委员会为执行本公约而可能需要的任何可用的统计、生物学和其他科学信息。

（b）在其官方机构无法获得和提供上述信息时，允许委员会通过缔约方在自愿的基础上直接从公司和个体渔民处获得上述信息。

第三款　本公约各缔约方承诺相互协作，以期采取适当的有效措施，确保本公约条款的适用，特别是建立一个适用于公约领域的国际执法体系，但不包括他国领海或在国际法规定下某国享有渔业管辖权的水域。

第十条 *

第一款　委员会应在每次常规会议后通过委员会后续两个年度的总开支预算。

第二款　本公约各缔约方每年应按委员会通过的《财务条例》中规定的办法所计算的数额向委员会预算进行捐助。委员会在通过这一办法时，除其他外，应考虑各缔约方作为委员会和小组成员的固定基本费用、大西洋金枪鱼和类金枪鱼鱼罐头产品的总捕捞量和净重以及各缔约方的经济发展程度。

《财务条例》中的年度捐助计划只能通过所有出席并参加表决的所有缔约方达成共识，以确定或修改。应于会议前九十天通知各缔约方。

第三款　理事会应在委员会两次会议之间的常规会议上审查两年期预算的后半部分，并根据当前和预期的发展情况，授权在委员会核准的总预算范围内重新分配委员会第二年的预算金额。

第四款　委员会执行秘书应将缔约方的年度会费通知各缔约方。年度会费应在上缴预算当年的 1 月 1 日支付。次年 1 月 1 日之前未收到的会费将视为拖欠。

第五款　本公约各缔约方对两年期预算的会费应以委员会决定的货币支付。

第六款　委员会应在其第一次会议上批准委员会第一年运作的预算和下一个两年期的预算。并且应立即将这些预算的副本连同第一年会费的相应摊款通知发送给各缔约方。

第七款　此后，执行秘书应在两年期前举行的委员会常规会议之前的不少于六十天的时间内，向本公约各缔约方发送两年期预算草案和拟议的预算分配表。

第八款　当任何缔约方的拖欠会费等于或超过其前两年的应缴数额时，委员会可暂停其表决权。

第九款　委员会应设立一个周转基金，在收到年度会费前为委员会的运作提供资金，并用于委员会可能决定的其他目的。委员会应确定该周转基金的额度，评估设立该基金所需的预付款，并通过该基金的使用管理规定。

第十款　委员会应安排对委员会的账目进行独立年度审计。审计报告应由委员会审查和批准，或在没有委员会常规会议的年份由理事会审查和批准。

第十一款　委员会可接受本条第二款规定以外的其他捐款，用于开展其工作。

第十一条

第一款　本公约各缔约方同意，委员会与联合国粮食及农业组织之间应建立工作关系。为此目的，委员会应与联合国粮食及农业组织进行磋商，以便根据该组织的章程第十三条缔结一项协定[**]。除其他外，该协定应规定联合国粮食及农业组织总干事任命一名代表，参加委员会及其附属机构的所有会议，但无表决权。

第二款　本公约各缔约方同意，委员会与可能有助于委员会工作的其他国际渔业委员会和科学组织之间应进行合作。委员会可与这些委员会和组织签订协议。

第三款　委员会可邀请任何适当的国际组织和任何属于联合国或联合国专门机构的成员但不是委员会成员的政府派遣观察员出席委员会及其附属机构的会议。

第十二条

第一款　本公约有效期为十年，此后维持生效直至超过半数缔约方同意终止本公约。

第二款   自本公约生效之日起十年后的任何时候内，任何缔约方均可在任何一年（包括第十年）的 12 月 31 日之前，以书面形式通知联合国粮食及农业组织总干事退出本公约。

第三款   任何其他缔约方可在收到联合国粮食及农业组织总干事关于退出本公约的资料之日起一个月内，但不迟于该年 4 月 1 日，以书面形式向联合国粮食及农业组织总干事发出退出本公约的通知，自同年 12 月 31 日起退出本公约。

第十三条

第一款   任何缔约方或本委员会可对本公约提出修正案。联合国粮食及农业组织总干事应将任何拟议修正案文本的核证副本送交所有缔约方。任何不涉及新增义务的修正案应在四分之三的缔约方接受后的第三十天对所有缔约方生效。任何涉及新增义务的修正案应在四分之三缔约方接受后的第九十天对接受该修正案的各缔约方生效，此后在其余各缔约方接受后对该缔约方生效。若一个或多个缔约方认为修正案涉及新增义务，则该修正案应视为涉及新增义务的修正案并相应生效。在本公约修正案根据本款规定开放接受后成为本公约缔约方的政府，应在该修正案生效时受经修订后的公约的约束。

第二款   本公约的拟议修正案和接受修正案的通知应交存联合国粮食及农业组织总干事。

第十四条 ***

第一款   本公约应开放给任何联合国或联合国专门机构的成员的政府签署。任何未签署本公约的政府可在任何时候加入本公约。

第二款   本公约须经签署国根据其宪法规定批准或核准。批准书、核准书或加入书应交存联合国粮食及农业组织总干事。

第三款   本公约应在七国政府交存批准书、核准书或加入书后生效，并对随后交存批准书、核准书或加入书的每个政府，自其交存之日起生效。

第四款   本公约应开放给由国家组成的政府间经济一体化组织签署或遵守，这些国家已将本公约所管辖事项的管辖权，包括就这些事项签订条约的权限，移交给该组织。

第五款　本条第四款所述的任何组织在交存其正式确认书或加入书后，即成为本公约缔约方，在本公约条款方面享有与其他缔约方相同的权利和义务。本公约第九条第三款中提到的"国家"一词，以及序言和第十三条第一款中提到的"政府"一词，应以此解释。

第六款　本条第四款所述组织成为本公约缔约方时，该组织的成员国和今后加入该组织的成员国应停止成为本公约缔约方；它们应就此向联合国粮食及农业组织总干事递交一份书面通知。

第十五条 ***

联合国粮食及农业组织总干事应将批准书、核准书、加入本公约的正式确认书、本公约的生效、修正案建议、接受修正案的通知、修正案的生效以及退出本公约的通知等有关事宜通知第十四条第一款所述的所有政府和同条第四款所述的所有组织。

第十六条 ***

本公约正本应交存联合国粮食及农业组织总干事，联合国粮食及农业组织总干事应将核证副本送交第十四条第一款所述的各国政府和同条第四款所述的组织。

经各自政府正式授权的代表已在本公约上签字，以昭信守。本公约于 1966 年 5 月 14 日在里约热内卢签订，一式三份，以英语、法语和西班牙语写成，各文本具有同等效力。

注解：
*：经《马德里议定书》修订，于2005年3月10日起生效。
**：详见联合国粮食及农业组织协定。
***：经《巴黎议定书》修订，于1997年12月14日起生效。

附录 II　养护大西洋金枪鱼国际公约——修订

第一条

公约的序言应修正如下：

"其正式授权代表签署本公约的各国政府，考虑到它们在大西洋中发现的金枪鱼和金枪鱼类以及大洋性、水层性和高度洄游性的鱼类种群中的共同利益，并希望合作将这些鱼类的种群维持在能够长期保护和可持续利用于食物和其他目的的水平，决心缔结一项保护这些资源的公约，并为此目的商定如下："

第二条

公约第二条和第三条应修订如下：

"第二条

本公约的任何内容都不应影响各国在国际法下的权利、管辖权和义务。本公约应以符合国际法的方式进行解释和适用。

第三条

1. 缔约各方特此同意设立并维持一个委员会，称为养护大西洋金枪鱼国际委员会，以下简称'委员会'，负责执行本公约规定的目标。每个缔约方都应是委员会的成员。

2. 委员会的每个成员在委员会中的代表不超过三名。这些代表可以得到专家和顾问的协助。

3. 委员会的决定一般应以协商一致方式做出。除本公约另有规定外，如不能达成协商一致，应以出席会议并投赞成票或反对票的委员会成员的三分之二多数做出决定，委员会每个成员有一票。委员会全体成员的三分之二应构成法定人数。

4. 委员会应每两年举行一次例会。在委员会全体成员的多数要求下，或根据第六条组成的理事会的决定，可随时召开特别会议。

5. 在第一次会议上，以及此后的每次例会上，委员会应从缔约方中选出一名主席、一名第一副主席和一名第二副主席，他们不得连任超过一个任期。

6. 除非委员会另有决定，委员会及其附属机构的会议应是公开的。

7. 委员会的官方语言为英语、法语和西班牙语。

8. 委员会应有权通过履行其职能所需的议事规则和财务条例。

9. 委员会应每两年向委员会成员提交一份关于其工作和调查结果的报告，还应根据要求向委员会的任何成员通报与本公约目标有关的任何事项。"

第三条

公约应增加新的第四条，其内容如下：

"第四条

委员会及其成员在根据本公约开展工作时，应致力于：

（a）根据国际商定的相关标准以及适当的建议做法和程序，在渔业管理中采用预防方法和生态系统方法。

（b）使用现有的最佳科学证据。

（c）保护海洋环境中的生物多样性。

（d）确保决策过程的公平和透明，包括在分配捕捞机会和其他活动方面；以及

（e）充分认识到委员会发展中成员的特殊要求，包括根据国际法进行能力建设的需要，以履行本公约规定的义务和发展其渔业。"

第四条

公约第四、五、六、七和八条应分别重新编号为第五、六、七、八和九条，并修正为：

"第五条

1. 为了实现本公约的目标。

（a）委员会应负责研究金枪鱼类和类金枪鱼的鱼类以及大洋性、中上层和高度洄游的软骨鱼类（以下简称"ICCAT 物种"）的种群，以及在公约地区捕捞 ICCAT 物种时捕获的其他物种，同时考虑到其他相关国际渔业组织或安排的工作。这种研究应包括对上述物种、其环境的海洋学以及自然和人类因素对其丰度的影响的研究。委员会还可以研究属于同一生态系统的物种或依赖 ICCAT 物种或与之相关的物种。

（b）委员会在履行这些职责时，应尽可能利用委员会成员及其政治分区的

官方机构提供的技术和科学服务及信息，并可在适当时利用任何公共或私人机构、组织或个人的现有服务和信息，还可在其预算范围内并在委员会有关成员的合作下进行独立研究，以补充政府、国家机构或其他国际组织正在进行的研究工作。

（c）委员会应确保从此类机构、组织或个人那里收到的任何信息都符合有关质量和客观性的既定科学标准。

2. 本条第 1 款规定的执行应包括：

（a）收集和分析与公约地区内 ICCAT 物种的现状和趋势有关的统计资料。

（b）研究和评估有关措施和方法的信息，以确保将公约地区的 ICCAT 物种的数量维持在能够产生最大可持续产量的水平或以上，并确保以符合这一产量的方式有效开发这些物种。

（c）向委员会成员推荐研究和调查；以及

（d）出版和以其他方式传播其调查结果以及与公约地区的 ICCAT 物种有关的统计、生物和其他科学信息的报告。

第六条

1. 在委员会内设立一个理事会，由委员会主席和副主席以及不少于四个但不多于八个缔约方的代表组成。参加理事会的缔约方应在委员会的每次例会上选出。但是，如果在任何时候缔约方的数量超过四十个，委员会可以再选举两个缔约方作为理事会的代表。主席和副主席为其国民的缔约方不应当选为理事会成员。在理事会的选举中，委员会应适当考虑缔约方的地理、金枪鱼捕捞和金枪鱼加工利益，以及缔约方在理事会中的平等代表权。

2. 理事会应履行本公约赋予它的或由委员会指定的职能，并应在委员会定期会议之间至少召开一次会议。在委员会会议之间，理事会应就工作人员应履行的职责作出必要的决定，并向执行秘书发出必要的指示。理事会的决定应根据委员会制定的规则作出。

第七条

为实现本公约的目标，委员会可按物种、物种群或地理区域设立小组。在这种情况下，每个小组：

（a）应负责对其负责的物种、物种群或地理区域进行审查，并收集与此有关的科学和其他信息。

（b）可在科学调查的基础上，向委员会提出建议，供委员会成员采取联合行动；

（c）可建议委员会进行必要的研究和调查，以获得有关其物种、物种群或地理区域的信息，并建议委员会成员共同制定调查方案。

第八条

委员会应任命一名执行秘书，执行秘书应按委员会的意愿任职。执行秘书在遵守委员会可能确定的规则和程序的前提下，有权选择和管理委员会的工作人员。执行秘书除其他外还应履行委员会可能规定的下列职能：

（a）协调根据本公约第五条和第七条进行的调查方案。

（b）编制预算估计，供委员会审查。

（c）根据委员会授权的预算支付资金。

（d）解释委员会的资金情况。

（e）安排与本公约第十三条所述组织的合作。

（f）准备收集和分析必要的数据，以实现本公约的目的，特别是那些与 ICCAT 物种的当前和最大可持续产量有关的数据；以及

（g）编写委员会及其附属机构的科学、行政和其他报告，供委员会批准。

第九条

1.（a）委员会可在科学证据的基础上提出建议，旨在：

（i）确保在公约地区长期保护和可持续利用 ICCAT 物种，将这些物种的丰度维持或恢复到能够产生最大持续产量的水平或以上。

（ii）在必要时，促进对依赖 ICCAT 物种或与之相关的其他物种的保护，以维持或恢复这些物种的数量，使之超过其繁殖可能受到严重威胁的水平。

这些建议应在本条第 2 和第 3 款规定的条件下对委员会成员生效。

（b）应提出上文提到的建议。

（i）如果没有建立一个适当的小组，则由委员会提议。

（ii）如果已经设立了一个适当的小组，但某项提案没有得到该小组的批准，则由委员会主动提出，并得到委员会全体成员至少三分之二的批准。

（iii）根据一个适当的小组批准的建议；或

（iv）如果有关建议涉及一个以上的地理区域、物种或物种群，则关于已由

适当的小组批准的建议。

2. 根据本条第 1 款提出的每项建议，应在委员会向委员会成员转达建议的通知之日起四个月后对委员会所有成员生效，除非委员会在通过建议时另有商定，而且本条第 3 款规定的情况除外。但是，在任何情况下，建议的生效时间不得少于三个月。

3.（a）如果根据上文第 1（b）（i）或（ii）段提出建议的任何委员会成员，或根据上文第 1（b）（iii）或（iv）段提出建议的同时也是有关小组成员的任何委员会成员，在根据上文第 2 段规定的期限内向委员会提出对该建议的反对，该建议对提出反对的委员会成员无效。

（b）如果在根据上文第 2 款规定的期限内，有大多数委员会成员提出反对意见，则该建议对任何委员会成员不生效。

（c）根据上文（a）款提出反对意见的委员会成员应在提出反对意见时，以书面形式向委员会提供反对理由，反对理由应基于以下一个或多个理由：

（i）该建议不符合本公约或国际法的其他有关规则。

（ii）该建议在形式上或事实上不合理地歧视委员会中提出反对的成员。

（iii）该委员会成员无法切实遵守该措施，因为它采取了不同的保护和可持续管理方法，或因为它没有执行建议的技术能力；或

（iv）由于安全方面的限制，委员会的反对成员无法执行或遵守该措施。

（d）根据本条提出反对意见的每个委员会成员还应在可行的范围内向委员会提供任何替代性养护和管理措施的说明，这些措施应至少与它所反对的措施同样有效。

4. 如果该建议已经生效，或在根据本条规定即将生效（但若尚未生效），则其将在本条款规定的生效时间正式生效。任何反对该建议的委员会成员可随时撤回反对意见，撤回后，该建议立即对该成员生效；

5. 执行秘书应迅速向委员会所有成员分发根据本条收到的任何反对意见和解释以及每次撤回这种反对意见的细节，并应通知委员会所有成员任何建议的生效时间。"

第五条

公约应增加新的第十条，其内容如下：

"第十条

1. 在委员会内部应尽一切努力防止争端，任何争端的各方应相互协商，以便尽快以友好方式解决与本公约有关的争端。

2. 如果争端涉及技术性问题，争端各方可共同将争端提交至根据委员会通过的程序设立的特设专家小组。专家小组应与争端各方协商，并应努力迅速解决争端，而不诉诸有约束力的程序。

3. 如果两个或两个以上的缔约方之间就本公约的解释或适用出现任何争端，应尽最大努力以和平方式解决争端。

4. 任何未能通过上述各段规定的方式解决的此类争议，可在争议各方的共同要求下，提交最终的、有约束力的仲裁来解决。在共同请求仲裁之前，争端各方应就争端的范围达成一致。争端各方可同意按照本公约附件一或争端各方共同决定适用的任何其他程序组成仲裁庭并进行仲裁。任何此类仲裁法庭应根据本公约、国际法和争端各方承认的保护海洋生物资源的相关标准作出裁决。

5. 本条规定的争端解决机制只适用于与本条生效之日后发生的任何行为、事实或情况有关的争端。

6. 本条的规定不应妨碍任何争端的当事方根据其加入的其他条约或国际协定，按照该条约或国际协定的要求，寻求争端解决，以代替本条规定的争端解决。"

第六条

《公约》第九条、第十条和第十一条应分别重新编号为第十一条、第十二条和第十三条，并修正为：

"第十一条

1. 委员会成员同意采取一切必要行动，确保本公约的执行。本委员会各成员应每两年或在本委员会可能要求的其他时间向本委员会提交一份声明，说明其为这些目的采取的行动。

2. 委员会成员同意：

（a）根据委员会的要求，提供委员会为本公约的目的可能需要的任何现有统计、生物和其他科学资料。

（b）当其官方机构无法获得和提供上述信息时，允许委员会通过委员会成员在自愿基础上直接从公司和个体渔民那里获得信息。

3. 委员会成员承诺相互协作，以采取适当的有效措施，确保本公约条款的适用。

4. 缔约方承诺建立一个国际执法系统，适用于除领海和一国根据国际法有权对渔业行使管辖权的其他水域（如有）以外的公约区域。

第十二条

1. 委员会应在每次例会后通过一份两年期的委员会联合开支预算。

2.（a）委员会的每个成员应按照委员会通过的《财务条例》中规定的计划计算的金额每年向委员会缴纳一定数额的会费。委员会在通过这一计划时，除其他外，应考虑委员会每个成员的委员会和小组成员的固定基本费用、大西洋金枪鱼和金枪鱼类鱼罐头产品的总捕捞量和净重以及委员会成员的经济发展程度。

（b）《财务条例》中的年度会费计划只有在出席并参加表决的所有委员会成员同意的情况下才能确定或修改。此事应提前九十天通知委员会成员。

3. 理事会应在委员会会议之间的定期会议上审查两年期预算的后半部分，并根据当前和预期的发展情况，可授权在委员会批准的总预算范围内重新分配委员会第二年的预算金额。

4. 本委员会执行秘书应将其年度摊款通知本委员会各成员。会费应在征收摊款的那一年的 1 月 1 日支付。在下一年 1 月 1 日之前未收到的会费应被视为拖欠。

5. 对两年期预算的缴款应以委员会可能决定的货币支付。

6. 在其第一次会议上，委员会应批准委员会第一年运作的余额和下一个两年期的预算。它应立即将这些预算的副本以及第一年会费的各自分摊通知转发给委员会成员。

7. 此后，在该两年期之前的委员会例会前不少于六十天的时间内，执行秘书应向委员会每个成员提交一份两年期预算草案以及拟议的摊款表。

8. 当本委员会任何成员拖欠的会费等于或超过其前两年应缴的数额时，本委员会可暂停其表决权。

9. 委员会应建立一个周转基金，在接受年度捐款之前为委员会的运作提供资金，并用于委员会可能确定的其他目的。委员会应确定该基金的水平，评估建立该基金所需的预付款，并通过管理该基金使用的条例。

10. 委员会应安排对委员会的账户进行年度独立审计。这些审计报告应由委员会审查和批准，或在没有委员会例会的年份由理事会批准。

11. 委员会可接受本条第 2 款规定以外的捐款，以开展其工作。

第十三条

1. 各缔约方同意，委员会与联合国粮食及农业组织之间应建立工作关系。为此目的，委员会应与联合国粮食及农业组织进行谈判，以便根据该组织的章程第十三条缔结一项协定。这种协定应特别规定，联合国粮食及农业组织总干事任命一名代表，该代表将参加委员会及其附属机构的所有会议，但无表决权。

2. 委员会成员同意，委员会与可能有助于委员会工作的其他国际渔业委员会和科学组织之间应进行合作。委员会可与这些委员会和组织签订协议。

3. 委员会可邀请任何适当的国际组织和属于联合国或联合国任何专门机构成员但不是委员会成员的任何政府派观察员出席委员会及其附属机构的会议。"

第七条

公约第十二条应重新编号为第十四条。本条第 2 款应修改如下：

"2. 自本公约生效之日起十年后的任何时候，任何缔约方均可在包括第十年在内的任何一年的 12 月 31 日以书面形式通知联合国粮食及农业组织总干事退出本公约。"

第八条

公约第十三条应重新编号为第十五条。本条第 1 款应修改如下：

"1.（a）根据任何缔约方或委员会本身的倡议，委员会可对本公约提出修正案。任何此类提案应以协商一致方式提出。

（b）联合国粮食及农业组织总干事应将任何拟议修正案文本的核证副本送交所有缔约方。

（c）任何不涉及新义务的修正案应在四分之三的缔约方接受后的第三十天对所有缔约方生效。

（d）任何涉及新义务的修正案应在四分之三的缔约方接受后的第九十天对接

受该修正案的各缔约方生效，此后在其余各缔约方接受后对其生效。一个或多个缔约方认为涉及新义务的任何修正案应被视为涉及新义务并应相应生效。

（e）在本公约修正案根据本条规定开放供接受后成为缔约方的政府，应在上述修正案生效时受本公约修正案的约束。"

第九条

公约应增加新的第十六条，其内容如下：

"第十六条

附件是本公约的一个组成部分，提及本公约时也包括提及附件。"

第十条

公约第十四条、第十五条和第十六条应分别重新编号为第十七条、第十八条和第十九条，并修订如下：

"第十七条

1. 本公约应开放给属于联合国会员国或联合国任何专门机构的任何国家的政府签署。任何未签署本公约的政府可在任何时候加入本公约。

2. 本公约须经签署国按其宪法规定批准或核准。批准书、核准书或加入书应交存于联合国粮食及农业组织总干事。

3. 本公约应在七国政府交存批准书、核准书或加入书时生效，并对随后交存批准书、核准书或加入书的每个政府在交存之日生效。

4. 本公约应开放给由国家组成的任何政府间经济一体化组织签署或加入，这些国家已将本公约所管辖的事项的权限，包括就这些事项签订条约的权限转让给它。

5. 第 4 款所指的任何组织在交存其正式确认书或加入书后，即成为缔约方，在本公约方面享有与其他缔约方同样的权利和义务。本公约文本中提到的第十一条第四款中的'国家'一词，以及序言和第十五条第一款中的'政府'一词，应以此方式解释。

6. 第 4 款所述组织成为本公约缔约方时，该组织的成员国和今后加入该组织的成员国应停止成为本公约缔约方；它们应就此向联合国粮食及农业组织总干事发出书面通知。

第十八条

联合国粮食及农业组织总干事应将批准书、核准书、正式确认书或加入书的交存情况、本公约的生效情况、修正建议、接受修正案的通知、修正案的生效情况以及退出通知等情况通知第十七条第 1 款所指的所有政府和同条第 4 款所指的所有组织。

第十九条

本公约原件应交存联合国粮食及农业组织总干事，总干事应将核证无误的副本送交第十七条第一款所指的各国政府和同条第四款所指的组织。"

第十一条

公约应增加两个附件，其内容如下：

"附件 1　解决争端的程序

1. 第十条第 4 款所述的仲裁庭应酌情由三名仲裁员组成，可按下列方式指定：

（a）争端的一方应向争端的另一方通报仲裁员的姓名，而另一方则应在通知后的四十天内通报第二名仲裁员的姓名。在两个以上的委员会成员之间的争端中，具有相同利益的各方应共同指定一名仲裁员。争端各方应在任命第二名仲裁员后的六十天内，任命第三名仲裁员，该仲裁员不属于委员会任何一个成员的国民，也不与前两名仲裁员的国籍相同。第三位仲裁员应主持法庭工作。

（b）如果第二名仲裁员没有在规定的期限内被指定，或者如果各方无法在规定的期限内就第三名仲裁员的指定达成一致意见，则该仲裁员可由委员会主席在收到请求后的两个月内根据争议各方的请求指定。

2. 仲裁庭的决定应以其成员的多数做出，这些成员不应放弃投票。

3. 仲裁庭的裁决是最终裁决，对争端各方具有约束力。争端各方应毫不迟疑地遵守该决定。仲裁庭可根据争端一方的要求对裁决进行解释。

附件 2　渔业实体

1. 在 2019 年 11 月 18 日通过的本公约修正案生效后，只有在 2013 年 7 月 10 日前按照与本附件同时通过的第 19-13 号决议所规定的委员会程序取得合作地位的渔业实体，才可通过向委员会执行秘书提交书面文书，表示其坚定承诺遵守本公约的条款并遵守根据本公约通过的建议。这种承诺应在收到文书之日起三十天内生效。该渔业实体可通过向委员会执行秘书发出书面通知撤回这种承诺。撤回应在收到通知书之日起一年后生效，除非通知书中指定了一个较晚的日期。

2. 如果根据第十五条对本公约作出任何进一步的修正，第 1 款所述的渔业实体可通过向委员会执行秘书提交书面文书，表示其坚定地承诺遵守经修正的公约的条款并遵守根据该公约通过的建议。渔业实体的这一承诺应自第十五条提及的日期或收到本款提及的书面通知之日生效，以较晚者为准。

3. 执行秘书应将其收到的此类承诺或通知通知缔约方；向缔约方提供此类通知；向渔业实体提供缔约方的通知，包括批准、核准或加入以及本公约及其修正案生效的通知；并妥善保管渔业实体与执行秘书之间传送的任何此类文件。

4. 第 1 款所指的渔业实体，如果通过提交第 1 款和第 2 款所指的书面文书，表示坚定地承诺遵守本公约的条款并遵守根据本公约通过的建议，可以参加委员会的有关工作，包括决策，并应比照享有本公约第三、五、七、九、十一、十二和十三条规定的与委员会成员相同的权利和义务。

5. 如果争端涉及第 1 款所述的渔业实体，而该实体已根据本附件表示承诺接受本公约条款的约束，并且不能以友好方式解决，则在争端各方的共同同意下，可根据情况将争端提交特设专家组，或在设法就争端范围达成协议后，提交有约束力的最终仲裁。

6. 本附件中有关第 1 款提及的渔业实体参与的规定仅适用于《ICCAT 公约》的目的。

7. 在 2013 年 7 月 10 日之后获得合作地位的任何非缔约方、实体或渔业实体，就本附件而言，不应视为渔业实体，因此，不享有本公约第三、五、七、九、十一、十二和十三条规定的与委员会成员相同的权利和义务。"

第十二条

本议定书的英文、法文和西班牙文文本具有同等效力，应交存于联合国粮食及农业组织总干事。本议定书应于 2019 年 11 月 20 日在西班牙马略卡岛的帕尔马开放签署，此后在罗马开放供签署，直至 2020 年 11 月 20 日。尚未签署本议定书的《ICCAT 公约》缔约方仍可在任何时候交存其赞同、批准或接受文书。联合国粮食及农业组织总干事应向《ICCAT 公约》各缔约方发送一份本议定书的核证副本。

第十三条

本议定书应在接受本议定书的《ICCAT 公约》各缔约方向联合国粮食及农业组织总干事交存四分之三的批准书、核准书或接受书后第九十天生效，此后在《ICCAT 公约》其余各缔约方核准、批准或接受时生效。在本议定书根据上述第十二条开放供签署后成为《ICCAT 公约》缔约方的政府应被视为已接受本议定书。

第十四条

在本议定书对四分之三已向联合国粮食及农业组织总干事交存核准书、批准书或接受书的《ICCAT 公约》缔约方生效后，尚未交存核准书、批准书或接受书的《ICCAT 公约》缔约方应被视为仍为委员会成员。在本议定书对《ICCAT 公约》所有缔约方生效之前，委员会应采取措施，确保其有序地运作。本议定书尚未对其生效的《ICCAT 公约》缔约方仍可选择暂时执行这些修正案，并可就此通知联合国粮食及农业组织总干事。

第 2 章   大西洋金枪鱼主要渔业发展现状

2.1   大西洋金枪鱼渔业发展现状概述

金枪鱼及类金枪鱼属于高度洄游鱼类种群，经济价值高，分布范围广。金枪鱼渔业一直是各渔业国家和地区，尤其是远洋渔业国家和地区发展的重点。随着《联合国海洋法公约》的生效，各渔业国家加强对其 200 海里专属经济区渔业资源的管理，有关国际渔业组织也加强了对公海渔业资源的管理（崔利锋，2011）。同时，对金枪鱼资源的开发利用日益加强，捕捞量明显提高。据养护大西洋金枪鱼国际委员会（ICCAT）报告，世界各国对大西洋金枪鱼及类金枪鱼（包括狐鲣等其他小型金枪鱼类）捕捞量从 1981 年开始突破 60 万吨，20 世纪 90 年代初达到 70 万吨，1994 年达到 81 万吨的小高峰。从 1995 年开始，金枪鱼捕捞量缓慢下降，2002 年回到 63.30 万吨，随后又开始增长，2005 年达到 71.40 万吨。2006—2015 年，捕捞量维持在 70 万吨左右。2016 年，捕捞量显著增加，达到 83.60 万吨，2018 年达到 84.80 万吨的高峰。近几年，ICCAT 制定了多种金枪鱼养护措施，总捕捞量开始趋于稳定，2020 年为 78 万吨，2021 年 67 万吨。其中，经济价值较高、对渔业影响较大的大眼金枪鱼、蓝鳍金枪鱼、长鳍金枪鱼和鲣鱼四种金枪鱼的捕捞量分别为 39.99 万吨（2016 年），41.04 万吨（2017 年），45.17 万吨（2018 年），43.44 万吨（2019 年），38.21 万吨（2020 年），35.44 万吨（2021 年）。由此可见，四种主要种类金枪鱼捕捞量呈缓慢增长并趋于稳定的趋势。

2.2   大西洋渔业主要捕捞方

世界主要大西洋渔业国家和地区包括中国、欧盟、美国、日本、韩国和加拿大等。据 ICCAT 数据，全球大西洋金枪鱼及类金枪鱼（包括狐鲣等其他小型金枪鱼类）的主要捕捞方中，1965 年日本捕捞量达到历史最高为 15 万吨，以下国家和地区中国台湾、欧盟、美国的捕捞量分别为 326 吨，11 万吨、12 万吨。随后，日本的捕捞量逐渐降低，2009—2020 年，日本在大西洋的金枪鱼捕捞量维持在 2 万～3 万吨。中国大陆在大西洋捕捞金枪鱼的时间较晚，从 1993 年的 0.36 万吨逐年增加，1999 年突破 1 万吨。2015 年来，中国大陆在大西洋的金枪鱼捕捞量维持在 0.5 万～0.7 万吨，而中国台湾地区则维持在 2.5 万～3 万吨。在 2012—2021 年的十年里，中国大陆、中国台湾地区、欧盟、美国和日本的大西洋金枪鱼平均捕捞量分别为 0.54 万吨、28.5 万吨、26.22 万吨、3.41 万吨、2.87 万吨和 28.5 万吨。各主要捕捞国家和地区的大西洋金枪鱼具体捕捞情况如下。

2.2.1　中国大陆

我国远洋渔业起步较晚，但一直是国家重点鼓励发展的对象之一。我国远洋金枪鱼从 20 世纪 80 年代开始起步，经过 20 多年逐步发展壮大，现已成为我国远洋渔业的一大产业。发展金枪鱼延绳钓渔业也是我国"十一五"和"十二五"渔业发展规划的重要内容之一。同时，金枪鱼渔业也是农业部"十二五"远洋渔业发展规划中重点发展三种渔业（金枪鱼、鱿鱼和竹荚鱼）之一（吕翔，2016）。

1993 年，我国大西洋金枪鱼年总捕捞量仅有 0.36 万吨，随着捕捞技术的发展和新渔场的开拓，中国大西洋金枪鱼渔业捕捞发展迅速，这期间，中国于 1996 年 10 月 24 日加入《ICCAT 公约》，正式成为委员会的成员国，参与金枪鱼渔业管理事务的讨论。从 1999 年开始，随着捕捞技术的提高，捕捞经验的积累，我国大西洋金枪鱼捕捞量开始迅速增长。1999 年捕捞量为 1.14 万吨，达到了起步以来的小高峰。从 2000—2007 年，我国捕捞量维持在 1 万吨内。但是，由于渔船扩张过快，容易造成作业海域集中，渔场纠纷频发，渔获物大量囤积的现象，通过农业部的政策指导和经济规律的自然调节，2008 年至今，中国在大西洋的金枪鱼捕捞量开始出现回落，在 2014 年，金枪鱼在大西洋的捕捞量仅有 0.28 万吨。近年来，我国为保护大西洋渔业资源，实现海洋资源的可持续发展，总捕捞量依然在减少。2020 年主要金枪鱼类的总捕捞量为 0.51 万吨，2021 年下降到 0.23 万吨。1993—2021 年我国的大西洋金枪鱼渔业情况如图 2-1 所示。

　　我国大陆金枪鱼船队作业海域主要在 15°N 至 15°S 之间的热带大西洋公海海域，主要以长鳍金枪鱼、大眼金枪鱼、蓝鳍金枪鱼、蓝枪鱼、剑鱼、黄鳍金枪鱼和大青鲨为主要捕捞鱼种，其中，大眼金枪鱼的捕捞量最多。2020 年，大眼金枪鱼、黄鳍金枪鱼和长鳍金枪鱼捕捞量分别为 0.36 万吨、140 吨和 300 吨左右。我国 2000—2021 年大西洋主要金枪鱼捕捞量如图 2-2 所示。

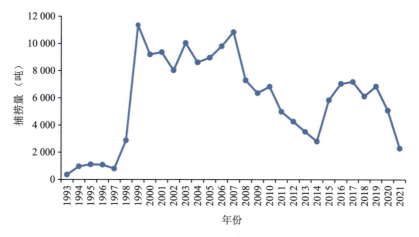

图 2-1　1993—2021 年中国大陆大西洋金枪鱼捕捞量

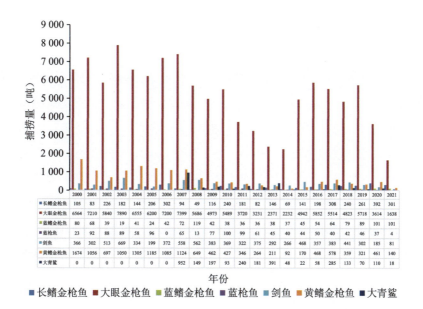

	2000	2001	2002	2003	2004	2005	2006	2007	2008	2009	2010	2011	2012	2013	2014	2015	2016	2017	2018	2019	2020	2021
长鳍金枪鱼	105	83	226	182	144	206	302	94	49	116	240	181	82	146	69	141	198	308	240	261	392	301
大眼金枪鱼	6564	7210	5840	7890	6555	6200	7200	7399	5686	4973	5489	3720	3231	2371	2232	4942	5852	5514	4823	5718	3614	1638
蓝鳍金枪鱼	80	68	39	19	41	24	42	72	119	42	38	36	38	37	45	54	64	79	89	101	101	
蓝枪鱼	23	92	88	89	58	96	0	65	13	77	100	99	61	45	40	44	50	40	42	46	37	4
剑鱼	366	302	513	669	334	199	372	558	562	383	369	322	375	292	266	468	357	383	441	302	185	81
黄鳍金枪鱼	1674	1056	697	1050	1305	1185	1085	1124	649	462	427	346	264	211	92	170	468	578	359	321	461	140
大青鲨	0	0	0	0	0	0	0	952	149	197	93	240	181	391	48	22	58	285	133	70	110	18

年份

■长鳍金枪鱼　■大眼金枪鱼　■蓝鳍金枪鱼　■蓝枪鱼　■剑鱼　■黄鳍金枪鱼　■大青鲨

图 2-2　2000—2021 年中国大陆大西洋主要捕获鱼种捕捞量

2.2.2　中国台湾地区

中国台湾地区的远洋捕捞作业开始较早，从 20 世纪 90 年代至 21 世纪 20 年代，中国台湾地区在大西洋的金枪鱼年总捕捞量呈逐年减少的趋势，年捕捞量 1994 年达到了 6.49 万吨的峰值后，呈波动式下降趋势，2006 年捕捞量仅有 2.20 万吨，之后，每年大西洋金枪鱼捕捞量均低于 3.40 万吨。2016—2020 年，平均捕捞量为 2.50 万吨左右，2020 年捕捞量为 2.57 万吨，2021 年捕捞量为 1.99 万吨。1993—2021 年中国台湾地区的大西洋金枪鱼渔业情况如图 2-3 所示。

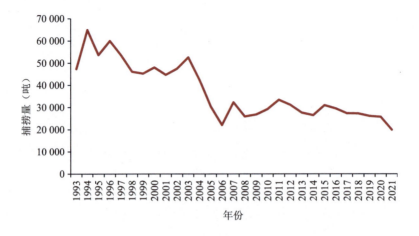

图 2-3　1993—2021 年中国台湾地区大西洋金枪鱼捕捞量

中国台湾地区在大西洋的金枪鱼捕捞作业主要以长鳍金枪鱼、大眼金枪鱼、蓝枪鱼、剑鱼、黄鳍金枪鱼和大青鲨为主要捕获鱼种，其中，长鳍金枪鱼和大眼金枪鱼的捕捞量最多，但近年来其总捕捞量呈下降趋势。2020 年，长鳍金枪鱼和大眼金枪鱼的捕捞量为 1.34 万吨和 0.92 万吨，2021 年分别为 1.34 万吨和 0.49 万吨。但是，大西洋大眼金枪鱼已实施严格的配额管理制度，资源没有进一步开发的空间。此外，剑鱼、黄鳍金枪鱼和大青鲨的 2021 年的捕捞量分别为 600 吨、500 吨和 1 100 吨。2018 年，蓝枪鱼被评估为捕捞型过度捕捞和资源型过度捕捞，因而近年来其捕捞量开始下降，2021 年仅有 96 吨。中国台湾地区 2000—2021 年大西洋主要捕获鱼种捕捞量如图 2-4 所示。

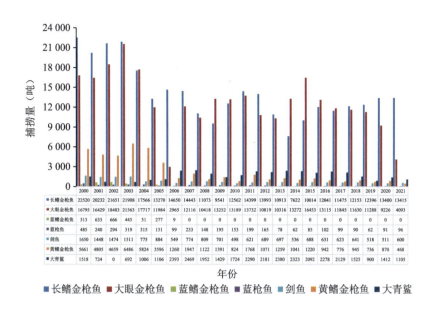

	2000	2001	2002	2003	2004	2005	2006	2007	2008	2009	2010	2011	2012	2013	2014	2015	2016	2017	2018	2019	2020	2021
长鳍金枪鱼	22520	20232	21651	21908	17566	13270	14650	14443	11073	9541	12562	14399	13993	10913	7622	10014	12041	11475	12153	12396	13400	13415
大眼金枪鱼	16795	16429	18483	21563	17717	11984	2965	12116	10418	13252	13189	13732	10819	10316	13272	16453	13115	11845	11630	11288	9226	4093
蓝鳍金枪鱼	313	633	666	445	51	277	9	0	0	0	0	0	0	0	0	0	0	0	0	0	0	0
蓝枪鱼	485	240	294	319	315	151	99	233	148	195	153	199	165	78	62	85	102	99	90	62	91	96
剑鱼	1650	1448	1474	1511	775	884	549	774	809	701	498	621	689	697	536	688	631	623	641	518	511	600
黄鳍金枪鱼	5661	4805	4659	6486	5824	3596	1260	1947	1122	1391	824	1768	1071	1259	1041	1220	942	776	945	736	870	468
大青鲨	1518	724	0	692	1006	1106	2393	2469	1952	1429	2322	2290	2181	2380	2323	2092	2278	2129	1525	900	1412	1105

图 2-4　2000—2021 年中国台湾地区大西洋主要捕获鱼种捕捞量

2.2.3　欧盟

欧盟是大西洋金枪鱼的主要捕捞方之一，其中捕捞船队以西班牙、法国、葡萄牙和意大利为主，其捕捞对象绝大多数为鲣鱼、剑鱼、黄鳍金枪鱼和长鳍金枪鱼。20 世纪 80 年代以来，其大西洋金枪鱼总捕捞量在 21 万～28 万吨之间，1984—1993 年捕捞量持续增加，1993 年达到 35.25 万吨，而后欧盟捕捞量出现剧降，2006 年仅有 21.78 万吨。这是由于欧盟主动减少其注册渔船数量和渔船改籍，以及欧盟各国对金枪鱼渔业政策的改变使大西洋金枪鱼类捕捞量下降。2007—2011 年捕捞量再次回升，在 22 万～29 万吨之间，2012—2020 年间捕捞量波动较大，年平均捕捞量维持在 25 万吨左右。欧盟 1993—2021 年大西洋金枪鱼捕捞量如图 2-5 所示。

欧盟地区的主要捕捞对象除鲣鱼、剑鱼、黄鳍金枪鱼和长鳍金枪鱼外，还包括大眼金枪鱼、蓝鳍金枪鱼和大青鲨等。近年来，渔业资源的开发强度有所加强，大西洋金枪鱼渔业政策也在不断完善，主要金枪鱼的年捕捞量不断波动，自2010—2019 年来，鲣鱼、剑鱼、黄鳍金枪鱼、长鳍金枪鱼、大眼金枪鱼、蓝鳍金枪鱼和大青鲨的平均年捕捞量分别在 7.71 万吨、1.82 万吨、4.01 万吨、2.47 万吨、1.89 万吨、1 万吨和 5 万吨。2020 年鲣鱼、长鳍金枪鱼、大眼金枪鱼和大青鲨的捕捞量较 2019 年出现显著下降，分别从 7.62 万吨降为 4.97 万吨，3.28 万吨降为 2.79 万吨，1.79 万吨降为 1.16 万吨，4.62 万吨降为 3.84 万吨。2021 年这四类鱼种的捕捞量趋于稳定，鲣鱼总捕捞量为 6.11 万吨，长鳍金枪鱼为 2.84 万吨，大眼金枪鱼 1.15 万吨，大青鲨 3.98 万吨。欧盟 2000—2021 年大西洋主要捕获鱼种捕捞量如图 2-6 所示。

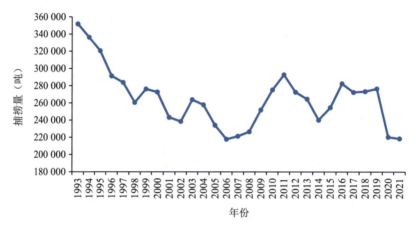

图 2-5　1993—2021 年欧盟大西洋金枪鱼捕捞量

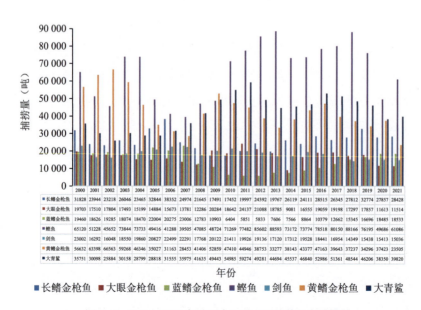

	2000	2001	2002	2003	2004	2005	2006	2007	2008	2009	2010	2011	2012	2013	2014	2015	2016	2017	2018	2019	2020	2021
长鳍金枪鱼	31828	23944	23218	26046	26046	25392	26119	24111	28515	26345	27812	32774	27857	28428								
大眼金枪鱼	19703	17510	17804	17493	15199	14884	15673	13781	12286	20284	18642	24137	21088	18785	9081	16555	19059	19198	17297	17857	11613	11514
蓝鳍金枪鱼	19460	18626	19285	18074	18470	22004	20275	23006	12783	10903	6404	5851	5833	7606	7566	8864	10379	12662	15345	16696	18485	18533
鲣鱼	65120	51228	45652	73844	73733	49416	41288	39505	47085	48724	71269	77482	85602	88593	73172	73774	78518	80150	88166	76195	49686	61086
剑鱼	23002	16292	16048	18550	19860	20827	22499	22291	17768	20122	21411	19926	19136	17120	17312	19528	18441	16954	14349	15438	15413	15036
黄鳍金枪鱼	56632	63398	66563	59268	46346	35027	31163	28453	41406	52859	47410	44946	38753	33277	38143	43377	47163	39643	37237	34296	37423	23505
大青鲨	35751	30098	25884	30158	28799	28818	31555	35975	41635	49443	54985	59274	49281	44694	45537	46840	52986	51361	48544	46206	38350	39820

■ 长鳍金枪鱼　■ 大眼金枪鱼　■ 蓝鳍金枪鱼　■ 鲣鱼　■ 剑鱼　■ 黄鳍金枪鱼　■ 大青鲨

图 2-6　2000—2021 年欧盟大西洋主要捕获鱼种捕捞量

2.2.4　美国

　　美国也是世界上大西洋金枪鱼的主要捕捞国家之一，1993 年，其金枪鱼年总捕捞量达到了 3.53 万吨，随后捕捞量呈波动式下降，至 2006 年降低为 1.93 万吨。2007 年再次增长至 2.96 万吨，2008 年突破最低捕捞量 1.45 万吨，2009—2013 年捕捞量逐年增加，2014—2019 年捕捞量维持在 3.20 万吨左右，2020 年总捕捞量为 4.15 万吨，2021 年总捕捞量为 2.69 万吨。美国 1993—2021 年大西洋金枪鱼捕捞量如图 2-7 所示。

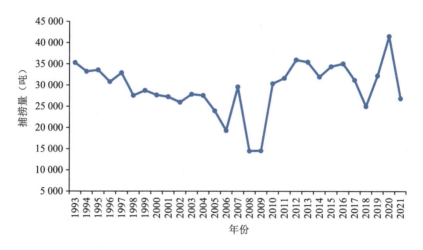

图 2-7　1993—2021 年美国大西洋金枪鱼捕捞量

　　美国主要以剑鱼、黄鳍金枪鱼、大耳马鲛和椭斑马鲛为主，长鳍金枪鱼、大眼金枪鱼和蓝鳍金枪鱼也为主要目标鱼类。由于 2017 年剑鱼南大西洋种群被评估为资源型过度捕捞，此后的剑鱼捕捞数量得到控制。2021 年，美国捕捞剑鱼、黄鳍金枪鱼、大耳马鲛和椭斑马鲛的总捕捞量分别为 0.12 万吨、0.4 万吨、0.56 万吨和 0.96 万吨，长鳍金枪鱼、大眼金枪鱼和蓝鳍金枪鱼的捕捞量分别为 300 吨、0.1 万吨和 0.12 万吨。美国 2000—2021 年大西洋主要金枪鱼捕捞量如图 2-8 所示。

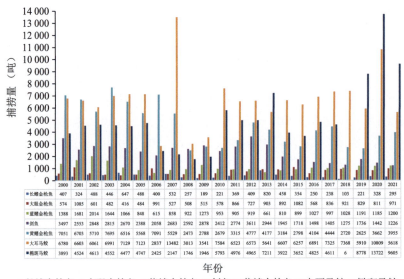

年份	2000	2001	2002	2003	2004	2005	2006	2007	2008	2009	2010	2011	2012	2013	2014	2015	2016	2017	2018	2019	2020	2021
长鳍金枪鱼	407	324	488	446	647	488	400	532	257	189	221	369	409	820	458	354	250	238	103	221	328	295
大眼金枪鱼	574	1085	601	482	416	484	991	527	508	515	578	866	727	903	892	1082	568	836	921	829	811	971
蓝鳍金枪鱼	1388	1681	2014	1644	1066	848	615	858	922	1273	953	905	919	661	810	899	1027	997	1028	1191	1185	1200
剑鱼	3497	2553	2848	2815	2670	2388	2058	2683	2592	2878	2412	2774	3611	2944	1945	1718	1498	1405	1275	1736	1442	1226
黄鳍金枪鱼	7051	6703	5710	7695	6516	5568	5529	2473	2788	2679	3315	4777	4177	3184	2798	4104	4444	2720	2625	3662	3955
大耳马鲛	6780	6603	6061	6991	7129	7123	2837	13482	3013	3541	7584	6523	6573	5641	6607	6257	6891	7325	7368	5910	10809	5618
椭斑马鲛	3893	4524	4613	4552	4477	4747	2425	2147	1746	1946	5793	4976	4965	7211	3922	3652	4825	4611	6	8778	13722	9605

■ 长鳍金枪鱼　■ 大眼金枪鱼　■ 蓝鳍金枪鱼　■ 剑鱼　■ 黄鳍金枪鱼　■ 大耳马鲛　■ 椭斑马鲛

图 2-8　2010—2021 年美国大西洋主要金枪鱼捕捞量

2.2.5　日本

日本是最重要的远洋渔业国家之一，也是重要的金枪鱼捕捞国和消费国。其金枪鱼渔船分布三大洋，大型金枪鱼延绳钓渔船可在三大洋之间移动。金枪鱼渔业以延绳钓生产为主，另有少量的竿钓和围网渔业。日本大西洋渔业作业发展较早，1994 年捕捞量高达 6.03 万吨，从 1995 年开始其捕捞量显著下降，2002 年降低至 2.60 万吨，而后出现波动，但未超过 40 万吨，2007 年总捕捞量再次达到小高峰，2011 年又降低至 2.54 万吨，2012—2019 年日本在大西洋的金枪鱼类捕捞量稳定在 3 万吨左右，至 2020 年，总捕捞量为 2.38 万吨，2021 年 2.21 万吨，达到近几年的最低捕捞量。日本 1993—2021 年大西洋金枪鱼捕捞量如图 2-9 所示。

日本为大西洋大眼金枪鱼的主要渔业国，2000 年日本对大眼金枪鱼的总捕捞量高达 2.46 万吨，2001 年开始下降，至 2018 年捕捞量降到 1 万吨以下，2020 年捕捞量降低至 9 653 吨，2021 年再次下降到 8 762 吨。此外，长鳍金枪鱼、蓝鳍金枪鱼、黄鳍金枪鱼、蓝枪鱼、剑鱼和大青鲨也是日本在大西洋的主要捕获鱼种。2021 年，长鳍金枪鱼捕捞量为 1 910 吨，蓝鳍金枪鱼捕捞量为 3 188

吨，黄鳍金枪鱼捕捞量为 3 384 吨，蓝枪鱼捕捞量为 286 吨，剑鱼捕捞量为 763 吨，大青鲨捕捞量为 3 100 吨。其中，随着全球各国对鲨鱼类的探索不断增加，日本对大青鲨的捕捞量自 2000 年的 494 吨逐年增加至 2017 年的 7 606 吨。日本 2000—2021 年大西洋主要捕获鱼种捕捞量如图 2-10 所示。

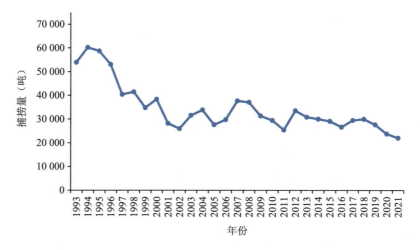

图 2-9　1993—2021 年日本大西洋金枪鱼捕捞量

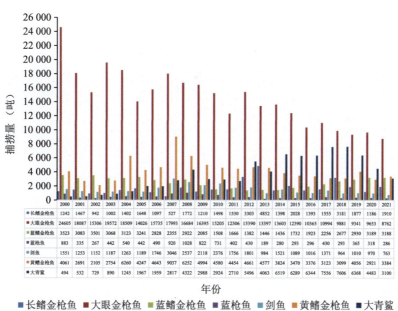

年份	2000	2001	2002	2003	2004	2005	2006	2007	2008	2009	2010	2011	2012	2013	2014	2015	2016	2017	2018	2019	2020	2021
长鳍金枪鱼	1242	1467	942	1002	1402	1648	1097	527	1772	1210	1498	1530	3303	4852	1398	2028	1393	1555	3181	1877	1186	1910
大眼金枪鱼	24605	18087	15306	19572	18509	14026	15735	17993	16684	16395	15205	12306	15390	13397	13603	12390	10365	10994	9881	9341	9653	8762
蓝鳍金枪鱼	3523	3083	3501	3068	3123	3241	2828	2355	2922	2085	1508	1666	1382	1446	1436	1732	1923	2256	2677	2930	3189	3188
蓝枪鱼	883	335	267	442	540	442	490	920	1028	822	731	402	430	189	280	293	296	430	293	365	318	286
剑鱼	1551	1253	1152	1187	1263	1189	1746	3046	2537	2118	2376	1796	1801	984	1521	1089	1016	1371	964	1010	970	763
黄鳍金枪鱼	4061	2691	2105	2754	6260	4247	4643	9037	6252	4994	4580	4454	4661	4577	3824	3470	3376	3123	3099	4056	2921	3384
大青鲨	494	532	729	890	1245	1967	1959	2817	4322	2988	2924	2710	5496	4063	6519	6289	6344	7556	7606	6368	4483	3100

■ 长鳍金枪鱼　■ 大眼金枪鱼　■ 蓝鳍金枪鱼　■ 蓝枪鱼　■ 剑鱼　■ 黄鳍金枪鱼　■ 大青鲨

图 2-10　2000—2021 年日本大西洋主要金枪鱼捕捞量

2.3　大西洋金枪鱼主要渔业情况

按捕捞方式，金枪鱼渔业主要分延绳钓渔业、围网渔业、竿钓渔业和拖网渔业等，其中，以延绳钓渔业生产为主，另有少量的围网、竿钓和拖网渔业。1990—2021 年大西洋金枪鱼主要渔业捕捞量对比如图 2-11 所示。从 1990 年开始，延绳钓渔业的大西洋金枪鱼捕捞量在 17 万～21 万吨范围内波动，仅有 2000 年达到了最大捕捞量 23.14 万吨。围网渔业的捕捞量自 1990—2006 年呈减少趋势，2007—2020 年又开始增加，2015—2021 年的大西洋金枪鱼捕捞量维持在 35 万吨左右。竿钓与拖网渔业是另外两种重要的大西洋金枪鱼主要渔业，其捕捞量相较延绳钓和围网渔业虽然明显变少，但两种渔业方式也在大西洋金枪鱼渔业的发展中同样发挥着不可或缺的作用。

从渔具看，围网渔业和其他表层渔业捕捞量呈逐渐增加的趋势，而竿钓渔业和延绳钓渔业则呈减少趋势。

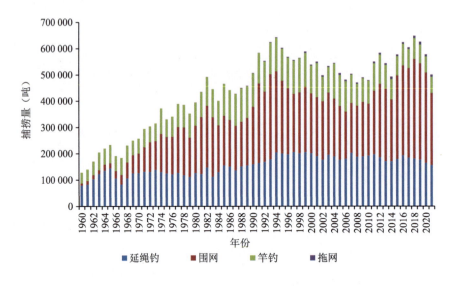

图 2-11　1960—2021 年大西洋金枪鱼主要捕捞方式捕捞量

2.3.1　延绳钓

2.3.1.1　延绳钓渔业作业原理及特点

金枪鱼延绳钓（Longline）渔业是延绳钓主要渔业的一种，是以专用钓船和延绳钓具钓捕金枪鱼为主的产业。延绳钓由线（绳）、支线、钓钩、浮子、沉子、浮标、锚及沉石等组成，根据钓捕对象不同，钓具名称和结构规格也各异。用锚或沉石固定的称定置延绳钓，主要用单船作业，适于渔场范围较小的近底层水域作业。随风流漂移的称漂流延绳钓，适于渔场范围广，水流较缓的中层或表层水域作业。

　　延绳钓渔业是钓渔业中规模最大，捕捞量最高，作业范围较广的一种。其作业结构简单，操作方便，成本低廉，渔获物质量更好，且不易损害鱼类资源。20 世纪 70 年代以后，世界海洋捕捞受到 200 海里专属经济区或渔区的限制，不少远洋渔业国家失去了在国外的传统作业，但对大洋公海作业的延绳钓渔业影响相对较小。在发展延绳钓作业的同时，进行钓捕对象生活习性与延绳钓具关系的研究，对于改进钓具、提高钓获量具有重要作用。延绳钓作业示意图如图 2-12 所示。

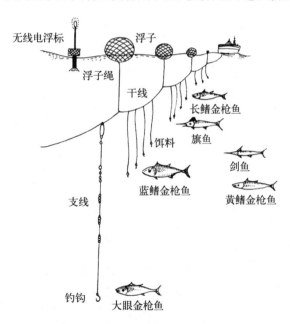

图 2-12　延绳钓作业示意图（引自《海洋渔业技术学》（第二版））

2.3.1.2　各国延绳钓渔船

　　20 世纪 50 年代，随着日本舰队在大西洋的扩张，许多目前主要的船旗方开始了它们的发展。我国自 1993 年 7 月开始，中国水产总公司的 4 艘金枪鱼延绳钓渔船在大西洋公海进行金枪鱼延绳钓生产，开创了中国大西洋公海金枪鱼延绳钓渔业。2022 年，我国在 ICCAT 注册的金枪鱼延绳钓渔船共 52 艘。中国台湾地区于 1913 年开始了延绳钓渔业，截止到 2022 年在大西洋共注册延绳钓渔船 84 艘。

　　欧盟在大西洋公海的延绳钓渔业发展较早，且一直是大西洋延绳钓渔业的主要地区，截止到 2022 年已注册 3477 艘延绳钓渔船，其中意大利注册的延绳钓渔船数量最多，高达 770 艘，其次是马耳他共注册 626 艘。2022 年，日本在大西洋海域注册延绳钓渔船数量为 164 艘，美国在大西洋海域注册延绳钓渔船数量为 31 艘。截至 2022 年，大西洋主要捕捞方延绳钓注册渔船数量如图 2-13 所示。

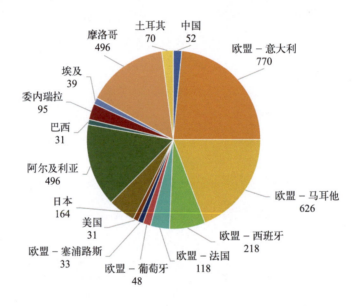

图 2-13　2022 年大西洋主要捕捞方延绳钓注册渔船数量

2.3.1.3　主要延绳钓渔业

　　大西洋延绳钓的主要钓捕对象包括长鳍金枪鱼、蓝鳍金枪鱼、黄鳍金枪鱼、大眼金枪鱼和剑鱼等，主要的延绳钓渔业随着时间的推移而发生变化，这取决于市场、各国的社会经济状况和进入捕捞渔场的机会。从 20 世纪 50—90 年代末，大西洋金枪鱼延绳钓渔业捕捞量呈上涨趋势，1997 年捕捞量为 20.56 万吨，达到历史上延绳钓的捕捞量高峰。随后捕捞量呈下降趋势，2021 年捕捞量为 15.58 万吨。大西洋延绳钓渔业历年捕捞量如图 2-14 所示。

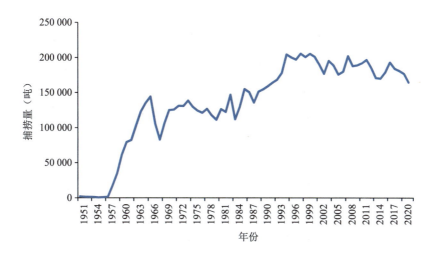

图 2-14　大西洋延绳钓渔业历年捕捞量

自延绳钓渔业开始以来，长鳍金枪鱼在南大西洋和地中海被捕获，虽然长鳍金枪鱼也被诱饵船和围网所捕获，但延绳钓的捕捞量仍然是最高的。在北大西洋，虽然延绳钓也被广泛使用，但长鳍金枪鱼主要被竿钓船和诱饵船捕获。1995—2001 年，长鳍金枪鱼的延绳钓渔业捕捞量从 2.50 万吨增加至 3.80 万吨，而后捕捞量下降，2014 年捕捞量为 1.45 万吨，近年来长鳍金枪鱼的延绳钓渔业捕捞量稳定在 2 万吨左右，2020 年捕捞量为 2.20 万吨。

延绳钓是捕捞蓝鳍金枪鱼最重要的作业方式之一。20 世纪 80 年代初，延绳钓渔业成为继围网渔业之后的第二个主要作业方式。在东北大西洋、地中海以及西北大西洋，蓝鳍金枪鱼被延绳钓渔船捕获。20 世纪 90 年代，蓝鳍金枪鱼的延绳钓渔业捕捞量与近几年相比相对较高，1996 年捕捞量为 1.48 万吨，从 2000 年捕捞量开始下降，2012—2014 年捕捞量仅有 0.2 万吨左右，2020 年捕捞量为 0.58 万吨。

在热带金枪鱼中，大眼金枪鱼是延绳钓渔业捕捞量最高的物种，自 20 世纪 60 年代初至今，延绳钓一直是大眼金枪鱼的主要捕捞方式，其次是围网和鱼饵船钓。1994—2000 年，延绳钓对大眼金枪鱼的平均捕捞量超过 7 万吨。在 2010—2012 年大西洋大眼金枪鱼的捕捞量中，延绳钓约占 53%，平均捕捞量为 4 万吨左右。近年来，延绳钓对其的捕捞量逐渐降低，2020 年捕捞量 2.79 万吨。

大西洋海域的黄鳍金枪鱼渔业开始于 20 世纪 50 年代，以延绳钓渔业为主。对于西大西洋黄鳍金枪鱼来说，延绳钓是其捕捞量最高的作业方式。然而，在东部地区，延绳钓渔船在 20 世纪 70 年代末和 80 年代初被围网和诱饵船所取代。1993—2001 年和 2004—2010 年，大西洋黄鳍金枪鱼的延绳钓捕捞量均超过 2 万吨，随后其捕捞量维持在 2 万吨以下，2020 年大西洋黄鳍金枪鱼的延绳钓捕捞量为 1.61 万吨。

自 20 世纪 80 年代初以来，剑鱼在大西洋主要被延绳钓渔船捕获，1995 年大西洋剑鱼的延绳钓捕捞量达到 4.43 万吨。1996—2017 年，其总捕捞量维持在 3 万吨以上。随着刺网渔业不断发展，近年来大西洋延绳钓对剑鱼的捕捞量开始下降，2020 年其延绳钓捕捞量为 2.64 万吨。

大西洋延绳钓渔业主要捕获物种历年捕捞量如图 2-15 所示。

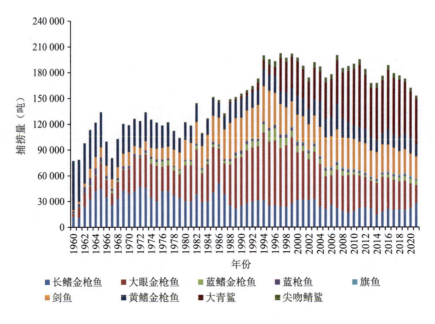

图 2-15　大西洋延绳钓渔业主要捕获物种历年捕捞量

2.3.2　围网

2.3.2.1　围网渔业的作业原理及特点

围网（purse seine）渔业根据捕捞对象集群的特性，利用长带形或一囊两翼的网具包围鱼群，采用围捕或结合围张、围拖等方式，迫使鱼群集中于取鱼部或网囊，从而达到捕捞目的。围网属过滤性渔具，其有两种结构类型，一种是由一囊两翼组成，形状如拖网，但两翼很长，网囊很短，另一种是长带形网具。围网捕捞对象主要是集群性的中、上层鱼类。随着现代化探鱼仪的使用以及捕捞技术水平的提高，捕捞对象不断扩大，除捕捞中、上层集群性鱼类，还能捕获近底层集群性鱼类，也可以将分散的鱼类采取诱集和驱集手段使鱼集群并加以围捕。围网作业示意图如图 2-16 所示。

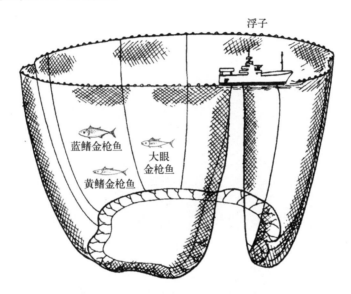

图 2-16　围网作业示意图（引自《海洋渔业技术学》（第二版））

在渔业生产中围网是生产规模大、网次捕捞量高的一种先进渔具。鱼群的大小和密度在很大程度上决定了围网的捕捞效果。尽管围网网具的长度和高度都很大，但在实际作业和操作过程中，其实际围捕面积和体积是有限的，对于群体小而较分散的鱼群，必须采取诱集或驱集措施，将小群集成大群，达到良好的生产效果。其次，探鱼和捕捞操作技术水平的高低决定了围网生产效率。现代大洋性围网渔船不但配备了传统的探鱼仪等助渔设备，还能利用卫星影像、传真系统和计算机网络等掌握海洋环境，以此判断鱼群的可能位置，提高鱼群定位的精确度。

2.3.2.2　各国围网渔船情况

目前在大西洋开展围网渔业的主要是欧盟船队，以意大利和法国为主。这些国家的围网渔船大小都比在太平洋和印度洋的围网船队略小。20世纪80年代初，许多围网渔船前往印度洋的新渔场，留在大西洋的生产渔船数量较少，并且这些渔船相比上述前往印度洋的渔船规模更小、年代更久远（ICCAT，1984）。截止到2022年，大西洋公海已注册1 021艘围网渔船，其中摩洛哥注册的延绳钓渔船数量最多，高达456艘，其次是意大利共注册109艘，土耳其共注册94艘，西班牙共注册83艘，而我国在ICCAT还未注册金枪鱼围网渔船。2022年大西洋主要捕捞方围网注册渔船数量如图2-17所示。

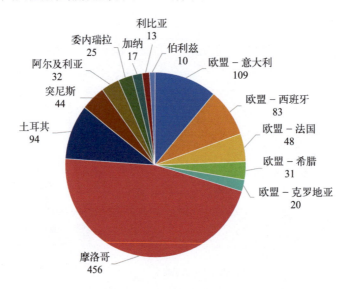

图2-17　2022年大西洋主要捕捞方围网注册渔船数量

2.3.2.3　主要围网渔业

在大西洋海域，捕捞金枪鱼的主要渔法之一是围网，其主要为欧盟围网渔业捕捞。大西洋全球金枪鱼的主要围网渔业包括黄鳍金枪鱼、蓝鳍金枪鱼、大眼金枪鱼和鲣鱼等。大西洋围网渔业历年捕捞量如图2-18所示。自20世纪50—90年代初，大西洋围网渔业捕捞量呈上涨趋势，1993年总捕捞量高达30.94万吨，随后总捕捞量得到控制，1997—2010年，总捕捞量维持在20万吨左右。近年来，各个国家尤其是欧盟地区在大西洋的围网渔业不断发展壮大，致使其捕捞量逐年增加。2018年大西洋的围网渔业捕捞量达到历史峰值为33.47万吨，截止到2020年，总捕捞量为33.47万吨。

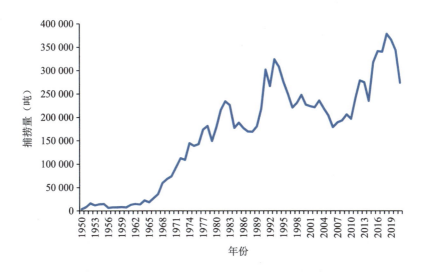

图 2-18　大西洋围网渔业历年捕捞量

大西洋海域黄鳍金枪鱼渔业始于 20 世纪 50 年代，主要为欧盟围网渔业捕捞。1994 年大西洋围网渔业捕捞量高达 11.58 万吨，随后总捕捞量逐渐下降。东大西洋围网渔业捕捞量在 1990—2007 年间呈下降趋势，2020 年约 10.47 万吨。在西大西洋，20 世纪 80 年代围网捕捞量约为 2.58 万吨，2020 年下降至 0.3 万吨。2002—2015 年，大西洋黄鳍金枪鱼围网渔业捕捞量均低于 10.00 万吨，2020 年总捕捞量为 10.78 万吨。

根据 2010—2020 年 ICCAT 的渔获统计，大西洋海域蓝鳍金枪鱼在东大西洋的主要渔业为延绳钓、定置网和钓渔业。地中海的主要渔业为围网及延绳钓，其中围网捕捞量占总捕捞量的 70%～90%。20 世纪 80 年代，大西洋蓝鳍金枪鱼围网渔业的总捕捞量维持在 1 万吨左右，90 年代初增加至 2 万吨以上，1998—2006 年增至 3 万吨以上，2007 年总捕捞量达到 4.90 万吨的高峰。但 2008 年由于 ICCAT 执行更严格，因此减少了渔获捕捞量。2011 年，大西洋蓝鳍金枪鱼围网渔业捕捞量创下 0.43 万吨的历史新低。随后其总捕捞量再次上升，2020 年又增至 2.11 万吨。

在 2010—2012 年大眼金枪鱼上岸量中，围网约占 32%。从 20 世纪 50—90 年代中期，大西洋大眼金枪鱼围网渔业年总捕捞量呈现逐年增加的趋势。总捕捞量 1994 年达到 3.47 万吨的峰值后，呈下降趋势，2000 年为 1.88 万吨。

2005—2008 年，大西洋大眼金枪鱼围网渔业捕捞量均低于 2 万吨。而后总捕捞量再次上涨，2016 年总捕捞量为 2.98 万吨，2020 年又降至 1.78 万吨。

大西洋鲣鱼是欧盟围网的传统捕捞种类，东大西洋最重要的鲣鱼渔业为围网渔业，主要捕捞在西班牙、加纳和美国等国家和地区，而西大西洋最重要的鲣鱼渔业为竿钓渔业。自 20 世纪 80 年代以来，大西洋鲣鱼的围网渔业捕捞量很高，1993 年达到 15.67 万吨的小高峰，随后其总捕捞量开始下降，除 1999 年和 2004 年，1996—2009 年，总捕捞量维持在 10.00 万吨以内。2010 年开始，大西洋鲣鱼的围网渔业捕捞量逐年增长，2018 年总捕捞量高达到 24.82 万吨，2020 年总捕捞量为 18.79 万吨。大西洋围网渔业主要捕获物种历年捕捞量见图 2−19。

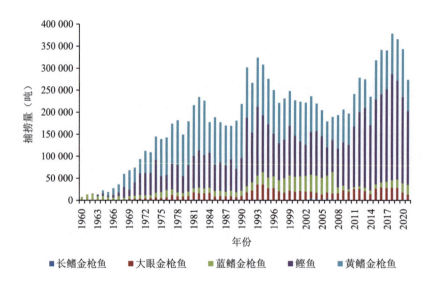

图 2-19　大西洋围网渔业主要捕获物种历年捕捞量

2.3.3　竿钓

2.3.3.1　竿钓渔业作业原理及特点

竿钓（Pole-Line）渔业是钓渔业的一种，以钓竿的末端系结钓线并钓钩进行捕捞作业。竿钓渔具由钓竿、钓线、浮子和沉子等组成，钓竿可以扩大钓捕范围，增加操作敏捷度，缓和钓到鱼的挣扎力，减少鱼脱钩的可能性。因此，钓竿应具备一定的长度，坚韧性和优良的弹性。这些杆子一般是由优质的木头、竹子或玻璃纤维制成的。对于金枪鱼捕捞，它们通常长度在 2～5 米之间，有些可以达到 10 米，而且厚度各不相同，所携带的装备也不一样。木杆通常要涂上玻璃纤维，以增强其阻力，极点和谱线的大小将取决于目标物种。

竿钓渔业已发展成远洋渔业，捕捞生产的竿钓主要作业于海洋，以日本的鲣竿钓规模最大，捕捞量也最高。从事竿钓的国家除日本外，还有朝鲜、法国和美国以及南太平洋的某些岛国，而大西洋的竿钓渔业主要以欧盟为主。常见竿钓作业船舶类型如图 2-20 所示。

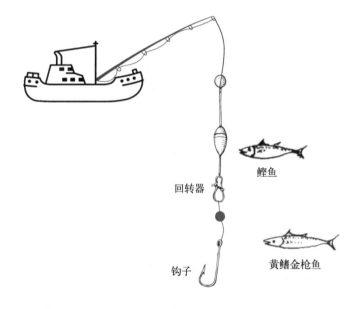

鲣鱼

回转器

黄鳍金枪鱼

钩子

图 2-20　竿钓作业示意图

2.3.3.2　各国竿钓渔船情况

在大西洋海域，竿钓也是捕捞金枪鱼的主要渔法之一，其主要为欧盟竿钓渔业捕捞。截止到 2022 年，在 ICCAT 注册的金枪鱼竿钓渔船共 460 艘，其中欧盟共注册了 291 艘。包括西班牙注册的竿钓渔船 190 艘，葡萄牙注册的 101 艘。此外，美国在 ICCAT 共注册金枪鱼竿钓渔船 46 艘，南非为 45 艘，而我国在大西洋还未注册竿钓渔船，2022 年大西洋各国竿钓渔船数量如图 2-21 所示。

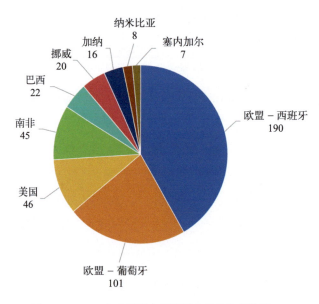

图 2-21   2022 年大西洋主要捕捞方竿钓渔船数量

2.3.3.3   主要竿钓渔业

大西洋竿钓的主要钓捕对象包括长鳍金枪鱼、大眼金枪鱼、蓝鳍金枪鱼、黄鳍金枪鱼和鲣鱼等。关于温带金枪鱼的捕捞，西班牙是捕捞蓝鳍金枪鱼最多的国家，也是从北方鱼类捕捞长鳍金枪鱼最多的国家。对于大眼金枪鱼，西班牙、葡萄牙、加纳和法国是主要的捕捞方。位于大西洋西部的巴西和委内瑞拉以及位于大西洋东部的加纳，对黄鳍金枪鱼的捕捞量最多。大西洋竿钓渔业历年捕捞量如图 2-22 所示。自 20 世纪 50 年代至 21 世纪初，大西洋竿钓渔业捕捞量呈上涨趋势，2004 年总捕捞量达到 13.60 万吨，随后其总捕捞量得到控制，呈下降趋势，2013—2020 年，其捕捞量维持在 10.00 万吨以内。2020 年大西洋竿钓渔业捕捞量为 6.13 万吨。

鲣竿钓是东大西洋主捕鲣鱼的一种作业方式，加纳、日本、葡萄牙和西班牙等国均有鲣竿钓船队。西大西洋最重要的鲣竿钓船队是巴西、古巴和委内瑞拉的竿钓渔业船队。自 20 世纪 60—80 年代以来，大西洋鲣鱼竿钓渔业的捕捞量飞速增加，1988 年达到 6.92 万吨。1989—1997 年其总捕捞量得到缓和，平均总捕捞量 6 万吨左右。1998 年捕捞量再次波动式增加，2001 年总捕捞量达到 8.18 万吨。

自此之后捕捞量开始逐渐降低，2020 年大西洋鲣鱼竿钓渔业的捕捞量为 3.02 万吨。

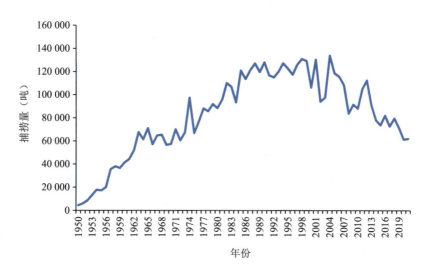

图 2-22　大西洋竿钓渔业历年捕捞量

竿钓是北大西洋长鳍金枪鱼的主要作业方式之一。目前，北大西洋长鳍金枪鱼的延绳钓捕捞量约占 17%，竿钓占 41%，拖网占 26%，曳绳钓占 16%。南大西洋长鳍金枪鱼主要为南非的竿钓船队捕捞。20 世纪 90 年代初，大西洋长鳍金枪鱼竿钓渔业总捕捞量维持在 0.60 万吨左右，1995 年达到历史最高捕捞量 1.05 万吨，随后捕捞量开始下降，1996—2004 年和 2007—2020 年保持在 1.00 万吨以下，2011 年总捕捞量降至 0.36 万吨，2022 年总捕捞量为 0.48 万吨。

在大西洋海域，捕捞大眼金枪鱼成鱼的主要捕捞方式为延绳钓，围网及竿钓捕获的捕捞量也占有相当比例。20 世纪 90 年代，大西洋大眼金枪鱼竿钓渔业的平均捕捞量约为 2.00 万吨。21 世纪初，其总捕捞量显著下降，2002 年仅有 0.85 万吨。在 2010—2012 年大眼金枪鱼上岸量中，竿钓约占 14%，平均总捕捞量约为 1.00 万吨。2013—2020 年，大西洋大眼金枪鱼竿钓渔业的总捕捞量维持在 1.00 万吨以内，2020 年总捕捞量为 0.68 万吨。大西洋竿钓渔业主要捕获物种历年捕捞量见图 2-23。

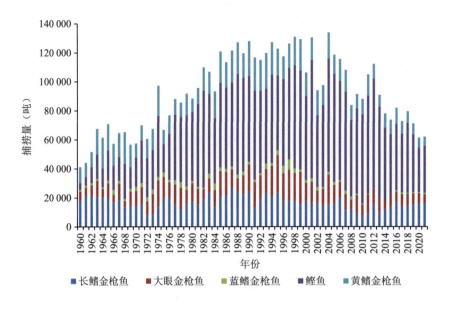

图 2-23　大西洋竿钓渔业主要捕获物种历年捕捞量

2.3.4　拖网

2.3.4.1　拖网渔业作业原理及特点

拖网（Trawl）渔业是使用渔船拖曳网具捕捞鱼类和其他水产经济动物的产业。其捕捞量约占世界海洋总捕捞量的 40%。作业范围以大陆架水域为主，世界各大洋均有分布。现代拖网渔具不但可用于捕捞鱼类，也能用于捕捞头足类、贝类和甲壳类，不但可用于捕捞栖息水深仅有几米、几十米的捕捞对象，也能用于捕捞栖息水深达到数千米的深海种。

拖网作业机动灵活，适应性强，有较高的生产效率。但现代渔具渔法中，拖网作业是一种能耗很高的作业，对能源的高度依赖，使作业成本不断上升，效益下降，这种高效率的捕捞给海洋渔业资源造成了巨大压力。20 世纪 70 年代以来，现代拖网渔业很大程度上导致了海洋渔业资源的衰退。为了应对这一趋势，国际社会普遍提出了"负责任捕捞"的理念，呼吁限制并减少工业化拖网渔业的规模，以实现渔业资源可持续。拖网作业示意图如图 2-24 所示。

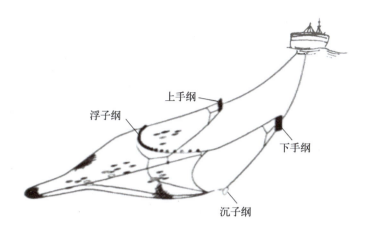

图 2-24　拖网作业示意图

2.3.4.2　各国拖网渔船情况

在大西洋海域，欧盟的拖网渔业也是捕捞金枪鱼的主要作业方式之一。截止到 2022 年，在 ICCAT 注册的金枪鱼拖网渔船共 576 艘，其中摩洛哥注册的拖网渔船数量最多，共 179 艘，其次是意大利共注册 175 艘，法国共注册 86 艘，而我国在 ICCAT 还未注册拖网渔船。2022 年大西洋欧盟各国拖网渔船数量如图 2-25 所示。

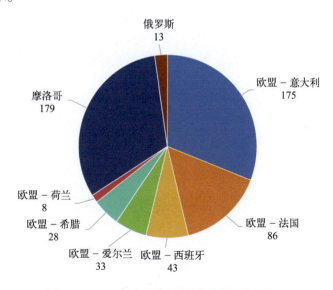

图 2-25　2022 年大西洋主要捕捞方拖网渔船数量

2.3.4.3 主要拖网渔业

大西洋拖网的主要钓捕对象是长鳍金枪鱼。20 世纪 80 年代末，大西洋长鳍金枪鱼拖网渔业逐步发展，1987 年其总捕捞量 300 吨，1989 年上涨至 0.22 万吨，随后的十年里平均总捕捞量为 0.23 万吨。21 世纪初，其总捕捞量波动式上涨，2005 年总捕捞量为 0.70 万吨。2015—2019 年，大西洋长鳍金枪鱼拖网渔业总捕捞量依然呈上涨趋势，2019 年总捕捞量为 1.08 万吨，达到历史以来的高峰，2020 年总捕捞量又下降至 0.76 万吨。大西洋拖网渔业历年捕捞量如图 2−26 所示。

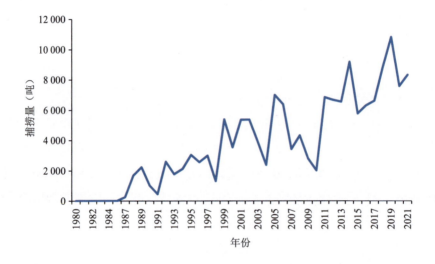

图 2−26 大西洋拖网渔业历年捕捞量

20 世纪 60 年代初，报告的北大西洋长鳍金枪鱼捕捞量最大。随后，由于捕捞努力量减少，捕捞量开始下降，90 年代捕捞量相对稳定，但随着流网和拖网等渔业的加入，捕捞努力量增加。目前，北大西洋长鳍金枪鱼拖网占 26%，2019 年大西洋长鳍金枪鱼拖网渔业的总捕捞量为 1.08 万吨，2020 年为 0.76 万吨。大西洋拖网渔业主要捕获物种历年捕捞量见图 2−27。

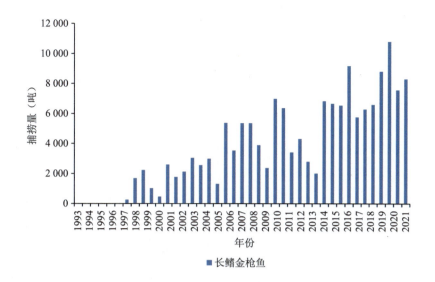

图 2-27　大西洋拖网渔业主要捕获物种历年捕捞量

2.4　IUU 管理措施及完善建议

大西洋金枪鱼是国际渔业管理的一个重要分支。金枪鱼渔业管理可以视为公海渔业管理的代表，其无论在管理理念或是在管理实践中都处于领先地位，大西洋金枪鱼渔业管理就是其中典型（沈卉卉，2019）。

大西洋金枪鱼类资源的资源共享性表现在各国对于公海生物资源的开发利用的平等主张，然而金枪鱼资源的高度洄游属性又要求了对其资源管理需要进行区域间的国际合作，通过合作共赢的养护管理模式，以实现金枪鱼类资源的长远发展（刘艳红，2009）。金枪鱼的养护和管理在国家义务中体现，既然渔业国家获得了渔业权益，那么也理应成为养护和管理资源义务的主要承担者。其中，一些远洋渔业大国的义务不可推卸。作为大西洋金枪鱼渔业国家，中国有必要积极参与国际区域合作，主动履行资源养护和管理义务。

2.4.1　IUU 管理措施

非法、不报告和不管制（illegal，unreported and unregulated，IUU）捕捞是宽泛的术语，涵盖了各种各样的渔业活动。IUU 捕捞存在于所有类型和规模的渔业中，发生在公海和国家管辖区内的区域。《预防、制止和消除非法、不报告和不管制捕捞的国际行动计划》把广泛的活动归类为非法、不报告和不受管制捕捞的情况如下：

2.4.1.1　非法捕捞

在一国管辖水域，本国或外国船舶进行的没有该国允许，或违反其法律和法规的活动；

悬挂有关区域渔业管理组织、缔约方旗帜的船舶进行的违反这类国家通过的受约束的养护和管理措施，或适用的国际法的有关条款；

违反国家法律或国际义务，包括有关区域渔业管理组织合作国承担的义务。

2.4.1.2　不报告捕捞

违反国家法律和法规，不向国家有关主管机构报告或谎报；

在有关区域渔业管理组织管辖区域违反该组织的报告程序不报告或谎报。

2.4.1.3　不管制捕捞

在有关区域渔业管理组织的适用区域，无国籍船舶或悬挂该组织的非缔约方旗帜或捕捞实体的船舶进行的不符合或违反该组织养护和管理措施的活动；

在没有适用的养护和管理措施的区域或鱼类种群，开展的捕捞活动不符合该国依据国际法养护海洋生物资源的责任。

IUU 捕捞导致人们对捕捞量和渔业资源存量估计错误，使得人们不能及时意识到渔业资源枯竭的严重性，破坏了渔业资源的恢复和再生产能力，影响了渔业资源的可持续利用。此外，IUU 捕捞已经严重破坏了生态系统的平衡，而且给遵守保护渔业资源相关法律法规，根据捕捞授权捕捞的渔民造成了不公平的市场竞争环境。如果 IUU 捕捞受不到严格的管理控制，一些脆弱物种种群恢复到健康水平的目标将难以实现，这严重威胁着海洋生物的多样性和海洋渔业资源的可持续发展。

2.4.2　完善金枪鱼渔业资源管理制度的建议

从 1974 年至今，ICCAT 已经陆续通过和修改了一系列管理措施来养护和管理大西洋金枪鱼类资源。其中，不少措施在一定程度上使得金枪鱼资源得到了有效恢复和养护。然而，现实中依然存在一些无可避免的问题。例如，提交数据的真实性和完整性有待加强、缺乏有力的监管和执法、分配机制不能有效引导成员方采取积极养护措施，非政府组织（NGO）作用的忽视等都是亟待优化解决的突出问题。因此，大西洋金枪鱼渔业资源管理制度还有待进一步完善。

2.4.2.1　确保数据的有效性

《ICCAT 公约》的第 4 条指出，为实现《ICCAT 公约》的目标，委员会应负责研究金枪鱼和类金枪鱼鱼类种群，以及在《ICCAT 公约》区域进行金枪鱼渔业所捕捞而未受其他国际渔业组织调查的其他相关鱼类种群。此类研究应包括对鱼类的丰度、生物特征和生态学的研究；其生存环境的海洋学；以及自然和人为因素对其丰度的影响。履行上述规定的工作包括：

（a）收集和分析与《ICCAT 公约》区域金枪鱼渔业资源现状和趋势有关的统计信息；

（b）研究和评价有关措施和方法的信息，以确保将《ICCAT 公约》区域内的金枪鱼和类金枪鱼鱼类种群维持在允许最大可持续捕捞量的水平，并确保以符合此捕捞量的方式有效开发这些鱼类；

（c）向《ICCAT 公约》各缔约方建议有关的研究和调查；

（d）出版及以其他方式传播与《ICCAT 公约》区域内金枪鱼渔业有关的调查结果和统计资料、生物和其他科学信息的报告。

准确可靠的渔业捕捞数据是提高渔业管理高效性的基础。全面综合的捕捞数据不仅可以使管理者及时了解种群资源状况，还有助于核定准确的总可捕量和捕捞配额。不完整的数据会影响资源评估效果，从而直接影响渔业管理的有效性。虽然几个金枪鱼区域渔业管理组织（RFMO）都要求成员国提交渔船作业数据，但是这些数据往往存在误报、漏报或迟报等现象，RFMO 很少能对这些数据进行核实。因此，应采取措施验证这些数据的可靠性和准确性。RFMO 不仅要通过决议要求成员国根据种群协定的要求强制性提交目标种群和兼捕种群的捕捞数据，而且对于误报、漏报或迟报数据的行为要制定相应的惩罚措施，如暂停捕捞活动，减少捕捞配额、增加观察员覆盖率等。

目前，ICCAT 也采取了相应措施来提高渔业捕捞数据的完整性和有效性。ICCAT 规定，成员国若在一年内没有按照要求提交捕捞数据，那么在提交相关数据前将不得在船上留存该种群相关的渔获物。然而，看似已经采取了相对有效的应对机制，但在实际执行中，获取有效且完整的数据依然存在来自各个方面的问题，其中，还存在一些成员方未能很好履行捕捞数据报告义务。此外，IUU 捕捞数据的缺失也会严重影响对种群现状的统计和评估。因此，有必要加大对 IUU 捕捞行为的打击力度，减少 IUU 捕捞对数据准确性的影响。

2.4.2.2 加大处罚力度

《ICCAT 公约》的第 9 条指出，《ICCAT 公约》各缔约方同意采取一切必要行动确保本公约的实施。每一缔约方应每两年或在委员会要求的其他时间向委员会提交一份关于其为此目的采取的行动的声明。

本《公约》各缔约方同意：

（a）应委员会的要求，提供委员会为《ICCAT 公约》的目的可能需要的任何可用的统计、生物学和其他科学信息；

（b）当其官方机构无法获得和提供上述信息时，允许委员会通过缔约方在自愿的基础上直接从公司和个体渔民那里获得上述信息；

（c）《ICCAT 公约》各缔约方承诺相互合作，以采取适当的有效措施，以确保本《公约》条款的适用，特别是建立一个适用于公约领域的国际执法体系，但不包括他国领海或在国际法规定下某国享有渔业管辖权的水域。

加大处罚力度是防止 IUU 捕捞的有力保障。对渔船海上作业的监管和惩罚体系的缺失，导致了过度捕捞和 IUU 捕捞活动一直未能有效抵制。其原因在于有些国家考虑到执法成本高昂而不愿意投入，有些国家则因为涉及国家管辖权的问题不愿意参与。对于海上作业的渔船，尤其是公海作业渔船的监管主要依靠船旗方管辖，RFMO 在措施的实施过程中并没有执法权。因此，RFMO 需要积极寻求船旗方的配合与协助，通过船旗方和沿海国合作，在公海上实施登临检查，并加大对违法违规捕捞的惩处力度，以打击 IUU 捕捞活动。

加强海上监控可以预防违法违规行为的发生。但观察员派遣和海上执法费用高昂，而且海上执法和区域观察员计划需要较长时间的规划和安排。因此，短期内可以考虑在渔船主要作业区域安装监控摄像，并将信息实时传送回陆地，以便如实记录渔船的捕捞活动，并在一定程度上对违法活动起到威慑作用，同时也便于日后的调查和取证。

《中华人民共和国渔业法》的处罚力度较轻，不足以对渔业违法捕捞行为产生警示作用。我国应该借鉴其他国家的管理措施，制定吊销许可证、终止渔业权或者加大罚款金额的处罚机制，严厉打击 IUU 捕捞活动，对于有过 IUU 捕捞活动的渔船，可考虑不再批准该渔船的登记申请，剥夺其享有的捕捞权，并对其处以高额的罚款，从而在根本上制止 IUU 捕捞现象的发生。

IUU 捕捞行为破坏了渔业管理的基础，打乱了区域渔业管理组织管理下的金枪鱼类资源的渔业秩序，是渔业管理最为重要的问题之一。因此，应加快建立一个更为有效检查和监管的执行机制，并在有效杜绝非法捕捞行为上做出更多努力。

2.4.2.3　变革资源分配体系

资源分配体系的变革是打击 IUU 捕捞的有效手段。RFMO 养护和管理措施无效的一个原因是决策几乎总是以协商一致的方式做出。一般来说，RFMO 科学家通过渔业数据的收集和分析对种群状态进行科学评估，并制定最佳的科学建议提交给委员会，委员会根据这些建议制定养护和管理措施。ICCAT 通过多数赞同通过养护和管理决议，但在条款中为成员国提供了退出或寻求审查的可能。这种决策制度导致 RFMO 委员会倾向于产生最低的共同决策，而不是具有前瞻性和预防性的养护管理措施。虽然 ICCAT 采用多数同意的决策方式，但是根据公约章程，持不同意见的成员国可以选择不遵守以这种方式达成的任何决定。这意味着即使有些减少捕捞能力或限制捕捞量的监控措施在委员会内部通过，持不同意见的成员国并不受此约束。

因此，为了改变现有养护管理措施无效的现状，RFMO 有必要对现有的决策机制进行改革。首先，反对机制的问题之一是没有对反对次数进行限制，这可能导致成员国不接受或反对决议通过的次数变得过于频繁。因此，反对意见的提出必须限制在一定的框架内，有允许成员国多数和少数反对派之间解决分歧的过程，以减少成员国由于利益不同提出反对意见的可能性。其次，虽然 RFMO 公约中约定了争端解决机制的条款，但是争端解决机制的启动程序复杂，需要由一个国家发起，同时还需征得反对方的同意。通常情况下，争端解决程序的持续时间往往超过 12 个月，不利于回应需要快速反应的问题。因此，在考虑现有形势的基础上，有必要对公约做进一步修改，更好为决策进行服务，以出台具有实际执行力的养护管理措施。

2.4.2.4　发挥非政府组织的作用

《ICCAT 公约》的第 6 条指出，为实现《ICCAT 公约》的目标，委员会可根据物种、种群或地理区域设立小组。在这种情况下，每个小组：

（a）负责对其管辖范围内的物种、物种组或地理区域进行审查，并收集与其相关的科学和其他信息；

（b）在科学调查的基础上向委员会提出有关《ICCAT 公约》各缔约方联合行动的建议；

（c）向委员会建议进行必要的研究和调查，以获取有关物种、种群或地理区域的信息，以及协调《ICCAT 公约》各缔约方的调查计划。

在渔业管理中，NGO 与政府、产业、研究部门等，都作为利益相关方的一部分，发挥着不容忽视的作用。随着渔业活动的环境影响越来越受到人们的关注，NGO 的角色也在不断发生变化和增强，从早期的宣传和资源保护向能力建设和监督管理等多方面发展转变。并且，NGO 的参与被看作是渔业管理透明度的体现，以及顺应目前共同渔业管理的大趋势。因此，在一些国际协定和《ICCAT 公约》中都对 NGO 的参与，尤其是参与渔业管理决策过程进行了规定。例如《种群协定》认为，应给予关心跨界鱼类种群和高度洄游鱼类种群的其他政府间组织代表和非政府组织代表一定机会，以观察员或其他身份参加这些组织和安排的会议；并且这些组织在遵守相关程序规则的前提下能及时获取这些组织和安排的记录和报告。RFMO 同样制定了相关条款以邀请政府间组织，或应其要求邀请在委员会的活动领域有着特别能力的非政府组织参加委员会指定的委员会参加 RFMO 的会议。在 RFMO 会议上，NGO 作为咨询委员或者利益相关方，通常会就种群资源养护和海洋生态环境问题发声，并确保管理者在通过决议时其代表的环境利益得到考虑。

总的来说，NGO 已慢慢从发现问题到参与解决问题。在符合国际和国家法律政策的框架下，金枪鱼渔业管理中邀请 NGO 的更多参与将促进渔业管理组织的监督工作，协助发展中国家进行能力建设，也为保护渔业资源提供更多更有效的建议。

在一定程度上，如果基于使用权的渔业管理制度能得到有效实施，很多问题都可以迎刃而解。首先，捕捞产能将进一步降低。渔业公司为了使利益最大化，将主动采取措施减少过剩产能，并且有效排除任何额外捕捞能力的进入，这在另一方面也遏制了 IUU 捕捞活动的发生。

打击 IUU 捕捞行为有利于保护海洋渔业生态环境，恢复被破坏的渔业生态环境（戴瑛，2016）。IUU 捕捞是一个长期性的历史问题，而杜绝船舶的非法捕捞活动更是一个漫长而艰巨的全球性使命，亟需全世界人民的共同努力，彻底根除 IUU 捕捞现象的发生，实现渔业资源的可持续发展。

2.5　ICCAT 的数据报告要求

统计和生物数据对于评估和管理 ICCAT 所涵盖的资源至关重要。根据《ICCAT 公约》的第 9 条指出，《ICCAT 公约》缔约方、合作非缔约方或捕鱼实体（以下简称 "CPC"）有义务提供现有的统计数据，委员会为实现《ICCAT 公约》的目标可能需要的生物和其他科学资料。ICCAT 所需要的数据报告要求如表 2-1 所示。

表 2-1　ICCAT 数据报告要求表单

数据集	要求内容	备注
船队特征	按日历年划分的大西洋和地中海船队（按船只或按船队组成部分）的船队特征。仅适用于开展积极捕捞的渔船和在《公约》区域内捕捞任何 ICCAT 物种的渔船	如有需要，可事先向秘书处明确要求提供已登记船只的名单
名义捕捞量	按船队、物种、年份、渔具、采样区域和捕捞区域分类的年度（日历）总捕捞量估计值，以活体重量（千克）为单位（上岸量、死亡丢弃量、存活丢弃量、转移到养殖场的大眼金枪鱼活体捕捞量）	应包含所有渔获物（目标、非目标 / 兼捕渔获物），包括休闲 / 运动渔业、研究和训练船的渔获物
基于空间的捕捞量和捕捞努力量	按船队、渔具、月份和地理网格分类的月度捕捞量（所有物种的捕捞量组成）和捕捞努力量统计数据（延绳钓：5×5 或更高分辨率，其他渔具：1×1 或更高分辨率）	最好是从各种来源（日志、拍卖、港口采样、上岸港口、转运等）获得的观测数据

续表

数据集	要求内容	备注
长度样本	实际体型规格频率（长度/重量类别）和采样的鱼类数量，按船队、渔具、采样单位、月份、地理网格（1×1、5×5、5×10、10×10）或 ICCAT 采样区域（港口采样）分类	仅观察到长度/重量频率（即无替换/提升程序）。每个物种使用一种形式（根据需要使用多年）
渔获物规模估计	渔获物：按船队、渔具、月份和 5×5 地理网格分列的渔获物规模组成的估计值（相当于渔获物重量）。 仅适用于：蓝鳍金枪鱼、长鳍金枪鱼、黄鳍金枪鱼、大眼金枪鱼、鲣鱼和剑鱼	对有大量渔获的 CPC 是强制性的。剩余的 CPC 是可选的。用于这些估计的方法（统计推断、替换、提升过程等）应提供给 SCRS
养殖规模样本	养殖活动中获得的蓝鳍金枪鱼长度频率（在关笼期间、育肥期间、养殖收获等），包括立体相机尺寸/重量信息	个体鱼类测量/估计（长度和重量）
支持船只活动	获准在《ICCAT 公约》区域内作业的热带金枪鱼渔业支持船只的活动	用于报告支持船只及其相关渔船的位置和出海天数
FAD 部署	各船只每月实际部署的 FAD 数量，1°×1° 网格，按 FAD 类型划分，表明是否存在信标/浮标或与 FAD 相关的回声测深仪，以及信标/浮标的数量和类型（例如无线电、仅声呐、带回声测深仪的声呐）。各船只在一个月内激活和停用的信标/浮标、丢失的 FAD 信标/浮标和/或转移的 FAD 的数量。此外要求提供在 1°×1° 网格上有活动浮标的 FAD 的月平均数量估计值	用于报告每季度部署的浮标数量以及 FAD 类型和相关信标
国家科学观察员项目数据	根据国家观察员项目收集的数据。提交观察到的兼捕渔获物，包括船队与海龟之间的互动以及附带的海鸟兼捕渔获物	报告国内科学观察员计划数据的最新电子表格包括 SCRS 的建议，允许 CPC 根据其当前的数据保密政策规定提交数据
港口采样数据	通过国家观察员项目收集的数据和信息	按国家和季度划分的数据：物种组成、按物种划分的捕捞量、长度组成和重量。应尽可能收集适合确定生活史的生物样本

第3章　大西洋热带金枪鱼渔业资源

3.1　大眼金枪鱼

3.1.1　基础生物学

3.1.1.1　形态特征

大眼金枪鱼（*Thunnus obesus*）隶属于硬骨鱼纲鲈形目鲭亚目鲭科金枪鱼属，是最大的金枪鱼种类之一。大眼金枪鱼身体呈梭形，中间粗壮，向着两头逐渐变窄，体高一般要大于叉长的1/4，鱼如其名，大眼金枪鱼的头部和眼睛要比其他的金枪鱼更大。但是大眼金枪鱼的鳞片和牙齿却很小，其牙齿呈小锥形。大眼金枪鱼有两个背鳍，第一背鳍较大较硬，有 11～14 根鳍棘，第二背鳍较小较软，有 12～16 根鳍条，胸鳍有 30～36 根鳍条，臀鳍有 11～16 根鳍条，在第二背鳍和臀鳍的后面生长有 7～10 个小锥形鳍。肝脏分为三叶，表面有纹路。大西洋大眼金枪鱼形态示意图如图 3-1 所示。

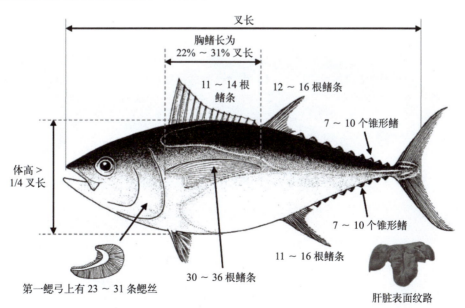

图 3-1　大西洋大眼金枪鱼形态示意图（IEO, 2006）

成年的大眼金枪鱼的背部呈现深蓝色，体侧呈现淡黄色，腹部银灰色，通体有金属光泽，这样的颜色可以让金枪鱼从上看和海面融为一体，从下看和海上的光源融为一体，使得金枪鱼可以很好地隐藏自己。大眼金枪鱼的鳍为黄色，边缘为黑色，体侧各有一道凹痕呈现彩蓝色（图3-2）。

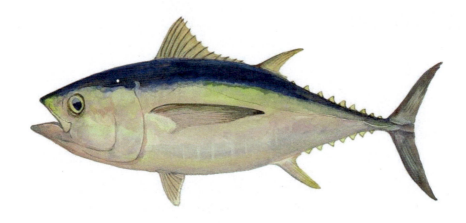

图3-2　成年大眼金枪鱼（IEO, 2006）

未成年的大眼金枪鱼身体为褐色，头部呈现银白色，身体侧后方分布有十条左右的垂直银线（图3-3）。

图3-3　幼年大眼金枪鱼（IEO, 2006）

和其他的金枪鱼种一样，大眼金枪鱼有着强大的游泳能力，它们有着极为发达的循环系统，包括它们的迷网（retia mirabilia，由细小血管组成的网状结构，以保护金枪鱼的大脑不会受血压冲击过大），使得它们可以更好地吸收氧气，并且防止自身肌肉和内脏中的热量流失。除此之外，大眼金枪鱼的皮肤血管更为发达，并且它们拥有着除了蓝鳍金枪鱼之外其他金枪鱼种没有的内脏热交换系统，大眼金枪鱼的血液与氧气的结合力度更大，这些特征使得大眼金枪鱼可以更好地保持热量，并且对氧气的利用效率更高，它们对低温和低氧的耐受力更强，这也是大眼金枪鱼可以生活在更高纬度和更深层海域的原因。

3.1.1.2　种群结构及其分布区域

目前研究已经采用了一些不同的方法来识别种群，并确定大眼金枪鱼渔获物的种群来源，包括标记重捕、表型研究（形态测量）和遗传标记分析：线粒体DNA（mtDNA）和核DNA（nDNA）。标记重捕实验结果显示，大眼金枪鱼会从几内亚湾跨大西洋迁移到大西洋中部和东部（Pereira，1995），自20世纪80年代中期以来被认为是一个单一的种群。大眼金枪鱼在大西洋两边的赤道附近（10°N至10°S）产卵。

1998年，Alvarado Bremer等（1998）分析了来自三个大洋的248个个体的mtDNA序列，发现大西洋和印度洋—太平洋之间的遗传差异。2000年，Chow等（2000）注意到大西洋大眼金枪鱼种群的同质性，他们再次使用限制酶分析了来自不同地理来源的两个mtDNA序列，分析表明，在大西洋和印度洋之间没有基因流动。

Martínez和Zardoya（2005）分析了来自不同大西洋地区（几内亚湾、索马里、加拿大、加那利群岛和亚速尔群岛）和印度洋一个地区的个体的遗传结构。再次基于mtDNA序列差异研究，来自大西洋不同地理区域的样本之间没有观察到遗传差异，结果是稳定的。同时证实存在一个特定的大西洋支系。

就目前对大眼金枪鱼的管理而言，根据遗传学方面的工作和其他证据如鱼类的时空分布和标记个体的移动，整个大西洋仅有一个大眼金枪鱼种群的假设仍被接受。然而，不应排除其他可能的情况，例如存在北部种群和南部种群。

3.1.1.3　生物学特征

（1）年龄与生长

大西洋大眼金枪鱼大多数成年个体的叉长在170厘米左右，幼鱼个体在40

厘米左右，目前捕获到的最大个体可达 250 厘米叉长，最重个体的重量达到了 210 千克。根据 Fonteneau 和 Marcille 的研究（1991），大眼金枪鱼的最大年龄可达到 15 龄，目前发现的大眼金枪鱼最大年龄为 11 龄。

大西洋大眼金枪鱼的第一个生长参数是通过应用 Petersen 方法（也被称为模态演进方法，modal progression）获得的，该方法基于分别计算在延绳钓和水面捕捞中获得的不同体长的大眼金枪鱼样本（Marcille et al., 1978）。Champagnat 和 Pianet（1974）的研究显示了叉长范围为 60～140 厘米的大眼金枪鱼在大西洋不同地区（达喀尔和黑角）的生长方程，结论是这两个地区之间没有明显的差异。

其他研究者使用直接阅读的方法来确定年龄（Draganil et al., 1984）和基于个体标记重捕的方法（Miyabe, 1984），显示出黄鳍金枪鱼和大眼金枪鱼的生长曲线之间的显著差异。

一些生长研究表明，在大西洋岛屿附近，发现雄性和雌性的方程式没有明显的差异（Alves et al., 1998; Ele Molina et al., 1986; Shomura et al., 1963）。

直到 2005 年，ICCAT 采用的是 Cayré 和 Diouf（1981）根据商业捕捞数据提出的生长方程。根据上述研究的结果，不存在体长低于 60 厘米幼鱼生长缓慢的情况，大西洋北半球和南半球的热带地区的大眼金枪鱼生长方程之间也没有任何显著差异。Hallier 等（2005）提出了一个 Von Bertalanffy 生长方程，结合了商业渔业数据以及通过读取叉长范围为 29～190 厘米的样本个体所获得的年龄数据（表 3-1）。

表 3-1　大西洋大眼金枪鱼生长方程

区域	方法	渐近体长 L_∞（厘米）	生长率常数 K	年龄常数 t_0	来源
东大西洋	标记重捕；耳石	217.3	−0.18	0.700 9	Hallier et al.（2005）

Parks 等（1982）所开发的大眼金枪鱼体重体长方程至今仍被 ICCAT 采用，数据来源于东大西洋渔业的 3 186 个鱼类个体，叉长范围为 37～210 厘米，其研究结果和 Lenarz（1971）的研究结果以及 Chur 等（1980）的研究结果非常相似。

Parks 等（1982）的研究结果表明，由于地区、捕捞季节和性别的不同，体长体重比可能存在明显的差异。

Liming 等（2005）通过研究获得了雄性个体、雌性个体和雌雄混合的体长体重和毛重（RWT）－净重（DWT）关系。Morita（1973）和 Choo（1976）确定了毛重和去内脏重量（GWT）之间的转换系数为 1.16。Choo（1976）的研究表明上述系数会随着鱼类体型而变化（表 3-2）。

表 3-2　大西洋大眼金枪鱼体长体重关系

区域	关系式	来源
东大西洋	$W = 2.396 \times 10^{-5} \times LF^{2.9774}$	Parks et al.（1981）
西大西洋	$RWT = 1.16 \times GWT$	Morita et al.（1973）
东大西洋	$DL_1 = -21.451 + 5.28756\sqrt{LF}$ ； 若 $LD_1 > 48$, FL$= \left[\dfrac{DL_1 + 0.5 + 21.45108}{5.28756}\right]^2$	Champagnat 和 Pianet（1974）
大西洋	$DW = 1.5286 \times 10^{-5} FL^{3.0192}$ 雄性：$DW = 1.61002 \times 10^{-5} FL^{3.0098}$ 雌性：$DW = 1.49988 \times 10^{-5} FL^{3.0205}$	Liming et al.（2005）

* W 为鱼体重量，LF 为叉长，RWT 为毛重，GWT 为去内脏重量，DL_1 为第一背鳍长。

（2）性成熟度和性比

大多数研究认为大眼金枪鱼最小的性成熟体长为 100 厘米左右。在西太平洋，50% 的雌性繁殖时，初次性成熟体长为 135 厘米，最小的性成熟体长为 102 厘米（KM, 2006）。根据 Matsumoto 和 Miyabe（2002）的研究成果，在达喀尔水域的大眼金枪鱼，50% 雌鱼初次性成熟体长为 110 厘米；在阿比让水域的大眼金枪鱼，53% 雌鱼初次性成熟体长为 100 厘米。一般来说，大多数研究是基于使用延绳钓渔业捕获的个体（Gaikov, 1983），并且不约而同地显示在所有研究的大西洋地区，超过一定体长的雄性个体比例更大。

Gaikov（1983）通过对 1965—1975 年来自大西洋不同地区的 3.18 万条大眼金枪鱼个体的样本量进行性别比较，并研究了性成熟个体的季节性动态。结果表明，除东北大西洋外，雄性比雌性数量更多。

Pereira（1995）所做的研究结果表明大多数体长组的大眼金枪鱼性别比为 0.92（雄性/雌性），表明雌性的数量在总体上略占优势，而在 70 厘米以下和 155 厘米以上的个体中，雄性的数量多于雌性。在另一项基于 1981—1986 年间 1 480 个鱼类个体的调查中，雌雄性别比为 0.9，表明除了在超过 160 厘米叉长的个体和小个体中雄性占主导地位外，雌性略占优势。

Miyabe（2003）的研究认为，雄性的比例随着体形的增加而增加，基本上是叉长 160 厘米以上的个体性别比通常在 0.5 以上（雄性/总数）。雄性占主导地位的情况在热带水域尤其普遍。

大眼金枪鱼年度计划研讨会上发布的一项研究结果表明，除了巴西以南的水域，在 150 厘米叉长以上的体长组中雄鱼的数量占优势（Tunas et al., 2005）。

（3）繁殖

大眼金枪鱼的产卵主要在夜间进行。据估计，大眼金枪鱼从下午六时开始产卵，直到午夜以后，每天都会沉积鱼卵（Matsumoto et al., 2002）。在太平洋也得到类似的结果（Nikaido, 1991）。这种倾向在夜间产卵可能是为了尽量减少掠夺或紫外线的危险（KM, 2006）。产卵发生在生物生产力高的地区：局部涡流和局部海山的边界附近，赤道海流的锋面区域和南向贸易海流的北支（Rudomiotkina, 1983）。在赤道附近一个温度高于 24℃ 的广大区域，从巴西海岸到几内亚湾，全年都有产卵活动。产卵特别普遍：1—6 月在巴西南部，12 月至翌年 4 月在几内亚湾，一年中第三季度在巴西和委内瑞拉东北海岸附近赤道的广大地区（Fonteneau et al., 1991）。然而，在东大西洋北部如佛得角群岛以及塞内加尔等海域，产卵期减少到 7—9 月，在南部（刚果-安哥拉）从 11 月至翌年 2 月（Rudomiotkina, 1983）。

大眼金枪鱼的鱼卵是浮性卵，有一个单一的脂肪球（Kikawa, 1953），直径范围在 0.8～1.2 毫米之间。幼鱼在产卵后 86 小时发育（Yasutake, 1973）。大眼金枪鱼幼鱼最常出现在温度高于 28℃，盐度为 33.8～36.0 的地方，仅有极少数在温度低于 24℃ 的地区。它们可以通过大脑中间区域、内脏、颚尖和尾部的腹侧边缘的色素识别（Ambrose, 1996）。根据 FAO 官网的数据，每个个体的卵子数量估计每年在 $2.9 \times 10^6 \sim 6.3 \times 10^6$ 颗。

（4）自然死亡率

自然死亡率（Natural Mortality）是评估种群状况的最重要参数之一，但也是最难估计的参数之一。就大眼金枪鱼和其他金枪鱼物种而言，自然死亡率取决于年龄（Fonteneau et al.，2005）。2005 年，ICCAT 开展的大眼金枪鱼资源评估中，假定在大眼金枪鱼生命最初的两年，年龄小个体的自然死亡率较高（0.8），年长个体自然死亡率较低（0.4）（Tunas et al.，2005）。其他研究者在生命周期过程中使用不同的自然死亡率。根据 Hampton（2000）的研究，自然死亡率模式应该分成三个阶段：早期死亡、稳定死亡和衰老（U 型曲线），自然死亡率数值根据物种的生态学或生物功能消耗的能量而不同（Tunas et al.，2005）。Fonteneau 和 Pallarés（1999）也支持 ICCAT 在 1984 年所采用的假设（Merino et al.，2020），认为小个体的自然死亡率与它们共享栖息地和形成群体的物种的自然死亡率相似。特定的自然死亡率同样可以由性别决定，由于产卵期间消耗的能量，雌性的自然死亡率较高（Harley et al.，2003）。Gaertner 和 Hallier（2003）发现约57 厘米叉长的幼鱼的即时死亡率符合以前的估计，在 0.62～0.67/ 年的范围内；毛里塔尼亚和塞内加尔地区的年龄小大眼鱼的年度 M 为 0.58（Gaertner et al.，2003）。Fagundes 等（2001）使用 Rikhter 和 Efanov 于 1976 年提出的经验方程计算自然死亡率，得出 3 龄、4 龄和 5 龄个体的自然死亡率数值分别为 0.53、0.41 和 0.32。

2021 年大西洋大眼金枪鱼资源评估会议上，ICCAT 使用的自然死亡率采用了三种关于最大年龄假设，计算基于特定年龄的自然死亡率向量。①假设最大年龄为 17 龄，1～10 龄的自然死亡率分别为 0.978、0.613、0.481、0.414、0.375、0.350、0.333、0.322、0.313、0.307、0.303。②假设最大年龄为 20龄，1～10 龄的自然死亡率分别为 0.820、0.514、0.403、0.347、0.314、0.293、0.279、0.270、0.263、0.258、0.254。③假设最大年龄为 25 龄，1～10 龄的自然死亡率分别为 0.668、0.419、0.329、0.283、0.256、0.239、0.228、0.220、0.214、0.210、0.207。

3.1.1.4　生态学特性

（1）摄食

大眼金枪鱼是机会主义的捕食者，其捕食对象在时间和空间上是不同的。根据 Lebourges-Dhaussy 等（2000）研究，微型鱼类是大眼金枪鱼摄食食物的最大组成部分。大眼金枪鱼以头足类、海藻类和中层鱼类为食，因此与其他金枪鱼相比，它的摄食受纬度或与海岸的距离影响较小（De Especie ICCAT et al., 2006）。有记录显示，大眼金枪鱼垂直移动以捕食来自深层散射层的生物（根据不同的地区，白天的深度从 200～500 米不等）。在其他的研究发现中，头足类和银棘斧鱼、灯笼鱼珠眼蜥鱼、软框灯鱼也是大眼金枪鱼食谱的组成部分（Da silva et al., 2019）。在东大西洋，Ménard（2000）等观察发现到幼年大眼金枪鱼会以小型中上层发光鱼为食。

（2）洄游

大眼金枪鱼是一个非常善于洄游的物种。标记重捕数据显示，大眼金枪鱼的游速比黄鳍金枪鱼快，与鲣鱼相当。大眼金枪鱼洄游的路线由季节、年龄大小以及洄游性质决定（如生殖洄游和营养洄游）。

在东大西洋产卵区，年龄小的个体（叉长为 30～70 厘米）倾向于向赤道地区（几内亚湾）洄游，与年龄小的鲣鱼和黄鳍金枪鱼形成混合鱼群。年龄更小的大眼金枪鱼会一直留在这个地区，直到春天，他们开始向热带地区洄游（Hallier, 2005）。他们沿着非洲海岸从洛佩斯角到塞内加尔和毛里塔尼亚（Miyabe, 1984）。有些继续朝向亚速尔群岛、加那利群岛与马德拉（Nates-Parra et al., 2021），以 10 英里／天的速度，或从几内亚湾内部向大西洋中部洄游。70～100 厘米叉长的成年个体从几内亚湾向北前往塞内加尔和歇尔布罗岛，或者向南洄游前往安哥拉。它们在洄游过程中会遇到很多竿钓船，4—9 月间在洛佩兹角和 11 月至翌年 1 月间在利比里亚有大量的捕获。在加那利群岛被标记的个体中，有一部分沿着海岸线向南亚热带地区洄游（Ele Molina et al., 2002），并由于营养原因向大西洋中部洄游。他们也向赤道洄游以进行繁殖（生殖洄游）。在达喀尔的主要竿钓捕捞季节为 8—12 月，很少有大眼金枪鱼向北洄游。在 10—11 月期间，向群岛洄游的大眼金枪鱼会返回南方。

标记重捕研究显示，大眼金枪鱼会从几内亚湾到巴西北部的跨大西洋洄游，以及从几内亚湾邻近非洲海岸线的洄游（Pereira, 1995）。但是目前有关于大眼金枪鱼在西大西洋的洄游情况的研究较少，但是也有研究者指出，当条件有利时，大眼金枪鱼会向巴西南部和东南部洄游。

标记重捕实验的结果显示，大西洋大眼金枪鱼洄游路径类似鲣鱼和黄鳍金枪鱼，记录了标记个体从美洲海岸到几内亚湾的跨大西洋洄游。在东大西洋，已经观察到从几内亚湾到北方的渔场，如亚速尔群岛，以及到南方（安哥拉）的洄游，以及它们相应的返回路线。在西大西洋（在那里被标记的大眼金枪鱼要少得多），沿着北美海岸观察到大范围的洄游，少数个体达到北纬 50°。

3.1.2　渔业及历史捕捞量

3.1.2.1　渔业概述

1991—2000 年，大眼金枪鱼的年捕捞量一直维持在 10 万～14 万吨，这段时间的高产量的主要原因是各捕捞方长期保持较大的捕捞努力量，造成大眼金枪鱼资源量迅速衰减，ICCAT 注意到了这一点，也开始对大眼金枪鱼渔业进行严格的配额管控。因此 2000 年之后，大眼金枪鱼的年捕捞量持续走低，2005年之后开始趋于稳定（图 3-4）。当前，大眼金枪鱼仍然是 ICCAT 重点养护管理的鱼种，年捕捞量一直控制在 6 万～8 万吨的区间内。自 1950 年以来，全球的捕捞方陆续开始发展大西洋大眼金枪鱼渔业，其中欧盟和日本入场时间最早，历史捕捞总量也位列前二位，入场时间也较早的国家和地区还有中国台湾和韩国，历史捕捞总量位列三、四位。大西洋大眼金枪鱼各捕捞方历年捕捞量占比如图 3-5 所示。

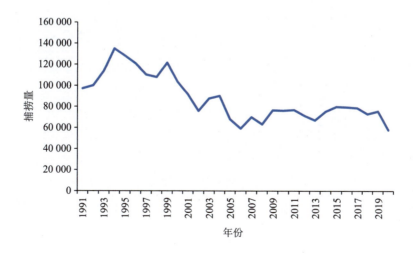

图 3-4　1991—2020 年大西洋大眼金枪鱼捕捞量

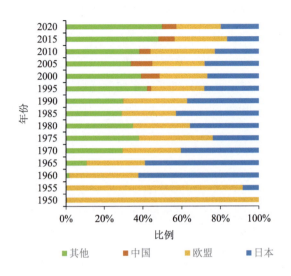

图 3-5　大西洋大眼金枪鱼各捕捞方历年捕捞量占比

　　大西洋大眼金枪鱼渔业的主要作业方式为延绳钓、竿钓和围网，其中最主要的作业方式为延绳钓，在大西洋大眼金枪鱼渔业中，延绳钓的年捕捞量占比一直在 50% 以上，在其中某些年份的占比甚至超过了 60%（图 3-6）。

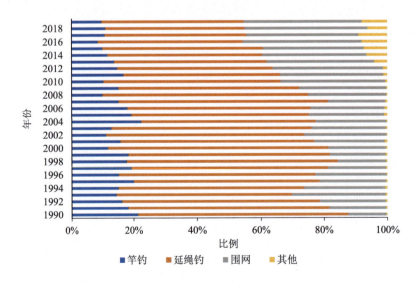

图 3-6　大西洋大眼金枪鱼各捕捞方式历年捕捞量占比

3.1.2.2　中国

相较于其他国家来说，中国进行大眼金枪鱼捕捞生产的时间较短，1993年才开始在大西洋进行大眼金枪鱼的捕捞作业。中国的作业方式为延绳钓。在开始捕捞的前几年，中国的年捕捞量较少，2000年之后稳定在0.7万吨左右，2010年之后出现了一些波动，近几年中国在大西洋大眼金枪鱼的年捕捞量在0.5万~0.6万吨左右（图3-7）。

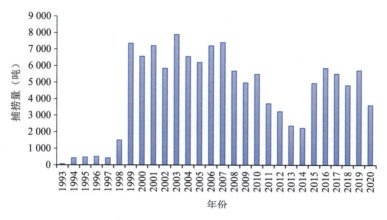

图3-7　中国大眼金枪鱼历年捕捞量

3.1.2.3　日本

日本自1962年开始在大西洋捕捞大眼金枪鱼。截至2020年，历史总捕捞量为118.25万吨。日本在大西洋进行大眼金枪鱼捕捞作业的时间比欧盟要晚，但是捕捞强度要远远大于欧盟，特别是20世纪60年代初期，日本的大眼金枪鱼捕捞量占比达到了60%以上，超过其他国家捕捞量之和。20世纪70年代之后，日本大眼金枪鱼捕捞量有所减少，但是仍然维持在30%~40%左右，80年代全球海洋渔业兴盛，日本对于金枪鱼的捕捞也达到了峰值。2000年之后，日本对于大眼金枪鱼的捕捞量逐步减少，年捕捞量在1.5万吨左右，近年来更是进一步减少，年捕捞量一度跌破1万吨，但目前日本仍然是大西洋大眼金枪鱼第一捕捞大国。日本在大西洋捕捞大眼金枪鱼的作业方式主要为延绳钓，另外有少量的围网和竿钓（图3-8）。

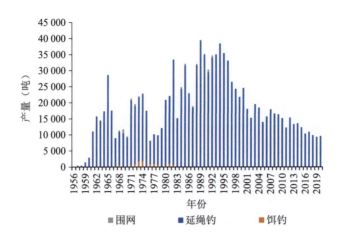

图 3-8　日本大眼金枪鱼主要捕捞方式历年捕捞量

3.1.2.4　欧盟

欧盟为最早在大西洋进行大眼金枪鱼作业的捕捞方，也是自 1950 年以来捕捞总量最多的捕捞方之一，其渔业在 1990—1996 年达到峰值，在 1994 年达到了 3.80 万吨，后期随着 ICCAT 对大眼金枪鱼的严格管理，欧盟的捕捞量逐渐减少，2010 年之后有所回暖，年捕捞量在 2 万吨左右。欧盟的捕捞方式繁多，主要为围网和竿钓，延绳钓较少，欧盟也是围网和竿钓作业的主要国家之一（图 3-9）。

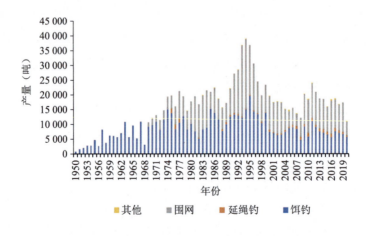

图 3-9　欧盟大眼金枪鱼主要捕捞方式年捕捞量

3.1.3　资源状况

2021 年资源评估仍采用与 2018 年相类似的评估模型，并使用 2019 年的新数据。由于对大眼金枪鱼的最大年龄提出新的假设，评估与管理使用了新的模型，所以自然死亡率也有了较大的改变。2021 年大西洋大眼金枪鱼的资源状况评估基于非平衡剩余产量模型（Biomass Production Model，MPB）、贝叶斯空间状态模型（Just Another Bayesian Biomass Assessment，JABBA）和种群综合模型（Stock Synthesis, SS）三者的综合结果。

最终的管理建议基于 SS 模型的评估结果，SS 模型可以输入更详细的信息，包括所评估物种的生物学数据、渔业数据、不同船队和渔具组件的大小数据和选择性。SS 模型可以对不同船队的选择性变化进行建模，并研究不同渔业渔获物的大小、年龄结构对种群动态、生产力和捕捞死亡率的影响。SS 模型包含 27 个参数，所有这些参数都被赋予相同的权重。非平衡和贝叶斯空间状态这两种生产模型的结果用来估算种群资源状况。JABBA 和种群综合模型的相对生物量（B/B_{MSY}）和相对捕捞死亡率（F/F_{MSY}）轨迹描绘了类似的模式。

SS 模型结果显示，从渔业开始，产卵种群生物量（SSB）长期下降，从 1970—2000 年加速下降，在过去 20 年中 SSB 相对稳定。从渔业开始到 1999 年，相对捕捞死亡率增加，从 1999—2008 年迅速下降，此后一直相对稳定。尽管最近的 SSB 相对稳定，但 2015—2019 年近期的补充量估计显示出增加的趋势（图 3-10 和图 3-11）。

SS 模型的 Kobe 图显示 1950—2019 年捕捞死亡率增加和产卵群体生物量减少的轨迹趋向 Kobe 图的红色区域（$F > F_{MSY}$ 和 $SSB < SSB_{MSY}$）。捕捞型过度捕捞始于 1993 年左右，种群在 1997 年左右出现资源型过度捕捞，因此处于红色象限，并且此后的大部分年份均处于红色象限，直到近几年不再出现捕捞型过度捕捞（图 3-12）。

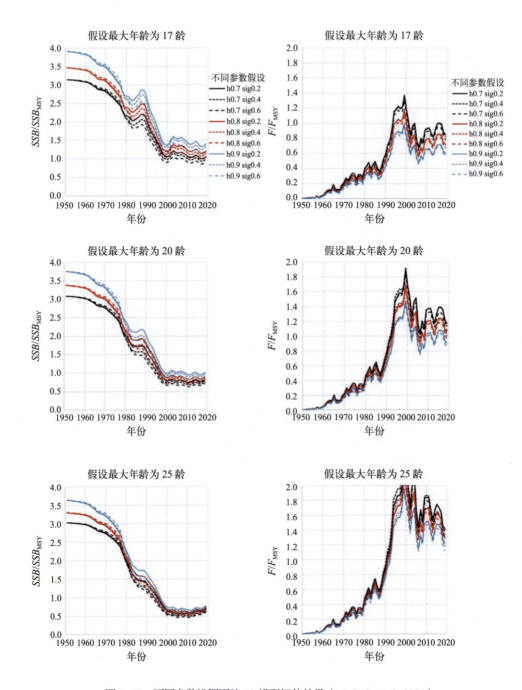

图 3-10　不同参数设置下的 SS 模型评估结果（M. Ortiz et al., 2021）

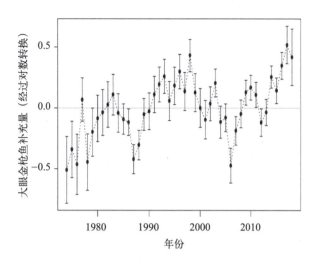

图 3-11　对数形式的补充量偏差结果（M. Ortiz et al., 2021）

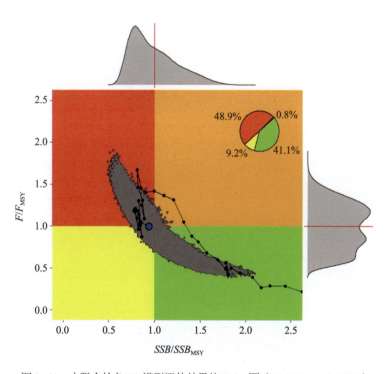

图 3-12　大眼金枪鱼 SS 模型评估结果的 Kobe 图（M. Ortiz et al., 2021）

基于不确定性网格中位数的评估结果显示，2019 年大西洋大眼金枪鱼处于资源型过度捕捞（SSB_{2019}/SSB_{MSY} 中位数为 0.94，80% 置信区间分别为 0.71和 1.37）且未处于捕捞型过度捕捞（F_{2019}/F_{MSY} 中位数为 1.00，80% 置信区间为 0.63 和 1.35），最大可持续产量 MSY 平均值估计为 8.68 万吨（80% 置信区间为 7.22 万～10.64 万吨）。

基准模型的评估结果显示 SSB_{MSY} 长期增加，而 MSY 普遍长期下降，这种变化是由于转向捕获更大比例的较小个体而导致的总体选择性变化。由于这种转变，目前对 MSY 的估计低于过去几十年的结果。由于未向委员会提交此类变化的证据，评估中未考虑其他潜在的补充量变化来源。

目前对 2019 年资源状况的估计比 2017 年资源状况更为乐观。敏感性分析表明，种群状况的这种变化部分是由于评估中使用了新的延绳钓联合指数取代了2018 年延绳钓联合指数，并纳入了新的基于年龄的自然死亡率（表 3-3）。

表 3-3　2021 年大西洋大眼金枪鱼资源评估概要

评估结果	
最大可持续产量	8.68 万吨
2020 年捕捞量	5.75 万吨
SSB_{2019}/SSB_{MSY}	0.94
F_{2019}/F_{MSY}	1.00
2019 年资源状况	处于资源型过度捕捞，且未处于捕捞型过度捕捞
现行管理养护措施	Rec.16-01, Rec.18-01, Rec.19-02 2020 年和 2021 年缔约方和合作非缔约方、实体或渔业实体的总可捕量分别定为 62 500 吨和 61 500 吨 - 延绳钓船数量的具体限制；中国（65）、菲律宾（5）、韩国（14）、欧盟（269）和日本（231） - 围网渔船数量的具体限制；欧盟（34）和加纳（17） - 2021 年 1 月 1 日至 3 月 31 日，在整个《公约》区域内禁止使用天然或人工漂浮物进行捕捞 - 任何时候船只使用的 FAD 不超过 300 个 - 使用非缠绕式的 FAD

3.1.4　管理措施

大眼金枪鱼作为大西洋重要的经济鱼种，一直都是 ICCAT 重点关注的对象之一。随着海洋捕捞技术的发展，捕捞强度持续增加，大眼金枪鱼被过度捕捞，资源严重衰退。面对大西洋大眼金枪鱼资源枯竭等问题，ICCAT 出台了多项管理措施，以保证大眼金枪鱼的可持续发展（张丽，2022）。

1979 年，ICCAT 出台了针对大眼金枪鱼的第一项管理措施，其中规定禁止捕捞 3.2 千克以下的大眼金枪鱼上岸，对于偶然捕捞的重量小于 3.2 千克的大眼金枪鱼不能超过该次总捕捞量的 15%。此条例对大眼金枪鱼的管理效果并不太好，大眼金枪鱼的捕捞量仍然在逐年提升，乃至于在 1994 年大眼金枪鱼捕捞量达到了顶峰 13.49 万吨。1995 年，ICCAT 出台了针对大眼金枪鱼的第二项管理措施，这是 ICCAT 首次将 MSY 引入大眼金枪鱼管理之中，也是第一部涉及人工集鱼装置（Fish Aggregating Devices，FAD）管控的条例，其中规定：

①敦促各捕捞方将其捕捞量减少到低于 MSY 的水平；

②从事赤道表层渔业并捕获大量 3.2 千克以下大眼金枪鱼的国家应在 1996 年期间执行全面观察方案：a. 确定因使用 FAD 而捕获的体长过小的鱼类的发生率，特别强调时间 / 区域分析；b. 确定竿钓船队作业中捕获小鱼的发生率，特别强调时间 / 区域分析；

③SCRS 根据这些观察计划和其他可用信息，制定规范 FAD 使用的具体建议，以及减少赤道表层渔业中小鱼捕捞量的必要措施；

④SCRS 分析应用第 3 段中提到的措施的影响；

⑤敦促各捕捞方采取措施减少其对体长过小的鱼类的捕捞量。

1996 年 ICCAT 出台条例，要求缔约方在大眼金枪鱼和黄鳍金枪鱼延绳钓船上增派科学观察员，1997 年对各大眼金枪鱼捕捞方将年捕捞量降至 MSY 以下的要求更为强烈与强硬，并且开始对大眼金枪鱼渔船进行登记注册，限制其吨位，同年 ICCAT 出台条例，规定中国台湾地区 1998 年大眼金枪鱼的配额为 1.65 万吨，这也是目前 ICCAT 所使用的 TAC 管理制度的前身。1998 年 ICCAT 设立了禁渔期和禁渔区，并且完善了观察员制度，其规定如下：

①悬挂缔约方和合作的非缔约方、实体和渔业实体旗帜的围网渔船，在下文

第 2 款和第 3 款规定的期间和区域内，应禁止在漂浮物上进行捕捞；

②第 1 款所指的区域如下：南界：4°S；北界：5°N；西界：20°W；东界：非洲大西洋沿岸；

③第 1 款的禁止所涉期间为 1999 年 11 月 1 日至 2000 年 1 月 31 日；

④第 1 款所指的禁止包括：禁止发射一切漂浮物；禁止在人造物体上进行捕捞；禁止在自然物上进行捕捞；禁止使用辅助船进行捕捞；

⑤在 2000 年，SCRS 将分析该措施对鱼类种群的影响，以及该措施的地区和日期，并将建议任何可能被认为是提高其有效性所必需的修改；

⑥缔约方应确保本措施所涉及的所有围网渔船在整个期间都有一名观察员在船上，观察员应遵守第 1 款至第 4 款所述的禁令；

⑦观察员应具备下列技能，以便履行其职责：有足够的经验来识别物种和渔具、航海技能，熟悉 ICCAT 的养护管理措施；有能力执行基本的科学任务，例如根据要求收集样品，并进行准确的观察和记录；熟悉被观察船只的旗语。

1998 年还加强了对大型捕捞船的管控，包括：

①每一缔约方或合作非缔约方、实体或渔业实体应在 1999 年及其后限制其总长大于 24 米的渔船的数量，但休闲渔船除外。将在《ICCAT 公约》区域捕捞大眼金枪鱼的渔船平均数量与在《ICCAT 公约》区域实际捕捞大眼金枪鱼的渔船平均数量之比为即 1991 年和 1992 年。对渔船数量的这种限制应与总注册吨位的限制相联系，以不增加总捕捞能力。

②在 1999 年 8 月 31 日之前，每一缔约方或合作的非缔约方、实体或渔业实体应向委员会报告根据上文第 1 款确定的渔船数量限制和计算依据。委员会应在 1999 年会议上审查这种限额及其计算基础是否适当。

③上文第 1 款和第 2 款不适用于最近五年平均每年捕获大眼金枪鱼少于 2 000 吨的缔约方或合作非缔约方、实体或渔业实体。如果任何这些缔约方 / 实体或捕捞实体在 2001 年之前的年捕捞量超过 2 000 吨，委员会应审议并酌情建议适用于它们的新的大眼金枪鱼养护措施。

④委员会将在 1999 年审议各种养护措施的备选办法，以管理以金枪鱼和类金枪鱼为目标的其他渔业兼捕的大眼金枪鱼。

⑤委员会应在 2001 年会议上结合种群恢复计划审查这一努力控制的有效性。

⑥虽有上述第 1 款的规定，委员会应要求中国台湾地区将 1999 年及以后大西洋大眼金枪鱼的捕捞量限制在 16 500 吨，捕捞大西洋大眼金枪鱼的渔船数限制在 125 艘。对渔船数目的这种限制应与总注册吨位的限制相联系，以免增加总捕捞能力。

⑦在不妨碍充分执行本建议的情况下，缔约方应根据国际法规定的权利和义务，考虑到所有有关国家、实体和渔业实体的利益，特别是发展中沿海国家在发展本国渔业方面的利益。在这方面，双方认识到可能需要采取进一步行动，以符合确保渔业资源可持续性的需要。

其中对中国台湾地区的渔船数量管控也是 ICCAT 日后对各缔约方捕捞能力管控的雏形。ICCAT 目前的主要管理措施：总可捕捞量（Total allowable catch, TAC）、捕捞能力管控、FAD 的管控以及禁渔区和禁渔期，在起步阶段都已有了雏形，为后续养护管理措施的更新修订打下了坚实基础。

2001 年 ICCAT 首次对我国规定配额：大眼金枪鱼配额 4 000 吨，限制渔船 30 艘，注册登记渔船总数在 2001 年及以后保持在 60 艘，2002—2004 年配额分别定为 4 000 吨、5 000 吨、5 000 吨，但是我国为了维护自身的利益，向此条配额提出反对意见，最终实现 2000 年自主配额 6 000 吨，2002 年自主配额 7 300 吨。2005 年 ICCAT 出台了大眼金枪鱼多年养护与管理条例，这一管理策略一直沿用至今，包括多年配额，大型渔船持有数管控，FAD 管控以及禁渔区和禁渔期。如果某一年 CPC 总捕捞量超过 TAC，超出的部分在后续年份中调减，另外对大眼金枪鱼船只捕捞能力、捕捞 TAC，超出的部分在后续年份中调减，另外对大眼金枪鱼船只捕捞能力、捕捞大眼金枪鱼特定授权、船只记录、捕捞限额、捕捞量记录及捕捞活动都作了细致的规定，还增加了过度捕捞的惩处机制："CPC 在任何两个连续管理期内超过其捕捞量限制，将采取包括但不限于将其捕捞量配额扣除超额捕捞的 125%，必要时采取贸易限制措施：对目标物种的进口限制，贸易措施的期限和条件由 ICCAT 决定。"（表 3-4 和表 3-5）

表 3-4　2005—2008 年大西洋大眼金枪鱼捕捞配额（吨）

CPC	2005 年	2006 年	2007 年	2008 年
中国	5 400	5 700	5 900	5 900
欧盟	25 000	24 500	24 000	24 000
加纳	4 000	4 500	5 000	5 000
日本	27 000	26 000	25 000	25 000
巴拿马	3 500	3 500	3 500	3 500
总额（TAC）	90 000	90 000	90 000	90 000
总额（TAC）	90 000	90 000	90 000	90 000

表 3-5　2011—2018 年大西洋大眼金枪鱼捕捞配额（吨）

CPC	2011 年	2012—2015 年	2016—2018 年
中国	5 572	5 572	5 376
欧盟	22 667	22 667	16 989
加纳	4 722	4 722	4 250
日本	23 611	23 611	17 696
巴拿马	3 306	3 306	—
韩国	1 983	1 983	1 486
菲律宾	1 983	1 983	286
总额（TAC）	85 000	85 000	65 000

3.2　黄鳍金枪鱼

3.2.1　基础生物学

3.2.1.1　形态特征

黄鳍金枪鱼（*Thunnus albacares*），隶属于鲈形目鲭亚目鲭科金枪鱼属。黄鳍金枪鱼身体细长，呈现纺锤形，体高往往小于叉长的四分之一，头部和眼睛较小，身体侧面较扁，身体上披覆有细小鳞片，牙齿为小圆锥形，有两个不相连的背鳍，叉长大于 120 厘米的黄鳍金枪鱼个体的第二背鳍和臀鳍非常长，可达到叉长的 20%，其中第一背鳍有 11 ～ 14 根鳍棘，第二背鳍有 12 ～ 16 条鳍条，胸鳍长约为叉长的 22% ～ 31%，有 30 ～ 34 根鳍条，尾部呈细柄状，上下两侧分布有 7 ～ 10 个小锥形鳍。黄鳍金枪鱼背部为蓝黑色，有金属光泽，腹部呈现银白色，体侧为金黄色，胸鳍也为金黄色，第一背鳍呈现深黄色，第二背鳍和臀鳍呈现浅黄色，有时候臀鳍会呈现出银白色。腹部不连续的垂直白线，年龄小个体的白线会从体侧一直延伸至下腹，随着年龄的增大，白线会逐渐缩短，直至消失。大西洋黄鳍金枪鱼形态示意图如图 3–13 所示。

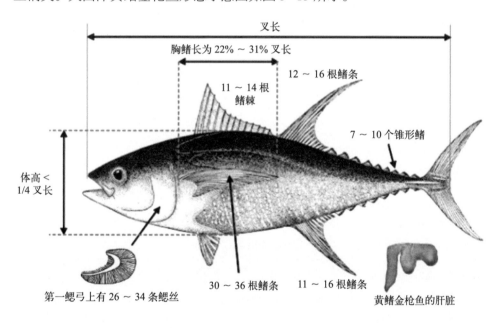

图 3–13　大西洋黄鳍金枪鱼形态示意图（IEO, 2006）

黄鳍金枪鱼的肝脏有三个肝叶，其中右肝叶最大，这和大眼金枪鱼与鲣鱼不同，他们都是中肝叶最大。85% ～ 95% 的个体鼻腔内都有寄生虫（卡氏嗜鼻虫），这种寄生虫不会寄生大眼金枪鱼，是鉴别黄鳍金枪鱼和大眼金枪鱼幼鱼的手段之一（Stunkard, 1962）。黄鳍金枪鱼的第一鳃弓有 26 ～ 34 条鳃丝，相比于其他金枪鱼来说，黄鳍金枪鱼的背部红肌肉更多。

3.2.1.2　种群结构及其分布区域

黄鳍金枪鱼广泛分布于大西洋、印度洋和太平洋的热带和亚热带海域，地理界限在北纬 45°—50° 和南纬 45°—50° 之间，但是地中海没有并没有其分布（Collete, 1983）。年龄小的黄鳍金枪鱼分布相对在热带沿海地区，随着年龄的增大，黄鳍金枪鱼会逐渐去往亚热带大洋海域活动。

自 1966 年以来，大西洋的黄鳍金枪鱼被认为是两个种群（Wise et al., 1969），分别为栖息在非洲的东部种群和栖息于美洲的西部种群，这两个种群被西经 30° 所分开，但是根据 Fonteneau（1981）和 Honma 和 Hisada（1971）的基于延绳钓数据的研究，这两个种群存在着交换，Bard 和 Scott（1992）在几内亚湾发现了美洲的黄鳍金枪鱼，他们据此提出大西洋的黄鳍金枪鱼可能存在单一种群的假设。

1993 年，ICCAT 工作组对大西洋黄鳍金枪鱼进行评估时，讨论研究了与种群结构相关的两项议题（Bard et al., 1994; Fonteneau, 1994）。工作组通过对渔获数据进行修正，并回收相关的标记后发现，86% 的黄鳍金枪鱼渔获和 83% 的回收标记均显示为东部种群，研究人员认为这一比例足以推翻两个孤立种群的假设。

根据这些分析，有研究者认为对大西洋黄鳍金枪鱼的评估应在整个大西洋单一种群或随机交配种群的假设下进行，但不排除种群结构和亚种群因洄游而同质化的可能性，因为有四个产卵区：几内亚湾、墨西哥湾、东南加勒比海和委内瑞拉水域（Arocha et al., 2000; Lang et al., 1994; Kim et al., 1990）。这些区域对大西洋黄鳍金枪鱼数量的贡献仍不得而知。

美国合作标记中心 1956—1998 年的标记恢复数据的分析支持了单一种群的假设。在标记的 9 000 个样本个体中，特别是在西北大西洋和墨西哥湾，迄今为止共发现了至少 50 个标记，与成鱼的跨大西洋洄游相对应，所有这些成鱼都是在 1987—1998 年期间从西向东洄游的。遗传群体研究还提供了关于来自不同地区的样品的单倍型序列的差异的数据（Ely et al., 1999; DR, 1993; Ward et al., 2011）。Farnham（2005）对黄鳍金枪鱼相关的序列中的等位基因频率进行的遗传研究表明，几内亚湾的稚鱼和与成鱼墨西哥湾的稚鱼和成鱼之间没有实质性的差异。

3.2.1.3 生物学特征

（1）年龄与生长

目前所发现的最长的黄鳍金枪鱼叉长为 239 厘米，最重的黄鳍金枪鱼个体重量为 200 千克，Froese 和 Pauly 研究认为黄鳍金枪鱼的最大年龄为 8 龄。

黄鳍金枪鱼采用的体长体重方程是 Caverivière（1976）提出的，基于来自大西洋的叉长范围为 32～172 厘米的 6 487 个样本个体，他使用的自变量为第一背鳍长，该结果与 Lenarz（1971）的研究结果相似。

迄今为止发现的大多数体长体重方程都表明雌雄黄鳍金枪鱼之间没有明显的差异。1980 年，Rodríguez 等发表了一项研究，对来自东大西洋中部地区的 2 844 个个体进行了研究，并得出结论，雌雄黄鳍金枪鱼的毛重（RWT）和去内脏重量（GWT）的体长体重方程关系相同（Rodríguez et al., 1980）。然而，也有研究发现在巴西水域发现雄性和雌性的生长方程之间有 1% 的差异（Costa et al., 2005）。在委内瑞拉水域，Gaertner 等（1992）的研究也获得了基于 495 个鱼类个体（体长小于 115 厘米）的体长体重方程的关系（表 3-6）。

表 3-6 大西洋黄鳍金枪鱼体长体重及重量换算方程

区域	关系式	来源
大西洋	$w = 2.153 \times 10^{-5} FL^{2.976}$	Caverivière（1976）
大西洋	$RWT = 1.13 \times GWT$	Morita（1973）
大西洋	$logLF = 1.183 logDL_{1+0.269}$	Caverivière（1976）

* W 为鱼体重量，FL 为叉长，RWT 为毛重，GWT 为去内脏重量，DL_1 为第一背鳍长。

ICCAT 采用的早期根据样本个体的大小采用两种不同的方程式描述了东大西洋黄鳍金枪鱼的生长方程。对于体长在 35～65 厘米之间的样本个体，采用 Bard（1984）提出的慢速幼鱼生长模型，该模型是通过标记重捕法所研究得到的；对于大于 65 厘米的样本个体，采用 Le Guen 和 Sakagawa（1973）提出的模型，该模型是通过模态演进方法（也被称为彼得森方法）获得的。

ICCAT 目前采用的生长模型是基于 Gascuel 等（1992）提出的 von Bertalanffy 方程，结合 Cayré 等在 1988 年所提出的在东大西洋黄鳍金枪鱼生长曲线为两段式的假设所得到的。根据这个模型，黄鳍金枪鱼有一个缓慢的幼年生长阶段（在叉长为 40~65 厘米之间），然后是成年后的快速生长阶段，在这两个阶段之间有一个位于叉长为 90 厘米的拐点。在补充阶段的两个阶段的继承似乎与该物种的洄游特性有关。

在以前的工作中，其他研究者指出，雌性在其成年阶段可能会经历一个生长缓慢的过程，这将显示出与性成熟期不同的生长速度（Albaret, 1976; Bard, 1984）。此外，还有许多在西大西洋进行的生长研究，使用直接读取耳石和第一背鳍的年龄，应用 von Bertalanffy 的对数生长模型（Lessa et al., 2004; Zanquetta, 2020）（表 3-7）。

表 3-7　大西洋黄鳍金枪鱼生长方程

区域	方法	渐近体长 L_∞（厘米）	生长率常数 k	年龄常数 t_0	来源
南大西洋	耳石	230.70	0.267	−0.081	Driggers et al.（1999）
南大西洋	耳石	155.07	0.884	−0.957	Gaertner and Pagavino（1991）

（2）性成熟度与性别比

在东大西洋的几内亚湾，Albaret（1976）的研究确定雄性的性成熟体长为第一背鳍长 32 厘米，该值对应 108.6 厘米叉长，年龄为 2 龄以上。雌性最小性成熟体长为第一背鳍长 28 厘米，对应于 91.4 厘米的叉长。根据 1998 年 Schaefer 的研究结果，在西太平洋，50% 的雌性的初次性成熟叉长为 92 厘米，年龄为 2 龄左右。对于雄性来说，初次性成熟体长比雌性小，叉长为 69 厘米。然而，Sun（2005）等的研究确定在同一地区，50% 的雌性初次性成熟叉长为 107.77 厘米。

观察到在超过 140 厘米体长的个体中雄性的比例较高，Albaret（1976）的研究结果显示性别比为 1.59，在 130~140 厘米叉长范围的个体中雌性占主导地位。Cayré 等（1988）观察到 150 厘米以上的雄鱼占优势，而在较小的鱼中，雌鱼占优势。目前已经提出了不同的假设来解释这一现象，如不同的生长速度、自然的高雌性死亡率或更多的雄性被捕获的事实，主要是因为它们更大。

Capisano 和 Fonteneau（1991）对东大西洋 1974—1988 年期间捕获的 13 978 个黄鳍金枪鱼样本进行的研究，结果与 1976 年 Albaret 的研究结论一样。大多数研究结果显示在体长 124~140 厘米之间的雌性比例较高（52%~58%），体长大于 140 厘米后雄性比例急剧上升。

中西大西洋区域的研究也有类似的结论。Arocha 等（2000）分析了 14 715 个黄鳍金枪鱼样本个体的性别，并再次发现当叉长超过 140 厘米时，黄鳍金枪鱼的雌性比例与雄性比例急剧下降，在叉长范围为 90~140 厘米的个体中雌性比例更高。

Bard 和 Finger（2001）发现几内亚湾内地区有大量的大型雌性个体后，进一步提出了新的假说来解释几内亚湾内地区的黄鳍金枪鱼的集中情况，即这些是在夏季靠近北部海岸的地方产卵群体。

（3）繁殖

根据 Albaret（1977）的研究结果，黄鳍金枪鱼的幼鱼生存于海表温度 24℃以上，盐度为 33.4 的环境中。更多的幼鱼出现在温度超过 28℃，盐度为 34~35 的环境下。黄鳍金枪鱼有一个不确定的繁殖模式，这意味着卵细胞的发展是不同步的，在成熟的个体中可以看到，卵细胞的状态分布频率没有明显的区别（Arocha et al., 2000）。在东大西洋，从加蓬（几内亚湾）海岸到西经 25° 的赤道地区是黄鳍金枪鱼从 10 月至翌年 3 月的主要产卵区（BARD et al., 1992）。在北半球地区（塞内加尔 - 几内亚），黄鳍金枪鱼繁殖的月份从 4—6 月。根据 Vieira（1991）的研究，尽管黄鳍金枪鱼的产卵期每年都有一定的变化，但是都是在佛得角群岛的热季，大约 6—10 月。墨西哥湾和加勒比海东南部活跃的生殖雌鱼的时空分布表明，在中西大西洋区域有两个生殖群体。根据 Arocha 等（2000）的研究，这两个群体在体长和产卵期上是不同的；小于 150 厘米的体长组个体，在 5—8 月在墨西哥湾产卵；150~170 厘米体长组的个体，在 7—11 月在加勒比海产卵。雌性个体以分散方式产卵，每个产卵期平均有 46 次产卵（Arocha et al., 2000），每次产卵的卵细胞数量在 1.2×10^6 个（体长 123 厘米的样本个体）和 4×10^6 个（体长 142 厘米的样本个体）之间变化。

黄鳍金枪鱼的卵为透明漂浮球形。卵细胞的直径在 0.90~1.04 毫米之间

（Mori, 1971），没有脂肪球。它们在26℃下孵化24～38小时。根据个体的大小，一个个体每年会产下5千万～6千万个卵（Cayré et al., 1988）。因此，雌性黄鳍金枪鱼每次产卵量估计在 1.2×10^6 个卵细胞左右，在体长132厘米的个体产卵量在 4×10^6 个卵细胞左右（Arocha et al., 2000）。幼鱼约长2.7毫米，有39块脊椎骨，脑的前部没有色素，颚的下部通常有一个小的黑色体，第一背鳍有色素。幼鱼的胚胎囊沿着背部与大脑相关联，沿着腹侧区域向上洄游，在尾部区域汇合（Ambrose, 1996; Richards, 2005）。胚胎囊由两个直径为1.5毫米的圆柱形袋状组成。

（4）自然死亡率

在对大西洋黄鳍金枪鱼的资源评估中，0龄和1龄（小于65厘米的叉长）鱼的自然死亡系数设定为0.8，2龄以上为0.6（Fonteneau et al., 2005; Labelle, 2004）。然而，不同的研究者指出，一个"U"型的基于年龄的自然死亡率向量会更贴近真实情况，因为幼鱼的自然死亡率会随着它们的生长而减小（在它们生命的开始阶段由于捕食者而很高）。之后自然死亡率将逐步上升，主要是由于个体的老化（Hampton, 2000）。140厘米以上的雄性占多数，可以解释为雌性的自然死亡率值较高。ICCAT对大西洋黄鳍金枪鱼使用的基于年龄的自然死亡率向量与印度洋金枪鱼委员会（IOTC）使用的一致。然而，太平洋共同体秘书处（SPC）和美洲间热带金枪鱼委员会（IATTC）在评估该物种时使用的自然死亡率数值有很大不同。2004年，IATTC的黄鳍金枪鱼资源评估会议上，采用基于季度的自然死亡率（数值从0.5～0.2），其中自然死亡率数值在2龄以下的个体中更高（Hoyle et al., 2004）。

2019年，在大西洋黄鳍金枪鱼资源评估会议中，ICCAT使用的自然死亡率采用了三种关于最大年龄假设，计算基于特定年龄的自然死亡率向量。①假设最大年龄为17龄，0～10龄的自然死亡率分别为0.978、0.613、0.481、0.414、0.375、0.350、0.333、0.322、0.313、0.307、0.303。②假设最大年龄为20龄，1～10龄的自然死亡率分别为0.820、0.514、0.403、0.347、0.314、0.293、0.279、0.270、0.263、0.258、0.254。③假设最大年龄为25龄，1～10龄的自然死亡率分别为0.668、0.419、0.329、0.283、0.256、0.239、0.228、0.220、0.214、0.210、0.207。

3.2.1.4　生态学特征

（1）摄食

黄鳍金枪鱼是机会主义捕食者，因此其摄食在空间和时间上是不同的。根据 Vaske 和 Castello（1998）的研究结果，黄鳍金枪鱼捕食对象的类型与个体大小没有直接关系，Lebourges-Dhaussy 等（2000）进一步确认微型游泳生物是黄鳍金枪鱼食物的主要组成部分。

黄鳍金枪鱼的食物范围很广，它在生物资源匮乏的环境中，如大洋中上层地区仍能获得较为充足的食物。尽管如此，在巴西南部，我们可以观察到黄鳍金枪鱼的食物组成随一年中的不同时间而变化。冬季黄鳍金枪鱼主要以大西洋鸟乌贼为食，春夏主要以小型鱼类和节肢动物为食（Vaske Jr et al., 1998）。

根据 Ménard 等（2000）的研究结果，在自由鱼群中捕获的成年黄鳍金枪鱼胃含物中观察到少鳍方头鲳。据称，其构成了东大西洋黄鳍金枪鱼食物的最大组成部分。这是由于该物种的幼鱼表现出的活动空间的稳定性，它们保持在 30~90 米的深度，不做垂直洄游。幼年黄鳍金枪鱼捕食小型中上层发光鱼类（Gilberti Jordan, 1895; Ménard et al., 2000）。

（2）洄游

基于大西洋标记和基于体长分析捕捞量数据显示，黄鳍金枪鱼在大西洋各处以不同的速度移动（De Especie ICCAT et al., 2006）。迄今为止，黄鳍金枪鱼是热带金枪鱼中被认为进行最大洄游的物种，这意味着大部分种群的定期和周期性洄游（Bard et al., 1992）。鉴于洄游行为随年龄而变化，在研究该物种的洄游时，除考虑长度小于 50 厘米的样本个体外，还可以考虑三个体长年龄组别：仔鱼（50~65 厘米）、幼鱼（65~110 厘米）和成鱼（110~170 厘米），以便更好地了解该物种在大西洋的动态。

长度约 50 厘米的黄鳍金枪鱼在沿海地区活动，洄游距离一般不会超过 30 英里[①]（Bard et al., 1992）。一些幼体向西洄游，并跟随季节性的营养洄游，沿着东大西洋（Bard and Cayré, 1986; Guerra, 1977）和西大西洋（Zavala-Camin, 1976）海岸。对于很难被围网捕捉到的黄鳍金枪鱼成鱼，似乎有向安哥拉和塞内加尔之间的高纬度洄游的趋势，甚至向加那利群岛和亚速尔群岛洄游，这与对幼年黄鳍

[①]　英里为非法定计量单位，1英里 ≈ 1.609千米。

金枪鱼的观察相吻合。成年前黄鳍金枪鱼的洄游发生在整个几内亚湾，并遵循与幼年黄鳍金枪鱼类似的模式（Bard and Cayré, 1986）。成年前黄鳍金枪鱼也在几内亚湾形成鱼群，并遵循周期性的季节性洄游，在热带水域的混合鱼群中，取决于它们的生产力，在佛得角和塞内加尔的北部夏季和在赤道地区的北部冬季检测到集中。当它们达到性成熟时，大多数样本个体会回到产卵区（Bard et al., 1992; Fonteneau, 1994），特别是在每年的第一季度（Foucher et al., 1998），然后沿着热带地区从西北到东南的海洋洄游（Bard and Cayré, 1986）。成鱼在夏季向高纬度地区进行营养性洄游，并在大洋上进行遗传性洄游（Bard et al., 1992），速度为每天 10 英里，平均速度为每小时 1.74 英里。

在西大西洋，在巴西的南部和东南部海岸，在靠近海岸的地方可以观察到集中的幼鱼，在更远的水域，在孤立的浅滩上可以观察到较大的样本个体。在一年中的寒冷月份（5—10 月），可以观察到小的样本个体。此外，8 月至翌年 4 月，该地区的成鱼比例较高；5—7 月，幼鱼的比例增加，可能是由于成鱼在 8 月和9 月的繁殖期向委内瑞拉加勒比海洄游所致（Costa et al., 2005）。Zavala-Camin（1978）发现黄鳍金枪鱼成鱼在 3—8 月和 9 月至翌年 2 月期间，在赤道区和巴西的南部和东南部之间进行 6 个月的索饵洄游。

3.2.2　渔业及历史捕捞量

3.2.2.1　渔业概述

大西洋黄鳍金枪鱼渔业起步于 1950 年左右，最初的捕捞量较小，仅有欧盟国家进行捕捞，随着更多捕捞方的加入，黄鳍金枪鱼的产量自 1956 年开始逐年上升，并在 20 世纪 80 年代末和 90 年代初达到了峰值，其中 1990 年大西洋大眼金枪鱼产量达到了 19.36 万吨，这十年也是全球渔业发展的黄金时间，但是随着捕捞强度的不断增大，黄鳍金枪鱼的资源遭受了破坏，因此 ICCAT 也出台了一系列的养护管理措施，之后的黄鳍金枪鱼产量出现了一定程度的下跌，但是在2013 年后，黄鳍金枪鱼产量开始回暖，目前大西洋黄鳍金枪鱼全球年捕捞量在1 万～1.5 万吨之间（图 3-14）。在大西洋黄鳍金枪鱼渔业作业方式繁多，其中最主要的是延绳钓、竿钓和围网三种作业方式（图 3-15）。

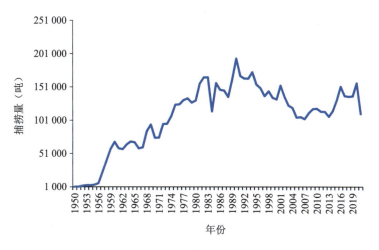

图 3-14 1950—2020 年大西洋黄鳍金枪鱼捕捞量

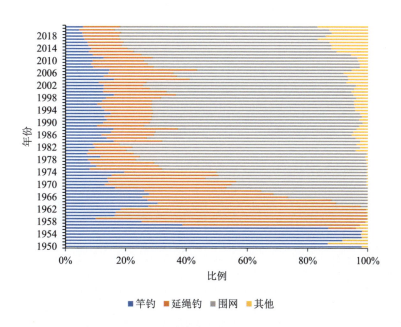

图 3-15 大西洋黄鳍金枪鱼主要捕捞方式历年捕捞量占比

3.2.2.2 竿钓

竿钓为大西洋黄鳍金枪鱼渔业早期作业方式，由于其效率较低，现已较少使用，竿钓渔业主要分布于巴西东海岸，几内亚湾和佛得角群岛附近。其主要捕捞方历年捕捞量如图 3-16。

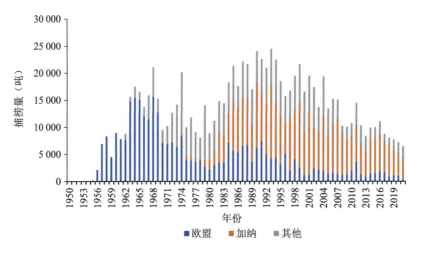

图 3-16　大西洋黄鳍金枪鱼竿钓渔业主要捕捞方历年捕捞量

3.2.2.3　延绳钓

使用延绳钓的捕捞方最多，其在 20 世纪 50 年代和 60 年代产量占比达 80% 以上，延绳钓渔业的主要捕捞方包括的国家和地区有日本，以及中国台湾地区，但是 80 年代之后，日本和中国台湾地区相继将大西洋的捕捞重心转移到了大眼金枪鱼上，延绳钓渔业的产量也出现了大幅的下滑，延绳钓渔业也是中国在大西洋黄鳍金枪鱼渔业中的唯一作业方式，延绳钓渔业在整个大西洋均有分布，在墨西哥湾以及大西洋热带海域作业强度较大。其主要捕捞方历年捕捞量如图 3-17。

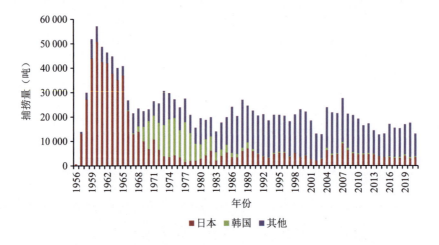

图 3-17　大西洋黄鳍金枪鱼延绳钓渔业主要捕捞方历年捕捞量

3.2.2.4　围网

大西洋黄鳍金枪鱼围网渔业始于 1963 年，发展十分迅速，现在已经是大西洋黄鳍金枪鱼渔业第一的作业方式，围网的代表捕捞方为欧盟，欧盟为最早在大西洋使用围网捕捞黄鳍金枪鱼的捕捞方，也是围网渔业历史产量最大的捕捞方。围网渔业主要分布于几内亚湾和加勒比海处。其主要捕捞方历年捕捞量如图 3-18。

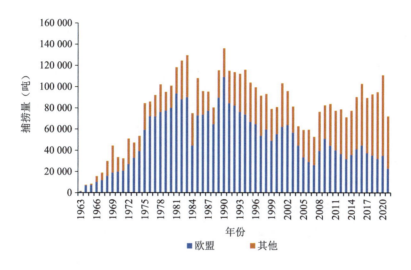

图 3-18　大西洋黄鳍金枪鱼围网渔业主要捕捞方历年捕捞量

3.2.3　资源状况

2019 年对黄鳍金枪鱼进行了全面的资源评估，评估采用了 1950—2018 年的捕捞量和努力量数据，使用两个剩余产量模型（JABBA，MPB）和一个年龄结构模型（Stock Synthesis）进行评估。由于 MPB 选择的基准模型估计的生物量和捕捞死亡率趋势与 JABBA 有一定的差异，为了更好掌握种群动态的评估不确定性以制定管理建议，ICCAT 决定将所有模型结果纳入评估建议中。

所有模型的生物量估计（相对于 B_{MSY}）的趋势显示随时间持续下降。种群综合模型结果表明，有几个时期的产卵生物量大幅增加，与高补充量事件有关。该模型估计在 1960—2017 年期间，此类高补充量事件发生过三次。剩余产量模型显示在同等时间内总生物量的增加要少得多。然而，在历史上的任何时候包括

2018 年，各模型结果均显示生物量估计值有较大的不确定性，大多数模型运行结果表明 2018 年末生物量高于 MSY 对应的生物量水平。

对历史捕捞死亡率的估计（相对于 F_{MSY}）在所有模型中显示出类似的趋势。大多数模型运行结果显示捕捞死亡率逐步增加，直到 20 世纪 80 年代初，它的水平变化直到 20 世纪 90 年代中期，之后逐步下降，直到 2000 年。自 2000 年中期以来，捕捞死亡率在 2018 年之前有一个普遍增加的趋势，并有波动。总体而言，各模型估计 2018 年的捕捞死亡率接近产生 MSY 的捕捞死亡率。同样，在历史上的任何时候包括 2018 年，各模型结果均显示捕捞死亡率估计值存在很大的不确定性。

值得注意的是，种群综合模型是唯一能够提供近期补充量估计的模型。估计 2018 年的补充量与种群 – 补充量关系没有变化，这是因为年末补充量估计有很大的不确定性。2017 年的补充量估计也比往年更不确定，部分原因是没有 2018 年的体长频率数据来证实或与之对比。使用基于浮标的丰度指数的种群综合模型表明 2017 年的补充量非常高，而不使用基于浮标的丰度指数的模型表明，2017 年的补充量略高于平均水平。

ICCAT 对剩余产量模型和综合评估模型的结果给予同等的模型权重。在剩余产量模型中，JABBA 和 MPB 也被给予同等权重。JABBA 和 SS 模型的每一次运行也被给予同等的权重。对于用于制定管理建议的综合结果，B_{2018}/B_{MSY} 的中位数为 1.17，F_{2018}/F_{MSY} 的中位数为 0.96。综合所有模型的结果，可以估计 2018 年鱼群处于 Kobe 图每个象限的概率（图 3-19）。处于绿色象限的概率为 54%（既未处于资源型过度捕捞，也未处于捕捞型过度捕捞），处于橙色象限的概率为 21%（未处于资源型过度捕捞，处于捕捞型过度捕捞），处于黄色象限的概率为 2%（处于资源型过度捕捞，未处于捕捞型过度捕捞），处于红色象限的概率为 22%（既处于资源型过度捕捞，也处于捕捞型过度捕捞）。结果表明，种群状态为未处于捕捞型过度捕捞（24% 的概率），处于资源型过度捕捞（43% 的概率）。

ICCAT 认为 2016 年和 2019 年评估结果之间的差异不是由于种群恢复。事实上，2019 年的模型表明，在 2014 年和 2018 年之间生物量出现下降。评估结果显示出种群状况的改善更可能是由于关键数据输入（自然死亡率、生长、丰度指数）和所应用的评估模型（JABBA、MPB 和 SS）的变化（表 3-8）。

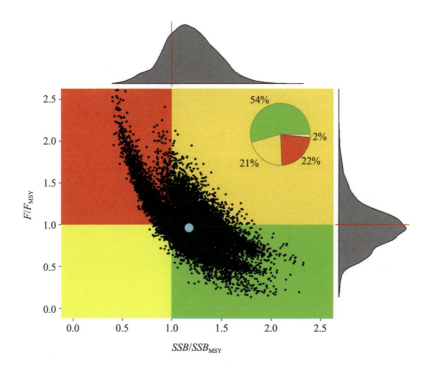

图 3-19　大西洋黄鳍金枪鱼评估结果 Kobe 图（M. Ortiz et al., 2019）

表 3-8　2019 年大西洋黄鳍金枪鱼资源评估概要

评估结果	
最大可持续产量	12.13 万吨
2018 年捕捞量	13.57 万吨
SSB_{2018}/SSB_{MSY}	1.17
F_{2018}/F_{MSY}	0.96
2019 年资源状况	未出现捕捞型过度捕捞和资源型过度捕捞
现行管理养护措施	Rec.16-01：1 月和 2 月期间，在非洲海岸、西经 20°、北纬 5° 和南纬 4° 所包含的区域内，禁止使用 FAD 进行捕捞 - 总捕捞量为 110 000 吨（Rec.11-01） - 对 20 米以上的船只进行捕捞热带金枪鱼的特别授权 - 对一些船队的延绳钓和 / 或围网渔船的数量进行特别限制 - 对 FAD 进行特别限制，要求使用非缠绕式 FAD

ICCAT 注意到，在进行评估时 2018 年的捕捞量报告并不完整，42% 的总捕捞量是用前三年的平均数按 CPC 和渔具类型估计的。此外，在评估时没有 2018 年的体长数据。在补充报告后，该数据被上调为 13.57 万吨。无法利用 2018 年新的捕捞量估计值重新运行资源评估结果，但这种程度的变化预计不会有实质性影响。

在 SS 模型和 JABBA 模型的预测结果中，一些迭代预测的生物量比值特别小，F 比值极高，表明有可能出现种群崩溃。对每个预测年和捕捞方案计算了生物量低于支持 MSY 的生物量的 20% 的概率。该概率随着捕捞水平的提高和预测年份的推迟而增加。在恒定捕捞量超过 11 万吨或 14 万吨的情况下，概率分别超过 1% 或 10%。最高概率是 2033 年恒定捕捞量为 15 万吨时的 23.3%。应当指出，所选择的参考值，即支持 MSY 的生物量的 20%，是为了提供信息而选择的，并没有被 SCRS 对热带金枪鱼正式采用。综合预测显示，12 万吨恒定捕捞量到 2033 年将保持 50% 以上的概率在绿色象限内。

3.2.4 管理措施

大西洋黄鳍金枪鱼由 ICCAT 负责管理，ICCAT 对大西洋黄鳍金枪鱼资源一直密切关注，并根据黄鳍金枪鱼资源状况，出台更新了一系列管理措施。黄鳍金枪鱼产量与资源状况一直处于稳定良好的区间内，与 ICCAT 的养护管理有着密不可分的联系。经过了长时间的探索与发展，目前 ICCAT 对黄鳍金枪鱼的养护与管理条例已经相当成熟和完备，根据管理措施的成熟程度，可将其分为探索管理阶段和成熟管理阶段。

在探索管理阶段，ICCAT 并没有形成一个系统的管理措施，这个阶段所提出的管理措施经过更新换代，推陈出新，才形成了如今成熟的养护管理措施。

1972 年，ICCAT 通过了黄鳍金枪鱼的第一项养护管理措施，其中要求 ICCAT 的所有缔约方禁止捕捞 3.2 千克以下的黄鳍金枪鱼，对于兼捕到的 3.2 千克以下的黄鳍金枪鱼，不能超过总捕捞量的 15%，20 世纪 70 年代正好是大西洋黄鳍金枪鱼渔业发展最迅速的时期，该措施的提出可以保护黄鳍金枪鱼幼体，使其免遭过度捕捞。随着其他管理措施的发展成熟，此条例于 2005 年被废除。

1993 年，ICCAT 提出限制黄鳍金枪鱼的捕捞努力量，要求 1993 年对黄鳍金枪鱼的捕捞努力量不得超过 1992 年的水平，此管理条例已经有了日后 TAC 制度的雏形。

20 世纪 80 年代之后，围网成为了大西洋黄鳍金枪鱼渔业的主要捕捞方式，随着装配上 FAD 的围网渔船越来越多，这一现象也引起了 ICCAT 的重视，于是 1996 年，ICCAT 提出了针对 FAD 的详细的观察员方案，收集的数据用于研究 FAD 对大西洋金枪鱼的影响。

1998 年，ICCAT 出台了 FAD 禁渔期和禁渔区的规定，保护包括黄鳍金枪鱼在内的金枪鱼仔稚鱼，以及减少 FAD 对大西洋生态系统造成的影响，条例规定 1999 年 11 月 1 日至 2000 年 1 月 31 日时间段，表 3-9 所示区域内禁止捕捞，禁止使用 FAD 装置，并且在禁渔期间内，所有围网渔船上必须配有一名渔业观察员，以保证这一管理条例可以落实。这是 ICCAT 第一次在黄鳍金枪鱼的养护上引入禁渔区和禁渔期的概念，后期虽然有过改动，但是禁渔期和禁渔期的管理概念一直沿用至今。

表 3-9　1998 年禁渔区范围

东界	西界	南界	北界
非洲大西洋沿岸	西经 20°	南纬 4°	北纬 5°

自此，黄鳍金枪鱼的管理框架大体已经形成，此阶段的管理措施都带有一定的探索性质，大多数条例都是第一次提出和引入，这些条例提出之后的一年或者几年内，ICCAT 会评估这些措施的作用以及影响，并在此基础上对条例进行修改，或者推陈出新，为成熟阶段的多年期养护计划打下了基础。

此阶段的标志为提出多年期养护计划，有了成熟完整的管理体系，后续的条例提出都只在原有的框架上做修改。

2011 年，ICCAT 出台了第一部大西洋热带金枪鱼多年期养护管理计划，其中囊括了黄鳍金枪鱼。计划与黄鳍金枪鱼相关的主要有以下几个部分：

①总可捕捞量（TAC）ICCAT 第一次引入此管理制度，是在养护管理大眼金枪鱼时，2011 年黄鳍金枪鱼多年期养护计划第一次在黄鳍金枪鱼的养护管理上

引入了此制度，条例规定，2012—2015 年间，黄鳍金枪鱼每年的 TAC 为 11 万吨，后续会根据黄鳍金枪鱼的资源量和缔约方的捕捞情况做改变，但是至今黄鳍金枪鱼的资源状况，包括捕捞情况一直很稳定，因此 TAC 一直没有修改，沿用至今。

②多年期养护计划要求所有缔约方将活跃在大西洋上进行黄鳍金枪鱼和大眼金枪鱼捕捞作业的船长在 20 米以上的渔船（休闲渔船除外）登记上报给 ICCAT，以取得 ICCAT 的捕捞授权，没有授权就擅自捕捞的渔船将被认定为 IUU 渔船，此制度为管理措施的修改与落实打下了基础。

③多年期养护计划给出了详细的捕捞量和 FAD 记录要求以及观察员计划，并附上了观察员记录表，在后续的多年期养护计划中，这一部分因为科研需求以及其他管理政策的修改，也进行着不断的修改与完善。

④ 2011 年多年期养护计划仍然保留了禁渔区和禁渔期的制度，但是时间和地理范围发生了多次修改，1998 年提出的禁渔期位于佛得角群岛附近海域，时间为每年的 11 月 1 日至翌年的 12 月 31 日，2011 年将其地理范围修改为几内亚湾（表 3-10），时间为每年的 1 月 1 日至 2 月 28 日，2015 年又将地理范围调整回和 1998 年一样（表 3-7），时间调整为每年的 1 月 1 日至 2 月 28 日。2021 年新增 FAD 禁用期，每年的 1 月 1 日至 3 月 13 日整个大西洋禁止使用 FAD 装置，取代了原本的禁渔期和禁渔区制度。

表 3-10　2011 年禁渔区范围

东界	西界	南界	北界
东经 5°	西经 5°	南纬 10°	非洲海岸

同时，ICCAT 也规定 CPC 可允许未经授权捕捞热带金枪鱼的船只捕捞热带金枪鱼兼捕渔获物，如果该 CPC 为此类船只规定了船上兼捕渔获物的最高限额，并且有关兼捕渔获物已在 CPC 的配额或渔获物限额内计算。每个 CPC 应在其年度报告中规定其允许这种船只的最大兼捕渔获物限额。该资料应由 SCRS 汇编并提供给 CPC。

3.3　鲣鱼

3.3.1　基础生物学

3.3.1.1　形态特征

鲣鱼（*Katsuwonus pelamis*），鲈形目鲭科金枪鱼属鱼类。成年鲣鱼呈纺锤形，正面看为圆形，胸鳍和侧线长有细小鳞片，身体其他部位无鳞片。第一背侧有 14～17 条鳍棘，第二背侧有 12～16 条鳍条，随后有 7～10 条小鳍。胸鳍较短，有 24 或 32 个鳍条。臀鳍由 13～17 个鳍条组成，其后是 6～8 个小锥形鳍，腹鳍间突较小，分为两半。

成年鲣鱼背部深蓝色。下半身和腹部呈银色。在体侧存在 4～6 条非常明显的横向暗带，在活体标本中可能表现为连续的黑色斑点虚线（图 3-20）。

图 3-20　大西洋鲣鱼形态示意图（Fishbase, 2019）

3.3.1.2　种群结构及其分布区域

大西洋鲣鱼种群可分为大西洋东部和西部两个不同的单位，由西经 30° 的子午线（渔业为沿海时设定的分界线）分开。然而，一些洄游和延绳钓的记录显示，在赤道沿线、西经 30° 以西，离巴西渔业仅有 1 000 海里的地方，存在鲣鱼幼体，这可能意味着某种程度的混合（Cardoso et al., 2022）。

尽管围网渔业已经沿着赤道带向西扩展，最远达到巴西，但双种群假说仍然成立。这是由于巴西渔业北部（南纬 20°）存在一个独立于大西洋东部产卵区的产卵区，受到南流海流和环境限制等因素的影响。

在西大西洋有两个渔场，其中一个在巴西南部，另一个在委内瑞拉海岸和古巴周围。这两个渔场相距约 3 000 海里。在南纬 20° 线以北有一个产卵区，可能受到南流的巴西洋流的限制；另一个产卵区在墨西哥湾和加勒比海。这表明在西大西洋可能存在两个种群单位，但该假设仍需进一步验证。

3.3.1.3 生物学特性

（1）年龄与生长

在 1979—1982 年进行的国际鲣鱼年度计划过程中，多位研究者对东大西洋的各种生长模型进行了分析（Antoine et al., 1982; Bard and Antoine, 1986; Chur et al., 1986），发现生长速度因年份和调查区域的不同而不同。从这些分析中得出结论，赤道区（几内亚湾）的鱼比亚热带区（塞内加尔 – 佛得角）的鱼生长得更慢。这种生长的季节性和地域性变化已经被模态演进方法的研究和标记数据的分析所证实（Bard and Antoine, 1986）。对于赤道海区（5°N—5°S），全年温度恒定，营养资源匮乏，ICCAT 使用 Bard 和 Antoine 提出的 von Bertalanffy 方程发现，该地区鲣鱼的生长非常较为缓慢，为 1 厘米 / 月。

在北半球热带地区（佛得角 – 塞内加尔地区），ICCAT 在 1999 年以前使用 Cayré 等（1986）所提出的生长方程，与大西洋东部地区和西部地区相比，此处的鲣鱼生长速度较快，特别是 1 龄鱼的生长速度达到了 15 厘米 / 年。Hallier 和 Gaertner（2006）根据塞内加尔和毛里塔尼亚的标记数据，对该区的生长提出了一项新的研究。

在西大西洋，不同的年份和区域，鲣鱼的生长情况也不同（Batts, 1972; Carles Martin, 1975）。在东南加勒比海区，鲣鱼的体长要比东大西洋的鲣鱼更大，ICCAT 使用的是 Pagavino 和 Gaertner（1995）基于六年数据集的模式进展分析提出的模型。在巴西南部水域，使用的模型是 Vilela 和 Castello（1991）提出，通过读取第一背鳍长与年龄的关系（表 3–11）。

自 1986 年以来，大西洋的鲣鱼一直使用单一的体长体重关系。这个方程式由 Cayré 和 Laloë 在 1986 年提出，雄性和雌性均适用。在这项研究之前，所使用的方程式分别是 Lenarz（1971）和 Pianet（1974）年提出，这些方程式在 1986 年之前一直被 ICCAT 使用（表 3–12）。

表 3-11　大西洋鲣鱼生长方程

区域	方法	渐近体长 L_∞（厘米）	生长率常数 k	年龄常数 t_0	来源
西大西洋	耳石	87.12	0.21	−2.09	Vilea 和 Castello（1991）
西大西洋	耳石	94.9	340	0	Pagavino 和 Gaertner（1995）
东大西洋	耳石	97.258	0.251	0	Halllier 和 Gaertner（2006）
大西洋	耳石	80	0.322	0	Bard 和 Antoine（1986）

表 3-12　大西洋鲣鱼体长体重方程

区域	关系式	来源
东大西洋	$W = 6.79 \times 10^{-6} FL^{3.28}$	Amorim et al.（1981）
东、西大西洋	$W = 7.480 \times 10^{-6} FL^{3.253}$	Cayré 和 Laloë（1986）
东大西洋	$W = 3.419 \times 10^{-6} FL^{3.456}$	Pianet（1974）

* W 为鱼体重量，FL 为叉长

（2）性成熟度与性别比

根据对热带大西洋鲣鱼的组织学研究，Cayré 和 Farrugi（1986）得出结论，鲣鱼在东大西洋，包括巴西水域，初次性成熟体长为雌性个体 42 厘米，雄性个体 45 厘米。根据 Vilela 和 Castello（1991）的研究结果，西南大西洋的鲣鱼初次性成熟体长为雌性个体 51 厘米，雄性个体 52 厘米，对应于 2 龄鱼。在加那利岛水域和非洲西海岸捕获的鲣鱼，至少有 40% 的个体是成熟的，初次性成熟体长为雌性约 47 厘米，雄性约 50 厘米（García Vela et al., 1984）。Hazin 等于 2001 年在大西洋赤道区进行的一项研究，确定初次性成熟体长为雌性 45 厘米，雄性 48 厘米（表 3-13）。

鲣鱼的性比与黄鳍金枪鱼或大眼金枪鱼的结论有很大不同。几乎所有的体长组均呈现雌性微弱占优势的现象。在不同体长组或不同的捕捞区域，没有发现明显的雌雄比例差异（Vilela et al., 1991; Antoine et al., 1982; Ramos et al., 1991）。

表 3-13　鲣鱼性成熟体长

区域	性成熟体长	来源
东大西洋	雌性 40% 性成熟体长为 47 厘米，雄性 40% 性成熟体长为 50 厘米	García Vela 和 Santos Guerra（1984）
东大西洋和巴西海岸	雌性 50% 性成熟体长为 42 厘米，雄性 50% 性成熟体长为 45 厘米	Cayré 和 Farrugio（1986）
西南大西洋	雌性 50% 性成熟体长为 51 厘米，雄性 50% 性成熟体长为 52 厘米	Viela 和 Castello（1993）
大西洋	雌性 50% 性成熟体长为 45 厘米，雄性 50% 性成熟体长为 48 厘米	Hazin et al.（2001）

在赤道至北纬 20° 的西非海岸进行性别比例为 0.953（雄性 / 雌性）。Cayré 等（1988）在所有体长范围内，雄性和雌性的比例几乎相等，但是在 60 厘米以上的类别中，雄性比雌性要多。

García Vela 和 Santos Guerra（1996）分析了加那利群岛和非洲西海岸地区的 1 781 个鲣鱼样本，发现在 38～78 厘米的叉长范围内，性别比为 0.896（雄性 / 雌性）。

在巴西西南部，Jablonski 等（1984）分析了 3 429 个鲣鱼样本，发现在 11—12 月和 4 月（繁殖高峰期），在 45～49 厘米和 60～64 厘米的叉长范围中雄性的数量明显多于雌性的数量。

Cayré 和 Farrugio 在 1977—1983 年期间按地区分析了 16 720 个鲣鱼样本，他们发现，在岛屿地区有一些特殊情况，如亚速尔群岛和加那利群岛在一年中的某些月份，在 35～39 厘米的体长范围内雌性会多于雄性，仅有在体长超过 60 厘米的情况下雄性才占优势（Cayré et al., 1986）。Pereira（1995）证实了这一假设，研究得到的性别比例为 0.697（雄性 / 雌性）。

（3）繁殖

鲣鱼全年在大西洋海域伺机繁殖。不同的研究均得出，鱼群的产卵是一个同步的过程。在所有海表温度至少为 24℃ 的水域，都可以观察到处于生殖阶段的鲣鱼。由于一个非常快速的性成熟过程，以及快速的卵细胞水化，鲣鱼能够在找到有利的水文条件时立即进行繁殖（Cayré, 1986; Vileia, 1991）。这种策略可以更有效地利用有利于产卵和幼鱼生长的海洋区域（Vileia, 1991）。在东大西洋，鲣鱼在赤道两侧的广阔区域产卵，从几内亚湾到 20°W—30°W。全年都有产卵，在 11 月和 3 月之间达到高峰。Cayré 和 Farrugio（1986）的研究显示了产卵季节如何根据区域的不同而不同。在该地区北部（几内亚比绍、塞内加尔、佛得角、毛里塔尼亚、加那利群岛、摩洛哥、亚速尔群岛）产卵期分布在一年中的第二和第三季度，而在南部（舍布鲁、利比里亚、加纳和洛佩兹角）产卵期主要在第四和第一季度。在西大西洋有一个产卵区，从 12 月到翌年 3 月，在 1 月和 2 月达到高峰，在南纬 20° 线以北，可能受南流的巴西海流限制；另一个区域位于墨西哥湾和加勒比海。

像其他金枪鱼一样，鲣鱼的卵细胞是漂浮的透明球形，通常包含一个金色的脂肪球（Uchiyama, 1981），大小不一，直径范围为 0.80～1.17 毫米（Richards, 2005）。鲣鱼每次可以产 $2.5 \times 10^5 \sim 1.33 \times 10^6$ 颗卵。

（4）自然死亡率

ICCAT 最开始通过 Rikhter 和 Efanov 于 1976 年所提出的经验方程并根据性成熟体长估计大西洋鲣鱼的自然死亡率为 0.77（Garbin, 2014）。Fonteneau 和 Pallarés（1999）假设大西洋鲣鱼的自然死亡率为 0.8，这些结果均被 ICCAT 评估鲣鱼资源时采用过。美洲间热带金枪鱼委员会在评估东太平洋鲣鱼时，设定自然死亡率为 1.5/ 年（Maunder, 2012）。根据标记数据，Hampton（2000）在报告中指出，太平洋地区的自然死亡率对于体长小于 40 厘米和大于 70 厘米的鲣鱼要高得多。2022 年大西洋鲣鱼评估会议中，ICCAT 使用洛伦兹模型作为出大西洋鲣鱼基于年龄的自然死亡率向量。

3.3.1.4 生态学特征

（1）摄食

鲣鱼是机会主义捕食者，像其他热带金枪鱼一样，其摄食对象在时间和空间上是不同的。根据 Lebourges-Dhaussy 等（2000）的研究，微型游泳生物是鲣鱼海洋食物的最大组成部分，Roger 和 Marchal（1994）研究发现鲣鱼主要摄食鱼类、头足类和甲壳类。

据报道，在东大西洋，围网渔业捕获的鲣鱼以小型中上层鱼类为食，主要是小型发光鱼类（Gilberti Jordan, 1895）和头足类动物（Ménard, 2000）。在加那利群岛区 7 月进行的一项研究显示，鲣鱼主要捕食对象是鱼类。在巴西地区，鲣鱼食物的主要组成部分，按重要性排序，是穆氏暗光鱼、阿根廷鳀鱼和大西洋磷虾，其中穆氏暗光鱼和阿根廷鳀鱼约占摄入量的 60%（Romero，2021）。此外，鲣鱼还被发现有捕食幼鱼的现象（Zavla-Camin，1983）。

（2）洄游

鲣鱼的洄游受到环境条件（温度、盐度、营养物质等）的影响，并且它们倾向于聚集各类漂浮物周围，这可能会吸引这个物种和其他金枪鱼物种的混合鱼群，如黄鳍金枪鱼和大西洋金枪鱼的小型个体。观察到鲣鱼的平均洄游速度是2.8 英里 / 天（Bard，1992）。

在标记释放后的前 6 个月，人们看到在赤道非洲区被标记的鲣鱼（35～55厘米叉长）覆盖了很远的距离，沿着海岸线从佛得角到好望角，一直延伸到利比里亚。其他的鱼被看到以相反的方向从好望角到佛得角，6 个月后，相对大量的被标记鲣鱼已经到达塞内加尔附近的北部热带地区，甚至是加那利群岛附近，后来又回到利比里亚和佛得角（Cayré，1986）。Miyabe 和 Bard（2003）注意到 10月从几内亚湾中部向西南移动（最远到 5°N 和 20°W），显示这个物种在 2 月从几内亚湾以混合群的方式广泛扩散到其他各区。他们还发现，一些被标记鲣鱼在4 月从赤道区洄游，在 7—8 月到达达喀尔和加那利群岛。

在塞内加尔 - 佛得角群岛区的北部热带地区（35～60 厘米叉长）被标记的鲣鱼，在释放后的头 6 个月内向利比里亚区移动。当达到 60 厘米叉长时，会呈现不同的季节性洄游模式，似乎在一年中的第二和第四季度开始（Cayré，1986）。

在西南大西洋的巴西地区，已经发现季节性的南北移动，鲣鱼在夏季到达觅食地（Matsura，2000）；然而，鲣鱼没有从东到西南洄游的记录。Rinaldo 等（1981）进一步观察到从圭亚那水域到马提尼克和多米尼加共和国水域的移动。Andrade 等（2005）的研究发现环境因素对大西洋鲣鱼的洄游有很大的影响。

3.3.2　渔业及历史捕捞量

3.3.2.1　渔业概述

鲣鱼是大西洋产量最高的鱼种之一，1950—1980 年大西洋鲣鱼的产量一直在波动上涨，20 世纪 80 年代后期至 90 年代中期，由于全球远洋渔业的快速发展，大西洋鲣鱼的产量也大幅增长，一度达到了 20 万吨以上，之后由于人类可持续捕捞意识的增强，鲣鱼的全球产量出现了一定程度的下滑，但是仍处于 10 万～15 万吨的产量区间内，但是自 2008 年之后，鲣鱼的产量逐年攀升，直至 2018 年达到了历史最高值 30 万吨，2018 年之后便开始下滑。大西洋鲣鱼渔业的主要作业方式为竿钓与围网渔业（图 3-21）。

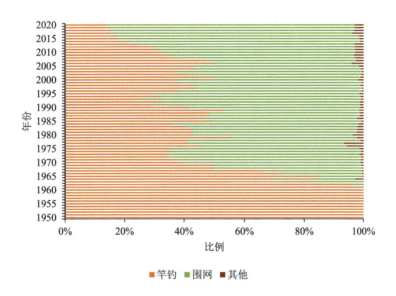

图 3-21　大西洋鲣鱼主要捕捞方式历年捕捞量占比

3.3.2.2　竿钓

竿钓为最早捕捞大西洋鲣鱼的方式，也是历史捕捞鲣鱼最多的作业方式，20 世纪 60 年代之后，竿钓几乎是大西洋鲣鱼唯一的捕捞方式。东大西洋竿钓渔业主要捕捞方为加纳、日本和欧盟。80 年代之前竿钓渔业主要捕捞方为日本和欧盟，占据了东大西洋鲣鱼竿钓渔业的 50% 以上，自 80 年代之后，加纳开始发展东大西洋竿钓渔业，自此加纳鲣鱼竿钓渔业产量逐年上升，目前已成为了东大西洋竿钓渔业最主要的作业方，2000 年之后，由于受到 ICCAT 配额制度的影响，加纳竿钓的产量逐渐下滑，而欧盟的竿钓产量出现了一定程度的上升，日本则放弃了东大西洋竿钓渔业（图 3-22）。西大西洋竿钓渔业与东大西洋相比产量较小，主要捕捞方为巴西和委内瑞拉，同时捕捞方还包括南美洲诸国

（图 3-23）。由于政治因素复杂，前期西大西洋竿钓渔业存在非法捕捞现象，随着 ICCAT 对 IUU 渔船的打击力度增强，以及渔业管理制度的完善，2005 年后竿钓渔业非法捕捞现象逐渐消失。目前西大西洋竿钓渔业最大捕捞方为巴西，产量常年处于西大西洋竿钓渔业产量的 90% 以上。

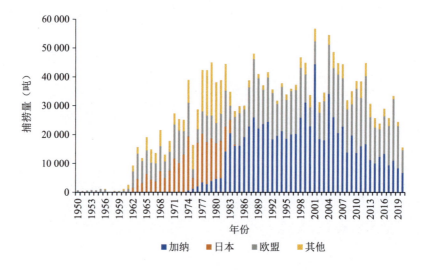

图 3-22　东大西洋鲣鱼竿钓渔业主要捕捞方历年捕捞量

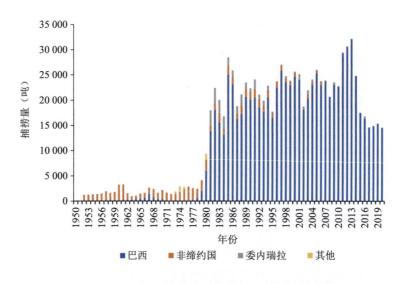

图 3-23　西大西洋鲣鱼竿钓渔业主要捕捞方历年捕捞量

3.3.2.3　围网

围网是大西洋鲣鱼渔业的第二大作业方式，发展时间较竿钓渔业晚。1963 年首次用于鲣鱼捕捞后，围网渔业迅速扩大规模，1968 年已占大西洋鲣鱼捕捞量的 50%，随后提升至 60%～70%。如今，围网已成为最主要的作业方式，产量占鲣鱼总产量的 80% 以上。东大西洋围网的代表作业国家有欧盟、加纳和库拉索，其中欧盟入场时间最早，历史产量也最多，1996 年后加纳和库拉索入场，并且渔获产量也逐渐升高，但是仍然要少于欧盟的渔获产量（图 3–24）。西大西洋鲣鱼围网渔业的代表捕捞方为委内瑞拉、美国和欧盟，其中美国进场最早，但之后逐渐放弃了该渔业，1994 年后美国退出西大西洋鲣鱼围网渔业，委内瑞拉发展围网渔业比美国晚，但是其捕捞量却逐年攀升，目前已经成为西大西洋鲣鱼围网渔业的最大捕捞方（图 3–25）。

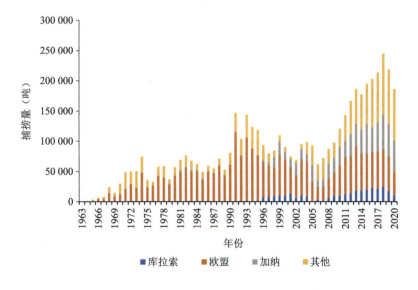

图 3-24　东大西洋鲣鱼围网主要捕捞方历年捕捞量

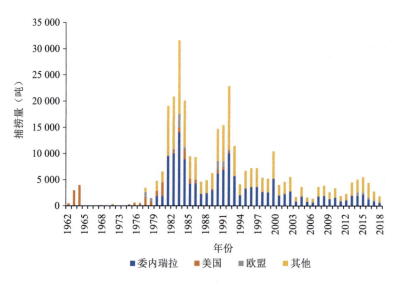

图 3-25　西大西洋鲣鱼围网主要捕捞方历年捕捞量

3.3.3　资源状况

2022 年，ICCAT 对大西洋鲣鱼东部种群和西部种群进行了资源评估（表 3-14）。东部和西部种群的评估分别使用了 1950—2020 年和 1952—2020 年的渔业数据，评估中使用的相对丰度指数更新至 2020 年。上述两个种群的评估采用了与其他热带金枪鱼物种（包括黄鳍金枪鱼和大眼金枪鱼）评估中所使用的类似评估模型 / 方法，均使用了剩余产量模型、非平衡剩余产量模型（MPB）、贝叶斯状态空间剩余产量模型（JABBA）和种群综合模型（Stock Synthesis），以更好考虑上述种群资源评估的不确定性。

在对东部鲣鱼资源评估中，鲣鱼物种小组决定结合 JABBA 和 Stock Synthesis 两个模型的结果，以相同的权重来估计种群状况并制定管理建议，以掌握种群动态的所有主要不确定性。不确定性网格由相对丰度指数选择、陡度参数（0.7、0.8 或 0.9）和生长参数（25、50 或 75 次回归量值）的组合组成，用于种群综合模型和 JABBA。

西部鲣鱼种群的评估使用的是贝叶斯状态空间模型（JABBA）和种群综合模型（Stock Synthesis）。鉴于 JABBA 模型估计的种群状况与使用 Stock Synthesis 估计的种群状况一致，鲣鱼物种小组使用剩余产量模型作为对照组，但不用于制定管理建议。

　　图 3-26 显示了鲣鱼东部种群不同评估模型运行的相对捕捞死亡率（F/F_{MSY}）和相对生物量（B/B_{MSY}）的历史趋势。根据整个不确定性网格的中位数，评估的综合结果显示，2020 年东大西洋鲣鱼种群未处于资源型过度捕捞（B_{2020}/B_{MSY} 中位数 =1.60），也未处于捕捞型过度捕捞（F_{2020}/F_{MSY} 中位数 =0.63）。根据不确定性网格，MSY 中值估计为 216 617 吨。由 Kobe 图结果可知，该种群资源状况为：78% 概率在绿色象限内（既未处于资源型过度捕捞，也未处于

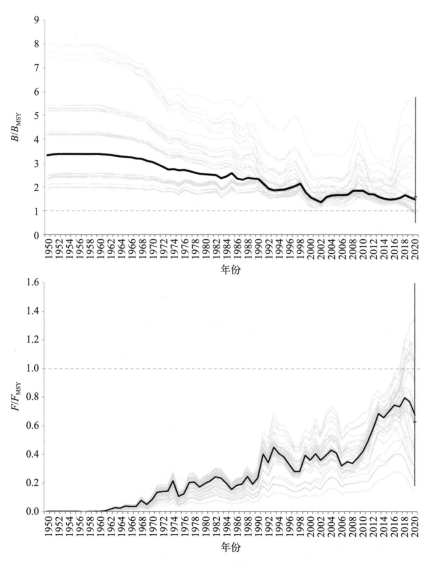

图 3-26　大西洋鲣鱼东部种群不同模型评估结果（M. Ortiz et al., 2022）

捕捞型过度捕捞），4% 概率在橙色象限内（未处于资源型过度捕捞，处于捕捞型过度捕捞），1% 概率在黄色象限内（处于资源型过度捕捞，未处于捕捞型过度捕捞），16% 概率在红色象限内（既处于资源型过度捕捞，也处于捕捞型过度捕捞）。综上所述，结果表明种群状态未处于资源型过度捕捞（83% 的概率），未处于捕捞型过度捕捞（80% 的概率）。值得注意的是，如 Kobe 图 3-27 所示，综合结果的生物量估计有较大的不确定性，反映在相对于 B_{MSY} 的生物量分布的长尾上（B/B_{MSY} 的 95% 置信区间为 0.5～5.79）。种群状况估计的这种大范围的不确定性对用于制定管理建议的预测中每个恒定捕捞方案的估计概率有影响。

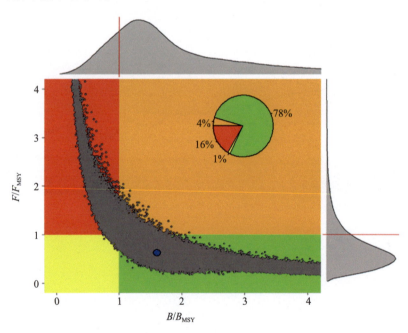

图 3-27　大西洋鲣鱼东部种群资源评估结果 Kobe 图（M. Ortiz et al., 2022）

　　图 3-28 显示了鲣鱼西部种群不同评估模型的相对捕捞死亡率（F/F_{MSY}）和相对生物量（B/B_{MSY}）的历史趋势。根据用于制定管理建议的综合结果（基于 9 个种群综合模型的运行结果），SSB_{2020}/SSB_{MSY} 的中位数为 1.60，F_{2020}/F_{MSY} 的中位数为 0.41。综合结果表明，西部鲣鱼种群状况良好，91% 的概率处于 Kobe 图的绿色象限内，既未处于资源型过度捕捞，也未处于捕捞型过度捕捞。该种群处于资源型过度捕捞（处于黄色象限内概率为 6.2%）或同时处于资源型过

度捕捞和捕捞型过度捕捞的估计概率较低（处于红色象限内概率为 2.9%）。种群预测未来的捕捞量恒定为 2 万吨，接近目前的捕捞量（2021 年为 2 万吨左右），预计将使该种群维持在绿色象限内。预测的 MSY 中值为 3.53 万吨。预计到 2028 年，该水平下的未来恒定捕捞量将使种群维持在绿色象限（$F \leqslant F_{\mathrm{MSY}}$ 和 $SSB \geqslant SSB_{\mathrm{MSY}}$），概率约为 70%。假设未来在 MSY 水平上的捕捞量不变，到 2028 年，种群生物量低于 B_{MSY} 的 20% 或 10% 的概率小于 1%（图 3-29）。

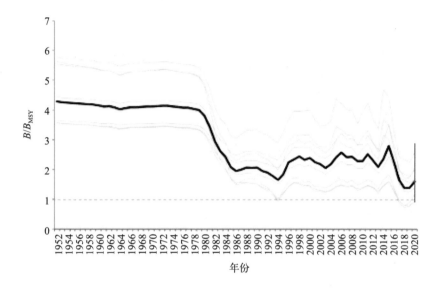

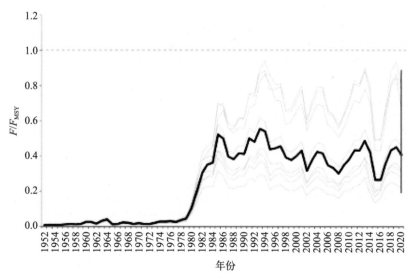

图 3-28　大西洋鲣鱼西部种群资源评估结果（M. Ortiz et al., 2022）

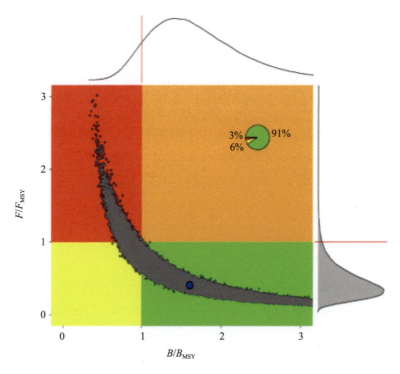

图 3-29　大西洋鲣鱼西部种群资源评估结果 Kobe 图（M. Ortiz et al., 2022）

表 3-14　2022 年大西洋鲣鱼资源评估概要

评估结果		
	东大西洋	西大西洋
最大可持续产量	21.66 万吨	3.52 万吨
2020 年捕捞量	21.79 万吨	1.82 万吨
SSB_{2020}/SSB_{MSY}	1.60	1.60
F_{2020}/F_{MSY}	0.63	0.41
2020 年资源状况	未处于捕捞型过度捕捞和资源型过度捕捞	未处于捕捞型过度捕捞和资源型过度捕捞

3.3.4　管理措施

一直以来，ICCAT 将大眼金枪鱼、黄鳍金枪鱼和鲣鱼作为一个大类管理，鲣鱼与大眼金枪鱼和黄鳍金枪鱼相比，资源状况一直较好，在最新的评估中也显示，鲣鱼并未受到资源型过度捕捞和捕捞型过度捕捞，因此，ICCAT 目前并没有专门针对鲣鱼所提出的捕捞限制，如捕捞配额，总体捕捞量（TAC）等，但是一些为养护大眼金枪鱼和黄鳍金枪鱼所提出的管理政策也会对鲣鱼的捕捞作业产生一些影响，如 FAD 禁用期和禁用区，对 CPC 捕捞船的限制，并且，由于热带金枪鱼常常集群活动，所以在捕捞作业时无法孤立地仅捕捞其中的一种，所以对大眼金枪鱼和黄鳍金枪鱼的捕捞限制一定程度上也在影响大西洋鲣鱼的产量，这也是 ICCAT 目前所寻求思考和寻求改变的一个方面。2016 年 ICCAT 提出热带金枪鱼多年期养护计划，将热带金枪鱼作为一个整体共同养护和开发，而后 ICCAT 出台 Rec19-02，其中提出由于鲣鱼的兼捕渔获有大量大眼金枪鱼幼鱼和黄鳍金枪鱼幼鱼，特别是通过 FAD 所捕获的鲣鱼鱼群，2020 年 1 月 1 日至 2 月 28 日，2021 年 1 月 1 日至 3 月 31 日整个大西洋海域禁止捕捞大眼金枪鱼黄鳍金枪鱼和鲣鱼，其余时间里 2020 年和 2021 年的每艘船只装备的最大 FAD 数量分别为 350 和 300，将 2022 年 6 月 Rec.21-01 生效，规定 2022 年 1 月 1 日至 3 月 13 日禁止围网渔船和竿钓船使用 FAD 捕捞热带金枪鱼。

第4章　大西洋蓝鳍金枪鱼渔业资源

4.1　蓝鳍金枪鱼

4.1.1　基础生物学

4.1.1.1　形态特征

大西洋蓝鳍金枪鱼（*Thunnus thynnus*）隶属于硬骨鱼纲鲈形目鲭亚目鲭科金枪鱼属，是金枪鱼类中最大型的鱼种。体纺锤形，粗壮结实。全身被鳞，口相当大，眼不大。体最高位于第一背鳍基中部。第一鳃弓鳃耙 34～43。第二背鳍高于第一背鳍。胸鳍甚短，末端不到第一背鳍的中央，仅伸达第一背鳍的 2/3 处下方，不伸达两背鳍之间，这是本种的最大特点（图 4-1）。尾鳍呈交叉状。背部深蓝色，腹部银白色。第一背鳍黄色或蓝色；第二背鳍褐色，并略带红色，臀鳍和小鳍暗黄色，边缘黑色。成鱼尾柄中央隆起嵴呈黑色。

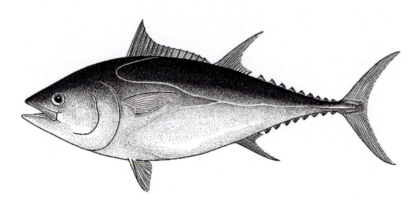

图 4-1　大西洋蓝鳍金枪鱼形态示意图

（引自 FAO 官网，https://www.fao.org/fishery/en/culturedspecies/thunnus_thynnus/en）

4.1.1.2　种群分类及其分布区域

目前，ICCAT 将大西洋蓝鳍金枪鱼划分为两个种群进行管理，即东大西洋和地中海种群以及西大西洋种群，两个管理单元之间的边界为西经 45°。最初该分界是为了便于管理而建立的，然而却受到广泛质疑（ICCAT, 2002a）。通过标记、遗传和微化学等方法研究蓝鳍金枪鱼种群结构，结果表明在两个管理区域之间正在以不同的速度发生混合，同时借助电子标记检测到蓝鳍金枪鱼跨大西洋迁徙率相比先前假定的要更高。

Block 等（2005）认为，根据产卵场的不同，大西洋蓝鳍金枪鱼可以划分为东部种群和西部种群，并且推测不同种群在北大西洋的索饵场有明显的重叠分布；在早前的研究中，Tiews（1963）以及 Mater 等（1995）已经提出了这种假设。此外，通过各类遗传标记也对蓝鳍金枪鱼种群遗传结构假设进行了研究（Carlsson et al., 2004; Ely et al., 2002; Pujolar et al., 2000; Viñas et al., 2003），尽管对于研究结果仍存在一些争议，但广泛研究倾向于支持复杂种群结构的假设，例如地中海和北大西洋中部的蓝鳍金枪鱼存在遗传差异（Carlsson et al., 2004; 2006）。

上述研究结果，结合历史上大西洋蓝鳍金枪鱼渔业的教训，使得 Fromentin 和 Powers（2005）推测大西洋蓝鳍金枪鱼可以被看作是一个元种群（metapopulation），即一个不连续的地方种群的集合，意味着大西洋蓝鳍金枪鱼占据不同的、零散的适宜栖息地，并显示其自身的动态（包括迁徙），但在一定程度上受到其他本地种群通过物种传播产生的种群影响。该假说可能为大西洋蓝鳍金枪鱼的归巢行为以及某些区域（如巴西和北海）发生的物种传播和灭绝提供了一个更好的解释。

关于东部种群。在北大西洋，无论在美国或欧洲一侧的沿岸海域，均有其密集分布区。南自北大西洋的加那利群岛起，北至罗佛敦群岛和特朗瑟（夏季）的海区，比斯凯湾（4—8 月）、北海（8—9 月）、地中海均有分布，但在热带海域和非洲南岸沿海很少出现。地中海的产卵场在利比亚和突尼斯沿岸、西西里岛周围，卡迪斯湾和卡迪斯湾至摩洛哥，西西里岛北部、撒丁岛至巴利阿里群岛之间的海域为主要产卵场，4—7 月产卵，6 月中旬—7 月中旬为产卵盛期。叉长 2 米以上的大个体蓝鳍金枪鱼 5—6 月产卵后，离开地中海向东大西洋进行索饵洄游，8 月产卵后身体复原，并在北海海域积极索饵。在地中海孵化后的仔鱼，4—5 月后成长为尾叉长 45 厘米的幼鱼，10 月离开地中海至摩洛哥沿岸，加那利群岛越冬场海域索饵和越冬，春、夏季，幼鱼离开越冬场沿着伊比利亚半岛沿岸北上，6—9 月在比斯凯湾栖息形成渔场，10 月后又南下洄游至加那利群岛越冬场。6—9 月期间，比斯凯湾海域还有来自美洲东岸的蓝鳍金枪鱼洄游鱼群。叉长 1 米以上的成鱼，春季开始离开加那利群岛海域的越冬场，沿着伊比利亚半岛越过英吉利海峡或经大不列颠岛和爱尔兰岛外侧海域北上洄游，8 月左右可达挪威南部沿海（有的可达北部）海域，9—10 月鱼群沿着原洄游路线返回越冬场。产卵群则在春季由越冬场向地中海产卵场产卵。

大西洋蓝鳍金枪鱼比其他种类的金枪鱼沿岸性更强，30°—45°N 为其主要分布区域。在地中海孵化的幼鱼开始移动到索饵区域，在地中海分散开来。一部分经过直布罗陀海峡、比斯开湾等向东大西洋洄游。标记重捕实验结果表明，大西洋蓝鳍金枪鱼从比斯开湾到西大西洋的北美海域移动。

关于西部种群。在西大西洋，蓝鳍金枪鱼分布于墨西哥湾、巴哈马群岛（5 月中旬至 6 月中旬）和百慕大群岛（11—12 月），在北美沿岸分布于哈特勒斯角至新斯科舍半岛（8—9 月）。其产卵场在墨西哥湾外的佛罗里达海峡、巴哈马海域附近。5 月下旬至 6 月上旬，这些海域还出现鱼卵和仔鱼，但在北部海域（加拿大和美国北部海域）并未发现有临产的个体。在墨西哥湾孵化的幼体，沿着海岸向北迁徙，夏天到达科德角一带（最北约 50°N）。此后，根据季节水温变化，分布在北美沿岸海水域，冬季南下（最南 30°N）。从一部分标记重捕实验的结果来看，可知其在东大西洋（欧洲沿岸、挪威海域）到地中海渡洋洄游。近年来，通过电子标记重捕实验开展了迁徙洄游的研究，证明了之前认为的东西向洄游路径。

4.1.1.3　生物学特征

（1）年龄与生长

大西洋蓝鳍金枪鱼最大体长约 350 厘米，最大年龄为 25～30 龄。各个年龄时期的体长及体重为，1 龄体长为 53 厘米（体重 3 千克）、3 龄体长为 98 厘米（体重 18～19 千克）、5 龄体长为 136 厘米（体重 45～51 千克）、10 龄体长为 204 厘米（体重 146～176 千克）。

大西洋蓝鳍金枪鱼的年龄研究大多是基于硬组织的标记计数，少数研究则是基于长度频率和标记重捕数据。然而，大西洋蓝鳍金枪鱼年龄与体型间关系仍然不确定，特别是对于年龄较大的个体（大于 8 龄）。对耳石、椎骨和鳞片上的年轮计数容易受到各种错误来源的影响，如最初年轮环的合并或消失，或者由于洄游模式而相反地产生多个年轮环标记（Mather et al., 1995; Compean-Jimenez and Bard, 1980; 1983; Cort, 1991; Farrugio, 1981）。

　　由于 5 龄以上的大西洋蓝鳍金枪鱼不容易进行区分，很难将其体长频率数据转换为不同的年龄组（Fromentin, 2003）。而将基于标记重捕的生长曲线用于年龄划分，对于大于 200 厘米（约 10 龄）的鱼而言效果也并不理想，主要是由于对于这类体型的鱼群的观察和高变异性的生长的稀缺性（Turner 和 Restrepo, 1994）。因此，不同研究所估计的 Von Bertalanffy 生长方程之间存在相当大的差异（表 4-1）。1 米和 2 米长的大西洋蓝鳍金枪鱼的年龄估计分别超过 3 龄和 6 龄。

表 4-1　大西洋蓝鳍金枪鱼的 Von Bertalanffy 生长方程参数

区域	方法	渐近体长 L_∞（厘米）	生长率常数 k	年龄常数 t_0	来源
地中海	脊椎	499.68	0.044	−2.114	Sella（1929）
西大西洋	鳞片	197.94	0.196	−0.778	Westmann and Gilbert（1941）
西大西洋	脊椎	437.46	0.055	−1.489	Mather and Schuck（1960）
东大西洋	脊椎	355.84	0.090	−0.890	Rodriguez Roda（1964, 1969）
西大西洋	耳石	286.64	0.134	0.328	Caddy et al.（1976）males
西大西洋	耳石	277.31	0.116	0.800	Caddy et al.（1976）females
地中海	脊椎	351.13	0.080	−1.087	Farrugio（1981）
东大西洋	鳍棘	318.85	0.093	−0.970	Cort（1991）
西大西洋	标记重捕	382.00	0.079	−0.707	Turner and Restrepo（1994）
西大西洋	耳石	257.00	0.200	0.830	Secor et al.（2008）
西大西洋	耳石	289.00	0.116	−0.089	Neilson and Campana（2008）
西大西洋	耳石	314.90	0.089	−1.130	Restrepo et al.（2010）

续表

区域	方法	渐近体长 L_∞（厘米）	生长率常数 k	年龄常数 t_0	来源
东大西洋	鳍棘	382.60	0.070	−1.330	Luque et al.（2011）
东大西洋	标记重捕	385.50	0.080	−1.040	Ailloud et al.（2013）
西大西洋	标记重捕	358.50	0.080	−1.040	Ailloud et al.（2013）
东大西洋	鳍棘	380.20	0.074	−1.180	Rodriguez Marin et al.（2013）
东大西洋	耳石	392.50	0.065	−1.650	Rodriguez Marin et al.（2013）
东大西洋	脊椎	360.30	0.083	−0.942	Mailatou and Megalofonou（2014）

（2）性成熟度和性别比

Mather 等（1995）研究表明，大西洋蓝鳍金枪鱼东部种群的性成熟年龄约为 4 龄，对应的体长为 110～120 厘米（25～30 千克）。在墨西哥湾产卵的大西洋蓝鳍金枪鱼的体长一般大于 190 厘米，对应年龄约为 8 龄。大西洋蓝鳍金枪鱼西部种群和地中海的蓝鳍金枪鱼在性成熟年龄上的差异一直被用作种群划分的理由。相近的蓝鳍金枪鱼物种，如太平洋蓝鳍金枪鱼（*T. orientalis*）和南部蓝鳍金枪鱼（*T. maccoyii*），其性成熟年龄似乎与大西洋蓝鳍金枪鱼西部种群较为一致，一般从 8 龄到 12 龄（Caton, 1991; Schaefer, 2001）。Fromentn 和 Powers（2005）认为，经过数十年的研究，大西洋蓝鳍金枪鱼的性成熟年龄仍需要进一步的调查，例如在大西洋两岸使用相同的采样调查方法。Corriero 等（2020）研究认为，大西洋蓝鳍金枪鱼的产卵地不限于墨西哥湾和地中海，两个种群的性成熟时间段是相似的（3～5 年）；并且大西洋蓝鳍金枪鱼的繁殖行为比早期研究认为的更为复杂，在东部种群的产卵地，50% 的雌性蓝鳍金枪鱼在 3 龄时繁殖，100% 的雌性在 5 龄时达到性成熟，而西部种群中年龄小的成鱼（5 龄）和一些较大的成鱼在西北大西洋斜坡和加勒比海产卵，大型成鱼（8 龄）的主要产卵地则位于墨西哥湾。

在大西洋蓝鳍金枪鱼大型个体的渔获样本中，雄性的比例似乎较高，这可能是由于雌性的自然死亡率较高或生长速度较低（ICCAT, 1997），但蓝鳍金枪鱼的性别比差异并不像旗鱼类或剑鱼那样明显（Arocha 和 Lee, 1996）。De la Serna 等（2003）的一项研究表明，超过 250 厘米的鱼中有 80% 是雄性，这种差异可能因渔具和地区而异，例如，在直布罗陀海峡和地中海西部之间。相比之下，Hattour（2003）发现在地中海中部作业的围网捕捞的所有鱼种中，雌性所占的比例较高或相等（取决于年份）。此外，有一些研究分析了大西洋蓝鳍金枪鱼东部种群的性别比大小，结果表明在地中海已观察到蓝鳍金枪鱼性别比根据体长组大小变化，其中在较小体长组范围内（叉长约为 90～170 厘米）性别比约为 1∶1，在其他体长组范围内性别比不平衡。在中等体长组中，雌性占主导地位（叉长约为 170～220 厘米），而雄性在较大体长组中更常见（Aranda et al., 2013b; El et al., 2004; Fenech et al., 2003; Mèlich, 2013）。在某些金枪鱼物种中，雄性在中等以上体长组的占比优势被认为反映了不同性别间的生长速度差异（Farley et al., 2014; Shiao et al., 2017; Shimose and Farley, 2015; Shimose et al., 2009）。

（3）繁殖

与其他金枪鱼类一样，大西洋蓝鳍金枪鱼的繁殖行为表现为非同步的卵细胞发育，新的产卵批次在整个繁殖季节持续成熟（Medina, 2002）。根据产卵个体卵巢中排卵后卵泡（成熟卵细胞释放后留下的卵泡残余，POF）的计数，大西洋蓝鳍金枪鱼的平均相对产卵量为每克总体重约 50 个卵（Aranda et al., 2013b; Knapp et al., 2014; Medina et al., 2007），该数值与南方蓝鳍金枪鱼的研究结果（68 个卵／克）近似（Farley and Davis., 1998），远低于 Okochi 等（2016）和 Ohshimo 等（2018）估计的太平洋蓝鳍金枪鱼的相对批量繁殖力（122 个卵／克和 91 个卵／克），但这种差异可能与不同计算方法有关。

蓝鳍金枪鱼产卵个体在墨西哥湾平均时长约 39 天，估计产卵期持续 24 天（Teo et al., 2007）。在地中海西部，蓝鳍金枪鱼产卵时长超过 19～31 天，平均至少产卵 18.3 次（Aranda et al., 2013a）。一般认为，大西洋蓝鳍金枪鱼产卵发生在特定和受限地点的温暖水域（> 24℃）（在巴利阿里群岛、西西里岛、马耳他、塞浦路斯和墨西哥湾的一些地区），每年只在 5—6 月发生一次（Mather et al., 1995; Schaefer, 2001; Karakulak et al., 2004; Nishikawa et al., 1985）。与热带金枪鱼相比，大西洋蓝鳍金枪鱼在一个小的空间和时间窗口内繁殖（Fronmentin and Fonteneau, 2001）。此外，也有研究发现其他的产卵地，如伊比利亚－摩洛哥海湾和黑海（Piccinetti and Piccinetti Manfrin, 1993）。此外，蓝鳍金枪鱼也会到达特定地点时产卵（Mather et al., 1995; Rodriguez-roda, 1964）。Medina 等（2002）的研究表明，直布罗陀海峡洄游鱼类的出现与巴利阿里地区产卵之间的间隔时间很短，不超过几周。性腺的快速发育可能与水温升高有关。产卵受精直接发生在水柱中，孵化发生在孵化期 2 天后，无需亲代照顾。

大西洋蓝鳍金枪鱼的鱼卵为浮游性分离卵，受精卵直径约为 1 毫米。东部种群产卵场分布在地中海，产卵期为 6—8 月。近年来，在地中海东部也发现了仔稚鱼，认为产卵场较原来范围有所扩大。叉长为 200~250 厘米的成鱼个体，其产卵数为 2 000~3 800 万粒。西部种群产卵场分布在墨西哥湾，5 月至 6 月为产卵期。体长 20~25 厘米成鱼的产卵数约为 3 400 万粒。关于蓝鳍金枪鱼在地中海和其他大西洋产卵场的适龄繁殖力仍需进一步调查，目前尚不了解蓝鳍金枪鱼每年产卵的数量是否随着个体的年龄或体长而变化（Medina, 2020）。

（4）自然死亡率

目前对大西洋蓝鳍金枪鱼自然死亡率的了解仍较为有限。研究普遍认为：①较长生命周期的鱼类如大西洋蓝鳍金枪鱼的自然死亡率，相较于短生命周期的鱼类低且变化小；②幼年阶段的自然死亡率比成年阶段的自然死亡率高（不考虑衰老）；以及③自然死亡率随种群密度、体型、性别、捕食以及环境而变化（Vetter, 1988）。

最初，Rodriguez-Roda 根据 Beverton 和 Holt 描述的 M/K 关系，估计大西洋蓝鳍金枪鱼东部种群自然死亡率为 0.18（ICCAT, 1999）。此后多年，ICCAT 一直采用这个数值。例如，1983 年的蓝鳍金枪鱼研讨会上讨论认为大西洋蓝鳍金枪鱼的自然死亡率应设定在 0.1~0.18 之间（ICCAT, 1984）。1994 年，SCRS 使用实际种群分析（VPA）对大西洋蓝鳍金枪鱼进行资源评估，两个种群所有年龄段的自然死亡率被假定为 0.14（ICCAT, 1994），此后西部种群一直沿用该设定。在 1996 年蓝鳍金枪鱼方法学会议期间，科学家们认识到自然死亡率很可能与年龄有关（ICCAT, 1997a），例如，幼鱼往往比成鱼更容易受到捕食者的伤害。然而，由于当时可用的信息有限，无法直接更新特定年龄的自然死亡率估计值。当时的建议是通过两种方式获得替代值，即从标记数据中估计，或借鉴其他类似的金枪鱼种群，如南方蓝鳍金枪鱼（ICCAT, 1997a）。在随后于 1996 年举行的大西洋蓝鳍金枪鱼资源评估会议上，在敏感性测试中使用了 1996 年南方蓝鳍金枪鱼资源评估中实施的特定年龄的自然死亡率向量（1 到 10+ 龄分别为 0.49、0.24、0.24、0.24、0.24、0.2、0.175、0.15、0.125、0.10）（ICCAT, 1997b）。 在 2002 年大西洋蓝鳍金枪鱼资源评估会议上使用了上述特定年龄的自然死亡率向量，取代了所有年龄的固定值 0.14（ICCAT, 2003）。Fonteneau 和 Maguire（2014）在 2013 年蓝鳍金枪鱼生物学参数审查会议期间，建议用 Lorenzen 死亡率函数（$M=3.0*W^{-0.288}$）取代先前特定年龄的自然死亡率向量。该建议在 2016 年 ICCAT 蓝鳍金枪鱼数据准备会议期间被再次提及，并被 2017 年 ICCAT 蓝鳍金枪鱼资源评估会议采纳（ICCAT, 2017; 2018a; 2018b）。在最近一次（2022 年 5 月）的蓝鳍金枪鱼东部种群数据筹备会议上，在不同评估模型（种群综合 SS、VPA 和 ASAP）中使用了不同的自然死亡率设定（表 4-2）。

　　另一方面，ICCAT 在 2015 年开始为大西洋蓝鳍金枪鱼制定 MSE 框架（ICCAT, 2016）。可修改的多种群模型（M3）被定义为该框架的操作模型，其中自然死亡率参数最初基于不同种群的假设，东部种群是基于特定年龄，西部种群是所有年龄取固定值 0.1。在最新版本的 MSE 试验规范文件（TSD）中，自然死亡率参数被假定分为"高"和"低"两个水平（表 4-2）。同时，为了确保大西洋蓝鳍金枪鱼资源评估和 MSE 开发的连续性，最近建议两者使用的自然死亡率参数保持一致（ICCAT, 2022）。

　　Feng 等（2022）认为，与先前的假设相比，目前大西洋蓝鳍金枪鱼东部种群资源评估和 MSE 中使用的自然死亡率参数更符合逻辑，然而也还需进一步探索并完善对该参数的估计。在对自然死亡率的估计中考虑来自生态系统模型的时间和空间变化，或者在可行的情况下寻求对其的直接估计，可能是未来的发展方向（Brodziak et al., 2011）。Feng 等（2022）认为这需要大量的数据作为基础，有必要对大西洋蓝鳍金枪鱼进行长期的生物学调查以提供更多的可用信息。

表 4-2　大西洋蓝鳍金枪鱼东部种群资源评估及 MSE 中使用的自然死亡率参数值

序号	在资源评估或 MSE 中使用	自然死亡率数值	参考资料	备注
1	1994 年以前的资源评估	0.18	ICCAT（1999）	所有年龄段的固定值
2	1994 年的资源评估	0.14	ICCAT（1994）	所有年龄段的固定值
3	2002 年的资源评估	1 龄：0.49，2~5 龄：0.24，6 龄：0.20，7 龄：0.175，8 龄：0.15，9 龄：0.125，10 龄以上：0.1	ICCAT（1997a）	特定年龄的自然死亡率向量
4	2017 年的资源评估	1 龄：0.41，2 龄：0.32，3 龄：0.26，4 龄：0.22，5 龄：0.19，6 龄：0.17，7 龄：0.15，8 龄：0.14，9 龄：0.13，10~11 龄：0.12，13~20 龄：0.11，20 龄以上：0.1	Fonteneau & Maguire（2014）	基于 Lorenzen 自然死亡率函数（$M = 3.0*W^{-0.288}$），并在 20 龄时重新调整为 0.1
5	2022 年的资源评估	SS：0.47，0.37，0.3 0.25，0.21，0.18，0.16，0.15，0.14，0.13，0.12，0.12，0.11（12~15 龄），0.1（16~30 龄以上） VPA：0.38，0.30，0.24，0.20，0.18，0.16，0.14，0.13，0.12，0.1（1~10 龄以上） ASAP：0.38，0.30，0.24，0.20，0.18，0.16，0.14，0.13，0.12，0.12，0.11，0.11，0.1，0.1，0.1（1~16 龄以上）	Samperdro et al.（2022）Rouyer et al.（2022）Cadrin et al.（2022）	基于特定年龄、资源评估自然死亡率参数设置与 MSE 一致
6	2022 年的 MSE	高：0.38，0.30，0.24，0.20，0.18，0.16，0.14，0.13，0.12，0.12，0.11（11~13 龄），0.1（14~26 龄以上）。 低：0.36，0.27，0.21，0.17，0.14，0.12，0.11，0.10，0.09（9~10 龄），0.08（11~14 龄），0.07（15~25 龄），0.47（26 龄以上）	TSD_Ver22-01	

4.1.1.4　生态学特征

（1）摄食

大西洋蓝鳍金枪鱼幼体主要以小型浮游生物为食，主要是桡足类及其幼体（Uotani, 1990）。并且，大西洋蓝鳍金枪鱼幼体和成鱼是机会主义捕食者。Chase（2002）研究发现，大西洋蓝鳍金枪鱼胃含物组成主要包括 20 种以上的鱼类和大约 10 种的无脊椎动物。其主要摄食还包括水母和纽鳃樽类，以及底栖和无脊椎物种，如章鱼、螃蟹和海绵。一般来说，幼鱼主要吃甲壳类、鱼类和头足类，而成鱼主要摄食鱼类，主要是鲱鱼、鳀鱼、玉筋鱼、沙丁鱼、西鲱鱼、鲹科鱼类和马鲛鱼类（Eggleston and Bochenek, 1990; Ortiz and Cort, 1986）。

大西洋蓝鳍金枪鱼的胃含物主要由一个或两个被捕食物种组成，如西部种群的胃含物主要为大西洋鲱鱼和玉筋鱼，东部种群的胃含物主要为鳀鱼。被摄食物种的体型与大西洋蓝鳍金枪鱼体型之间没有明确的关系；小型和大型蓝鳍金枪鱼所摄食的物种都呈现类似的体长。Chase（2002）的研究指出，大于 40 厘米的被摄食物种只被大于 230 厘米的巨型蓝鳍金枪鱼捕食。

（2）洄游

Pavesi（1889）根据定置网渔业的观察结果，于 1889 年提出假说：北大西洋的蓝鳍金枪鱼种群不同于地中海的蓝鳍金枪鱼种群，这一假说被称为"原生假说（native hypothesis）"。该假说在后续几十年间一直占据主导地位，并被诸多学者接受（De Buen, 1925; Roule, 1917）。然而在 20 世纪初，人们逐渐发现在北大西洋使用的鱼钩出现在地中海捕获的蓝鳍金枪鱼鱼体上，该假说受到了质疑（Heldt, 1929; Sella, 1929）。20 世纪 60 年代至 70 年代，通过大量的常规标记重捕实验以及观察验证，最终证实了蓝鳍金枪鱼存在地中海和北大西洋之间洄游的现象（Mather et al., 1995）。

基于这种洄游模式推导出一种归巢行为假设，即蓝鳍金枪鱼会洄游至特定区域产卵（Fromentin and Powers, 2005; Cury, 1994）。最近的电子标记实验结果验证了该假设，实验结果明确显示了地中海和墨西哥湾是大西洋蓝鳍金枪鱼的产卵场（Block et al., 2005）。目前对于地中海和北大西洋蓝鳍金枪鱼的索饵洄游机制的了解仍极为有限，电子标记实验的结果表明，大西洋蓝鳍金枪鱼的洄游和运动模式在个体、年份和地区之间差异很大（Block et al., 2001; De Metrio et al., 2002;

Lutcavage et al., 1999）。

研究认为，大西洋蓝鳍金枪鱼空间动态的重要变化可能是由环境驱动的（Marsac, 1999; Ravier, 2004）。例如，20 世纪 60 年代巴西近海蓝鳍金枪鱼的骤然出现及消失的现象很可能是由于蓝鳍金枪鱼空间分布和 / 或洄游的变化（Fromentin and Powers, 2005）。

4.1.2　渔业及历史捕捞量

4.1.2.1　主要捕捞方

关于东部种群。西班牙、法国、日本、意大利、摩洛哥以及土耳其等是捕捞大西洋蓝鳍金枪鱼东部种群的主要国家。近五年，突尼斯和马耳他的捕捞量也增长了。日本捕捞大西洋蓝鳍金枪鱼全部是延绳钓。西班牙为定置网及竿钓方式，法国在地中海采用围网作业，意大利为定置网和围网作业。虽然东大西洋以及地中海有许多小型个体的渔获，特别是后者水域中的捕捞量丰富，但是没有正确的统计。

地中海西部的西班牙、摩洛哥定置网的渔期为 3—7 月，法国围网作业时间为 6—9 月，土耳其围网作业时间为 10—2 月，突尼斯围网作业时间为 1—5 月，意大利各种渔业盛渔期为 6—9 月，而现在设定为禁渔期。

地中海以及直布罗陀海峡附近为主要作业渔场。地中海渔期为 4—7 月（6 月禁渔），直布罗陀海峡附近为 3—6 月。1990 年以后，35° 至 45°W、35°N 以北（北大西洋中部）的冬季，以及 1998 年以后冰岛及法罗群岛附近的 8—11 月能够形成作业渔场，有每年超过千吨的记录。

2009 年，ICCAT 获得了包括贸易信息、授权捕捞渔船、每周渔获报告、网箱养殖申报及船舶监测系统（VMS）数据等在内的相关信息。因此对东大西洋蓝鳍金枪鱼捕捞量也有了一个全面的了解。根据 2010—2020 年的渔获统计，东大西洋的主要渔业为延绳钓、定置网、钓渔业（图 4-2 和表 4-3）。地中海的主要渔业为围网及延绳钓，其中围网捕捞量占总捕捞量的 70%～90%。

东大西洋和地中海蓝鳍金枪鱼捕捞量从 20 世纪 80 年代末的约 2 万吨增加到 90 年代中期的 5 万吨以上。此后，捕捞量一直在设定的总可捕捞量（TAC）范围内（2 万～3.6 万吨）。自 2002 年开始采取管理措施，而 2008 年由于 ICCAT

执行管理措施更为严格，因此捕捞量相应减少。2010—2012 年，捕捞量约为 1 万吨。2010—2014 年，TAC 增加到 1.3 万吨左右，同时努力加强管理措施。因此捕捞量保持在 1 万 ~ 1.3 万吨左右。2011 年，捕捞量创下 0.97 万吨的历史新低。根据 ICCAT 数据库显示，东大西洋和地中海蓝鳍金枪鱼捕捞量从 2016 年的 19 175 吨增至 2021 年的 35 075 吨。随着 TAC 的进一步增加，近年来捕捞量始终控制在 3.6 万吨以内。

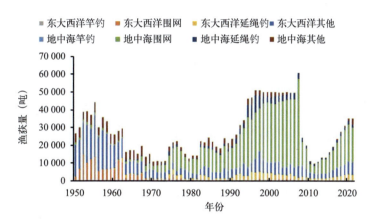

图 4-2 1950—2021 年东大西洋和地中海蓝鳍金枪鱼主要捕捞方式捕捞量

关于西部种群。西大西洋蓝鳍金枪鱼的主要捕捞国家为美国、日本以及加拿大。日本捕捞作业方式全部是延绳钓，美国及加拿大以游钓渔业为主体，也有延绳钓及围网渔业。美国游钓渔业以小型个体为捕捞对象，其他渔业均以大型个体为目标。日本西大西洋延绳钓渔业始于 1963 年，作业渔场分布在大西洋热带海域的巴西外海，年捕捞量达到数万吨。但之后此渔场衰退，墨西哥湾成了主要的渔场。20 世纪 70 年代中期开始，增加了从纽约到加拿大的纽芬兰渔场，成为 1982 年墨西哥湾禁止捕捞以后的主要渔场。1950—2021 年大西洋蓝鳍金枪鱼西部种群主要捕捞方捕捞量如图 4-3 所示。

1964 年，西大西洋蓝鳍金枪鱼捕捞量达到 18 608 吨的峰值，这主要归于日本在巴西近海捕捞大型鱼类的延绳钓（始于 1962 年）和美国围网捕捞幼鱼。此后捕捞量急剧下降，1967 年巴西外海延绳钓捕捞量和围网捕捞量下降。1969 年，蓝鳍金枪鱼捕捞量略高于 0.3 万吨。20 世纪 70 年代，日本延绳钓船队扩展到西北大西洋和墨西哥湾，并针对需要大型鱼类的生鱼片市场增加围网努力量，捕捞量增加到超过 0.5 万吨。由于实施了捕捞限制，1982 年的捕捞量从 20 世纪 70 年代末和 20 世纪 80 年代初的接近 0.6 万吨突然下降。在 1982 年之后，包括丢弃在内的西大西洋捕捞量无波动趋势。2002 年，捕捞量达到 0.33 万吨，为 1981 年以来的最高水平。西大西洋蓝鳍金枪鱼捕捞量随后在 2007 年稳步下降至 0.16 万吨，然后在没有明显趋势的情况下波动。2019 年捕捞量为 0.23 万吨，2020 年为 0.22 万吨，2021 年为 0.23 万吨。1950—2021 年大西洋蓝鳍金枪鱼西部种群主要捕捞方式捕捞量如图 4-4 所示。

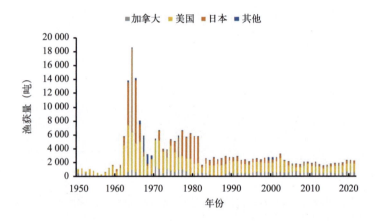

图 4-3　1950—2021 年大西洋蓝鳍金枪鱼西部种群主要捕捞方捕捞量

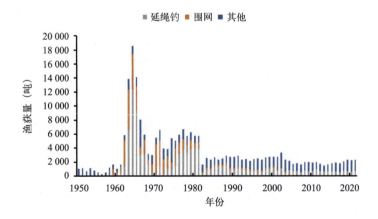

图 4-4　1950—2021 年大西洋蓝鳍金枪鱼西部种群主要捕捞方式捕捞量

表 4-3　大西洋蓝鳍金枪鱼各种群主要捕捞方式捕捞量（单位：吨）

洋区	渔具	2011	2012	2013	2014	2015	2016	2017	2018	2019	2020	2021
东大西洋	竿钓	635.91	282.88	243.02	94.58	171.80	1 085.29	1 194.58	692.13	845.45	936.48	1 030.26
	延绳钓	1 124.75	1 138.82	1 167.45	1 194.02	1 466.53	1 828.85	2 213.73	2 737.61	3 186.24	3 321.30	3 287.12
	其他表层渔具	35.27	48.65	140.65	210.24	193.35	260.67	294.63	332.71	317.66	376.99	354.26
	围网	0.33	0.14	1.59	0.12	/	41.74	48.69	11.25	55.52	189.54	147.31
	休闲渔业	51.13	52.55	46.39	42.77	104.25	34.87	101.18	118.48	91.91	156.21	266.79
	定置网	2 136.83	2 311.36	2 563.64	2 375.94	2 905.31	2 716.14	3 362.45	4 258.47	4 594.11	5 889.44	5 254.87
地中海	竿钓	0	1.86	2.00	9.00	25.37	0.20	50.48	56.48	72.29	103.08	80.56
	延绳钓	961.82	586.53	604.92	588.40	784.34	1 523.29	1 183.78	1 517.77	1 435.60	1 823.63	1 619.16
	其他表层渔具	0.79	1.19	19.77	29.42	2.94	36.74	89.61	33.82	50.26	281.56	63.10
	围网	4 306.07	6 183.07	7 991.78	8 195.01	9 994.22	11 348.80	14 503.30	17 133.99	19 518.70	20 877.03	19 760.35
	休闲渔业	356.40	201.87	239.86	289.29	373.40	297.44	350.62	581.86	610.72	712.75	718.27
	定置网	164.75	125.22	222.11	231.76	192.02	/	271.51	300.08	352.81	365.88	252.41
西大西洋	延绳钓	945.44	701.71	614.86	636.36	572.16	591.24	569.53	681.36	681.24	583.55	676.30
	其他表层渔具	147.46	117.26	121.33	119.12	138.83	95.87	124.11	79.38	232.13	180.96	178.09
	围网	887.60	916.70	691.52	809.81	1 085.39	1 204.25	1 143.81	1 263.34	1 450.08	1 547.98	1 444.22
	休闲渔业	0	1.68	42.54	41.84	38.85	0	0	0	0	0	0
	定置网	26.26	16.58	11.37	19.54	6.47	9.52	12.63	2.80	3.91	4.28	3.96
总计	东大西洋	3 984.23	3 834.41	4 162.74	3 917.66	4 841.24	5 968.16	7 215.67	8 157.43	9 093.15	10 873.81	10 346.22
	地中海	5 789.83	7 099.75	9 080.45	9 342.88	11 372.28	13 206.48	16 449.69	19 624.24	22 040.83	24 164.35	24 728.87
	西大西洋	2 006.76	1 753.93	1 481.63	1 626.67	1 841.71	1 900.88	1 850.08	2 026.88	2 305.59	2 269.36	2 302.83
	东大西洋＋地中海	9 774.06	10 934.16	13 243.19	13 260.53	16 213.52	19 174.63	23 665.36	27 781.68	31 133.98	35 038.16	35 075.08

4.1.2.2 中国

中国从 1994 年开始捕捞大西洋蓝鳍金枪鱼，1995 年达到历史捕捞量峰值，为 137.00 吨，随后呈现下降趋势，2003 年达到历史捕捞量最低值，为 19.30 吨，2009—2014 年捕捞量趋于稳定，年均捕捞量约 40.00 吨，2015—2021 年捕捞量逐步回升，2021 年捕捞量为 100.99 吨（图 4-5）。

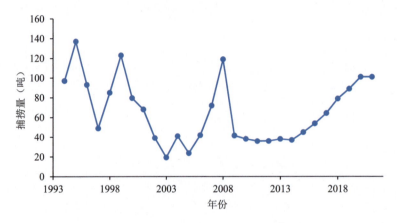

图 4-5 中国 1994—2021 年大西洋蓝鳍金枪鱼捕捞量

4.1.3 资源状况

4.1.3.1 东部种群

2022 年，SCRS 对大西洋蓝鳍金枪鱼东部种群进行了资源评估，评估采用了 1950—2020 年的渔业数据。此次评估使用了实际种群分析（Virtual Population Analysis, VPA）、种群综合模型（Stock Synthesis, SS）以及基于误差分布的捕捞量年龄结构模型（Age-Structured Assessment Programme, ASAP）等 3 种方法，与 2020 年评估方法一致。

上述 3 种评估方法在产卵群体生物量（Spawning Stock Biomass, SSB）估计中显示出类似的趋势，即从 20 世纪 70 年代开始 SSB 逐渐下降，直至 2006 年开展了资源恢复计划才有所好转。自 21 世纪初以来，SSB 已经有了明显的增长。尽管 3 种评估方法显示出增长幅度和增长率有所差异，VPA 估计的 SSB 最低，而 ASAP 估计的 SSB 增长最大。通过敏感性测试发现，各方法估计的 SSB 的增长率和增长幅度具有较大的不确定性，尤其是近几年。此外，尽管近年来捕捞死亡率一直在增加，但综合 3 种评估方法的结果显示捕捞死亡率仍低于捕捞死亡率目标值。

由于补充量估计存在较大的不确定性，SCRS 认为无法对东部种群的资源状况有很好的估计。3 种评估方法显示了当前相对捕捞死亡率水平（$F_{CURRENT}/F_{0.1}$[1]）的广泛估计范围，从过度捕捞到不过度捕捞，即 VPA = 1.16，SS = 0.72，ASAP = 0.54。SCRS 建议将 3 种评估方法结果综合考量。最终，SCRS 认为 F_{CUR} 估计低于 $F_{0.1}$（$F_{CURRENT}/F_{0.1}$ = 0.81，95% CI 0.48～1.62），表明东部种群资源状况为未处于捕捞型过度捕捞（not overfishing）（图 4-6 和表 4-4）。

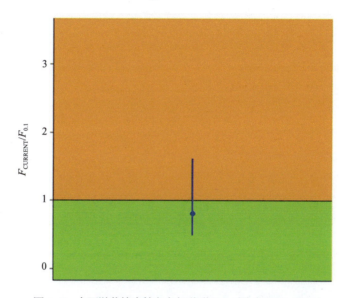

图 4-6　大西洋蓝鳍金枪鱼东部种群 Kobe 图（ISSF，2023）

表 4-4　2022 年大西洋蓝鳍金枪鱼东部种群资源评估概要

评估结果	
目前上报总可捕捞量（2021 年）	35 075 吨
最大可持续产量（MSY）	未知
$F_{CURRENT}/F_{0.1}$	0.81（95% CI 0.48-1.62）
资源状况	未处于捕捞型过度捕捞（not overfishing）
2022 年 TAC	36 000 吨

1　$F_{CURRENT}$：当前捕捞死亡率。$F_{0.1}$：当增加每单位努力量所增加的补充量单位产量，其捕捞死亡率为从 0 增加至每单位努力量所增加的 10%。

SCRS 认为，3 种评估方法对当前补充量和绝对生物量的估计结果完全不同且具有较大不确定性，这将使得当采用特定 TAC 时的基于 $F_{0.1}$ 的短期捕捞量建议结果以及和 $F_{0.1}$ 绝对估计值的准确性均不可靠。考虑到上述不确定性及局限性，以及独立同行评审的建议，SCRS 仅提供 VPA 方法的短期预测，且仅供参考之用。VPA 方法的短期预测是基于 $F_{0.1}$ 和当前 TAC 设定为 3.6 万吨下进行，采用补充量的长期（1968—2016 年）平均值和近期（2007—2016 年）平均值。基于 $F_{0.1}$ 的预测所对应 2023 年和 2024 年的产量中位数分别为 3.5 万吨和 3.85 万吨。所有预测结果表明，在上述两种情景和两种补充量假设下，东部种群产卵生物量在 2023 年和 2024 年将增加（图 4-7）。

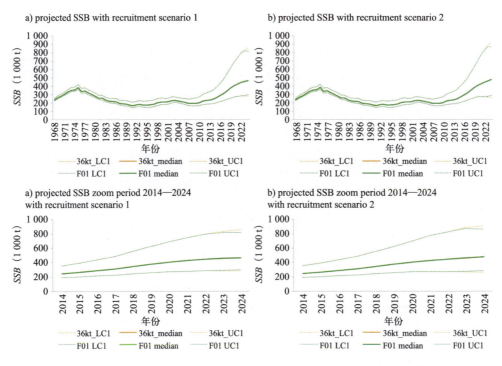

图 4-7　大西洋蓝鳍金枪鱼东部种群产卵群体生物量（*SSB*）短期预测结果（SCRS, 2022）

SCRS 建议 ICCAT 委员会采用经管理策略评价方法（MSE）检验的其中一项管理策略，并且 2023 年及后续年份的 TAC 应以该管理策略为基础。若 ICCAT 委员会无法在 2022 年采用管理策略，SCRS 认为在 2023 年继续执行设置当前

TAC 即 3.6 万吨，将不会对大西洋蓝鳍金枪鱼东部种群产生不适当的风险。上述管理建议是基于 SCRS 对东部种群指标及 VPA 方法的短期预测趋势的判断，这些趋势表明在当前管理下东部种群生物量将有所增加。

4.1.3.2 西部种群

2021 年，SCRS 对大西洋蓝鳍金枪鱼西部种群进行了资源评估，评估采用了 1950—2019 年的渔业数据。此次评估使用了实际种群分析（VPA）和种群综合模型（SS）2 种方法，与 2020 年评估方法一致。

由于模型诊断能力较差，VPA 方法未被进一步开发并用于西部种群的资源状况评估及预测。尽管存在上述问题，SCRS 认为 VPA 方法结果表明，与 2020 年评估中的估计结果相比，西部种群资源状况有所改善。SS 模型与 2020 年模型相比发生了重大变化，包括渔业数据增加（2019 年和 2020 年）、相对丰度指数修订、关于船队选择性的其他假设等。SS 模型评估结果显示当前捕捞死亡率估计低于 $F_{0.1}$（$F_{CURRENT}/F_{0.1} = 0.53$，95% CI 0.49 ~ 0.58），表明西部种群资源状况为未处于捕捞型过度捕捞（not overfishing）（图 4-8 和表 4-5）。

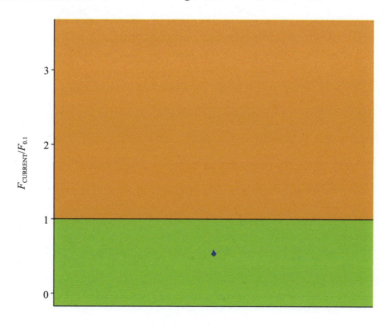

图 4-8 大西洋蓝鳍金枪鱼西部种群 Kobe 图（ISSF，2023）

表 4-5　2021 年大西洋蓝鳍金枪鱼西部种群资源评估概要

评估结果	
目前上报总捕捞量（2020 年，包括丢弃量）	2 179 吨
最大可持续产量（MSY）	未知
F_{CURRENT}	0.063（80% CI 0.059 ~ 0.067）
$F_{0.1}$	0.118（80% CI 0.113 ~ 0123）
$F_{\text{CURRENT}}/F_{0.1}$	0.53（80% CI 0.49 ~ 0.58）
资源状况	未处于捕捞型过度捕捞（not overfishing）
2021 年 TAC	2 350 吨（包括死亡丢弃量）

利用 SS 方法进行短期预测，假设未来补充量为 2012—2017 年补充量估计平均值。最近三年（2018—2020 年）的补充量估计也以预测估计值替代，并假设未来的渔业选择性不变，等于 2018—2020 年估计的平均值。假设 2021 年的固定捕捞量相当于 TAC（2 350 吨），随后三年（2022—2024 年）的固定捕捞量为 0.2 万 ~ 0.5 万吨，增量为 100 吨，以及预测当前 TAC 为 2 350 吨时的情景，预测生物量结果如图 4-9 所示。

最终，SCRS 建议 ICCAT 委员会可在目前 TAC（2 350 吨）基础上适度提高西部种群的总可捕量。并且，ICCAT 委员会应根据 SCRS 的建议（根据对渔业指标更新情况的考虑）每年审查 TAC。此外，SCRS 有意提供一个候选管理策略，以便将大西洋蓝鳍金枪鱼的管理逐步过渡到基于 MSE 的管理策略中，并于 2023 年开始设定相应的 TAC。

4.1.4　管理措施

ICCAT 关于大西洋蓝鳍金枪鱼的现行养护管理措施主要分为三部分，即适用于大西洋蓝鳍金枪鱼的通用决议（Resolutions，非强制性）和建议（Recommendations，强制性）、东部种群的多年度恢复计划和管理计划以及西部种群的重建计划和管理计划。同时，ICCAT 积极推动基于 MSE 的大西洋蓝鳍金枪鱼渔业管理，2022 年 ICCAT 委员会通过了最新的养护管理措施 Rec.22-09 ICCAT 关于建立西大西

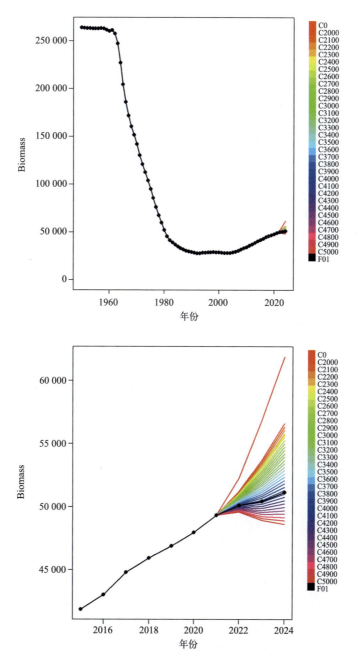

图 4-9　大西洋蓝鳍金枪鱼西部种群生物量短期预测结果

上图为 1950—2024 年

下图为局部放大后的 2015—2024 年（SCRS, 2021）

洋和东大西洋和地中海蓝鳍金枪鱼管理策略的建议，主要利用 MSE 方法制定管理策略实施蓝鳍金枪鱼的具体管理实践，如制定总可捕量 TAC 等，以实现大西洋蓝鳍金枪鱼资源状况、种群安全性、产量及总可捕量稳定性等四方面管理目标。

关于大西洋蓝鳍金枪鱼的现行通用决议和建议主要包括：① Res.06-08 ICCAT 关于大西洋捕捞蓝鳍金枪鱼的决议；② Res.08-06 ICCAT 关于大西洋蓝鳍金枪鱼种群来源和混合的科学研究的决议；③ Rec.11-06 ICCAT 关于大西洋范围内蓝鳍金枪鱼研究计划（GBYP）的建议；④ Res.18-03 ICCAT 关于制定东部和西部蓝鳍金枪鱼初始管理目标的决议等。

4.1.4.1 东部种群

ICCAT 关于大西洋蓝鳍金枪鱼东部种群的养护管理措施主要包括东部种群多年度恢复计划和管理计划。关于东部种群多年度恢复计划，通过 Rec.06-05 ICCAT 关于建立东大西洋和地中海蓝鳍金枪鱼多年度恢复计划的建议首次提出，其主要内容包括：

①设定 2007—2010 年期间年度总可捕捞量 TAC；

②各捕捞方可将其蓝鳍金枪鱼配额分配给其船队，并且不允许将任何的盈余配额结转至下一年度使用；

③规定了大型延绳钓、围网、竿钓及拖网船队的禁渔时段；

④禁止各捕捞方在《ICCAT 公约》区域内使用飞机或直升机来搜寻蓝鳍金枪鱼；

⑤禁止各捕捞方捕捞、在甲板上留存、转运、运输、上岸、储存、销售、展示或提供出售体重小于 30 千克的蓝鳍金枪鱼；

⑥将蓝鳍金枪鱼的兼捕捕捞量控制在总量的 8%，并限制捕捞小于 30 千克且不小于 10 千克的蓝鳍金枪鱼；

⑦禁止在东大西洋和地中海的海上作业中转运蓝鳍金枪鱼；

⑧提出有关蓝鳍金枪鱼东部种群的数据报告要求；

⑨各捕捞方对 24 米以上的蓝鳍金枪鱼渔船安装渔船监控系统（VMS）；

⑩提出各捕捞方的 15 米以上的渔船搭载科学观察员的覆盖率最低要求；

⑪提出联合国际登临检查计划。

该多年度恢复计划经过多次补充更迭，包括 Rec.07-04、Rec.08-05、Rec.09-06、Rec.10-04、Rec.12-03、Rec.13-07、Rec.13-08、Rec.14-04、Rec.16-09 和 Rec.17-07，于 2019 年失效并同时被 Rec.18-02 ICCAT 关于建立东大西洋和地中海蓝鳍金枪鱼多年度管理计划所取代。2019—2023 年大西洋蓝鳍金枪鱼东部种群总可捕量和各捕捞方配额如表 4-6 所示。

表 4-6　2019—2023 年大西洋蓝鳍金枪鱼东部种群总可捕量和各捕捞方配额（吨）

捕捞方	2019 年	2020 年	2021 年	2022 年	2023 年
阿尔巴尼亚	156	170	170	170	264
阿尔及利亚	1 446	1 655	1 655	1 655	2 023
中国	90	102	102	102	112
埃及	266	330	330	330	513
欧盟	17 623	19 460	19 460	19 460	21 503
冰岛	147	180	180	180	224
日本	2 544	2 819	2 819	2 819	3 114
韩国	184	200	200	200	221
利比亚	2 060	2 255	2 255	2 255	2 548
摩洛哥	2 948	3 284	3 284	3 284	3 700
纳米比亚	/	/	/	/	50
挪威	239	300	300	300	368
叙利亚	73	80	80	80	129
突尼斯	2 400	2 655	2 655	2 655	3 000
土耳其	1 880	2 305	2 305	2 305	2 600
英国	/	/	/	/	63
小计	32 140	35 885	35 885	35 885	40 533
未分配储备	100	115	115	115	37
总可捕量 TAC	32 240	36 000	36 000	36 000	40 570

Rec.18-02 ICCAT 关于建立东大西洋和地中海蓝鳍金枪鱼多年度管理计划，其主要内容包括：

①设定 2019—2020 年期间年度总可捕量 TAC，分别为 2019 年 32 240 吨，2020 年 36 000 吨；

②对蓝鳍金枪鱼东部种群主要捕捞方包括的国家和地区有阿尔巴尼亚、阿尔及利亚、中国、埃及、欧盟、冰岛、日本、韩国、利比亚、摩洛哥、挪威、叙利亚、突尼斯、土耳其进行捕捞限额控制；

③要求各捕捞方于每年 2 月 15 日前向 ICCAT 秘书处提交年度捕捞计划、捕捞和养殖能力管理和检查计划及养殖管理计划；

④规定了大型延绳钓和围网的禁渔时段和禁渔区域；

⑤实施最小体长和体重限制，禁止各捕捞方捕捞体重小于 30 千克或叉长小于 115 厘米的东大西洋和地中海蓝鳍金枪鱼；

⑥规定每次捕捞船次结束前，蓝鳍金枪鱼兼捕捕捞量不得超过渔船总贮藏量的 20%；

⑦禁止使用任何空中手段，包括飞机、直升机或任何类型的无人驾驶飞行器搜寻蓝鳍金枪鱼；

⑧提出有关蓝鳍金枪鱼东部种群的数据报告要求；

⑨每个已分配蓝鳍金枪鱼配额的捕捞方应指定获准进行蓝鳍金枪鱼上岸或转运作业的港口；

⑩提出各作业类型渔船搭载科学观察员的覆盖率最低要求，区域观察员计划的观察员覆盖率达到 100%；

⑪各捕捞方对 15 米以上的蓝鳍金枪鱼渔船安装渔船监控系统（VMS）；

⑫提出联合国际登临检查计划。

该多年度管理计划经过多次补充更迭，包括 Rec.19-04、Rec.20-07、Rec.21-08 和 Rec.22-08，目前最新的管理措施为 Rec.22-08。

4.1.4.2 *西部种群*

ICCAT 关于大西洋蓝鳍金枪鱼西部种群的养护管理措施主要包括西部种群重建计划和管理计划。关于西部种群重建计划，通过 Rec.98-07 ICCAT 关于建立西大西洋蓝鳍金枪鱼重建计划的建议首次提出，其主要内容包括：

①启动一项为期 20 年的重建计划，从 1999 年开始，持续至 2018 年。期间年度总可捕量 TAC 设定为 2 500 吨（包含死亡丢弃量），并根据 SCRS 建议调整 TAC；

②对蓝鳍金枪鱼西部种群主要捕捞方即美国、加拿大和日本进行捕捞限额控制；

③从 1999 年开始，对未使用的配额或上年度的超额配额，应酌情增加或减少当年可保留的捕捞量；

④实施最小体长体重限制，禁止各捕捞方捕捞体重小于 30 千克或叉长小于 115 厘米的西大西洋蓝鳍金枪鱼；

⑤为避免增加蓝鳍金枪鱼东部种群或西部种群的捕捞死亡率，禁止各捕捞方在东大西洋和西大西洋间转移捕捞努力量。

该重建计划经过多次补充更迭，包括 Rec.06-06、Rec.08-04、Rec.10-03、Rec.12-03、Rec.13-09、Rec.14-05 和 Rec.16-08，于 2018 年失效并同时被 Rec.17-06 ICCAT 关于建立西大西洋蓝鳍金枪鱼临时养护与管理计划所取代。

关于 Rec.17-06 关于建立西大西洋蓝鳍金枪鱼临时养护与管理计划，其主要内容包括：

①为避免增加蓝鳍金枪鱼东部种群或西部种群的捕捞死亡率，禁止各捕捞方在东大西洋和西大西洋间转移捕捞努力量；

②设定 2018—2020 年期间的年度总可捕量 TAC 为 2 350 吨（包括含死亡丢弃量）；

③对蓝鳍金枪鱼西部种群主要捕捞方即美国、加拿大、日本、英属百慕大、法属圣皮埃尔和密克隆、墨西哥进行捕捞限额控制；

④实施最小体长体重限制，禁止各捕捞方捕捞体重小于 30 千克或叉长小于 115 厘米的西大西洋蓝鳍金枪鱼；

⑤实施禁渔区和禁渔期，以保护西部种群产卵群体；

⑥禁止海上转运西大西洋蓝鳍金枪鱼；

⑦就发展蓝鳍金枪鱼管理策略评价提出计划；

⑧提出有关蓝鳍金枪鱼西部种群的科学研究和数据报告要求。

该临时管理计划经过两次补充更迭，即 Rec.20-06 和 Rec.21-07，并且 Rec.17-06 和 Rec.21-07 将于 2023 年失效并同时被 Rec.22-10 ICCAT 关于建立西大西洋蓝鳍金枪鱼养护与管理计划所取代。

关于 Rec.22-10 ICCAT 西大西洋蓝鳍金枪鱼养护与管理计划，其主要内容包括：

①为避免增加蓝鳍金枪鱼东部种群或西部种群的捕捞死亡率，禁止各捕捞方在东大西洋和西大西洋间转移捕捞努力量；

②设定 2023—2025 年期间的年度总可捕量 TAC 为 2 726 吨（包括含死亡丢弃量），并且 2026—2028 年期间的 TAC 将根据管理策略的应用于 2025 年 ICCAT 委员会会议上商议制定（表 4-7）；

③对蓝鳍金枪鱼西部种群主要捕捞方即美国、加拿大、日本、英属百慕大、法属圣皮埃尔和密克隆、墨西哥进行捕捞限额控制；

④实施最小体长体重限制，禁止各捕捞方捕捞体重小于 30 千克或叉长小于 115 厘米的西大西洋蓝鳍金枪鱼；

⑤实施禁渔区和禁渔期，以保护西部种群产卵群体；

⑥禁止海上转运西大西洋蓝鳍金枪鱼；

⑦提出有关蓝鳍金枪鱼西部种群的科学研究和数据报告要求。

表 4-7　2019—2023 年大西洋蓝鳍金枪鱼西部种群总可捕量和各捕捞方配额（吨）

捕捞方	2019 年	2020 年	2021 年	2022 年	2023 年
美国	1 247.86	1 247.86	1 247.86	1 316.14	1 316.14
加拿大	515.59	515.59	515.59	543.65	543.65
日本	407.48	407.48	407.48	664.52	664.52
英属百慕大	5.31	5.31	5.31	6.18	6.18
法属圣皮埃尔和密克隆	5.31	5.31	5.31	6.18	6.18
墨西哥	128.44	128.44	128.44	149.34	149.34
预留兼捕捕捞量	40	40	40	40	40
总可捕量 TAC	2 350	2 350	2 350	2 726	2 726

第5章　大西洋长鳍金枪鱼渔业资源

5.1　长鳍金枪鱼

5.1.1　基础生物学

5.1.1.1　形态特征

大西洋长鳍金枪鱼（*Thunnus alalunga*）隶属于硬骨鱼纲鲈形目鲭亚目鲭科金枪鱼属。体呈纺锤形，横切面近圆形，稍侧扁，尾柄短狭，平扁，每侧具一隆起嵴，尾基上下方有 2 个小隆起嵴。头较长，眼小。口中等大。上颌骨不为眶骨所遮盖。有鳔。肝脏 3 叶，中叶等于或长于边叶，肝脏下部表明覆盖着辐射状的细丝。背部色暗，腹部色淡，体色均匀。小鳍呈柠檬黄色。上颚生有 1 列弱小的圆锥形齿。椎骨 18+21。体长将近头长的 4 倍。体最高点位于第二背鳍稍前部，比其他种类金枪鱼更靠后。第一鳃弓鳃耙 25 ~ 31。第二背鳍明显低于第一背鳍。胸鳍很长，为镰刀状，长度大于头长，胸鳍末端到达第二背鳍起点上的垂直线。第二背鳍位于体中央之后，背鳍和臀鳍中等长（图 5-1）。

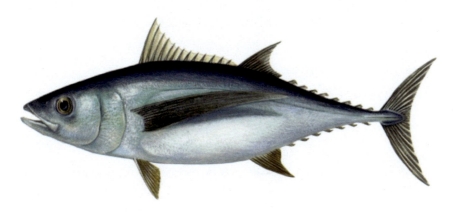

图 5-1　大西洋长鳍金枪鱼形态示意图

（引自欧盟网站，https://fish-commercial-names.ec.europa.eu/fish-names/species_en?sn=36007）

5.1.1.2 种群分类及其分布区域

目前，ICCAT 将大西洋长鳍金枪鱼划分为三个种群进行管理，即北部种群、南部种群和地中海种群。以 5°N 为限，北大西洋大致在赤道至 50°N 范围内广泛分布，而南大西洋则分布在西风漂流海域，由赤道至 40°S 的亚热带北侧为分布海域。

大西洋海域长鳍金枪鱼大个体渔获及幼稚鱼分布海域相对较为明确。通过微卫星标记分析，在遗传学上证实大西洋长鳍金枪鱼存在南北两个种群（Takagi, 2001）。目前尚缺乏长鳍金枪鱼在南北半球之间洄游移动的证据。根据地中海存在独立产卵区（Dicenta, 1975）、不同的形态特征（Bard, 1981）、不同的生长速度（Megalofonou, 2000）以及初次性成熟年龄（Arena et al., 1980）和幼体分布（FAO, 1994），地中海种群被认为是一个独立种群。标记数据结果也与该假设相一致，此外已经观察到一些种群间迁徙的现象（Arrizabalaga et al., 2004）。

在大西洋，长鳍金枪鱼主要分布于几内亚湾至比斯凯湾、加那利海流、亚速尔群岛、加那利群岛和马德拉群岛海域，以及本格拉海流、地中海海域。在南半球中，在特里斯坦 – 达库尼亚群岛海域中分布相对较少。在西部沿美洲沿岸从佛罗里达半岛向北至马萨诸塞州，百慕大群岛、巴哈马群岛、古巴，大量分布于巴西海流水域中。大西洋长鳍金枪鱼的分布特点为：低龄鱼群在高纬度海域，即比斯凯湾附近海域，高龄鱼群则分布于低纬度海域。

北大西洋表层渔业（延绳钓、竿钓和流刺网）夏季以比斯凯湾及亚速尔群岛海域为中心渔场，捕捞对象为叉长 50~80 厘米的索饵群体。这些鱼群夏季在表层向东北方向或北方洄游，冬季则向西南方向洄游。近几年，主捕长鳍金枪鱼的延绳钓渔业停止作业。以前，该渔业秋冬季节在 15° 至 26°N、25° 至 40°N 海域以索饵长鳍金枪鱼群作为捕捞对象。目前尚不明确大西洋长鳍金枪鱼的产卵情况，不过在西大西洋 25° 至 30°N 及中东大西洋 10° 至 20°N 水域有长鳍金枪鱼幼鱼出现。地中海水域也发现有长鳍金枪鱼鱼卵。

在南大西洋，主捕长鳍金枪鱼延绳钓渔场的分布范围为 10° 至 30°S、35°W 至 15°E，以叉长大于 90 厘米的产卵群为捕捞对象；在 30°S 以南水域，则以叉长 90 厘米以下的索饵群为主要捕捞对象。南非沿岸竿钓渔业主要以索饵群为捕捞对象。目前尚不明确南大西洋长鳍金枪鱼的产卵情况，仅知道其产卵期从春季开始。不过，在西大西洋 10° 至 25°S 的南美大陆沿岸有大量幼鱼出现。南大西洋长鳍金枪鱼的索饵海域在 25°S 以南海域。

5.1.1.3　生物学特征

（1）年龄与生长

通过耳石、鳞片、脊椎、鳍棘、体长频率分析和标记重捕实验等不同方法对大西洋长鳍金枪鱼北部种群的年龄测定和生长进行了研究，根据所用方法的不同，研究结果也有所差异。北部种群初始所采用的生长模型是根据 Bard 的鳍棘分析中获得，而当将基于体长的捕捞量转换为基于年龄的捕捞量时，ICCAT（1996）使用了由 Multifan 的体长频率分析得到的方程，该方程预测了基于年龄的平均长度。此外，Santiago（2004）提出了一种结合鳍棘和标记重捕信息的新的生长模型（L_∞=122.198 厘米，K=0.209/ 年，t_0=−1.338 年），并且雄性比雌性的渐进体长 L_∞ 估计值更大。

在南大西洋，Lee 和 Yeh（1993）通过鳍棘分析估计了生长曲线。ICCAT 过去也曾使用了北部种群的生长方程（Bard, 1981）。Lee 和 Yeh（2007）提出了基于耳石日环计数的修正生长曲线，ICCAT 采用该曲线将基于体长的捕捞量转换为基于年龄的捕捞量。关于地中海种群，Megalofonou（2000）通过基于 57~92 厘米之间的个体的脊柱读数（共 1 136 个样本），获得了 von Bertallanfy 生长参数的估计值：L_∞=94.7 厘米，K=0.209/ 年，t_0=−1.354 年（表 5–1）。

比斯开湾是长鳍金枪鱼生长较快的区域（Bard, 1981），Lezama-Ochoa 等（2010）认为这可能与鳀鱼丰度较高有关。长鳍金枪鱼幼体于夏季在热带表层水域中被发现，在那里它们生长得非常快，在 6 个月时叉长达到约 20 厘米（Havard-Duclos, 1973）。

表 5–1　大西洋长鳍金枪鱼的 Von Bertalanffy 生长方程参数

种群	方法	参数估计值	来源
北部种群	鳞片	L_∞=135.00 厘米，K=0.190 / 年，t_0=0.140 年	Yang（1970）
北部种群	体长频率	L_∞=140.00 厘米，K=0.141 / 年，t_0=−1.630 年	Beardsley（1971）
北部种群	鳞片、体长频率	L_∞=134.40 厘米，K=0.183 / 年，t_0=−0.350 年	Bard（1973）

续表

种群	方法	参数估计值	来源
北部 / 南部种群	鳍棘	L_∞=124.74 厘米，K=0.23 / 年，t_0=−0.9892 年	Bard（1981）
北部种群	鳍棘	L_∞=140.08 厘米，K=0.129 / 年，t_0=−1.570 年	G. Garces and Farin̄a（1983）
北部种群	标记	L_∞=106.20 厘米，K=0.320 / 年，t_0=−1.286 年	Ortiz ZarateG. et al.（1994）
北部种群	体长分析（Multifan）	L_∞=124.80 厘米，K=0.217 / 年	Anon（1996）
北部种群	鳍棘	L_∞=127.10 厘米，K=0.180 / 年，t_0=−1.620 年	Santiago and Arrizibalaga（2005）
南部种群	鳍棘	L_∞=142.28 厘米，K=0.145 / 年，t_0=−0.674 年	Lee and Yeh（1993）
南部种群	鳍棘、脊椎	L_∞=147.50 厘米，K=0.126 / 年，t_0=−1.890 年	Lee and Yeh（2007）
地中海种群	鳍棘	L_∞=94.70 厘米，K=0.258 / 年，t_0=−1.354 年	Megalofonou（2000）
地中海种群	鳞片	L_∞=86.00 厘米，K=0.370 / 年，t_0=−0.760 年	Megalofonou et al.（2003）
地中海种群	鳍棘	L_∞=93.198 厘米，K=0.295 / 年，t_0=−1.213 年	Karakulak（2011）

（2）性成熟度和性别比

关于大西洋长鳍金枪鱼性成熟度研究仍然有限。Lam Hoai（1970）研究估计大西洋长鳍金枪鱼的初次性成熟叉长为 75～85 厘米，而 Hayasi 等（1997）假设性成熟叉长为 85 厘米（约 13 千克）。目前，对于大西洋长鳍金枪鱼北部种群和南部种群，假定 50% 的个体在叉长为 90 厘米或 5 龄时性成熟（Bard, 1981），而地中海种群的初次性成熟叉长为 62 厘米（Arena et al., 1980）。

根据 Foreman（1980）和 Bard（1981）对大西洋金枪鱼的研究，在性成熟之前，性别比例约为 1∶1。相比其他鱼种，长鳍金枪鱼在更大体长组中的雄性数量更多。随着体型的增加，雄性的比例会逐渐增加直至完全没有雌性个体。Bard（1981）认为，这是由于不同的生长和死亡率。当达到性成熟时，每个体长单位的雌性所占的百分比急剧下降，在超过 85 厘米的个体中，雄性的比例明显下降，几乎没有叉长超过 100 厘米的雌性个体（Bard, 1981; Postel, 1964）。Megalofonou（1990）研究发现爱琴海的雌性个体和雄性个体的性别比例为 1 : 2.1，雌性个体的叉长在 54 ~ 89 厘米之间。

（3）繁殖

大西洋长鳍金枪鱼通常是多个或批量产卵，将成批的水合卵细胞直接排入海中并受精。大西洋长鳍金枪鱼产卵发生在其栖息的近海环境，产卵区主要分布在南北半球的亚热带西部地区和整个地中海。北大西洋的产卵地在委内瑞拉附近的马尾藻海（Le Gall, 1974; Nishikawa et al., 1985）和墨西哥湾（Richards, 1969; 1984）。在南大西洋，产卵主要发生在巴西东部海岸（Beardsley, 1969; Koto, 1969）。在地中海，有研究发现在几处内湾中发现长鳍金枪鱼幼体。

长鳍金枪鱼产卵活动发生在春季和夏季。在北大西洋，繁殖活动发生在 4 月至 9 月，产卵高峰发生在 7 月左右，此外也有幼体在冬季被发现（Beardsley 1969; Koto 1969）。产卵与海表温度有密切关系，24℃以上的温度和较深的温跃层将刺激长鳍金枪鱼的成熟和繁殖活动。

大西洋长鳍金枪鱼的卵呈球形，透明，比其他金枪鱼类（如蓝鳍金枪鱼）的小，直径约为 0.84 ~ 0.94 毫米，含有直径 0.24 毫米的油球（Sanzo, 1933）。卵黄囊幼体孵化时一般为 2.5 毫米。与其他金枪鱼相比，不同特征是尾区缺乏色素（Nishikawa, 1987）。Postel（1964）估计长鳍金枪鱼雌性个体的繁殖力为 2 百万 ~ 3 百万枚卵。Nikolic 等（2017）认为，目前对大西洋长鳍金枪鱼的繁殖生物学仍有许多未知之处，在不同区域产卵和 / 或具有不同行为特征的可能亚群的发生暂未解决（Fraile, 2016）。

（4）自然死亡率

Beardsley（1969）和 Bard（1981）估计长鳍金枪鱼北部种群的自然死亡率范围分别为 0.20 ~ 0.32 和 0.2 ~ 0.3。ICCAT（2013）假定大西洋长鳍金枪鱼北部种群和南部种群所有年龄组的自然死亡率为固定值 0.3。由于与主要标记实验区域（比斯开湾）的洄游个体相混淆，目前现有的长鳍金枪鱼北部种群的标记数据暂时无法对自然死亡率进行可靠的估计。Ortiz de Zárate 和 Bertignac（2001）估计了一个组合参数，即东北大西洋海域洄游个体的自然死亡率估计值在 0.56 ~ 0.84

之间。Nikolic等（2017）通过综述后认为，地中海长鳍金枪鱼的自然死亡率估计范围与大西洋和太平洋种群相似。

此外，Santiago（2004）比较了不同研究者得出的自然死亡率数值，结果显示，Rikhter和Efanov（1976）以及Pauly（1980）估计长鳍金枪鱼的死亡率分别为0.322和0.325，而基于Chen和Watanabe（1989）的方法，估计的长鳍金枪鱼1~12龄的自然死亡率为0.541、0.416、0.351、0.311、0.285、0.293、0.318、0.348、0.385、0.429、0.486、0.560（这些研究的估计值与ICCAT假设的自然死亡率不矛盾，尚无理由改变ICCAT假设的估计值）。

5.1.1.4 生态学特征

（1）摄食

长鳍金枪鱼是食物网顶层的肉食动物，是捕食聚集的小型鱼类的专家，同时也是机会主义者（Consoli et al., 2008; Salman and Karakulak, 2009）。大西洋长鳍金枪鱼主要捕食成群的沙丁鱼、鳀鱼、鲭鱼等鱼类、甲壳类动物和鱿鱼（Ortiz, 1987; Hassani et al., 1997; Goni et al., 2011）。研究发现，在大西洋东北部，长鳍金枪鱼的摄食对象以鱼类为主，主要是竹筴鱼类（Ortiz, 1987）。与以鱼类为主的陆架水域相比，在近海水域食物组成中甲壳类动物的比例有所增加。Lezama-Ochoa等（2010）研究发现，比斯开湾的长鳍金枪鱼在不同空间尺度上的单位捕捞努力量捕捞量（CPUE）与鳀鱼丰度之间存在正相关关系。在地中海西北部，长鳍金枪鱼幼体主要以水蚤类和桡足类为食（Catalán et al., 2007）；在地中海东部，长鳍金枪鱼成鱼的食物组成中头足类占较大比例（Salman and Karakulak, 2009; Goni et al., 2011）；在地中海中部，长鳍金枪鱼则主要摄食舒蛴鱼和灿舒蛴鱼以及端足类动物和头足类等（Consoli et al., 2008）。

在大西洋和地中海曾观察到重要的地理和年纪摄食变化（Goni et al., 2011）。此外，长鳍金枪鱼可能已经形成了一种行为模式，即在垂直水柱中的特定区域，以减少与其他金枪鱼物种竞争食物资源（Olson et al., 2016）。

（2）洄游

长鳍金枪鱼是世界上洄游迁徙时间最长的鱼类之一。尽管没有从北大西洋到南大西洋的洄游迁徙记录，仍发现有一些长鳍金枪鱼从北大西洋洄游迁徙至地中海，反之亦然，同时还有跨大西洋的迁徙。目前对大西洋长鳍金枪鱼洄游轨迹的了解仍然有限。

在北大西洋，大西洋长鳍金枪鱼幼体和成鱼主要在大西洋中部海域越冬。当春季海水逐渐变暖时，长鳍金枪鱼幼体开始营养迁徙，前往其分布范围内大西洋东北部的高生产力水域。营养迁徙主要发生在大西洋长鳍金枪鱼生命周期的前四年，直至性成熟。而成年的长鳍金枪鱼在夏季临近时进行繁殖洄游，它们会洄游迁徙至北大西洋西部（委内瑞拉近海和马尾藻海）的产卵地，主要分布在50~150 米水深处。

大西洋长鳍金枪鱼于每年 5 月开始集中在北纬 38° 的亚速尔群岛附近的表层水域，并向北移动至 17~20℃的水域。在后续的 1~2 个月的时间里，长鳍金枪鱼将逐渐分布在爱尔兰西南部和比斯开湾（De Zarate and Cort, 1998）。尽管有研究认为大西洋长鳍金枪鱼幼体存在两种不同的索饵洄游路线，但目前的研究并不支持该假设（Arrizabalaga, 2003）。在秋季开始时，大西洋长鳍金枪鱼开始通过葡萄牙南部的加那利群岛和亚速尔群岛迁徙返回至大西洋中部。

受限于标记重捕实验数据，目前对南部种群和地中海种群的洄游模式和机制的了解极为有限。

5.1.2　渔业及历史捕捞量

20 世纪 60 年代初，大西洋长鳍金枪鱼北部种群捕捞量达到历史高峰，1964 年捕捞量为 6.46 万吨。随后，由于捕捞努力量减少，捕捞量开始下降。20 世纪 90 年代捕捞量相对稳定。但随着流网和中层双拖网等渔业的加入，捕捞努力量增加，其捕捞量 2006 年达到 3.69 万吨，后又呈下降趋势。2015 年捕捞量为 2.56 万吨，2018 年为 2.97 万吨，2021 年为 3.13 万吨。目前，延绳钓产量约占 17%，竿钓占 41%，拖网占 26%，曳绳钓占 16%。在最近十年，日本减少了长鳍金枪鱼的捕捞努力量，长鳍金枪鱼是日本船队的兼捕物种。

20 世纪 50—60 年代，长鳍金枪鱼南部种群捕捞量呈上升趋势，1965 年捕捞量接近 3.00 万吨。20 世纪 70—80 年代初期，捕捞量水平有所回落，均值约为 2.50 万吨。1987 年，南部种群捕捞量突破 4.00 万吨达到历史高峰，为 4.06 万吨。之后十余年间捕捞量一直维持在较高水平。2004 年开始，捕捞量水平逐渐保持在较低水平，稳定在 2.00 万吨左右。根据 ICCAT 秘书处估算，2021 年长鳍金枪鱼南部种群捕捞量为 2.50 万吨。

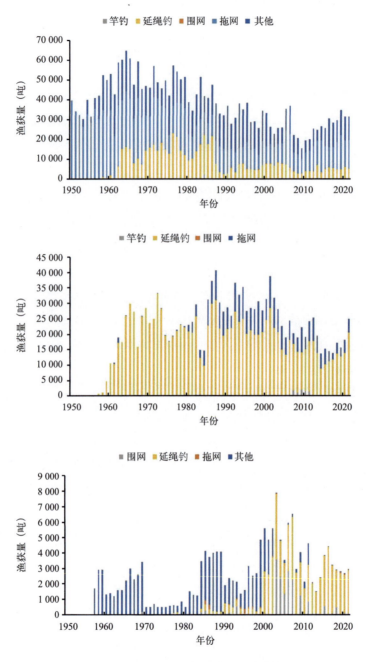

图 5-2　1950—2021 年大西洋长鳍金枪鱼主要捕捞方式捕捞量

（上：北部种群；中：南部种群；下：地中海种群）

长鳍金枪鱼地中海种群历史捕捞量呈现上下波动的趋势。渔业初始阶段捕捞量约为 2 000 吨左右，20 世纪 70—80 年代初期的年捕捞量估计约为 500 吨左右。80 年代后期捕捞量增加到 4 000 吨左右。之后捕捞量呈现快速上升趋势，2003年捕捞量达到历史最高峰，为 7 898 吨。近十年间，由于种群状况不佳，通过限制捕捞努力量以促进种群恢复，捕捞量保持在较低水平，约为 2 700 吨左右。根据 ICCAT 秘书处估算，2021 年长鳍金枪鱼地中海种群捕捞量为 2 895 吨（图 5-2）。

5.1.2.1 主要捕捞方

大西洋长鳍金枪鱼北部种群的主要捕捞方包括的国家和地区有欧盟、日本、委内瑞拉和美国等。欧盟是大西洋长鳍金枪鱼北部种群的最大捕捞方，始于 1950 年，历史捕捞量年间波动较大（图 5-3）。1959—1965 年，捕捞量处于历史较高水平，其中 1962 年达到历史最高值为 52 412 吨，之后捕捞量呈现上下变化且逐渐下降的趋势，1984 年捕捞量首次低于 2 万吨，为 19 228 吨，之后捕捞量持续波动。2006 年捕捞量为 31 728.51 吨，之后逐年下降，2009 年捕捞量达到历史最低值，为 12 860.89 吨。2010 年捕捞量开始逐步回升，近年来捕捞量维持在2.5 万～3.1 万吨，2021 年捕捞量为 26 185.34 吨。

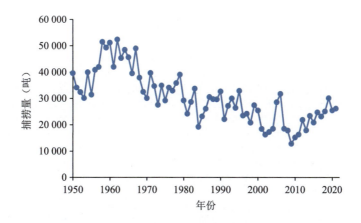

图 5-3 欧盟 1950—2021 年大西洋长鳍金枪鱼北部种群捕捞量

日本捕捞大西洋长鳍金枪鱼北部种群始于 1956 年，并常年保持较低水平的捕捞量，仅在 1962—1972 年期间捕捞量较高。1964 年捕捞量达到历史最高值，为 15 713 吨。近年来捕捞量维持在 200～300 吨，2021 年捕捞量为237.55 吨（图 5-4）。

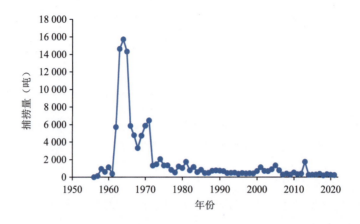

图 5-4　日本 1956—2021 年大西洋长鳍金枪鱼北部种群捕捞量

　　大西洋长鳍金枪鱼南部种群的主要捕捞方包括的国家和地区有日本、南非、欧盟和巴西等。日本捕捞大西洋长鳍金枪鱼南部种群开始较早，1956—1965 年捕捞量呈现快速增加的趋势，并于 1965 年达到历史捕捞量最高值，为 28 309 吨（图 5-5）。1966 年开始，日本捕捞量逐步下降，1973 年捕捞量仅 280 吨，之后捕捞量长期处于低位。2008 年开始捕捞量略有回升，近年来捕捞量保持在 0.1 万～0.3 万吨，2021 年捕捞量为 1 672.86 吨。

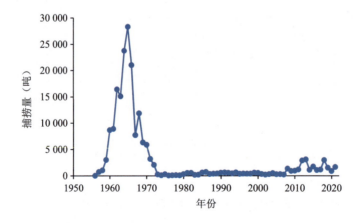

图 5-5　日本 1956—2021 年大西洋长鳍金枪鱼南部种群捕捞量

　　欧盟是大西洋长鳍金枪鱼地中海种群的主要捕捞方。从 20 世纪 80 年代开始，欧盟捕捞量明显增加，1984—1989 年捕捞量保持在 0.4 万吨左右。1990—

2003 年，欧盟捕捞量呈现逐渐增加的趋势，2003 年捕捞量达到历史最高值，为 7 898.46 吨。其后，欧盟捕捞量逐渐下降，近年来欧盟捕捞量保持在 0.2 万 ~ 0.25 万吨，2021 年捕捞量为 2 187.83 吨（图 5-6）。

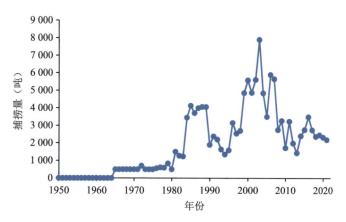

图 5-6　欧盟 1950—2021 年大西洋长鳍金枪鱼地中海种群捕捞量

5.1.2.2　中国

大西洋长鳍金枪鱼是中国船队的兼捕物种之一，捕捞长鳍金枪鱼北部种群和南部种群。中国历史捕捞量总体呈现波动趋势。北部种群捕捞量近年来呈现逐渐增加的趋势，2021 年捕捞量为 291.32 吨（图 5-7）；南部种群历史捕捞量较低，近年来捕捞量保持在 100 ~ 200 吨之间，2021 年捕捞量仅为 9.66 吨（图 5-8）。

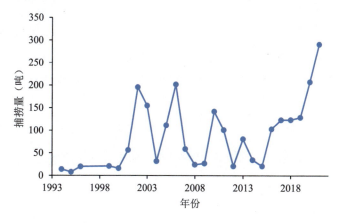

图 5-7　中国 1994—2021 年大西洋长鳍金枪鱼北部种群捕捞量

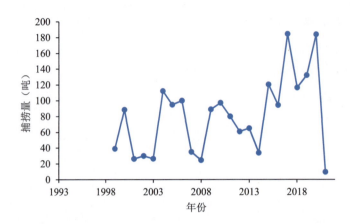

图 5-8　中国 1999—2021 年大西洋长鳍金枪鱼南部种群捕捞量

5.1.3　资源状况

5.1.3.1　北部种群

2020 年，SCRS 对大西洋长鳍金枪鱼北部种群进行了资源评估，评估采用了 1950—2018 年的渔业数据。此次评估使用了基于 ADMB 的生物量动态模型 MPB（biodyn 算法），与 2016 年评估方法一致。

2020 年评估使用了 5 个更新后的 CPUE 指数，与 2016 年评估所选取的指数一致。这些指数自 2010 年以来总体呈上升趋势，这可能反映了近十年捕捞量相对较低的情况下，种群数量呈上升趋势。参考模型的评估结果表明，20 世纪 30—90 年代生物量呈下降趋势，此后呈上升趋势。并且参考模型估计在过去十年中，种群生物量持续高于最高可持续产量水平对应的生物量，而捕捞死亡率在较长一段时间内低于最高可持续产量水平对应的捕捞死亡率。通过比较 2020 年与 2016 年评估的参考模型结果，显示 2020 年评估的生物量估计值低于 2016 年评估的估计值。

Kobe 图的结果显示，绿色区域（既未资源型过度捕捞，也未捕捞型过度捕捞，$F < F_{MSY}$ 和 $B > B_{MSY}$）的概率为 98.4%，黄色区域（资源型过度捕捞，未捕捞型过度捕捞，$F < F_{MSY}$ 和 $B < B_{MSY}$）的概率为 1.6 %，红色区域（既资源型过度捕捞，也捕捞型过度捕捞，$F > F_{MSY}$ 和 $B < B_{MSY}$）的概率为 0%（图 5-9）。基于现有的信息表明，北部种群资源状况持续改善，并通过观测到的 CPUE 指数得

以反映。种群生物量的增加很可能是由于近年来的捕捞量较低，目前估计北部种群极有可能处于 Kobe 图的绿色区域。

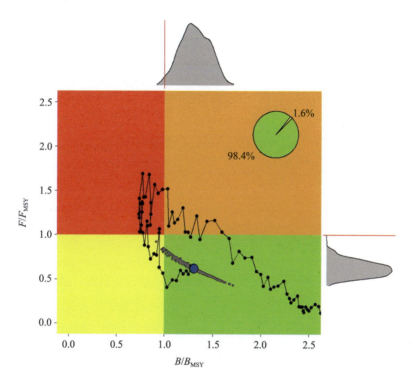

图 5-9 大西洋长鳍金枪鱼北部种群 Kobe 图（ICCAT，2020）

2018 年，SCRS 进行了一次外部同行评议，结果认为大西洋长鳍金枪鱼管理策略评价框架是科学合理的，包含各类不确定性并具备稳健性。长鳍金枪鱼物种小组建议将捕捞控制规则应用于当前的生物量估计数，以确定 2021—2023 年期间的总可捕量 TAC，建议 TAC 设定为 37 801 吨，同比增加了 12.5%（表 5-2）。

表 5-2 2020 年大西洋长鳍金枪鱼北部种群资源评估概要

评估结果	
目前上报总捕捞量（2019 年）	34 772 吨
最大可持续产量（MSY）	36 816 吨（80% CI 35 761～38 039 吨）

续表

评估结果	
B_{MSY}	392 556 吨（80% CI 349 403～405 097 吨）
F_{MSY}	0.093（80% CI 0.091～0.108）
$B_{CURRENT}/B_{MSY}$	1.32（80% CI 1.13～1.51）
$F_{CURRENT}/F_{MSY}$	0.62（80% CI 0.52～0.74）
资源状况	未处于资源型过度捕捞（not overfished） 未处于捕捞型过度捕捞（not overfishing）
2021—2023 年 TAC	37 801 吨

5.1.3.2 南部种群

2020 年，SCRS 对大西洋长鳍金枪鱼南部种群进行了资源评估，评估采用了 1956—2018 年的渔业数据。此次评估使用了一种包含协变量的剩余产量模型（A Stock Production Model Incorporating Covariates, ASPIC）和一种贝叶斯状态空间剩余产量模型（Just Another Bayesian Biomass Assessment, JABBA），与 2016 年评估方法一致。

长鳍金枪鱼物种小组对南部种群的评估结果进行讨论后认为，ASPIC 和 JABBA 模型估计的生物量和捕捞死亡率的趋势相似（图 5-10）。估计的 MSY 中值为 26 286 吨（ASPIC 为 27 418 吨，JABBA 为 27 264 吨）。由于两个模型所反映的不确定性水平有所差异，例如与 JABBA 模型相比，ASPIC 模型显示出更窄的置信区间，而 JABBA 模型通过纳入观测误差和过程误差，能够考虑到更多的不确定性。因此，物种小组建议根据 JABBA 的基准模型结果进行模型预测、制定 Kobe 图以及提供管理建议。此外，还建议未来探索使用年龄结构模型进行南部种群的资源评估，以配合确认当前基于剩余产量模型的评估结果。

JABBA 基准模型的结果表明，自 21 世纪初捕捞死亡率开始下降以来，长鳍金枪鱼南部种群生物量逐渐增加，当前种群未处于资源型过度捕捞（not overfished）

也未处于捕捞型过度捕捞（not overfishing）的概率为 99.4%，0.6% 的概率处于资源型过度捕捞（overfished）。MSY 中位数为 27 264 吨（范围为 23 734 ~ 31 567 吨），当前 B_{2018}/B_{MSY} 的中位数估计值为 1.58（范围为 1.14 ~ 2.05），当前 F_{2018}/F_{MSY} 的中位数估计值为 0.40（范围为 0.28 ~ 0.59）。较宽的置信区间反映了对种群资源状况估计的较大不确定性（图 5-11）。

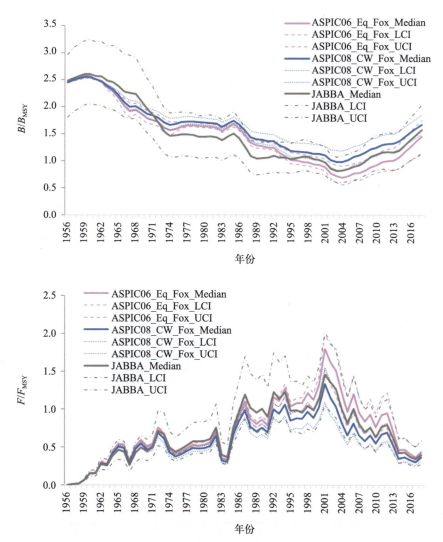

图 5-10　大西洋长鳍金枪鱼南部种群 ASPIC 和 JABBA 基准模型的 B/B_{MSY} 和 F/F_{MSY} 比较

（ICCAT, 2020）

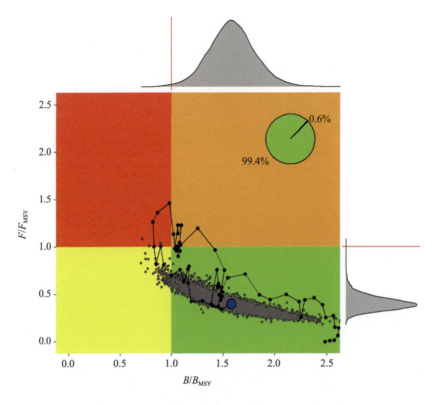

图 5-11　大西洋长鳍金枪鱼南部种群 Kobe 图（ICCAT，2020）

　　基于 JABBA 基准模型的生物量和捕捞死亡率的预测结果显示，到 2033 年当捕捞量约为 27 000 吨时，生物量将保持在 B_{MSY} 以上，捕捞死亡率将保持在 F_{MSY} 以下，概率为 90%。此外，基于目前的种群生物量水平，即使当捕捞量超过 MSY（如 3 万吨），那么预计到 2033 年种群生物量水平仍将维持在 B_{MSY} 以上，概率为 61%。需注意的是，任何超过 MSY 的捕捞水平都需要在 2033 年后减少 TAC，以防止发生过度捕捞（表 5-3 和图 5-12）。

表 5-3　2020 年大西洋长鳍金枪鱼南部种群资源评估概要

评估结果	
目前上报总捕捞量（2019 年）	15 640 吨
最大可持续产量（MSY）	27 264 吨（95% CI 23 734～31 567 吨）

续表

评估结果	
B_{MSY}	124 453 吨（95% CI 79 611～223 424 吨）
F_{MSY}	0.219（95% CI 0.116～0.356）
$B_{CURRENT}/B_{MSY}$	1.58（95% CI 1.14～2.05）
$F_{CURRENT}/F_{MSY}$	0.40（95% CI 0.28～0.59）
资源状况	未处于资源型过度捕捞（not overfished） 未处于捕捞型过度捕捞（not overfishing）

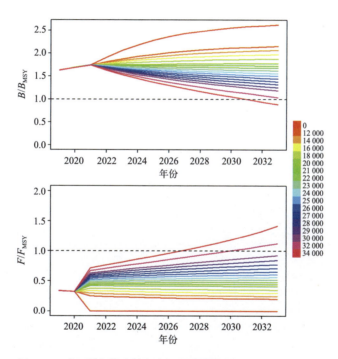

图 5-12　大西洋长鳍金枪鱼南部种群预测结果（ICCAT，2020）

5.1.3.3　地中海种群

2021 年，SCRS 对大西洋长鳍金枪鱼地中海种群进行了资源评估，评估采用了 1980—2019 年的渔业数据。此次评估使用了一种贝叶斯状态空间剩余产量模型（Just Another Bayesian Biomass Assessment, JABBA），与 2017 年评估方法一致。

通过拟合 1980—2019 年的捕捞量数据和丰度指数（包括 6 个延绳钓船队 CPUE、西班牙 tournament 指数以及地中海西部幼体指数）之间的不同组合，提出了四个 JABBA 模型的评估情景。最终的评估结果基于上述时间序列的捕捞量和丰度指数的评估情景 S4。评估结果显示，B/B_{MSY} 估计值自 1980 年以来在评估期间呈持续下降趋势，21 世纪初至 21 世纪 10 年代中期大幅下降。20 世纪八九十年代，B/B_{MSY} 的中位数在 2.0 左右，2013 年之后下降，一直在 $0.4 \sim 0.5$ 左右。自 1980 年以来，F/F_{MSY} 估计值逐渐增加，21 世纪初以后，F/F_{MSY} 的中位数一直在 1.0 以上，出现了较大的峰值。

当前捕捞水平估计值即 F_{2019}/F_{MSY} 为 1.21（95% CI $0.62 \sim 2.18$），当前种群生物量水平即 B_{2019}/B_{MSY} 为 0.57（95% $0.32 \sim 1.00$）。F_{2019}/F_{MSY} 的概率分布更广泛，相比 B_{2019}/B_{MSY} 的估计值更具不确定性。据此表明，当前地中海种群的资源状况为既处于资源型过度捕捞（overfished）也处于捕捞型过度捕捞（overfishing）（图 5-13 和表 5-4）。

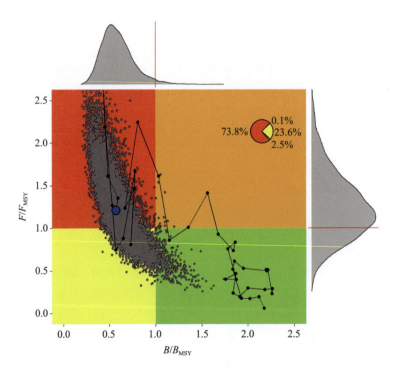

图 5-13　大西洋长鳍金枪鱼地中海种群 Kobe 图（ICCAT，2021）

表5-4 2021年大西洋长鳍金枪鱼地中海种群资源评估概要

评估结果	
目前上报总捕捞量（2020年）	2 675吨
最大可持续产量（MSY）	3 653.9吨（95% CI 2 446~5 090吨）
B_{MSY}	19 703.1吨（95% CI 11 676~36 833吨）
F_{MSY}	0.184（95% CI 0.091~0.335）
$B_{\text{CURRENT}}/B_{\text{MSY}}$	0.570（95% CI 0.322~1.004）
$F_{\text{CURRENT}}/F_{\text{MSY}}$	1.213（95% CI 0.618~2.175）
资源状况	处于资源型过度捕捞（overfished） 处于捕捞型过度捕捞（overfishing）

基于JABBA模型的生物量和捕捞死亡率的预测结果显示，若按目前的捕捞水平（2 700吨），将需约10年时间以超过50%的概率将种群生物量恢复到B_{MSY}水平。此外，需注意的是当捕捞量高于MSY（3 600吨）时，其中一些预测结果显示出异常小的生物量比值和极高的捕捞死亡率比值，表明种群崩溃的潜在风险（图5-14）。

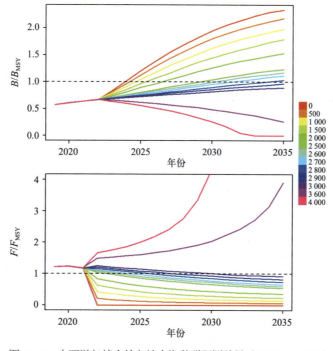

图5-14 大西洋长鳍金枪鱼地中海种群预测结果（ICCAT，2021）

根据现有最佳数据和模型，对地中海种群当前（2019 年）种群状况的预测表明，21 世纪头十年的捕捞量（5 000 吨）是不可持续的，超过 4 000 吨的捕捞量很可能导致种群数量降至极低水平，从而面临种群崩溃的风险。相比之下，接近于 2017—2019 年平均捕捞量水平的 2 700 吨捕捞量将使种群在 2032 年以超过 50% 的概率恢复到 Kobe 图的绿色区域内，然而，该捕捞水平也有 17% 的概率在 2032 年将 B/B_{MSY} 降低到 0.2 以下。当低于这一水平时，种群崩溃的风险就会增加。总之，将捕捞量降低到 2 700 吨以下，可加速地中海种群资源的恢复。

5.1.4 管理措施

目前，ICCAT 积极推动基于 MSE 的大西洋长鳍金枪鱼渔业管理。关于大西洋长鳍金枪鱼的现行养护管理措施主要包括长鳍金枪鱼北部种群管理策略、南部种群捕捞限额措施以及地中海种群的重建计划三部分。

5.1.4.1 北部种群

关于大西洋长鳍金枪鱼北部种群的养护管理措施始于 Rec.98-08 ICCAT 关于限制北方长鳍金枪鱼捕捞能力的建议（1999 年 6 月 21 日生效），其中规定了从 1999 年起将各捕捞方的渔船数量（休闲渔船除外）限制在 1993—1995 年期间的平均数量。

2000 年起生效的 ICCAT 关于北方长鳍金枪鱼可能的管理措施的建议（Rec.99-05）中提出由 SCRS 根据科学评估结果进一步提出限制捕捞死亡率的管理措施建议。

从 2001 年起生效的 ICCAT 关于北方长鳍金枪鱼捕捞限额的建议（Rec.00-06）开始，ICCAT 提出长鳍金枪鱼北部种群的总可捕量限制和各捕捞方的捕捞限额，其后经过多次更迭，包括 Rec.01-05、Rec.02-05、Rec.03-06、Rec.06-04 和 Rec.07-02。

北部种群的重建计划通过 Rec.09-05 ICCAT 关于建立北大西洋长鳍金枪鱼重建计划的建议首次提出，其中规定了北部种群的总可捕量限制和各捕捞方的捕捞限额以及配额结转等事项。该重建计划经过两次补充，即 Rec.11-04 和 Rec.13-05。

Rec.15-04 中规定了北部种群的捕捞控制规则，包含限制参考点（limit reference point）、临界参考点（threshold reference point）以及目标参考点（target reference point）。

2017 年起生效的 ICCAT 关于北方长鳍金枪鱼多年度养护与管理计划的建议（Rec.16-06），其中主要措施包括规定了①长鳍金枪鱼北部种群的总可捕量限制和各捕捞方的捕捞限额；②捕捞能力限制；③捕捞控制规则和管理策略评价方法等内容。该措施其后经过多次补充更迭，包括 Rec.17-04、Rec.20-03 和 Rec.20-04。

上述养护管理措施目前均已失效。目前，北部种群执行的养护管理措施为 Rec.21-04 ICCAT 关于北大西洋长鳍金枪鱼养护管理措施包括管理程序和例外情况协议的建议，内容如下。

Rec.21-04 ICCAT 关于北大西洋长鳍金枪鱼养护管理措施包括管理程序和例外情况协议的建议

第一部分　一般规定

1. 在《ICCAT 公约》区域捕捞北大西洋长鳍金枪鱼的缔约方和合作非缔约方、实体或渔业实体（CPC）应实施下列北大西洋长鳍金枪鱼养护和渔业管理措施，其中包括管理程序用于确定年度总可捕量。

2. 北大西洋长鳍金枪鱼种群的管理目标是：

（a）以至少 60% 的概率将种群维持在 Kobe 图的绿色区域内，同时最大限度地提高渔业的长期产量，以及

（b）如果产卵群体生物量（SSB）已被 SCRS 评估为低于能够产生 MSY 的水平（SSB_{MSY}），则将 SSB 重建为或高于 SSB_{MSY}，概率至少为 60%，并且在尽可能短的时间的同时最大化平均捕捞量并最小化 TAC 水平的年际波动。

第二部分　管理程序和例外情况

3. 管理程序在附录中列出。

4. SCRS 应评估例外情况（EC）的发生，委员会应根据例外情况协议行事。

第三部分　捕捞限额

5. 设立 3 年恒定年度 TAC 的程序在附录中列出。

6. 根据附录中规定的程序，确定 2022—2023 年管理期的恒定年度 TAC 为

37 801 吨。该年度 TAC 应分配如下：

捕捞方	2022—2023 年配额（吨）
欧盟	29 095.1
美国	711.5
委内瑞拉	337.5

* 关于转让：

——欧盟获准在 2022 年和 2023 年将其配额中的 442.25 吨转让给英国。

7. 除第 6 款中提到的以外的 CPC 应将其年捕捞量限制在 242 吨以内。

8. 作为第 6 款和第 7 款的克减，日本应努力将其北大西洋长鳍金枪鱼年度渔获量的总重量限制在 2022 年和 2023 年大西洋大眼金枪鱼延绳钓总渔获量的 4.5%。

9. CPC 年度捕捞配额的任何未使用部分或超出部分可以根据情况在调整年度期间或之前从相应的配额 / 捕捞限额中扣除，方法如下：

捕捞年份	调整年度
2019	2021
2020	2022
2021	2023
2022	2024
2023	2025

然而，CPC 在任何给定年份可以结转的最大盈余配额不得超过其初始捕捞配额的 25%。

如果在任何年份中，CPC 的综合上岸量超过 TAC 的 20% 以上，委员会将在其下一次委员会会议上重新评估该建议，包括根据其对附录所反映的例外情况的评价，考虑到 SCRS 的任何建议，并可酌情建议采取进一步措施。

第四部分　捕捞容量管理措施

10. 从 1999 年开始捕捞北大西洋长鳍金枪鱼的 CPC 应限制其船只的捕捞能力，不包括休闲渔船，方法是将船只数量限制为 1993—1995 年期间的平均船只数量。

11. 第 10 段不适用于平均渔获量低于 200 吨的 CPC。

第五部分　控制措施

12. 各 CPC 应向获授权在《ICCAT 公约》区域捕捞北大西洋长鳍金枪鱼的悬挂其旗帜的总长度 ≥ 20 米的船只发出具体授权。各 CPC 应在其根据 ICCAT 关于建立 ICCAT 关于授权在《ICCAT 公约》区域作业的总长度为 20 米或 20 米以上的船只记录的建议（Rec.21-14）提交的船只清单上注明其已授权。未列入该记录或未按规定注明授权捕捞北大西洋长鳍金枪鱼的此类船只被视为无权捕捞、在船上保留、转运、运输、转移、加工或上岸北大西洋长鳍金枪鱼。

13. 各 CPC 可允许根据第 12 段未获准捕捞北大西洋长鳍金枪鱼的船只兼捕北大西洋长鳍金枪鱼，前提是 CPC 为此类船只规定了船上兼捕的最大限额，并且有关兼捕物已计入 CPC 的配额或捕捞限额。各 CPC 应在其年度报告中提供其允许此类船只的最大兼捕限额。该信息应由 ICCAT 秘书处汇编并提供给 CPC。

第六部分　最后条款

14. 在 2022—2023 年期间，SCRS 应进行以下分析：

（a）进一步测试支持上述第 2 段所述管理目标的 HCR，并与相比此管理程序探索范围更广的控制参数相关联，即：

$$F_{\mathrm{TAR}} = (0.8; 0.9; 1.0) * F_{\mathrm{MSY}}$$

$$B_{\mathrm{THRESH}} = (0.8; 0.9; 1.0; 1.1; 1.2) * B_{\mathrm{MSY}}$$

其余控制参数应保持如本建议所示。

（b）评估需要提供的单位努力量捕捞量（CPUE）系列的数额以及少报的捕捞量数据的百分比，这将触发例外情况的发生。

15. 在就第 14（a）和（b）段要求的测试结果向委员会提供建议时，SCRS 应根据附录中的绩效指标提供绩效统计数据以支持决策。

16. 2023 年，委员会应考虑到 SCRS 根据第 14 和 15 段所做出的分析，审查本建议建立的管理程序，以考虑是否需要对其进行任何修订，包括附录中指定的 HCR。

17. 从 2024—2026 年管理期开始，委员会将采用 3 年恒定的年度 TAC。本

TAC 应基于当前管理程序或可能根据第 16 段修订的管理程序的应用，除非根据第 4 段中规定的例外情况协议需要采取其他行动。

18. SCRS 应继续开发新的 MSE 框架，以支持委员会可能在 2026 年之前通过新的管理程序，并为 2027—2030 年的管理期设置 TAC。

19. 在这方面，还要求 SCRS 探索定义潜在的额外 CPUE 指数的可能性，以补充附录中的指数。此外，就该框架的开发将如何考虑可能的环境变化提出建议。

本建议废除并取代：

——ICCAT 关于北大西洋长鳍金枪鱼多年度养护和管理计划的建议（Rec. 16-06）

——ICCAT 关于补充北大西洋长鳍金枪鱼多年度养护和管理计划（Rec.16-06）的捕捞控制规则的建议（Rec.17-04）

——ICCAT 关于修订为北大西洋长鳍金枪鱼建立多年度养护和管理计划（Rec.16-06）的建议（Rec.20-03）

——ICCAT 关于修订关于补充北大西洋长鳍金枪鱼多年度养护和管理计划（Rec.16-06）的捕捞控制规则（Rec.17-04）的建议（Rec.20-04）。

5.1.4.2 南部种群

关于长鳍金枪鱼南部种群的养护管理措施，主要内容围绕制定年度捕捞限额，经过多次补充更迭，包括 Rec.94-13、Rec.96-06、Rec.97-05、Rec.98-09、Rec.00-07、Rec.01-06、Rec.02-06、Rec.03-07、Rec.04-04、Rec.07-03、Rec.11-05、Rec.13-06、Rec.16-07、Rec.20-05 和 Rec.21-05。目前上述措施均已失效。现行的养护管理措施为 Rec.22-06：ICCAT 关于 2023—2026 年期间南大西洋长鳍金枪鱼捕捞限额的建议，具体内容如下。

1. 2023—2026 年期间，在北纬 5° 以南的大西洋捕获的长鳍金枪鱼的年度总可捕量（TAC）应是 28 000 吨。

2. 尽管有第 1 款的规定，如果向 2023 年 ICCAT 会议报告的 2022 年南大西洋长鳍金枪鱼总捕捞量超过 28 000 吨，2024 年的 TAC 应扣除 2022 年捕捞量超过 28 000 吨的捕捞量数额。

3. 南部大西洋长鳍金枪鱼的年度捕捞限额如下：

a）

捕捞方	配额（吨）*
安哥拉	60
伯利兹	300
巴西	2600
中国	240
科特迪瓦	120
库拉索岛	60
欧盟	1765
日本	1630
韩国	170
纳米比亚	4320
南非	5280
圣文森特和格林纳丁斯	170
英国 [1]	120
乌拉圭	530
菲律宾	30

* 应批准以下年度捕捞量限额的转让。巴西转让至日本，2023—2026 年为 100 吨；乌拉圭转让至日本，2023—2026 年为 100 吨；南非转让至日本，2023—2026 年为 100 吨。

1 英国在 2020 年成为 ICCAT 的缔约方，它包括英国的海外领土。

b）以上未列的所有其他 CPC 应将其捕捞量限制在 30 吨。

c）本建议所述的捕捞量限制不构成长期权利，不影响未来的任何分配过程。

4. 在调整年度期间或之前，各捕捞方年度捕捞限额的任何未使用部分或超出部分可根据情况加入／应从各自的捕捞限额中扣除，方式如下：

a）年度配额的盈余部分可按以下方式加入到各 CPC 的各自配额中，最高限额为其原有配额的 25%。

捕捞年份	调整年度
2022	2024
2023	2025
2024	2026
2025	2027
2026	2028

b）在委员会会议前，上一年度有配额盈余的 CPC 应告知其计划在下一年度使用的盈余数量。某一年度 TAC 的盈余配额总额，减去希望使用的 CPC 的盈余配额后，可由希望补充其配额的 CPC 分享，无论其盈余配额如何，最多不超过其原始配额的 25%。

c）如果所有 CPC 要求的配额盈余总额超过本机制下提供的总额，不足额度应在要求补充其配额的 CPC 之间按比例分享，比例为其原有配额的比例。

d）关于 2022 年的捕捞量和总可捕量，盈余部分只能在总可捕量的可用盈余范围内使用。

e）盈余结转只适用于第 3a）段中具体提到的 CPC。

f）就南非、巴西及乌拉圭而言，若其中任何一个 CPC 在 12 月 31 日之前达到其捕捞限额，而上述任何其他 CPC 在同年度有盈余配额，则其任何或全部可用的盈余配额应按其各自原有配额的比例自动转让至已达到该年度捕捞量限制的三个 CPC 中的任何一个，上限为 1 000 吨，前提条件是，此类盈余配额转让不影响第 4 段 b）中规定的 CPC 的各自最大配额盈余结转。此类转让应在 CPC 履约合规报告表中列明，并由 ICCAT 通报给所有 CPC。

5. 若某一特定 CPC 超过其配额，则必须依照第 4 段的时间表，从其原定配额中扣除超额总量的 100%，且该 CPC 将被禁止要求在下一年度使用本机制所提供的任何盈余配额。

6. 尽管 ICCAT 提出了关于配额临时调整的建议（Rec.01-12），但第 3 段 a）中具体提到的所有 CPC 可将其配额的一部分转让给另一个 CPC，前提是须经 CPC 双方同意并就转让数量事先通知 ICCAT 秘书处。秘书处应将该事项通报给所有 CPC。

7. 正在捕捞南大西洋长鳍金枪鱼的 CPC 应立即改进其捕捞量报告系统，以确保完全按照 ICCAT 提供 Task 1 和 Task 2 捕捞量、捕捞努力量和体长体重数据的要求，向 ICCAT 报告准确和经过验证的南大西洋长鳍金枪鱼捕捞量和努力量数据。此外，南大西洋的港口国 CPC 应根据 ICCAT 关于港口国采取措施预防、阻止和消除非法、未报告和无管制捕捞的建议（Rec.18-09），向 ICCAT 秘书处报告其港口检查结果。ICCAT 秘书处应将报告转交给船旗方 CPC。

8. 下一次南大西洋长鳍金枪鱼的资源评估应在 2026 年进行。强烈鼓励积极捕捞南大西洋长鳍金枪鱼的实体的科学家分析其渔业数据并参与 2026 年的评估。

9. 在 2026 年 ICCAT 委员会会议上，应考虑到将于 2026 年进行的最新南大西洋长鳍金枪鱼的资源评估结果，对南大西洋长鳍金枪鱼捕捞限额和配额分配的所有相关事宜进行审查和修订。该审查和修订还应处理超过 2023—2026 年 TAC 规定的任何过度捕捞事项。

10. 各 CPC 应向获授权在《ICCAT 公约》区域捕捞南大西洋长鳍金枪鱼的悬挂其旗帜的总长度 ≥ 20 米的船只发出具体授权。各 CPC 应在其根据 ICCAT 关于建立 ICCAT 关于授权在《ICCAT 公约》区域作业的总长度为 20 米或 20 米以上的船只记录的建议（Rec.21-14）提交的船只清单上注明其已授权。未列入该记录或未按规定注明授权捕捞南大西洋长鳍金枪鱼的此类船只被视为无权捕捞、在船上保留、转运、运输、转移、加工或上岸南大西洋长鳍金枪鱼。

11. 各 CPC 可允许根据第 10 段未获准捕捞南大西洋长鳍金枪鱼的船只兼捕南大西洋长鳍金枪鱼，但 CPC 须为此类船只预设每航次兼捕量上限不超过 5%，且兼捕量须在 CPC 的捕捞量上限内说明。各 CPC 应在其年度报告中提供其允许此类船只每航次最大兼捕量，以及作为兼捕渔获物的南大西洋长鳍金枪鱼总量。该信息应由 ICCAT 秘书处汇编并提供给各 CPC。

12. 本建议废除并取代 ICCAT 关于 2017—2020 年期间南方长鳍金枪鱼捕捞限额的建议（Rec.16-07），并进一步废除并取代 ICCAT 修正关于 2017—2020 年期间南大西洋长鳍金枪鱼捕捞限额的建议 16-07 的补充建议（Rec.21-05）。

5.1.4.3　地中海种群

在 2017 年制定养护管理措施前，ICCAT 并未对地中海种群实施具体管理。关于地中海种群的首个养护管理措施为 Rec.17-05 ICCAT 关于建立地中海长鳍金枪鱼管理措施的建议，其中规定了各捕捞方的捕捞能力限制及地中海的禁渔时段。目前，该措施已失效。此后，ICCAT 于 2021 年和 2022 年分别制定了地中海种群的重建计划及其补充内容，即 Rec.21-06 ICCAT 关于建立地中海长鳍金枪鱼重建计划的建议以及 Rec.22-05 ICCAT 关于修改第 21-06 号建议制定地中海长鳍金枪鱼重建计划的建议。具体内容如下。

1. 在地中海积极捕捞长鳍金枪鱼（*Thunnus alalunga*）的缔约方、合作非缔约方、实体或捕捞实体（以下简称 CPC），应从 2022 年开始实施 15 年重建计划，并持续到 2036 年，目标是以至少 60% 的概率达到 BMSY。

2. 2022 年，地中海长鳍金枪鱼（*Thunnus alalunga*）总可捕捞量（TAC）应设定为 2 500 吨。这不应影响将在本建议第 3 段所述工作组范围内进行的讨论。

3. 应在 2022 年 2 月成立一个 ICCAT 工作组，以便确定：

a）形成一个公平和公正的地中海长鳍金枪鱼 TAC 分配方案。

b）2022 年各 CPC 的配额，但不影响 a）中提到的分配方案。

c）TAC 的管理机制。

工作组在确定分配方案时，应使用透明和客观的标准，包括环境、社会和经济性质的标准，并特别考虑到 ICCAT 关于分配捕捞可能性的标准的决议（Res.15-13）。

4. 双方同意的 TAC 分配应在 2022 年年度会议上通过补充建议。

5. 每个 CPC 应将其获准捕捞地中海长鳍金枪鱼的渔船数量限制为 2017 年时根据第 16-05 号建议中第 28 段获准捕捞地中海长鳍金枪鱼的渔船数量；或者，对于在第 17-05 号建议通过后，于 2018 年开始为其渔船签发许可证的 CPC 而言，限制为 2018 年时的渔船数量。CPC 应在 2022 年 1 月 15 日前将适用于其的参考年份告知委员会。以 2017 年为参考年份的 CPC，可在此捕捞容量限制上应用 10% 的允许差额。

6. CPC 应至少在渔业活动前 15 天提供给 ICCAT 秘书处所有获准在地中海捕捞长鳍金枪鱼的运动及休闲渔业船只清单。未被列入此清单的船只不得被授权捕捞地中海长鳍金枪鱼。

7. CPC 应采取必要措施，禁止每船每天以运动及休闲渔业形式捕捞和保留超过 3 条地中海长鳍金枪鱼，并禁止转运或上岸。

8. 禁止销售在运动及休闲渔业中捕获的地中海长鳍金枪鱼。

9. 在不影响 ICCAT 取代第 13-04 号建议并制定地中海剑鱼多年度恢复计划（Rec.16-05）的建议第 12 段规定的义务的情况下，地中海长鳍金枪鱼不得在下列两个时间段被捕获（无论是作为目标鱼种或是作为兼捕捞种）、在船上保留、转运或上岸：

a）10 月 1 日至 11 月 30 日期间，以及 2 月 15 日至 3 月 31 日的额外一个月期间。

b）或者，在每年的 1 月 1 日至 3 月 31 日期间。

CPC 应在 2022 年 1 月 15 日前向委员会通报其选择的禁渔期。

10. CPC 应监测地中海长鳍金枪鱼种群，并应在 ICCAT 委员会年度会议前至少两个月，向委员会提交所有相关的科学信息，包括捕捞量、体长体重和性成熟年龄、栖息地、延绳钓渔业在渔获物组成方面的影响、时间序列的 CPUE、渔获物的体长体重分布，以及每月对渔获物中产卵群体和补充量比例的估计。这些数据应以 ICCAT 要求的格式提交给 SCRS。

11. 在 2023 年，SCRS 应根据现有的最新数据对种群资源状况进行更新评估。应评估本重建计划的有效性，并就本计划内各项措施的可能修正提供建议。SCRS 应就渔具的适当特性、第 9 段的禁渔期以及对地中海长鳍金枪鱼实施的最小体长体重限制向委员会提出建议。

12. 到 2023 年底，基于上述科学建议，ICCAT 应在必要时通过对地中海长鳍金枪鱼管理框架的修正，以符合管理目标，包括修订捕捞限额和替代管理方案。

13. 尽管有《ICCAT 公约》第八条第 2 款的规定，但强烈鼓励各 CPC 按照其监管程序，在本建议生效之日前尽快实施本建议。

14. 本建议废除并取代 ICCAT 制定地中海长鳍金枪鱼种群管理措施的建议（Rec.17-05）。

Rec. 22-05 ICCAT 关于修改第 21-06 号建议制定地中海长鳍金枪鱼重建计划的建议：

1. 在地中海积极捕捞长鳍金枪鱼（*Thunnus alalunga*）的缔约方、合作非缔约方、实体或捕捞实体（以下简称 CPC），应从 2022 年开始实施 15 年重建计划，并持续到 2036 年，目标是以至少 60% 的概率达到 B_{MSY}。

2. 2022 年、2023 年和 2024 年，地中海长鳍金枪鱼（*Thunnus alalunga*）的

总可捕捞量（TAC）应设定为 2 500 吨。

3. a）对于 2022 年，配额分配如下：

捕捞方	配额（吨）
欧盟	2 169.68
埃及	177.27
利比亚	23
摩洛哥	10
叙利亚	1.8
土耳其	118.25
共计	2 500

b）从 2023 年起，配额分配如下：

捕捞方	配额（吨）
欧盟	2 089.93
埃及	150.27
利比亚	23
摩洛哥	10
叙利亚	1.8
土耳其（＊）	225
共计	2 500

（＊）土耳其在 2023 年向欧盟转让 75 吨，在 2024 年转让 75 吨，在 2025 年转让 75 吨。后续年份中，未使用配额部分最多为 75 吨。

4. 每个 CPC 应将其获准捕捞地中海长鳍金枪鱼的渔船数量限制为 2017 年时根据第 16-05 号建议中第 28 段获准捕捞地中海长鳍金枪鱼的渔船数量；或者，对于在第 17-05 号建议通过后，于 2018 年开始为其渔船签发许可证的 CPC 而言，限制为 2018 年时的渔船数量。CPC 应在 2022 年 1 月 15 日前将适用于其的参考年份告知委员会。以 2017 年为参考年份的 CPC，可在此捕捞容量限制上应用 10% 的允许差额。

5. CPC 应至少在渔业活动前 15 天提供给 ICCAT 秘书处所有获准在地中海捕捞长鳍金枪鱼的运动及休闲渔业船只清单。未被列入此清单的船只不得被授权捕捞地中海长鳍金枪鱼。

6. CPC 应采取必要措施，禁止每船每天以运动及休闲渔业形式捕捞和保留超过 3 条地中海长鳍金枪鱼，并禁止转运或上岸。

7. 禁止销售在运动及休闲渔业中捕获的地中海长鳍金枪鱼。

8. 在不影响 ICCAT 取代第 13-04 号建议并制定地中海剑鱼多年度恢复计划（Rec.16-05）的建议第 12 段规定的义务的情况下，地中海长鳍金枪鱼不得在下列两个时间段被捕获（无论是作为目标鱼种或是作为兼捕捞种）、在船上保留、转运或上岸：

a）10 月 1 日至 11 月 30 日期间，以及 2 月 15 日至 3 月 31 日的额外一个月期间。

b）或者，在每年的 1 月 1 日至 3 月 31 日期间。

CPC 应在 2022 年 1 月 15 日前向委员会通报其选择的禁渔期。

9. CPC 应监测地中海长鳍金枪鱼种群，并应在 ICCAT 委员会年度会议前至少两个月，向委员会提交所有相关的科学信息，包括捕捞量、体长体重和性成熟年龄、栖息地、延绳钓渔业在渔获物组成方面的影响、时间序列的 CPUE、渔获物的体长体重分布，以及每月对渔获物中产卵群体和补充量比例的估计。这些数据应以 ICCAT 要求的格式提交给 SCRS。

10. 在 2024 年，SCRS 应根据现有的最新数据对种群资源状况进行更新评估。应评估本重建计划的有效性，并就本计划内各项措施的可能修正提供建议。SCRS 应就渔具的适当特性、第 9 段的禁渔期以及对地中海长鳍金枪鱼实施的最小体长体重限制向委员会提出建议。

11. 到 2024 年底，基于上述科学建议，ICCAT 应在必要时通过对地中海长鳍金枪鱼管理框架的修正，以符合管理目标，包括修订捕捞限额和替代管理方案。

12. 尽管有《ICCAT 公约》第八条第 2 款的规定，但强烈鼓励各 CPC 按照其监管程序，在本建议生效之日前尽快实施本建议。

13. 本建议废除并取代 ICCAT 制定地中海长鳍金枪鱼种群管理措施的建议（Rec.21-06）。

第6章　大西洋剑鱼渔业资源

6.1　剑鱼

6.1.1　基础生物学

6.1.1.1　形态特征

剑鱼（*Xiphias gladius*），隶属于硬骨鱼纲鲈形目剑鱼科剑鱼属。体延长且呈圆柱形，成鱼的上颚细长，延伸类似于剑，眼大（图6-1）。长至100厘米的幼鱼有细齿，成鱼细齿几乎消失。成鱼的背鳍和臀鳍都是由两个分离的鳍组成，但在幼鱼和低龄鱼中是连续的。第一个背鳍和臀鳍比第二个大得多，第一个背鳍有34~49条软鳍，第二个背鳍有4~6条软鳍，第一个臀鳍有13~14条软鳍，第二个有3~4条。第二个臀鳍比第二个背鳍略向前，胸鳍略僵硬，每条胸鳍位于两侧的下部，有16~18条鳍，无腹鳍。成鱼的尾鳍呈羊角状。尾翼的每一侧都有一个明显的侧龙骨，肛门靠近第一个臀鳍的源头；成鱼没有侧线，但在长100厘米长的样本中可识别到，随着生长逐渐消失。成鱼没有鳞片，但身长不足100厘米的幼鱼有鳞片状结构，随着生长逐渐消失；剑鱼有26根脊椎骨，其中有15或16根位于前段，有10或11根位于尾段。在生长至成鱼前，剑鱼在成长过程中会经历剧烈变化，影响其身体、喙的形状，特别是背鳍、臀鳍和尾鳍的形状（图6-2）。

图6-1　大西洋剑鱼形态示意图（刘攀，2022）

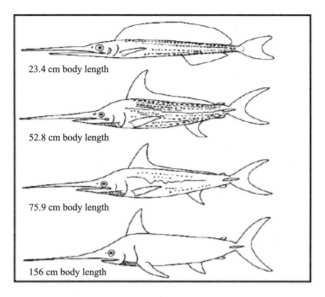

23.4 cm body length

52.8 cm body length

75.9 cm body length

156 cm body length

图 6-2　剑鱼生长过程中身体的形态变化（Nakamura, 1985）

　　剑鱼拥有一种高度专业化的加热系统，类似于金枪鱼的逆流热交换器，专门加热眼睛和大脑，温度可高达高于环境水温 10～15℃（Carey, 1982; Fritsches et al., 2005）。因此，视网膜的升温显著提高了"闪烁融合频率"或运动的临时分辨率，使剑鱼的眼睛比在环境海水温度下更有效地探测到摄食对象的运动。脑温和眼温的结合使剑鱼能够利用扩大的热生态位，在非常深和寒冷的水域中有效地捕猎。

　　像大多数大型中上层动物一样，剑鱼有一个专门的结构来快速游泳。然而，剑鱼与金枪鱼在白色和红色肌肉的比例上有所不同（Graham et al., 1983）。金枪鱼拥有高比例的富含线粒体和肌红蛋白的红色肌肉，适合长时间不疲劳地游泳，而剑鱼有更高比例的白色肌肉，更适合突然爆发的活动。一条成年剑鱼游速可达24.9 米 / 秒。

6.1.1.2　种群分类及其分布区域

　　剑鱼是一种在北纬 45° 到南纬 45° 之间的所有海洋的热带和温带水域中发现的世界性物种，包括地中海、黑海和马尔马拉海（Palko et al., 1981）。通常在温跃层以上（Collette, 1995）。剑鱼是长吻鱼中对温度（5～27℃）耐受能力最强的一种，经常出现在温度超过 13℃的上层水域中（Nakamura, 1985）。大型个体出现在冷水中，体重小于 90 千克的个体很少出现在温度低于 18℃的水域。大西洋剑鱼在海表温度 24.86～29.78℃ 的海域内丰度更高（Megalofonou and De Metrio, 1989）。此外，在温暖水域，雄性比雌性更丰富（Beardsley, 1978）。

为了适应环境的变化，不同阶段生活史的剑鱼所偏好的环境状况有所不同，导致其栖息地随着鱼龄的增加而不断变化（De Metrio et al., 1987）。在栖息地变动上，剑鱼栖息地在多项研究中都存在显著的经度方向和纬度方向的季节性迁徙（Megalofonou and De Metrio, 1989; Mejuto et al., 1993）。Chang 等（2012）发现剑鱼栖息地热点在经度方向上的变化和纬度方向上的变化随着时间的推移大体上一致，但经度方向上的变化要大于纬度方向上的变化（Megalofonou and De Metrio, 1989）。大西洋剑鱼物种分布模型（Species Distribution Model, SDM）的每月预测结果，揭示了北大西洋剑鱼的南北迁徙趋势（Mejuto et al., 1993）。

对于大西洋成年剑鱼而言，最佳栖息地位于 15°N 至 5°S 和 40°W 至 10°W 的大洋中部的热带海域，其中 6—8 月向东南方向迁徙，随后向西北方向返回迁徙，表现出一定的季节性移动（Ehrhardt, 1996）。南大西洋的栖息地适应性分析显示最佳栖息地同样为温暖的热带海域（Megalofonou and De Metrio, 1989）。

为了评估和管理剑鱼种群，ICCAT 考虑了三种不同的管理单位的存在：北大西洋、南大西洋和地中海。大西洋和地中海鱼类的生长参数也有很大差异（Tserpes et al., 1995; Arocha et al., 1996）。此外，对三个种群的考虑也是基于对该鱼种在地中海（Beardsley, 1978; De la Serna et al., 1990; Tserpes, 2002）以及西北大西洋的热带水域（Beckett, 1974; Arocha, 1996）和南大西洋（Amorim et al., 1980）三个不同产卵区的识别。另一方面，最近的遗传研究结果巩固了 ICCAT 目前采用的种群结构。研究表明，大西洋剑鱼北部种群、南部种群和地中海种群在遗传结构上存在显著差异，其中地中海种群与其他种群明显不同（Alvarado et al., 1999; Kotoulas et al., 2006; Reeb et al., 2006; Cimmaruta et al., 2006）。在 ICCAT 剑鱼种群结构研讨会期间（Anon, 2006），讨论了生物标记、渔业相关数据（捕捞量、CPUE 和大小分布）、遗传信息以及计算机模拟研究的可用测试。研讨会提出的研究结果支持目前假定的大西洋剑鱼种群结构，虽然无法确定大西洋剑鱼南、北种群和地中海种群边界的具体定义。ICCAT 将北纬 5° 作为大西洋剑鱼南、北种群的管理分界线。

6.1.1.3　生物学特征

（1）年龄与生长

许多学者运用不同的方法研究剑鱼的生长。Berkeley 和 Houde 等（1983）学者已经从剑鱼的臀鳍棘中估计了剑鱼的年龄（Tsimenides and Tserpes, 1989; Megalofonou and De Metrio, 1989; Megalofonou et al., 1990; Tserpes and Tsimenides, 1995; Ehrhardt et al., 1996; Aliçli et al., 2001）。另外有学者从耳石中确定了该物种的年龄（Megalofonou et al., 1990; Tserpes and Tsimenides, 1995）。Beckett（1974）通过分析大西洋剑鱼的脊椎来研究剑鱼的生长。

上述学者的研究结果都显示了该物种的生长具有性别二形性，雄性比雌性生长得更慢，达到的渐近体长更小。在生命周期的第一年，生长非常迅速，然后大幅放缓。研究还得出结论，地中海剑鱼的渐近体长比大西洋剑鱼小。表 6-1 为大西洋和地中海剑鱼的生长方程研究成果。

表 6-1　SCRS 用于大西洋和地中海剑鱼的生长参数

区域	性别	所用方法	渐近体长 L_∞（厘米）	生长率常数 k	年龄常数 t_0	参数 δ	来源
地中海	雌性和雄性	脊椎	238.58	0.185	−1.404	/	Tserpes and Tsimenides（1995）
北大西洋	雌性和雄性	脊椎	464.54	0.023	/	−2.268	Arocha et al.（2003）
南大西洋	雄性	脊椎	300	0.004 65	/	−2.268	Arocha et al.（2003）
北大西洋	雌性	脊椎	375.49	0.000 1	/	−1.976	Arocha et al.（2003）

剑鱼的长度重量比有几种不同的大小重比。其中大部分数据基于样本个体的鳃内脏重量（内脏和鳃被移除后）数据（Tsimenides and Tserpes, 1989; DE Metrio et al., 1987; Mejuto et al., 1993）。

对于地中海剑鱼，Mejuto 和 De la Serna（1993）开发了一种体长体重关系，可以直接将个体的大小转换为相应的活体重。Tserpes 等（2003）基于大量的样本数据和较大的体长组范围（样本数量为 24 668，下颌叉长：50～248 厘米）更新了地中海剑鱼的体长体重关系。估计参数如下：$a=1.76 \times 10^{-6}$；$b=3.378$；$r^2=0.92$。这一关系的参数在雌雄之间没有统计学上的显著差异。尽管如此，在不同地区和季节之间，根据完整程度和鱼的状况因素观察到差异。表 6-2 显示了目前 SCRS 用于大西洋和地中海剑鱼的不同长度—重量关系。

考虑到许多体长体重关系是基于鱼的去皮或去内脏的重量，基于体长的捕捞量转换为基于体重的捕捞量。因此，有必要使用相应的去皮或去内脏的重量与原体重量的转换系数。表 6-3 为目前 SCRS 用于大西洋和地中海剑鱼的体长体重关系式。

表6-2 SCRS 用于大西洋和地中海剑鱼的体长体重关系式

区域	关系式	来源
地中海	$GWT=5.70 \times 10^{-6} \times LJFL^{3.16}$	De Metrio（1987）
地中海	$RWT=8.904\,93 \times 10^{-7} \times LJFL^{3.554\,738}$	Mejuto and De la Serna（1993）
西北大西洋	$DWT=4.592 \times 10^{-6} \times LJFL^{3.137\,0}$	Turner（1987）
北大西洋中心	$RWT=4.203 \times 10^{-6} \times LJFL^{3.213\,3}$	Mejuto et al.（1988）
东北大西洋	$RWT=3.433 \times 10^{-6} \times LJFL^{3.262\,3}$	Mejuto et al.（1988）
西南大西洋	$GWT=1.24 \times 10^{-5} \times LJFL^{3.04}$	Amorim et al.（1979）
东南大西洋	$GWT=4.349\,1 \times 10^{-6} \times LJFL^{3.188}$	Mejuto et al.（1988）

注：RWT：毛重；GWT：去内脏的重量；DWT：去除内脏和部分头部及鳍后的重量
LJFL：下颌叉长（下同）

表6-3 剑鱼重量换算关系式

区域	参数	来源
西北大西洋	$RWT=1.333\,3 \times DWT$	Turner（1987）
东大西洋中心	$RWT=1.315\,8 \times DWT$	Mejuto et al.（1988）
西南大西洋	$GWT=0.800\,9 \times RWT$	Amorim et al.（1979）
东南大西洋	$RWT=1.140 \times GWT$	Mejuto et al.（1988）
地中海	$RWT=1.12 \times GWT$	Anon（2004）

（2）性成熟度与性别比

关于剑鱼性成熟的研究较少。在地中海，De Metrio 等（1989）发现，该物种的雌性在下颌叉长为 130 厘米左右时成熟。De la Serna 等（1995）估计雌性剑鱼初次性成熟的下颌叉长大小（$L_{50\%}$）为 142 厘米。在地中海海域捕获的 87 尾剑鱼数据显示，成年雌性的下颌叉长范围为 87～188 厘米，成年雄性剑鱼的范围为 99～161 厘米（Tserpes et al., 1995）。中国台湾地区延绳钓渔船在中国台湾地区海域捕捞的 685 尾剑鱼数据显示，成年雌性剑鱼的下颌叉长范围在 83.4～246.6 厘米，成年雄性的范围在 83.3～206 厘米，且雌性和雄性的生长参数存在显著差异（Frimodt, 1995）。

大西洋剑鱼北部种群达到成熟时的下颌叉长为 179 厘米（Arocha et al., 1996），而南部种群的为 156 厘米（Hazin et al., 2002）。雄性比雌性早一年达到成熟期（De Metrio et al., 1989; De la Serna et al., 1996）。根据不同的宏观指标得出结论，雌性的繁殖活动似乎与上层的温度有关，且主要局限于大西洋西部温暖的热带地区。此外，雌鱼初次成熟时的下颌叉长估计为 146 厘米。此外，结果表明大西洋剑鱼在繁殖密集地区和季节性或不存在繁殖的地区之间存在分离。在 2007 年之前，这些作者提出了不同种群（北大西洋、南大西洋和地中海）初次性成熟大小的显著差异，雌性比雄性差异更明显。SCRS 制定的大西洋和地中海剑鱼初次性成熟体长（$L_{50\%}$）见表 6-4。

表6-4　大西洋和地中海剑鱼初次性成熟体长

区域	性成熟度	来源
地中海	50% 的雌性在 142 厘米（3.5 龄）时成熟	De la Serna et al.（1996）
北大西洋	50% 的雌性在 179 厘米（3.5 龄）时成熟	Arocha et al.（1996）
南大西洋	50% 的雌性在 156 厘米时成熟	Hazin et al.（2002）
北大西洋	50% 的雌性在 156 厘米时成熟	Mejuto and Garcia-Cortes（2007）

地中海海域总体性别比通常是 1∶1（De Metrio, 1995）。150 厘米以上的渔获物主要是雌性，且几乎都超过 190 厘米（De Metrio, 1995; De la Serna et al., 1996; Orsi Relini et al., 1999; Srour et al., 2003）。在大西洋，整体性别比也是

1∶1。在 170 厘米以上的鱼类中大部分为雌性，几乎都在 225 厘米以上（Suzuki et al., 1991; Arocha et al., 1996）。观察到该参数在不同地区（大西洋和地中海）的时空变化的趋势，主要与两性之间的行为不同有关，这是由繁殖或摄食决定的（De la Serna et al., 1993; Arocha et al., 1993; Tserpes et al., 2001; Hoey, 1992）。根据地中海海域捕获的 87 尾剑鱼数据显示，性别比估计为 1.23，同样雌性多于雄性，且观察到雌性繁殖周期的开始取决于个体的大小（Tserpes et al., 1995）。

考虑到这些时空变化，根据剑鱼的生物行为定义了三类性别比区域（Mejuto et al., 1998）。其中性成熟区的特点是长度在 120～180 厘米之间的雌性比例很低，随后高度上升；幼鱼区的特征是雌性在 100～150 厘米之间占 50%，随后雌性的比例增加到很高；最后是过渡区，其特征介于前两者之间。

（3）繁殖

大西洋剑鱼产卵会受到环境因素的强烈影响，特别是海表面温度。大西洋剑鱼的理想产卵温度为 23～26℃（Beardsley, 1978; Rey, 1988）。

西北大西洋种群全年产卵，在 12 月和翌年 6 月之间是繁殖活动的高峰（Beardsley, 1978; Arocha, 1996）。最近，在北纬 10° 至 15°，西经 30° 至 40° 之间已经发现了新的产卵区（Mejuto et al., 2003）。南大西洋种群产卵发生在南纬 20° 至 30° 之间的巴西南部海岸，时间从 11 月到翌年 3 月（Amorim et al., 1980）。地中海种群主要在巴利阿里群岛周围、第勒尼安海的中部和南部、爱奥尼亚海和墨西拿海峡产卵（Beardsley, 1978）。最近，Tserpes 等（2001）注意到该物种在 Levant 盆地的新产卵区。

据估计，北大西洋的平均生育率为 3.9×10^6 个卵（Arocha et al., 1996）。地中海估计为 1.6×10^6 个卵（Cavallero et al., 1991）。

（4）自然死亡率

由于缺乏关于剑鱼自然死亡率的文献研究，根据大西洋和地中海的资源评估，SCRS 继续假定剑鱼的自然死亡率为 0.2。在地中海，由于该物种的预期生存年限相对较短，自然死亡率可能更高。由于这片海域没有蓝枪鱼等潜在捕食者，死亡率可能会降低（Anon. 1997）。

6.1.1.4 生态学特征

（1）摄食

剑鱼的摄食对象包括底栖鱼类、中上层鱼类、深水鱼类和无脊椎动物。剑鱼在幼鱼时期就改变了它的摄食习惯，从以桡足类动物为食变成几乎完全以鱼类为食（Vedel, 1950）。成年剑鱼白天摄食，在晚上上升到接近混合表层的地方，白天下降到更深的水域，以中上层鱼类和乌贼为食，成鱼的摄食随着栖息地和季节的变化而显著不同（Beardsley, 1978）。在一些研究中，鱼类在摄食中占主导地位（El Hannah, 1987; Gouveia, 1992; Baretto et al., 1996），而其他研究表明，它们主要以头足类动物为食（Stillwell and Kohler, 1985; Hernández–García, 1995）。通常较小的被捕食者被整只吃掉，而较大的被捕食者的喙上则有明显的痕迹。

（2）洄游

在北大西洋和南大西洋进行的标记项目的结果表明，剑鱼在相对炎热的亚热带水域和北大西洋和南大西洋的温带水域之间大规模迁徙（Anon, 2006）。剑鱼是高度洄游的大型中上层鱼类，和其他众多高度洄游的物种类似，为了摄食、繁殖和适应温度，进行季节性的洄游。对于剑鱼洄游行为而言，在西北大西洋的早期研究提出两个假设：①剑鱼在夏季沿着大陆架边缘洄游到大西洋东部和北部，并在秋季时返回西部和南部；②在夏季从深水区洄游至大陆架，并在秋季时离开深水区域（Tibbo et al., 1961）。这一洄游行为的轨迹可能与北大西洋的墨西哥湾暖流带来的饵料有关（Sedberry et al., 2001），洄游行为的驱动和洄游起始点可能与产卵地有关（Beckett, 1974）。

然而，常规标记没有显示任何跨越赤道的移动。另一方面，这些结果并没有显示这种物种大规模跨大西洋迁徙的存在（Brown, 1995; Garcia et al., 2003），但这些观察受到与使用常规标记相关问题的限制。

尽管如此，对在毗邻直布罗陀海峡的大西洋地区捕获的雌性剑鱼的性腺－躯体指数的分析确实表明，该物种发生了一次从大西洋到地中海的遗传迁徙，以及向相反方向的第二次营养迁徙（El Hannach, 1987; De la Serna et al., 1990）。

6.1.2　渔业及历史捕捞量

6.1.2.1　北部种群

北大西洋剑鱼的主要作业方式为延绳钓和水面渔具，始于 20 世纪 50 年代末至 60 年代初，近年来延绳钓捕捞剑鱼逐渐成为主流。主要捕捞方为欧盟、美国和加拿大（图 6-3）。此外，北大西洋剑鱼捕捞方的兼捕渔获物之一的国家和地区有日本、韩国和法国等。

1991—2020 年，北大西洋剑鱼的平均捕捞量估计为 1.22 万吨。1998 年后，捕捞量低于这一水平。2004 年的捕捞量比 1987 年记录的最高水平 2.038 万吨低 40% 左右。自 1998 年以来剑鱼捕捞量出现下降的趋势，一是由于执行了 ICCAT 建议的管制措施，二是因为一些船队转向南大西洋或离开大西洋。加拿大、欧盟－葡萄牙、欧盟－西班牙和美国的捕鲸船队等改变了他们的目标鱼种，以寻找包括鲨鱼在内的其他金枪鱼鱼种，从而充分利用市场条件和这些相对高于剑鱼捕捞率的鱼种（Anon, 2004）。中国同其他主要捕捞方不同在于，延绳钓渔业捕捞大西洋剑鱼北部种群开始较晚，1993 年才开始，并且其捕捞量较小，在捕捞峰值时期（1998 年）捕捞量也仅为 337 吨。2000 年捕捞量达到一个最低值 21.6 吨。2003 年之后，中国延绳钓渔业捕捞量浮动在 100 吨左右（图 6-4）。

从 2000 年 2 月至 2003 年 12 月，由于达到了配额限制，日本渔船被迫退回所有剑鱼。美国禁止或限制在某些地区和特定时期进行中上层延绳钓捕捞，以避免意外捕获剑鱼幼鱼（Anon, 2004）。自 2002 年以来，在各捕捞方实行配额制之后，加拿大延绳钓捕捞季已延长到 11 月。另外通过一项技术变革，即利用单丝延绳钓取代许多传统的欧洲复丝延绳钓，从而使得提高捕捞效率成为可能（Anon, 2004）。因此，2012 年捕捞量上升至 1.39 万吨，但随后又一直呈现明显的下降趋势。自 1978 年以后，2018 年和 2021 年两次捕捞量下降到一个最低值。

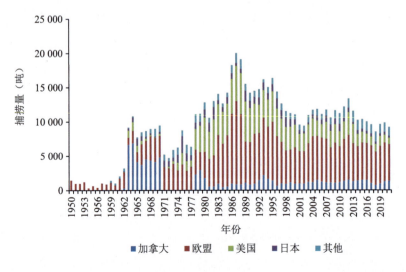

图 6-3　1950—2021 年大西洋剑鱼北部种群主要捕捞方延绳钓渔业捕捞量

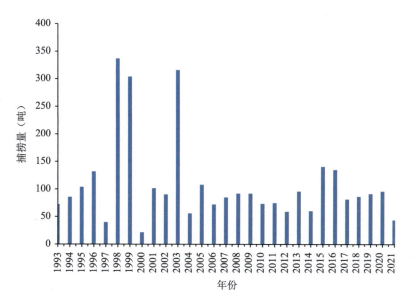

图 6-4　1993—2021 年大西洋剑鱼北部种群中国延绳钓渔业捕捞量

6.1.2.2　南部种群

在南大西洋直接捕捞剑鱼的延绳钓船队有巴西、欧盟和日本（图 6-5）。中国虽然不是直接捕捞剑鱼的延绳钓船队，但也有一定的捕捞量（图 6-6），不过入场较晚，1998 年中国延绳钓渔业才开始有剑鱼兼捕渔获，捕捞量仅 29 吨。

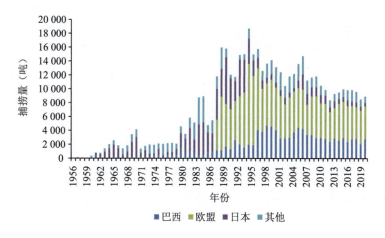

图 6-5　1956—2021 年大西洋剑鱼南部种群主要捕捞方延绳钓渔业捕捞量

1999 年捕捞量大增，达到近年的最高值 534 吨。随后十年间波动较大，但捕捞量一直偏低。2009—2018 年间持续稳定在 300 吨左右，在那之后一直处于下降趋势。1980 年以前，剑鱼总捕捞量相对较低，不超过 0.5 万吨。从那时起，捕捞量逐渐增加到 1995 年的 2.18 万吨，这与北大西洋的水平相似，捕捞量增加的部分原因是渔业努力量从北大西洋转向南大西洋，但也从其他海洋转向南大西洋。1998 年以来，剑鱼捕捞量呈下降趋势，2020 年达到最低值 8 935 吨。剑鱼捕捞量下降的原因包括 ICCAT 养护管理措施的实施、船队转向其他洋区以及目标物种的变化（ICCAT, 2005a）。

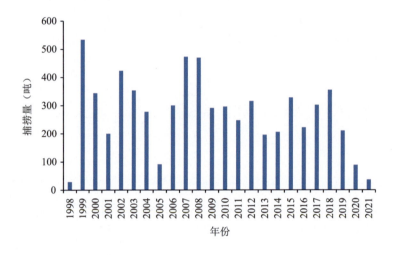

图 6-6　1998—2021 年大西洋剑鱼南部种群中国延绳钓渔业捕捞量

6.1.2.3　地中海种群

地中海剑鱼渔业的特点是它的高捕捞率。1991—2020 年地中海剑鱼年平均捕捞量约为 1.3 万吨，与北大西洋的捕捞量相近，可能是由于地中海生产力非常高。此外，地中海盆地的潜在繁殖区域可能比大西洋盆地更广泛（Anon, 2004）。地中海剑鱼的主要渔业是延绳钓（占总捕捞量的 47%）和刺网（图 6-7 和图 6-8）。使用鱼叉、陷阱和休闲渔业也会意外捕获。延绳钓渔业遍及整个地中海海域，而刺网主要在意大利、摩洛哥和土耳其使用。1950 年至今，地中海剑鱼的主要捕捞方为欧盟，从 20 世纪 90 年代开始，摩洛哥使用刺网的捕捞量占比很大，1997—1999 年刺网捕捞量几乎与欧盟持平。该物种的总捕捞量在

1965—1972 年期间有所增加，在 1973—1977 年期间趋于稳定，然后在 1988 年再次恢复增长趋势，达到最大值 2.04 万吨。此后捕捞量一直下降，1991—2011 年期间，捕捞量一直在 1.2 万～1.6 万吨之间波动，2020 年捕捞量降至最低值 0.77 万吨（图 6-9）。

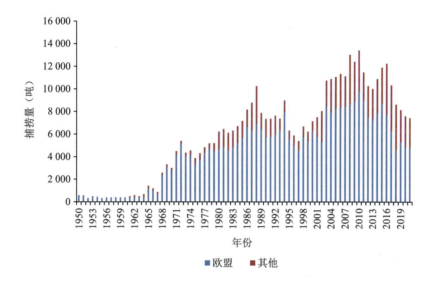

图 6-7　1950—2021 年剑鱼地中海种群主要捕捞方延绳钓渔业捕捞量

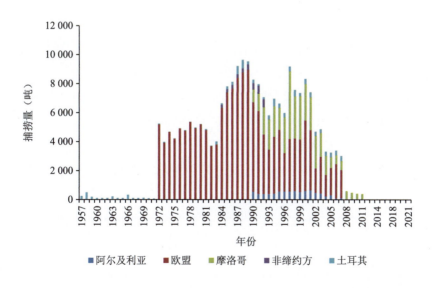

图 6-8　1950—2021 年剑鱼地中海种群主要捕捞方刺网渔业捕捞量

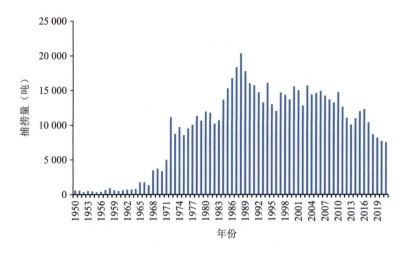

图 6-9　1950—2021 年剑鱼地中海总捕捞量

6.1.3　资源状况

6.1.3.1　北部种群

2022 年，ICCAT 使用贝叶斯状态空间剩余产量模型（Just Another Bayesian Biomass Assessment，JABBA）和种群综合模型（Stock Synthesis，SS）评估北大西洋剑鱼资源状况，其结果作为管理意见的基础。

2022 年的评估表明整合后的 JABBA 模型利用更新的信息，显著改善了鲣鱼北部种群当前资源评估的不确定性（表 6-5）。综合 SS 模型和 JABBA 模型的评估结果，北大西洋剑鱼生物量高于 B_{MSY}（平均 B_{2020}/B_{MSY} = 1.08，95% 置信区间为 0.71 和 1.33），捕捞死亡率低于 F_{MSY}（2020 年平均 F_{2020}/F_{MSY} = 0.80，95% 置信区间为 0.64 和 1.24）（图 6-10）。MSY 中位数估计为 1.28 万吨，95% 置信区间为 1.09 万 ~ 1.53 万吨。

Kobe 图结果显示（图 6-11），处于绿色象限（既未资源型过度捕捞，也未捕捞型过度捕捞）的概率为 63%，处于黄色象限（资源型过度捕捞，未捕捞型过度捕捞）的概率为 22%，处于红色象限（既资源型过度捕捞，也捕捞型过度捕捞）的概率为 15%。结果表明，种群既未处于资源型过度捕捞（处于资源型过度捕捞概率为 37%），也未处于捕捞型过度捕捞（处于捕捞型过度捕捞概率为 15%）。

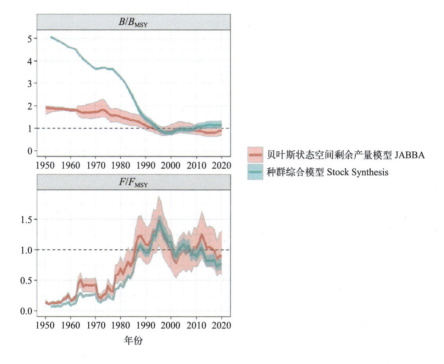

图 6-10　大西洋剑鱼北部种群资源评估基于 JABBA 和 SS 模型的相对生物量（上）和捕捞死亡率（下）的时间序列，红色和绿色区块表示 95% 置信区间（ICCAT, 2022）

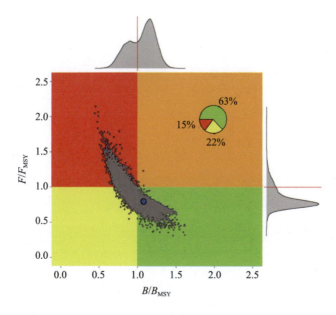

图 6-11　大西洋剑鱼北部种群 SS 和 JABBA 基准模型的联合 Kobe 图，蓝点表示 2020 年种群资源状况中位数（ICCAT, 2022）

表 6-5 2022 年大西洋剑鱼北部种群资源评估概要

评估结果	
最大持续产量	1.28（1.09～1.53）万吨 [1]
当前（2022）TAC	1.32 万吨
当前（2021）产量 [2]	9 729 吨
用于评估上一年（2020）的产量 [3]	1.07 万吨
B_{MSY}（置信区间）	5.79（2.37～15.32）万吨 [4]
F_{MSY}	0.15（0.08～0.23）[5]
相对生物量（B_{2020}/B_{MSY}）	1.08（0.71～1.33）[5]
相对捕捞死亡率（F_{2020}/F_{MSY}）	0.80（0.64～1.24）[5]
资源状况（2020）	未处于资源型过度捕捞
	未处于捕捞型过度捕捞
现行管理措施	TAC 及各捕捞方捕捞配额 [Rec.21-02] 最小下颌叉长：125/119 厘米 [5]

1. 来自 JABBA 和 SS 模型的中值；对应于两个模型的最低和最高 95% 置信区间的范围。
2. 临时的，可能会修订。
3. 基于 2021 年 7 月评估会议的捕捞量数据。
4. SS 和 JABBA 模型的中值和 95% 置信区间。
5. 建议 17-02 中列出的相关问题。

根据预测，2021 年和 2022 年的捕捞量被假定为 1.05 万吨（评估时 2020 年的捕捞量值）。SS 和 JABBA 的联合预测显示，假定保持当前恒定 TAC 为 1.32 万吨，2033 年时将有 60% 的概率处于 Kobe 图绿色象限。考虑到 MSY 估计值（包括死亡丢弃量）为 1.28 万吨，B_{2020}/B_{MSY}=1.08，超过 MSY 的捕捞量将在预测期间导致生物量下降（图 6-12）。假定保持 2021 年捕捞量（9 729 吨）的情况下，2033 年时该种群处于绿色象限的概率为 84%～87%。

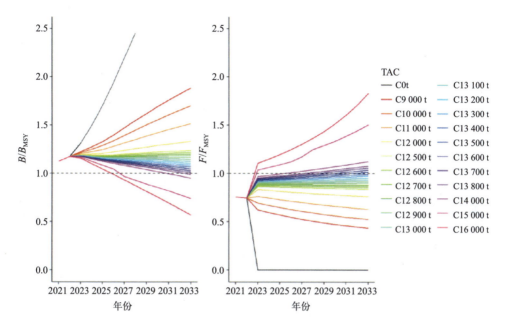

图 6-12　假定捕捞量恒定在 0.9 万 ~ 1.6 万吨时大西洋剑鱼北部种群相对生物量和相对捕捞死亡率预测（ICCAT, 2022）

6.1.3.2　南部种群

2022 年，采用 JABBA 模型和 SS 模型评估大西洋剑鱼南部种群资源状况，其中仅 JABBA 模型被用于提供管理建议。

2022 年评估的资源状况结果与 2017 年的评估相似，2022 年评估中使用的更新信息（利用生物信息获得了一个新的剩余产量函数，并更新了 CPUE 指数）导致种群最大可持续产量估计值下降（MSY_{2020}=1.15 万吨；MSY_{2015}=1.46 万吨）（表 6-6）。

JABBA 模型和 SS 模型结果一致，表明随着 20 世纪 90 年代捕捞死亡率的增加，种群生物量下降。最终的 JABBA 结果估计，B_{2020} 也低于 B_{MSY}（中位数 =0.77，95% 置信区间 = 0.53~1.13），而 F_{2020} 略高于 F_{MSY}（中位数 =1.03，95% 置信区间 = 0.67~1.51）（图 6-13）。JABBA 的 MSY_{2020} 估计为 11 481 吨。南大西洋剑鱼遭受资源型过度捕捞及捕捞型过度捕捞。JABBA 模型结果表明，该种群在 Kobe 图的红色象限内的概率为 56%（图 6-14 和图 6-15）。

表6-6　2022年大西洋剑鱼南部种群资源评估概要

评估结果	
最大可持续产量	1.15（0.98～1.33）万吨 [1]
当前（2022）TAC	1.4万吨
当前（2021）捕捞量 [2]	9 454吨
用于评估上一年（2020）的捕捞量 [3]	9 020吨
B_{MSY}（置信区间）	7.45（6.02～9.30）万吨 [1]
F_{MSY}	0.15（0.12～0.19）[1]
相对生物量（B_{2020}/B_{MSY}）	0.77（0.53～1.11）[1]
相对捕捞死亡率（F_{2020}/F_{MSY}）	1.03（0.67～1.51）[1]
资源状况（2020）	处于资源型过度捕捞
	处于捕捞型过度捕捞
现行管理措施	TAC及各捕捞方捕捞配额 [Rec.21-03] 最小下颌叉长：125/119厘米 [4]

1. 来自JABBA模型的中值和95%置信区间。
2. 初步估计，可能会修订。
3. 基于2021年7月评估会议的捕捞量数据。
4. 建议17-03中列出的7种相关问题。

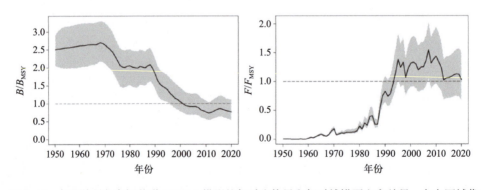

图6-13　大西洋剑鱼南部种群JABBA模型的相对生物量和相对捕捞死亡率结果，灰色区域代表95%置信区间（ICCAT，2022）

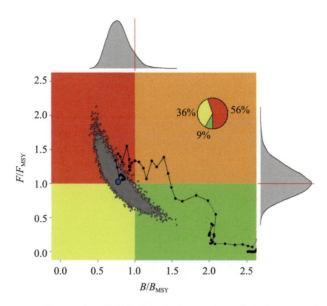

图 6-14　基于 JABBA 模型的大西洋剑鱼南部种群 Kobe 图，蓝点表示 2020 年种群资源状况中位数（ICCAT, 2022）

种群短期预测假设 2021 年和 2022 年的捕捞量保持前三年的平均值不变（9 826 吨），在目前的捕捞量（9 826 吨）下，2033 年大西洋剑鱼南部种群处于 Kobe 图的绿色象限的概率为 55%。

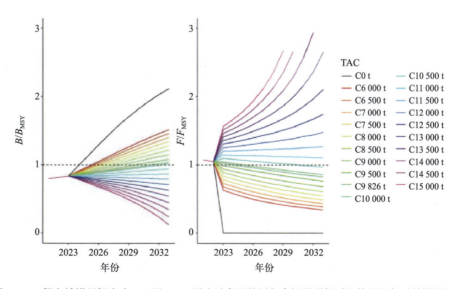

图 6-15　假定捕捞量恒定在 0.6 万 ~ 1.5 万吨时大西洋剑鱼南部种群相对生物量和相对捕捞死亡率预测（ICCAT, 2022）

6.1.3.3 地中海种群

2020 年地中海种群资源评估采用了 1950—2018 年的渔业数据，使用贝叶斯剩余产量模型（Bayesian surplus production model，BSP）进行评估并为地中海种群提供科学建议。

BSP 模型结果明种群生物量从 1970 年开始下降，捕捞死亡率在 20 世纪 80 年代末开始超过 F_{MSY}，捕获达到顶峰（图 6-16）。20 世纪 90 年代初，随着渔业的全面发展和 80 年代中后期相对较高的捕捞量，地中海种群被过度捕捞。结果表明，种群处于 Kobe 图红色象限的概率为 41.1%，处于黄色象限的概率为 45.6%（图 6-17）。

评估结果表明，地中海种群有可能处于资源型过度捕捞，目前的捕捞死亡率略低于 F_{MSY} 水平。自 20 世纪 90 年代初以来，由于大量捕捞和 80 年代的渔业选择性，地中海种群一直处于资源型过度捕捞状态。

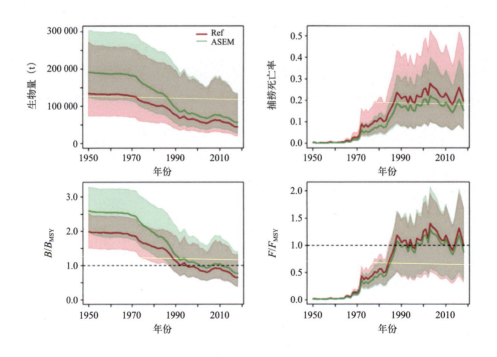

图 6-16 基于 JABBA 模型的地中海剑鱼生物量、捕捞死亡率、相对生物量（B/B_{MSY}）和相对捕捞死亡率（F/F_{MSY}）的时间序列，红色和绿色区块表示 95% 置信区间（ICCAT, 2020）

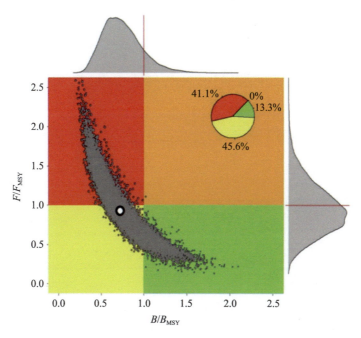

图 6-17 基于 JABBA 模型的大西洋剑鱼地中海种群 Kobe 图，白点表示 2018 年种群资源状况中位数（ICCAT, 2020）

种群预测结果表明，到预测期（2028 年）结束时，TAC 为 1 万吨，将以 60% 的概率进行种群重建。由于模型的不确定性，在 2028 年之后没有进行预测。如果采用较低的 TAC，概率就会增加（表 6-7）。需注意的是上述预测估计是基于对未来的种群生产率将接近估计平均值的假设。近年来补充量的下降可能表明种群生产率下降，这将使得种群预测过于乐观，应谨慎对待预测结果。

表 6-7 2020 年大西洋剑鱼地中海种群资源评估概要

评估结果	
最大可持续产量	1.33 万吨（10 899 ~ 17 346）[1]
当前（2018 年）产量	8 150 吨
B_{MSY}	7.13 万吨（42 562 ~ 11 378）[1]
F_{MSY}	0.19（0.12 ~ 0.34）[1]
相对生物量（B_{2018}/B_{MSY}）	0.72（0.38 ~ 1.29）[1]

续表

评估结果	
相对捕捞死亡率（F_{2018}/F_{MSY}）	0.93（0.42～1.68）[1]
资源状况（2018）	处于资源型过度捕捞
	未处于捕捞型过度捕捞
现行管理措施	流网禁令 [Rec.03-04] 为期三个月的禁渔期、渔具规格（鱼钩的数量和大小以及渔具的长度）、最小捕捞量规定、授权船只清单、捕捞能力限制、延绳钓上的国家观察员。 TAC [Rec.16-05]：2017 年 10 500 吨，2018 年 10 185 吨，2019 年 9 879 吨，2020 年 9 583 吨，2021 年 9 296 吨，2022 年 9 017 吨。

1. 基于贝叶斯剩余产量模型的 3 万次马尔科夫蒙特卡洛迭代的 95% 可信区间。

6.1.4 管理措施

6.1.4.1 大西洋种群

对于大西洋北部和南部种群，最相关的建议可以在 Recs 中找到。Rec. 21-02 和 Rec. 21-03，分别修改 Rec. 17-02 和 Rec. 16-04。

Rec.21-02

回顾 ICCAT 修订大西洋剑鱼北部种群保护建议的建议，Rec16-03（Rec17-02）之前由 ICCAT Rec. 19-03 和 Rec. 20-02 修订；注意到必须继续采取健全的措施养护和管理大西洋剑鱼北部种群；考虑到 SCRS 在 2021 年没有就大西洋剑鱼北部种群管理措施提出新的建议，但意识到，根据上次评估，将当前的 TAC 再延长一年，预计将使 Kobe 图绿色区域的种群保持在符合 ICCAT 公约目标的水平；确认现行措施的延长不会影响未来的任何措施或讨论；希望在 2022 年生效《英国与欧盟贸易与合作协定》中确定双方对某些 ICCAT 物种（包括大西洋剑鱼北部种群）各自份额的条款。

ICCAT 修订《大西洋剑鱼北部种群剑鱼养护建议》（Rec. 16-03）的建议（Rec. 17-02）的规定应延长至 2022 年，并进行以下修改：

A. 第 2（a）和（b）项改为：a）2018 年、2019 年、2020 年、2021 年 和 2022 年大西洋剑鱼北部种群剑鱼的总可捕捞量（TAC）为 13 200 吨；b）2018 年、2019 年、2020 年、2021 年和 2022 年适用表 6-8 所示的年度捕捞量限制：

表 6-8　2018—2022 年大西洋剑鱼捕捞方捕捞配额

捕捞方	捕捞配额 **（总额 13 200 吨）
欧盟	6 718*
美国	3 907*
加拿大	1 348*
日本	842*
摩洛哥	850
墨西哥	200
巴西	50
巴巴多斯	45
委内瑞拉	85
特立尼达和多巴哥	125
英国	35
法属圣皮埃尔和密克隆	40
中国	100
塞内加尔	250
韩国	50
伯利兹	130
科特迪瓦	50
圣文森特和格林纳丁斯	75
瓦努阿图	25

2018 年、2019 年、2020 年、2021 年、2022 年在南大西洋管理区捕捞的剑鱼最多可计入大西洋剑鱼北部种群未捕捞量限额 25 吨。

B. 第 3 款改为：在调整年度内或调整年度之前，任何未使用的部分或超过的年度调整配额均可按情况加入 / 扣除相应的配额 / 捕捞限额，具体如表 6-9 所示。

表 6-9　大西洋剑鱼北部种群年度调整情况

捕捞年份	调整年度
2016	2018
2017	2019
2018	2020
2019	2021
2020	2022
2021	2023
2022	2024

但是，对于捕捞量限制超过 500 吨的国家，缔约方在任何一年内可结转的最大限量不得超过其初始捕捞量限额（上文第 2（b）段规定，不包括配额转让）的 15%，对其他国家不得超过 40%。

C. 第 4 款改为：如果日本在任何一年的捕捞量超过其捕捞量限制，应在随后年份扣除超出部分，以使日本的总捕捞量在 2018 年开始的五年期间不超过其总捕捞量限制。当日本每年的捕捞量低于其捕捞量限制时，可将未捕捞量添加到随后几年的捕捞量限制中，以使日本的总捕捞量不超过同样四年期间的总捕捞量。2018—2022 年管理期间的任何不足或超额均应适用于委员会在 2022 年决定的后续管理期间。

D. 第 5 款第一句改为：委员会应在其 2022 年会议上，根据 SCRS 将于 2022 年进行的种群评估得出的 SCRS 建议，以及 ICCAT 关于捕捞可能性分配标准的决议（第 15-13 号决议），制定大西洋剑鱼北部种群剑鱼养护和管理措施。本建议取代并废止 ICCAT 修订大西洋剑鱼北部种群剑鱼保护建议 17-02 的建议（Rec. 19-03）和 ICCAT 修订大西洋剑鱼北部种群剑鱼保护建议 19-03 的建议（Rec. 20-02）。

Rec.21-03

注意到需要继续以健全的管理方式保护大西洋剑鱼南部种群；考虑到 SCRS 指出，未就大西洋剑鱼南部种群的管理措施提出新的建议，而现行的 TAC 符合 ICCAT 的管理目标；确认现行措施的延长不会影响未来的任何措施或讨论。

1. ICCAT 对《大西洋剑鱼南部种群养护建议》Rec16-04（Rec17-03）的修订建议的条款应延长至 2022 年，并进行以下修改：

A. 第 1 段替换为：在 2018 年、2019 年、2020 年、2021 年和 2022 年，总可捕量（TAC）和捕捞量限制如表 6-10 所示。

表 6-10　2018—2022 年大西洋剑鱼南部种群捕捞方捕捞配额

捕捞方	捕捞配额（总可捕量 14 000 吨）
巴西	3 940
欧盟	4 824
南非	1 001
纳米比亚	1 168
乌拉圭	1 252
美国	100
科特迪瓦	125
中国	313
英国	25
日本	901
安哥拉	100
圣多美和普林西比	100
加纳	100
塞内加尔	417
韩国	50
伯利兹	125

① 2018—2022 年期间总可捕量总计不得超过 70 000 吨。如果任何年度总可捕量超过 14 000 吨，第二年的 TAC 应调整以确保五年总不会超过 70 000 吨。综上，这些调整应当通过按比例减少各 CPC 的分配配额实现。

② 巴西可在北纬 5° 至 15° 之间的海域收获 200 吨的年捕捞量。

③ 2016 年日本、美国的未使用额度，除本表规定的配额外，可结转至 2018 年，分别不超过 600 吨、100 吨和 300 吨。2017—2022 年期间，这些捕捞方也可以结

转未使用部分，但每年的结转额度不得超过本规定的额度。

应按照第 5 款授权转让。

B. 第 2 款应改为：对于大西洋剑鱼南部种群，在调整年度期间或之前，任何未使用的部分或超过年度配额 / 捕捞限额的部分可按情况加入 / 从相应的配额 / 捕捞限额中扣除，方法如表 6-11 所示。

表 6-11　大西洋剑鱼南部种群年度调整情况

捕捞年份	调整年度
2017	2019
2018	2020
2019	2021
2020	2022
2021	2023
2022	2024

但是，每一年度捕捞方可以结转的最高限额不得超过上一年度限额的 20%。SCRS 将于 2022 年对大西洋剑鱼南部种群进行资源评估，并将结果报告给委员会。

根据 SCRS 的建议，委员会应在 2022 年委员会会议上审查并酌情修订大西洋剑鱼南部种群管理措施。

关于捕捞限额。在 2007—2009 年期间，北大西洋种群年度总可捕量 TAC 为 1.4 万吨。该期间报告的捕捞量平均为 1.18 万吨，且在任何一年均未超过 TAC。2010 年，TAC 降至 1.37 万吨。2010—2017 年报告的平均捕捞量为 1.16 万吨，超过了 2012 年的 TAC（1.39 万吨）。2018 年，TAC 降至 1.32 万吨。2018—2021 年报告的捕捞量平均为 0.99 万吨，在任何一年都未超过 TAC。2007—2009 年，南大西洋的 TAC 为 1.7 万吨。该期间报告的捕捞量平均为 1.367 4 万吨，任何一年均未超过 TAC。2010 年，TAC 减少到 1.5 万吨。2010—2017 年报告的捕捞量平均为 1.06 万吨，且在任何一年均未超过 TAC。2018 年，TAC 产量降至 1.4 万吨。2018—2021 年报告的捕捞量平均为 0.97 万吨，在任何一年都未超过 TAC。

关于渔获物最小体长体重限制。大西洋剑鱼的最小体长体重限制如下：①下颌叉长为 125 厘米或重量为 25 千克；②下颌叉长为 119 厘米或重量为 15 千克。

自 2000 年实施最小上岸体长以来，在北大西洋报告的下颌叉长小于 125 厘米的剑鱼数量估计比例普遍下降，在南大西洋保持稳定。在北大西洋，2000 年的估计数字为 33%，2015 年下降到 23%。在南大西洋，2000 年的估计为 18%，2006 年最高为 19%，2015 年下降到 13%。委员会注意到，这些估计是基于低样本量，可能存在偏差和不确定性。在 CPC 完全报告整个捕获物的样本大小之前，它们将仍然存在不确定性。这种下降趋势可能是由于船队行为的改变而导致体型不佳的鱼类的遭遇率下降，或者随着时间的推移，捕捞量的减少，或者两者兼而有之。

委员会还注意到，以剑鱼为目标的延绳钓渔业，对下颌叉长小于 125 厘米的剑鱼的死亡率很高（范围为 78%～88%）。从商业渔具中丢弃的活体样本释放后的死亡率尚不清楚。评估降低幼年剑鱼捕捞死亡率的其他策略将需要关于整个大西洋捕捞努力和大小数据的完整数据集，并应考虑到这些策略对其他物种的影响。针对委员会目标减少小个体剑鱼的捕捞死亡率，委员会因此建议未来的工作应该更精确地确定大西洋剑鱼的空间分布和捕捞努力的规模及性别分布，使用高分辨率科学观察员数据。

6.1.4.2　地中海种群

2008 年，ICCAT 对全地中海范围内针对剑鱼的所有机构实施了为期一个月的禁渔期，随后自 2009 年以来又实行两个月禁渔期。通过 Rec. 11-03 和 Rec. 13-04，委员会采取了额外的管理措施，旨在使资源回到与 ICCAT 公约目标相一致的水平。这些措施包括额外一个月的禁渔期，最小捕捞量规定、授权船只清单、关于延绳钓技术特征的规格，以及一定百分比的延绳钓的国家观察员。最近，Rec. 16-05 取代了 Rec. 13-04，为期 15 年的种群恢复计划通过。此外，还增加了捕捞量和捕捞能力限制，同时还有 TAC（2017 年为 10 500 吨。Rec. 16-05，在 2018—2022 年期间每年减少 3%），并季节性关闭渔业，以减少幼年剑鱼的兼捕捕捞量。欧盟于 2002 年对高度迁徙的物种实行了流刺网禁令，2003 年 ICCAT 通过了一项建议，建议在地中海普遍禁止这种设备。Rec. 03-04、Rec. 04-12 禁止在地中海使用各种流刺网和延绳钓捕捞金枪鱼和类金枪鱼进行运动和休闲渔业。

在采用上述 ICCAT 建议后，报告的捕捞量从 2000 年的水平显著下降，使 2012—2019 年期间的捕捞量成为过去 30 年中最低的。此外，与 21 世纪头十年相比，报告的小型剑鱼的捕捞量也下降了 50% 以上。重要的是，根据船上的观察最近最小捕捞体长从 90 厘米增加到 100 厘米，导致一些渔业的丢弃量增加（高达 600%）。据报道，大西洋下颌叉长小于 125 厘米的剑鱼死亡率非常高（78%~88%），地中海也可能出现类似的高值。委员会对这种丢弃量没有得到充分报告表示关切，并重申所有死亡丢弃量应在 Task 1 数据集中报告。此外，它们也应该被纳入到 CPUE 数据趋势的分析中。Rec. 16-05 只是最近才被采用，其影响不能得到充分评价。

Rec. 16-05

认识到 SCRS 在 2016 年进行的种群评估的结果，特别是种群在过去 30 年的过度捕捞状况，以及目前的过度捕捞；注意到剑鱼幼体在捕捞量中所占比例很高及其对单位补充产卵生物量水平的不利影响；考虑到 SCRS 建议大幅度减少捕捞量，并加强对上岸和丢弃渔获物的监测；确认 SCRS 建议考虑到长鳍金枪鱼渔业对幼年剑鱼捕捞量的影响；回顾 ICCAT 建议 [11-13] 的规定，以及对于过度捕捞和可能出现过度捕捞的种群，需要重建种群和降低捕捞死亡率；承认地中海小规模渔业的社会经济影响，以及在管理这些渔业方面需要循序渐进和灵活变通；回顾 ICCAT 关于捕捞可能性分配标准的决议（第 15-13 号决议）关于捕捞可能性分配标准的规定；

第一部分——总则

船舶在地中海积极捕捞剑鱼的缔约方和合作非缔约方、实体或渔业实体（以下简称"CPC"）应实施从 2017 年开始持续到 2031 年的 15 年恢复计划，目标是实现 B_{MSY} 的概率至少为 60%。

第二部分——养护措施

1. 总可捕量

1）2017 年的总可捕量（TAC）应设定为 10 500 吨。这不应预先判断将在本建议第 3 段所述工作组范围内进行的讨论。

2）ICCAT 工作组将于 2017 年 2 月成立，以：

a）建立一个公平和公平的地中海剑鱼 TAC 分配方案。

b）在不影响上述分配方案的前提下，制定 2017 年的 CPC 配额。

c）建立机制，管理 TAC。

基于 2010 年以来的捕捞水平。

工作组在确定分配重点时应使用透明和客观的标准，包括环境、社会和经济性质的标准，特别是应考虑到 ICCAT 关于分配捕捞可能性标准的决议 [Rec. 15-13]。

3）在 2018—2022 年期间，TAC 每年逐步减少 3%。

4）第 2 段和第 4 段所规定的办法应继续适用，直至通过补充建议通过双方商定的 TAC 分配。

2. 捕捞能力限制

1）容量限制应在恢复计划存续期内适用。2017 年，各缔约方应将其授权捕捞地中海剑鱼的渔船数量限制为 2013—2016 年期间其捕捞、保留、转运、运输或登陆地中海剑鱼的船只的平均年数量。但是，如果 2016 年捕捞、保留、转运、运输或登陆地中海剑鱼的船只数量低于 2013—2016 年期间的年平均船只数量，CPC 可决定使用该数量。此限制应适用于捕鲸船的渔具类型。

2）根据第 5 款的规定，发展中国家可在 2017 年 1 月 15 日之前提交总长度小于 7 米的渔船清单。从 2017 年起，这些船只将被增加到第 6 段所述的限制范围内。

3）在 2017 年、2018 年和 2019 年，核心方案缔约方可对本建议第 6 段所述的容量限制适用 5% 的容差。

4）应允许发展中国家根据国际渔业公约中分配给它们的捕捞机会提交船队发展计划。

5）从 2018 年开始，各捕捞国应在每年 3 月 15 日前向 ICCAT 提交捕捞计划。该计划应包括关于按渔具类型分配的配额的详细资料，包括运动和休闲渔业（如适用）和兼捕渔获物。

3. 禁渔期

1）地中海剑鱼不得在以下任一期间捕获（不论是作为目标物种还是兼捕渔获物）、在船上保留、转运或上岸：

a）10 月 1 日至 11 月 30 日期间以及 2 月 15 日至 3 月 31 日期间的额外一个月期间；

b）或每年 1 月 1 日至 3 月 31 日期间。各 CPC 应在 2017 年 1 月 15 日前向委员会通报其选择的禁渔期的详细情况。

2）为保护剑鱼幼鱼，每年 10 月 1 日至 11 月 30 日，针对地中海长鳍金枪鱼的延绳钓船只也应暂停捕捞。

3）各 CPC 应监测第 11 段和第 12 段所述禁渔期的有效性，并应最迟在委员会年会召开前两个月向委员会提交有关适当控制和检查的所有相关信息，以确保这些措施得到遵守。

4. 最小尺寸

1）只有不切除任何外部部分的完整剑鱼标本，或去鳃和去内脏的剑鱼标本，才能保留在船上，登陆，转运和登陆后的首次运输。

2）为保护小型剑鱼，中央海洋保护中心应采取必要措施，禁止捕捞、保留在船上、上岸、运输、储存、出售、展示或出售下颌叉长小于 100 厘米或圆形重量小于 11.4 千克或去鳃和去内脏重量小于 10.2 千克的地中海剑鱼。

3）在 2017 年年会之前，SCRS 应向委员会提供确认的平均毛重和去鳃和去内脏重量（对应 100 厘米下颌叉长）。

4）意外捕获的低于第 15 段所述最小尺寸的地中海剑鱼不得留在渔船上、转运、上岸、出售、展示或供出售。CPC 可容许船只偶然捕获小于最小体长的幼鱼，但意外捕获的鱼不得超过该船只每次上岸剑鱼总渔捞量（以重量或 / 及数量计）的 5%。

5. 渔具的技术特点

1）捕捞剑鱼的船只可设置或携带的最大鱼钩数量应固定为 2 500 个。在超过 2 天的航程中，可允许在船上安装第二套固定的钩子，但须适当地捆扎并堆放在较低的甲板上，以免随时使用。

2）捕捞剑鱼时，鱼钩的高度不应小于 7 厘米。

3）远洋延绳钓线的最长长度为 30 海里（55 千米）。

6. 运动及休闲渔业

1）各 CPC 应在活动举行前至少 15 天，将获授权在地中海捕捞剑鱼的所有运动和休闲渔业船只的名单提供给 ICCAT 秘书处。未列入本名单的船只不得被授权捕捞地中海剑鱼。提交该清单的格式应简化，并包括以下信息：船舶名称、注册号、ICCAT 记录号（如有）、以前的名称（如有）、船舶长度、船东和经营人的名称和地址只有"带钓竿和钓索"的船只才可被授权从事地中海剑鱼的运动和休闲捕捞活动。

2）各缔约方应采取必要措施，禁止每艘船每天为运动和休闲渔业捕捞和留养、转运或上岸一条以上的地中海剑鱼。

3）禁止销售在运动和休闲捕捞中捕获的地中海剑鱼。

4）各捕捞中心应采取措施记录在运动和休闲捕捞中捕获的每条地中海剑鱼的渔获量数据，包括毛重和下颌叉长，并将这些数据传送给 SCRS。

5）各方案应采取必要措施，尽可能确保在运动和休闲捕捞范围内活捉的地中海剑鱼，特别是剑鱼幼鱼的释放。任何地中海剑鱼，无论如何上岸，都应以整鱼或去鳃和去内脏，并在本建议 3. 指定港口第 1）段所述的指定港口进行，或在每条剑鱼上贴上标签。每个标签必须有唯一的国家特定编号，并防篡改。CPC 应向 ICCAT 秘书处提交一份标签方案执行情况的摘要。只有在累计渔获量在分配给 CPC 的配额范围内时，才可授权使用这种标签。

第三部分——控制措施

1. ICCAT 授权捕捞地中海剑鱼的船只记录

1）各捕捞中心应最迟于每年 1 月 15 日向 ICCAT 秘书处提供所有获授权积极捕捞剑鱼的捕捞船只名单。如有需要，CPC 可在年内修改该清单，向 ICCAT 秘书处提供最新清单。各缔约方应根据 ICCAT 所要求的提交数据和信息指南中规定的格式提供该清单。

2）2017 年 6 月 15 日之前，各捕捞国应向 ICCAT 秘书处提供所有获准积极捕捞地中海长鳍金枪鱼的捕捞船只名单。随后几年的最后期限定为 3 月 15 日。各缔约方应根据 ICCAT 所要求的提交数据和信息指南中规定的格式提供该清单。

3）《ICCAT 关于为经批准在公约区作业的总长度超过 20 米或更大的船舶建立 ICCAT 记录的建议》中提及的程序应比照适用。

2. 兼捕

如本建议上段所述，各缔约方可允许未获授权积极捕捞地中海剑鱼的船只兼捕地中海剑鱼，但前提是各缔约方对每艘船只和每次捕捞作业规定了最高兼捕限制，并从缔约方的交规中扣除有关兼捕捕捞量。每一 CPC 应在其本建议第 10 段所指的捕捞计划中规定其允许其船只的最大兼捕捕捞量限制。

3. 指定港口

1）渔船只能在指定港口捕捞地中海剑鱼，包括兼捕渔获物和在运动和休闲渔业中捕捞但未按前述所指进行标记的鱼类。为此，各 CPC 应指定地中海剑鱼获准登陆的港口，并在每年 3 月 1 日前向 ICCAT 秘书处通报这些港口的清单。对于被确定为指定港口的港口国，应规定允许靠岸的时间和地点。根据这些信息，ICCAT 秘书处应在 ICCAT 网站上保存一份指定港口清单。

2）渔船及其代表进港前，应当向港口有关主管部门提供下列资料：

a）预计到港时间；

b）船上保留的地中海剑鱼的估计数量；

c）捕获物所在地理区域的信息。港口国当局应保存本年度所有事先通知的记录。CPC 应规定上述有关船只的最低总长度。

4. 上岸管制

各 CPC 应采取必要措施控制地中海剑鱼的捕捞，并在提交本建议第二部分第 2 段所述的捕捞计划时将这些措施通知 ICCAT。

经第 14-10 号和第 21-14 号建议修订。

1. 捕获物的记录和交流

1）各方案应确保在本建议第 27 段所述的授权期间内，其积极捕捞地中海剑鱼超过 1 500 万的捕捞船只每周通过电子或其他方式向其主管当局通报信息，包括在计划区域内捕获的日期、时间、位置（纬度和经度）以及地中海剑鱼的重量和数量。只有在所审议的期间内报告了渔获量时才需要进行这种通报。

2）各捕捞中心应采取必要措施，确保对悬挂其旗帜的船只的所有捕捞进行记录并毫不迟延地通报主管当局。

3）各 CPC 应在渔获期结束后 30 天内向秘书处报告悬挂其旗帜的船只所捕捞的地中海剑鱼数量。

2. 转运

禁止地中海剑鱼海上转运作业。

第四部分——ICCAT 国际水域国际联合检查计划

1）在地中海剑鱼多年恢复计划框架内，各缔约方同意，根据《ICCAT 公约》第九条第 3 款，实施 1975 年 11 月在马德里举行的 ICCAT 第四次常会通过的经附件 1 修改的 ICCAT 国际联合检查计划。

2）本建议所述的计划应适用于国际水域，直到 ICCAT 通过一项监测、控制和监视计划为止，该计划将包括一项 ICCAT 国际联合检查计划，该计划基于 ICCAT 综合监测措施决议（第 00-20 号决议）所设立的综合监测措施工作组的结果。在任何时候，任何 CPC 的 50 艘以上捕捞船从事地中海剑鱼指导捕捞活动时，CPC 在该期间应在《ICCAT 公约》区域设有一艘视察船，或应与另一 CPC 合作共同经营一艘视察船。

第五部分

1. 科学信息

1）各 CPC 应确保维持或发展关于地中海高度洄游远洋物种的充分科学资料。特别要指出的是，各 CPC 应采取必要措施和行动，以更好地估计：特定区域鱼体尺寸和成熟年龄；利用生境比较不同渔场的剑鱼供应情况，包括不同延绳钓类型之间的比较；延绳钓渔业在渔获量构成、CPUE 系列、渔获量大小分布方面的影响；每月估计产卵群体和补充群体的比例。

2）每年 7 月 31 日前，各缔约方应通报上一年获授权在地中海进行远洋延绳捕捞和鱼叉捕捞的渔船的具体信息：

a）渔船的具体信息：船名（如无船名，应注明不含国家首字母缩写的注册号）；注册号；ICCAT 列表号；CPC 应按照《ICCAT 所需提交数据和信息准则》规定的格式，以电子方式向 ICCAT 秘书处通报该清单。

b）基于采样或整个船队的与捕捞活动有关的具体信息：按目标物种和区域划分的捕捞周期和渔船的年度捕捞天数总数；地理区域，按 ICCAT 统计网格显示渔船进行的捕捞活动，按目标物种和区域分列；按目标物种和区域划分的船舶类型；按目标物种和区域划分，船舶使用的钩数；按目标鱼种和区域划分，船舶使用的延绳钓单位数量；船舶所有延绳钓单元的总长度，按目标物种和区域划分。

c）尽可能小的时间范围内渔获量的具体数据：渔获量的大小和（如果可能

的话）渔获量的年龄分布；每艘船的渔获量和渔获量构成；捕捞努力量（每艘船的平均捕捞天数、每艘船的平均鱼钩数、每艘船的平均延绳钓鱼线单位、每艘船的延绳钓鱼线平均总长度）。

这些数据应以 ICCAT 要求的格式提供给 SCRS。

2. 科学观察员

各 CPC 应确保在其总长度超过 15 米的远洋延绳钓渔船中至少 5% 部署国家科学观察员，以地中海剑鱼为目标。各 CPC 应设计和实施一种方法，以收集总长度在 15 米以下的延绳渔船的活动信息。根据 Rec. 16-14 及其任何修订，每个 CPC 应向 SCRS 报告该信息。

除了 Rec. 16-14 的要求外，科学观察员还应特别评估和报告小尺寸剑鱼的丢弃水平。

3. 审查

1）SCRS 应在 2019 年根据现有最新数据提供关于种群状况的最新评估。它应评估本恢复计划的有效性，并就各种措施的可能修订提供建议。SCRS 应就渔具的适当特性、运动和休闲渔业的关闭期以及地中海剑鱼应实施的最小尺寸向委员会提供咨询意见。

2）根据这些科学建议，ICCAT 应在 2019 年底前通过对剑鱼管理框架的变更，包括修订捕捞限制和替代管理方案，以满足管理目标的需要。

4. 废除

本建议取代 ICCAT 关于 ICCAT 框架内地中海剑鱼管理措施的建议 Rec. 13-04。

ICCAT 国际联合登临检查计划根据《ICCAT 公约》第九条第 3 款，ICCAT 委员会建议在国家管辖水域外建立下列国际管制安排，以确保《ICCAT 公约》及其下生效措施的实施。

一、严重违规

1. 就本程序而言，严重违反是指下列违反委员会通过的 ICCAT 养护和管理措施的规定：（a）未经船旗局颁发的许可证、许可证或授权进行捕捞；（b）未能按照委员会的报告要求保存足够的渔获量和渔获量相关数据记录，或严重误报该等渔获量和 / 或渔获量相关数据；（c）在封闭水域捕捞；（d）在禁渔期捕捞；（e）违反 ICCAT 通过的任何适用的养护和管理措施，故意捕获或保留物种；

（f）严重违反 ICCAT 规则规定的现行渔获量限制或配额；（g）使用违禁渔具；（h）伪造或者故意隐瞒渔船标志、身份或者登记的；（i）隐瞒、篡改或者销毁与调查违法行为有关的证据的；（j）多次违反行为加在一起构成严重无视根据《国际防止酷刑公约》已生效的措施；（k）攻击、抵抗、恐吓、性骚扰、干扰或不当阻碍或拖延授权检查人员或观察员；（l）故意篡改或破坏船舶监测系统；（m）ICCAT 可能确定的其他违规行为，一旦这些违规行为列入并在本程序的修订本中分发；（n）干扰卫星监测系统和／或没有 VMS 系统的船舶的操作；（o）海上转运。

2. 如果在对渔船的登船和检查期间，经授权的检查人员观察到可能构成第 1 款所界定的严重违反行为的活动或情况，检查船船旗方当局应立即直接或通过《ICCAT 公约》秘书处通知该渔船船旗方。在这种情况下，检查员还应将已知在附近的渔船的船旗方通知任何检查船。

3. ICCAT 检查员应将进行的检查和发现的侵权（如有）登记在渔船日志中。

4. CPC 应确保在本附件第 2 款所述检查之后，有关渔船停止一切捕捞活动。CPC 应要求渔船在 72 小时内驶往其指定的港口，并在那里展开调查。

5. 如果检查发现了可能构成严重违规行为的活动或状况，则应根据 ICCAT 进一步修订建议 09-10 所述程序对该船舶进行审查，建立推定在 ICCAT 公约区从事非法、未报告和不受管制捕捞活动的船舶清单。

二、检查的进行

6. 检查应由缔约方政府指定的检查员进行。各自政府为此目的指定的授权政府机构和个人检查人员的名称应通知 ICCAT 委员会；

7. 按照本附件执行国际登船和检查任务的船舶，应悬挂经 ICCAT 委员会批准并由 ICCAT 秘书处颁发的专用旗帜。在开始视察活动之前，应尽快将所使用船舶的名称通知国际公约秘书处。ICCAT 秘书处应向所有缔约方提供有关指定检查船只的信息，包括在其受密码保护的网站上公布；

8. 视察员应携带船旗方当局签发的适当身份证件，证件格式应按本附件第 21 段所示；

9. 在不违反本附件第 16 款所议定的安排的情况下，悬挂第 7 款所述 ICCAT 旗帜并载有检查员的船舶向国际信号规则中适当的信号发出时，悬挂缔约方政府旗帜并在国家管辖水域以外的公约区域内捕捞金枪鱼或类金枪鱼鱼类的船舶应停止，除非该船舶实际上正在进行捕捞作业。在这种情况下，一旦完成上述操作，应立即停止。船长应允许本附件第 10 款规定的检查方登船，并必须提供登船梯。船长应允许检查方对检查人员认为必要的设备、渔获或渔具及任何有关文件进行检查，以核实是否符合 ICCAT 委员会对被检查船舶船旗方的现行建议。此外，检查员可以要求任何他或她认为必要的解释；

10. 视察团的规模由视察船指挥官根据有关情况决定。为了安全可靠地完成本附件中规定的任务，视察组应尽可能小。

11. 在登船时，检查员应出示本附件第 8 款所述的身份证件。检查人员应遵守有关被检查船只及其船员安全的普遍接受的国际规则、程序和惯例，并应尽量减少对捕捞活动或产品积载的干扰，并在切实可行的范围内避免对船上渔获物质量产生不利影响的行动；检查人员的询问应限于确定 ICCAT 委员会对有关船舶船旗方的现行建议是否得到遵守。在进行检查时，检查人员可向渔船船长寻求他可能需要的任何协助。检查员应以 ICCAT 委员会批准的格式起草检查报告。检查人员应在船长在场的情况下签署报告，船长有权在报告中增加或已经增加他认为合适的任何意见，并且必须签署这些意见。

12. 报告的副本应交给船长和视察方政府，后者应将副本转交被视察船舶船旗方的有关当局和 ICCAT 委员会。如发现任何违反《ICCAT 公约》建议的行为，检查员应尽可能将已知在附近渔船的船旗方通知任何检查船；

13. 被检查船舶船旗方对抵制检查人员或不服从检查人员指示的处理方式，应类似于对待国家检查人员的处理方式；

14. 检查专员应按照本建议所载规则执行这些安排下的职责，但仍应在其本国主管当局的业务控制下，并应向其负责；

15. 各缔约方政府应按照其国家立法，在与本国视察员的报告类似的基础上，审议并处理根据建议 94-09 提出的检查报告、视察资料表以及外国视察员在这些安排下的书面检查所产生的说明。本款的规定不应规定缔约方政府有任何义务赋予外国视察员的报告高于视察员本国所拥有的证据价值。缔约方政府应进行合作，以便利视察员根据这些安排提出的报告所引起的司法程序或其他程序；

16. a）各缔约方政府应在每年 1 月 1 日前将其在该历年根据本建议进行视察

活动的临时计划通知 ICCAT 委员会，委员会可向各缔约方政府提出关于协调这一领域的国家行动的建议，包括视察员人数和载有视察员的船只数量；b）本建议中所述的安排和参加计划适用于各缔约方政府之间，除非缔约方政府之间另有协议，该协议应通知 ICCAT 委员会。但在任何两个缔约方政府之间，如其中一方已就此通知 ICCAT 委员会，则应暂停实施该办法，直至该协定完成为止；

17. a）渔具应按照进行检查的分区的现行规定进行检查。视察员将在视察报告中说明进行视察的分区，并说明发现的任何违反行为；b）检查人员应有权检查正在使用或船上的所有渔具；

18. 如果被检查的渔具似乎违反 ICCAT 委员会对有关船舶船旗方的现行建议，检查员应贴上经 ICCAT 委员会批准的识别标记，并应在其报告中记录这一事实；

19. 检查人员可对渔具、设备、文件及其认为必要的任何其他要素进行拍照，以显示他们认为不符合现行条例的特征，在这种情况下，被拍照的对象应列在报告中，并应将照片副本附在提交船旗方的报告副本上；

20. 检查员应视需要检查船上所有渔获物，以确定是否符合 ICCAT 的建议。

第7章 大西洋旗鱼类渔业资源

7.1 大西洋旗鱼

7.1.1 基础生物学

7.1.1.1 形态特征

大西洋旗鱼（*Istiophorus albicans*），隶属于辐鳍鱼亚纲棘鳍鱼纲鲭形目旗鱼科大西洋旗鱼属，是一种中型旗鱼。细长和非常压缩的身体被稀疏嵌入的鳞片与钝点覆盖。上颚长成细长粗壮的矛，横截面为圆形。第一背鳍大，像帆一样，大多数个体第一背鳍的高远大于体高，在中鳍处最高，第二背鳍小。腹鳍很长很窄，延伸到身体的 2/3～3/4 长，几乎到达肛门口。尾柄两侧有双龙骨，在背部和腹部表面有尾形缺口。幼鱼尾鳍比印度太平洋旗鱼的尾鳍长。有两个分开的臀鳍，第一个臀鳍有 15～15 条，第二个臀鳍有 6～7 条。背脊的第一鳍 42～47 条，第二鳍 6～7 条。可见一条侧线，在胸鳍上方弯曲，然后直向尾巴。肛门开口靠近第一个臀鳍的前起源。椎骨为 12 根前椎和 12 根尾椎。成鱼无鳃耙、下颚和腭部小齿（图 7-1）。背侧深蓝，侧蓝中有褐色，腹侧银白色；侧面有几排纵向条纹，每条条纹由许多轻圆点组成。第一背鳍膜蓝黑色，被许多小的圆形黑点覆盖，第一和第二臀鳍基部银白色，其余鳍略带黑色或深蓝色。性腺对称。有鳔，由许多气泡状的小腔室组成。

已知最小的幼鱼长为 0.36 厘米（Gehringer, 1956）。身体短而深，鼻子短，眼睛大。眼睛上方有大棘，以及大的眼前棘。下颌骨和脑壳背表面的色素沉着由任意数量和形状的色素团组成。色素沉着随着幼鱼的生长而增加。头很大，约占标准长度的 40%。牙齿很大，像象牙一样。

幼鱼长大约 0.1 厘米，口鼻伸长，背鳍发育成帆状，前背刺变小消失，尾鳍分叉，腹鳍变大。背鳍上的色素沉着是由中部分散的色素团发展而来，并随着幼鱼的生长而扩展（Gehringer, 1956）。幼鱼长大于 0.25 厘米，鼻子随身体成比例增大，尖牙消失，眼径变小，头刺随着生长变短消失，第一背鳍增高，腹鳍长而窄，侧线清晰可见，鳞片变成皮刺（Gehringer, 1956）。

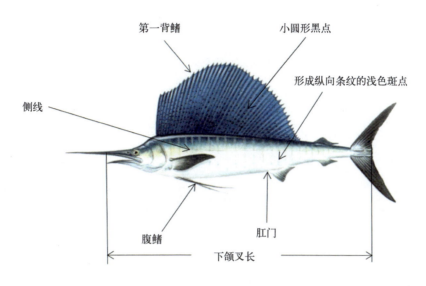

图 7-1　大西洋旗鱼形态示意图（FAO, 2005）

　　类似于金枪鱼，旗鱼在器官和生理上都适应了连续的游泳，而恒温动物的头部（大脑和眼睛）有助于在不同深度觅食。大西洋旗鱼和其他旗鱼一样，有一个产热器官，位于大脑下方，靠近眼睛，可以在颅骨区域产生和维持较高的温度（Block, 1986）。这种产热器官或"脑加热器"通过眼睛和身体允许在低温下的功能，促进枪鱼和旗鱼的深潜行为。关于游动速度，现有来自对成年旗鱼的电子标记技术的数据计算出的距离的分析（Jolleyand Irby, 1979; Hoolihan, 2005），大西洋旗鱼平均游速估计在 0.29～1.00 米 / 节之间，印度太平洋旗鱼在 0.42～2.10 米 / 节之间。

　　由于很难将旗鱼圈养且缺乏长期监测的跟踪技术，其行为研究进展缓慢（Holland, 2003）。而常规标记和弹出式卫星标记（Pop-up Satellite Archival Tag, PSAT）信息，产卵区域和季节的生物信息，以及摄食习惯信息，可以帮助识别其繁殖行为模式。旗鱼不像枪鱼形成鱼群。然而，这种行为似乎是季节性的。在佛罗里达海峡，鱼类在冬季成群聚集，但在夏季，当鱼类向北移动时，旗鱼沿美国东部海岸分散分布。也有人认为，当摄食对象是例如栉水母等大量的群体时，旗鱼会形成鱼群，但随着摄食对象的分散，旗鱼鱼群也会分散（Voss, 1972）。在加勒比海东南部和邻近水域（大西洋侧：13°N 至 5°N），重新捕获的标记鱼类的运动轨迹显示，在加勒比海东南部和苏里南海域之间移动，这些地区几乎全年都有繁殖事件发生（Arocha and Marcano, 2006）。由于冬季的季节性上升流（委内瑞拉东北部）和夏季的河流径流（奥里诺科河）（Freon and Mendoza, 2003），该地区的被捕食者数量几乎是恒定的，这使得摄食对象集中在整个地区的季节性前沿。该地区持续不断的被捕食者可能会让旗鱼恢复几乎全年都因产卵而损失的能量，并为漫长的产卵季节积累能量。

7.1.1.2 种群结构及其分布区域

在大西洋，旗鱼历史上一直被分为东西两个不同的种群进行管理，在西经30°处有一个任意的边界。种群边界是基于捕捞量的分布、标签释放和重新捕获信息以及形态数据（Anon, 2002）。大西洋旗鱼比其他旗鱼物种更面向沿海，经常在温跃层以上发现。常规标记实验数据表明，它们比其他旗鱼移动的距离更短。成年旗鱼的温度偏好似乎在 25～28℃的范围内。旗鱼通常会寻找最温暖的水域环境，电子标签研究表明，大约 96% 的黑暗、86% 的暮光和 82% 的白天时间都在地表附近度过（Hoolihan et al., 2011）。然而，垂直栖息地的使用更为复杂，经常短途游览超过 100 米的深度，有些潜水深度可达 350 米。它是大西洋长吻鱼中最小的海洋鱼类，它表现出接近大陆海岸、岛屿和珊瑚礁的强烈趋势（De Sylva, 1974）。在大西洋中部西部，在冬天的几个月里，美国佛罗里达州水域，墨西哥湾近海水域和加勒比海的旗鱼成群出现。在夏季，美国佛罗里达的鱼类沿美国东海岸向北分散，沿着墨西哥湾流的内边缘向北移动。在大西洋中东部，旗鱼沿着西非海岸向南北移动，似乎与 28℃的水等温线有关，在那里，鱼在春季向北移动，在秋季似乎返回南方。旗鱼丰度增加的时期与地表水温度最高的时期（28℃）相吻合（N'goran et al., 2001）。

从遥测、超声波标签和 PSAT 数据显示，在西北大西洋和阿拉伯湾，旗鱼花了大部分时间在温暖的近水面（10～20 米）（Jolley and Irby, 1979; Hoolihan et al., 2005）。在大西洋的标记研究结果表明，该物种显示，频繁垂直潜水从水面至深度 200～250 米。

人们对旗鱼的溶解氧需求量知之甚少。但 Prince 和 Goodyear（2006）提出旗鱼的最低氧浓度为 3.5 毫升 / 升，并将其定义为这些物种的缺氧阈值。他们的观点在一定程度上得到了对幼旗鱼耗氧量的测量的支持，这表明该物种具有热带金枪鱼典型的高耗氧量和相关代谢率（Idrisi et al., 2002; Brill, 1996）。

在标记大西洋旗鱼方面已经做了大量的工作（至 2001 年超过 10 万条被标记的鱼），但大部分工作是在大西洋西部进行的。至今还没有横渡大西洋的记录。此外，形态学数据表明，东大西洋旗鱼与西大西洋旗鱼不同，它们的体型更大，背鳍的颜色也不同。然而，这些差异可能并不代表不同的遗传种群。最近，Mcdowell 和 Graves（2002）利用线粒体和核标记研究了大西洋鱼类种群结构的可能性。结果显示，在大西洋中没有证据表明旗鱼的种群结构。根据现有信息，ICCAT 继续识别大西洋旗鱼的东、西种群（Anon, 2002）。

旗鱼在热带周围分布。在大西洋中，广泛分布于大西洋的亚热带和热带水域，偶尔也在大西洋的温带水域和地中海。大西洋西部的 40°N 至 40°S，以及 50°N 至约 40°S 是基于商业捕捞量的地理限制。成年旗鱼（约大于 150 厘米）常见于亚热带和热带水域，幼旗鱼（小于 100 厘米）常见于热带水域。较大体长组（下颌叉长大于 200 厘米）在大西洋中东部更常见。

在大西洋西部，集中分布在美国东南海岸、墨西哥湾、加勒比海北部和东部、赤道西部地区，以及沿着巴西海岸穿过里约热内卢和桑托斯附近的地区。在大西洋东部，主要集中在塞内加尔海岸和几内亚湾（加纳和科特迪瓦）。

7.1.1.3　生物学特征

（1）年龄与生长

旗鱼年龄的确定和生长已经通过不同的方法（脊椎骨、鳍棘、大小频率分析和标记）进行了研究。根据作者和所使用的方法的不同，大西洋旗鱼在估计 1 龄时的长度从 108.9 ~ 141.5 厘米不等（Jolley, 1977; Hedgepeth and Jolley, 1983）。旗鱼早年生长迅速，最大长度是 315 厘米，重量为 58 千克（Nakamura, 1985）。常见的长度是 160 ~ 180 厘米，下颌叉长可达 230 厘米。幼鱼呈指数级生长，日瞬时生长速率为 0.137（Luthy, 2004）；关于年龄，Junior 等（2004）利用中国台湾地区东部水域旗鱼的背鳍脊柱切片估计，雌性的最大年龄为 12 龄，雄性为 11 龄。标记实验表明，大西洋旗鱼最大年龄为 17 龄（Ortiz et al., 2003）。

旗鱼表现出两性二态生长模式，雌性比雄性长得更大（Nakamura，1985）。

利用背鳍和臀鳍刺来测定年龄和生长得到了验证，每年形成一个生长带（Chiang et al., 2004; Hoolihanet al., 2006）。一项基于印度太平洋旗鱼 1 166 条脊柱读数的综合研究得出了生长的性别特异性生长功能（Chiang et al., 2004），这些旗鱼的下颌叉长介于 78～232 厘米之间。结果表明，雌性印太旗鱼的参数估计：$L_\infty = 343.8$ 厘米，$K = 0.011$，$t_0 = -0.468$，$m = -1.639$；雌性为 $L_\infty = 294.0$ 厘米，$K = 0.023$，$t_0 = -0.704$，$m = -1.288$。ICCAT 目前还没有采用大西洋旗鱼的生长方程。

在 1992 年之前，ICCAT 采用的性别长度—体重关系是由 Prince 和 Lee（1989）开发的，基于雄性的下颌叉长为 127.8～177.8 厘米，雌性的下颌叉长为 101.1～200.7 厘米。之后在第二届旗鱼研讨会上，Prager 等（1994; 1995）修订了现有的长度和重量数据，得出了长度－重量和重量－长度转换的新方程，并创建了一组新的方程，通过几个长度测量来估计下颌叉长。ICCAT 旗鱼研讨会对旗鱼种群采用的新的长度—重量关系见表 7-1。

表 7-1　ICCAT 目前使用的不同旗鱼长度－重量关系

参数方程	样本数量	性别	下颌叉长范围（厘米）	来源
$RWT = 1.692\ 2 \times 10^{-6} \times LJFL^{3.187\ 9}$	907	雄性	27.1～188.0	
$RWT = 1.144\ 1 \times 10^{-6} \times LJFL^{3.268\ 3}$	1 280	雌性	27.1～204.5	Prager et al.（1995）
$RWT = 1.286\ 9 \times 10^{-6} \times LJFL^{3.243\ 9}$	2 187	雌雄综合	27.1～204.5	

注：LJFL：下颌叉长

ICCAT 的数据库和分析利用许多公式在不同类型的测量之间进行转换。以旗鱼为例，其关系如表 7-2 所示。

表 7-2　大西洋旗鱼各类长度转换关系式

方程	性别	来源
LJFL=32.188+TL×0.623	雌性	Prager et al.（1995）
LJFL=21.961+TL×0.657	雄性	
LJFL=18.171+TL×0.686	不区分性别	
LJFL=120.170+PAL×0.798	雌性	
LJFL=111.175+PAL×0.907	雄性	
LJFL=107.196+PAL×0.999	不区分性别	
LJFL=36.766+PFL×1.025	雌性	
LJFL=34.211+PFL×1.043	雄性	
LJFL=29.441+PFL×1.083	不区分性别	
LJFL=44.570+PDL×1.268	雌性	
LJFL=19.074+PDL×1.526	雄性	
LJFL=38.322+PDL×1.332	不区分性别	
LJFL=18.235+EOFL×1.015	雌性	
LJFL=21.707+EOFL×0.987	雄性	
LJFL=11.240+EOFL×1.076	不区分性别	
LJFL=39.104+DFL×0.951	雌性	
LJFL=1.555+DFL×1.221	雄性	
LJFL=38.438+DFL×0.958	不区分性别	
DWT=1.20×RWT	不区分性别	ICCAT Manual 1990

注：TL：总长度；PAL：胸鳍－臀鳍长度；PFL：胸叉长度；PDL：胸鳍－第二背鳍长度；EOFL：眼眶叉长；DFL：背叉长度；DWT：去内脏重量

（2）性成熟度与性别比

Jolley（1977）认为旗鱼在 13～18 千克（下颌叉长为 147～160 厘米）之间达到性成熟，雄性旗鱼在 10 千克（下颌叉长为 135.7 厘米）左右达到性成熟。最近，Arocha 和 Marcano（2006）通过对南纬 5° 至 25° 之间捕获的性腺样本进行宏观和微观评估，估计 50% 的雌性成熟时下颌叉长为 180.2 厘米。

西大西洋旗鱼估计 50% 的雌性成熟时下颌叉长为 146.12 厘米；而之前用于估计西方旗鱼 50% 的雄性成熟时下颌叉长仍然为 135.7 厘米。目前还没有关于东大西洋旗鱼的值。在墨西哥太平洋海岸，Hernandez 和 Ramírez（1998）根据性腺的组织学分析估计，50% 的雌性成熟的眼眶叉长为 175 厘米（下颌叉长为 198.5 厘米）。

在最近一项关于大西洋中西部（5°N 至 25°N）旗鱼生物学的研究中，旗鱼大小的性别比例（采样数为 27 414）在三个月之间显示出季节性模式（Arocha，2006）。在加勒比海，在妊娠中期和晚期，下颌叉长在 145～165 厘米之间的雌性所占比例约为 10%。对于下颌叉长约大于 170 厘米，雌性比例在较大的鱼类中从 20% 增加到 100%。在妊娠的前三个月，下颌叉长在 175～200 厘米之间的雌性比例在 40%～50% 之间；而在第 4 个月，下颌叉长约大于 175 厘米的雌性比例在较大的鱼类中从 40% 增加到 100%。

在大西洋一侧，巴巴多斯岛南部（13°N 至 5°N），雌性个体的比例在 40%～60% 之间，雌性个体的下颌叉长在 155～185 厘米之间，超过该范围的大多数是雌性个体。然而，性别比问题尚未在 ICCAT 的旗鱼研讨会上正式讨论过。

（3）繁殖

旗鱼在颜色图案和外部形态特征上没有明显的性别二态性。旗鱼大约在很大的范围内，全年产卵。对于西部种群来说，在佛罗里达海峡、委内瑞拉、圭亚那和苏里南海岸附近都发现了产卵的证据。在大西洋西南部，巴西南部海岸在 20° 至 27° 之间被确认产卵。额外的产卵区出现在东大西洋附近的塞内加尔和科特迪瓦。产卵的时间在不同地区可能有所不同；从佛罗里达海峡到圭亚那西大西洋附近地区，旗鱼在一年的第二和第三季度产卵，而在西南大西洋，它们在南方的夏季产卵。

（4）自然死亡率

目前对大西洋旗鱼的自然死亡率尚无可靠的估计，并且由于缺乏标记数据，不足以对其自然死亡率进行估计。通过生长参数估计自然死亡率存在很大的局限性，因此该方法较少被采纳。基于最大年龄估计的自然死亡率介于 0.15～0.30 之间。然而，根据体型、行为和生理以及补充量估计的自然死亡率可能相当低

（Anon, 1994; 1998）。

7.1.1.4　生态学特征

（1）摄食

成年旗鱼是顶级捕食者，它们会捕食成群的小型金枪鱼和头足类。幼鱼旗鱼以桡足类动物为食，长到 0.6 厘米时摄食对象会转向鱼类。在北大西洋和热带大西洋，大约 75% 的食物是鱼类，剩下的是头足类动物。在鱼类摄食对象中，主要是鲳科，其次是蛇鲭科，占比 70% 以上（Satoh et al., 2004）。

（2）洄游

根据标记重捕实验的释放—回收矢量显示，旗鱼在大西洋中表现出有限的运动，没有跨大西洋、跨赤道或洲际运动。然而，根据标记再捕获鱼的最小移动距离，有人认为不同区域的旗鱼要么进行周期性的年度运动，要么表现出一定程度的保真度，或者两者的某种组合（Ortiz et al., 2003）。

然而，旗鱼的迁徙路线仍然不确定。北大西洋西部是大多数旗鱼被标记和释放的地方。在佛罗里达海峡和邻近水域、墨西哥湾和哈特拉斯角（35°N）附近地区之间观察到显著的移动。此外，在尤卡坦海峡和委内瑞拉水域之间，明显存在强烈的移动。一般来说，大多数标记重捕的鱼类个体都发生在与释放点相同的一般区域。有记录的最长的移动是在美国东北海岸标记和释放的旗鱼，并在 332 天后在苏里南海域重新捕获，移动距离为 3 861 千米（Ortiz et al., 2003）。

近年来，在整个大西洋中部和西南大西洋（巴西），对大西洋旗鱼的标记和释放有所增加，但并没有产生提高目前关于旗鱼运动模式的认知的结果。

7.1.2　渔业及历史捕捞量

旗鱼是沿海个体渔船和休闲渔船的目标，在延绳钓和围网渔业中作为兼捕渔获物被捕获的程度较低。历史上，许多延绳钓船队将旗鱼捕捞量与四鳍旗鱼一起报告。2009 年，委员会将这些捕捞量分开。西部种群被延绳钓、休闲渔业和水面渔业（主要是手工流刺网）所开发。主要捕捞方包括巴西、欧盟－西班牙、委内瑞拉、塞内加尔和加纳（图 7-2），它们在大西洋西部和中部作业。而水面渔业主要是由格林纳达和委内瑞拉的手工船队在加勒比海和热带西大西洋水域进行的。在所有捕捞方中加纳的捕捞量最多，共计 4.07 万吨，约占总捕捞量的

21.4%，加纳从 20 世纪 70 年代中期至 80 年代末期捕捞量长期处于稳定高值。中国 1994 年才开始兼捕大西洋旗鱼，捕捞量长年较低，2019 年前捕捞量从未超过 20 吨，2020 年捕捞量大幅增加，达到 184.76 吨，也是历年来捕捞量的最大值（图 7-3）。

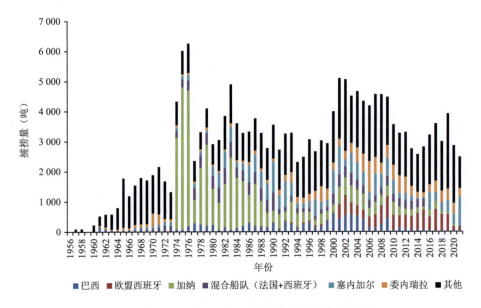

图 7-2　1956—2021 年大西洋旗鱼主要捕捞方捕捞量

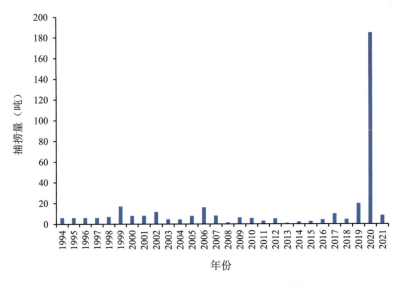

图 7-3　1994—2021 年大西洋旗鱼中国捕捞量

尽管有一些进展，但仍有捕捞方将未分类的旗鱼类物种的捕捞量持续向 ICCAT 委员会报告，从而混淆了大西洋旗鱼历史捕捞量估计。历史上已知有旗鱼上岸的捕捞方的捕捞量报告仍然存在缺口，而且越来越多的证据表明其他一些捕捞方有未报告的捕捞量。上述情况佐证了旗鱼历史捕捞量报告不足的观点，越来越多的船队将旗鱼作为兼捕渔获物或渔业的直接目标。

7.1.2.1　东部种群

20 世纪 50 年代后期，随着远洋延绳钓船队的引入，东大西洋的旗鱼捕捞量有所增加。20 世纪 60 年代捕捞量平均约为 0.15 万吨，在 1975—1976 年达到高峰，超过 0.5 万吨，随后几年捕捞量下降，在 0.2 万~0.3 万吨之间波动，主要是由于刺网和拖网渔业吸纳了手工渔业的捕捞努力量（图 7-4）。到 20 世纪 90 年代，捕捞量低于 0.2 万吨。休闲渔业的捕捞量下降尤其明显，部分原因是管理规定和捕捞—放生做法的引入。自 2008 年起，捕捞量普遍呈下降趋势，主要是由于刺网和围网渔业的捕捞量减少。2014 年下降至一个低谷值，总捕捞量为 0.12 万吨，过去五年的平均捕捞量约为 0.15 万吨，比 1975—2009 年记录的 0.23 万吨的历史平均数低近 50%。近年来，大西洋东部的捕捞量呈现一个上升、下降的波动趋势，2010 年至今，东大西洋海域的大西洋旗鱼捕捞量于 2019 年达到最高值 0.2 万吨。

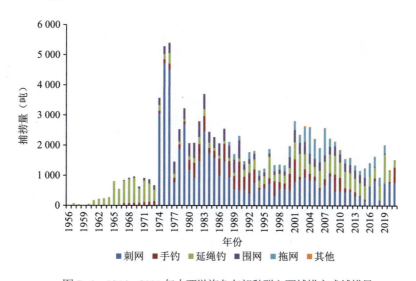

图 7-4　1956—2021 年大西洋旗鱼东部种群主要捕捞方式捕捞量

7.1.2.2 西部种群

在西大西洋，随着延绳钓船队在 20 世纪 60 年代的扩张，报告的总上岸量自 1960 年以来稳步增长。1970 年，捕捞量达到 0.18 万吨的峰值，此后捕捞量下降，直到 20 世纪 90 年代中期，捕捞量一直保持在 0.1 万吨左右。旗鱼捕捞量在 1990 年以后有所增加，2002 年达到峰值 2 098 吨（图 7-5）。从 2005 年起，捕捞量呈急剧下降趋势，主要是由于手工流刺网渔业的捕捞量减少。2015 年总捕捞量为 892 吨，过去五年平均捕捞量约为 1 083 吨，低于 1991—2009 年记录的历史平均数 1 584 吨，在纳入手工渔业后，2014—2020 年，西大西洋海域的大西洋旗鱼捕捞量呈一个逐步增长的趋势，在 2020 年，捕捞量达到一个较高值 1 714 吨，高于 1991—2009 年的历史平均值。但在 2021 年，捕捞量直线下降；从 20 世纪 80 年代至今，捕捞量降低至最低值约 820 吨。

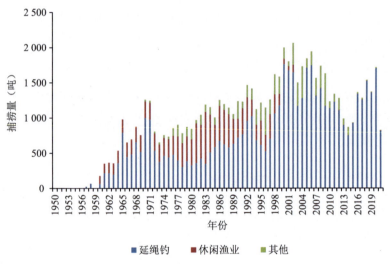

图 7-5　1956—2021 年大西洋旗鱼西部种群主要捕捞方式捕捞量

7.1.3　资源状况

大西洋旗鱼东、西部种群的最新资源评估是在 2016 年进行的，使用了截至 2014 年的捕捞量数据。之前的旗鱼资源评估是在 2009 年进行的。在 2016 年对大西洋旗鱼种群状况的评估中，在整合新的数据来源，特别是标准化捕获率数据、大小数据和建模方法方面取得了重要进展。通过敏感性分析探讨了数据输入和模型配置的不确定性，结果显示对模型的结构假设很敏感。剩余产量模型和种群综合模型在不同程度上难以拟合 CPUE 系列中减少或增加的趋势。

东部和西部旗鱼种群可能已经减少到 B_{MSY} 以下的种群规模。削减水平存在相当大的不确定性。东部种群的结果比西部种群的结果更悲观，因为更多的结果表明最近的种群生物量低于 B_{MSY}。因此，人们特别关注东部种群的前景。由于难以确定东大西洋和西大西洋种群的现状，委员会认为不宜根据资源评估会议审议的一系列设想对未来种群状况进行定量预测。总的来说，评估结果是不确定的，应该谨慎解释。

7.1.3.1　东部种群

2016 年，使用贝叶斯剩余产量模型（The Bayesian surplus production model, BSP）、包含协变量的剩余产量模型（A Stock Production Model Incorporating Covariates, ASPIC）和种群减量分析（Stock Reduction Analysis）三个资源评估模型估计大西洋旗鱼东部种群状况，三个模型在生物量轨迹和捕捞死亡率水平上表现出相似的趋势；数量的趋势表明，种群在 1990 年之前数量下降最大。不同的模型运行表明，根据所选择的 CPUE 系列，近年来有下降或增加的趋势。使用剩余生产模型提供建议时考虑的所有模型情景均表明，种群处于资源型过度捕捞（B_{2014}/B_{MSY} = 0.27 ~ 0.71），由于结果存在较大不确定性尚不清楚种群是否处于捕捞型过度捕捞（F_{2014}/F_{MSY} = 0.33 ~ 2.85）。根据评估结果，并考虑到相关的不确定性，委员会建议捕捞量至少不应超过目前的水平。此外，考虑到过度捕捞可能正在发生，委员会可考虑减少捕捞量（表 7–3）。

表 7–3　2016 年大西洋旗鱼东部种群资源评估概要

评估结果	
最大可持续产量（MSY）	1 635 ~ 2 157 吨 [1]
当前捕捞量（2015）	1 271 吨
B_{2014}/B_{MSY}	0.22 ~ 0.70 [1]
F_{2014}/F_{MSY}	0.33 ~ 2.85 [1]
资源型过度捕捞	是
捕捞型过度捕捞	可能
有效的管理措施	无

1 基于自举法的 ASPIC、BSP 和 SRA 模型获得的合理估计范围。

7.1.3.2 西部种群

2016 年，使用 ASPIC、BSP 和 SRA 模型三个资源评估模型估计大西洋旗鱼西部种群状况，ASPIC 和 BSP 模型均受到模型中使用的先验的严重影响。由于基准估计存在很大的不确定性，而且模型收敛性普遍较差，因此这两个模型都无法提供种群状况信息。两种种群综合模型的点估计表明，该种群既没有处于资源型过度捕捞，也没有遭受捕捞型过度捕捞（图 7-6）。相比之下，种群减少分析模型表明，种群处于资源型过度捕捞，且处于捕捞型过度捕捞（B_{2014}/B_{MSY} = 0.23 ~ 0.61；F_{2014}/F_{MSY} = 0.69 ~ 2.45）。然而，由于种群减量分析结果的不确定性很大，种群综合模型（Stock Synthesis, SS）被用于管理建议。

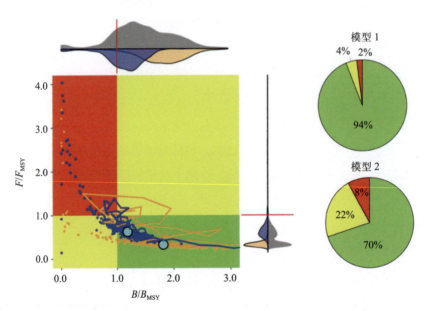

图 7-6 基于 CPUE 趋势增加（模型 1）和 CPUE 趋势减少（模型 2）的 SS 模型综合形成的西大西洋旗鱼种群状况的 Kobe 图，模型 1 的估计轨迹和不确定性点以橙色点表示，模型 2 的估计轨迹和不确定性点以蓝色点表示，顶部和右侧分别为相对生物量和相对捕捞死亡率的边际密度图，其中边际密度图上部为两个 SS 模型的组合概率，下部为模型 1 和模型 2 的单个概率，红线表示比值等于 1.0 的基准水平，饼图为基于 SS 模型的西大西洋旗鱼当前种群状况估计，处于 Kobe 图各象限的概率（ICCAT, 2016）

西大西洋旗鱼种群的种群综合模型估计 MSY 在 1 438 ~ 1 636 吨之间。尽管目前的捕捞量远远低于这一水平，但评估结果非常不确定，因此委员会建议西大西洋旗鱼的捕捞量不应超过目前的水平（表 7-4）。

表 7-4　2016 年大西洋旗鱼西部种群资源评估概要

评估结果	
最大可持续产量（MSY）	$1\ 438 \sim 1\ 636$ 吨 [1,2]
当前捕捞量（2015）	892 吨
B_{2014}/B_{MSY}	1.81（$0.51 \sim 2.57$）[1] 1.16（$0.18 \sim 1.69$）[2]
F_{2014}/F_{MSY}	0.33（$0.25 \sim 0.57$）[1] 0.63（$0.42 \sim 2.02$）[2]
资源状况	未处于资源型过度捕捞
	未处于捕捞型过度捕捞
有效的管理措施	无

1 利用不断增加的 CPUE 趋势进行种群综合估计，置信区间约为 95%。
2 利用降低的 CPUE 趋势进行种群综合估计，以大约 95% 的置信区间进行估计。

7.1.4　管理措施

目前养护大西洋金枪鱼国际委员会（ICCAT）尚无关于旗鱼的特定养护管理措施，而一些国家已经制定了限制旗鱼捕捞的国内条例。在公约区域内捕捞大西洋旗鱼的缔约方和合作非缔约方、实体或渔业实体（CPC）应确保采取管理措施，根据 ICCAT 的公约目标，为防止任何一种旗鱼种群的捕捞量超过这一水平，缔约方应采取或维持适当措施，限制旗鱼的死亡率。这些措施可能包括，释放活旗鱼，鼓励或要求使用圆钩或其他有效的渔具改装，实施最小尺寸或限制海上天数。缔约方应加强努力收集旗鱼捕捞量数据，包括活体的和死亡的被丢弃的旗鱼，并每年报告这些数据，作为其 Task 1 和 Task 2 数据提交的一部分，以支持种群评估进程。CPC 应描述其数据收集计划和为实施本建议而采取的步骤。

目前，ICCAT 的四个缔约方（巴西、加拿大、墨西哥和美国）授权或鼓励在其中上层延绳钓船队上使用圆钩。最近的研究表明，在一些延绳钓渔业中，使用非偏置圆钩可降低旗鱼死亡率，而若干目标鱼种的捕捞率保持不变或高于使用传统 J 型钩或偏置圆钩观察到的捕捞率。

7.2 蓝枪鱼

7.2.1 基础生物学

7.2.1.1 形态特征

蓝枪鱼（*Makaira nigricans*），隶属于剑鱼亚目旗鱼科枪鱼属。蓝枪鱼体稍侧偏，喙部尖长且横截面呈圆形。颈部明显隆起。左右两边的鳃骨膜完全结合在一起，但没有骨裂和鳃耙。身体密布细长、厚实的骨质鳞片，每个鳞片通常有 1 个或 2 个，有时有 3 个后方的点。尾梗每边都有强烈的双龙骨，背侧和腹侧都有一个浅的凹槽。头部背缘在眼前部骤然高起（戴小杰等，2007）。第一背鳍高度小于体高，胸鳍活动范围较大，可紧贴身体展开（中村泉，1985）。胸鳍镰刀状且有弹性，有 21～23 条射线；身体密布小的、嵌入的鳞片，有 1 或 2 个尖锐的点；背部深蓝色，有 15 条横跨腹部的蓝色条纹；腹部浅银色；第一背鳍的膜为蓝黑色，有黑点（Jiménez and Béarez, 2004）。上面是深蓝色，下面是银白色；有时有浅蓝色的垂直条纹；第一背鳍带黑色到深蓝色，其他鳍为深褐色，在一些样本中带有深蓝色的斑点（图 7-7）。身体背面为蓝黑色，腹面为银白色，约有 25 条淡淡的钴色条纹，每条由圆点或窄条组成（在保存的样本中不一定可见）。目前已知最大的蓝枪鱼体长为 500 厘米，最大体重可超 0.9 吨（Nakamura, 1985）。

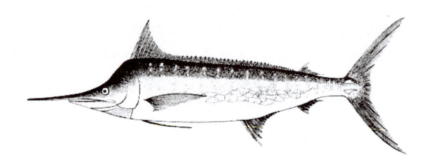

图 7-7　蓝枪鱼形态示意图（Nakamura, 1985）

7.2.1.2 种群分类及其分布区域

蓝枪鱼广泛分布于大西洋的亚热带和热带水域，偶尔出现在温带水域。常栖息在远离陆地和岛屿的海域。根据对携带电子标记的个体的追踪结果，推

测蓝枪鱼的分布区域将以西部大西洋的热带区域为中心向温带区域扩展
（Goodyear, 2016）。大西洋西侧的加拿大海域至阿根廷海域，东侧的亚速尔
群岛至南非海域都有渔获。另一方面，其分布状态与其他鲭鱼科鱼类不同，
不群居，密度低，分布广泛（Jones and Prince, 1998）。

以外洋表层区域为主要分布区域，分布水深带，夜间多停留在表层附近，
白天多分布在 40～100 米以上稍深的地方（Goodyear et al., 2008）。蓝枪鱼的垂
直分布模式个体差异很大，而且还受到水温和溶解氧量等海洋环境因素的影响
（Prince et al., 2010）。另外，气候变化引起的溶解氧枯竭，也有可能使本资源丧
失生存空间（Stramma et al., 2012）。

7.2.1.3　生物学特征

（1）年龄与生长

目前，蓝枪鱼年龄与生长方面的研究方法主要分为比较耳石和分析鳍棘等方
法，由于样本的缺乏其他方法的使用相对较少。蓝枪鱼为至少重达 540 千克的
大型鱼类（Wilson et al., 1991）。众所周知，雌性比雄性长得快，最大体长
也大，根据近年来的研究报告，捕获的雄性最大体长下颚叉长 254 厘米，雌
性下颚叉长 370 厘米（Hoolihan et al., 2019）。幼龄个体的成长被认为是硬
骨鱼类中成长最快的一种，1 龄时下颌叉长可达 180 厘米左右（Hoolihan et
al., 2019）。2018 年蓝枪鱼数据准备会议上提出了基于委内瑞拉延绳钓和手工渔
业的蓝枪鱼年龄和生长分析的研究进展。结果显示，蓝枪鱼雄性和雌性的最大年
龄分别为 31.3 龄和 36.7 龄。

（2）性成熟度与性别比

Howard（1965）和 Nishikwawa（1987）等对蓝枪鱼的幼鱼和稚鱼的分布进
行了研究，Shiohama（1969）和 Kume（1969）等认为雌性的蓝枪鱼性腺指数为 3.1
或者更高，还有一部分学者的研究显示相似的结果（Miyabe et al., 1987; Okamoto
et al., 2003）。关于成熟，虽然知识还不充分，但资源评估假设雌性的 50% 成
熟体长为 206 厘米（2～4 龄）（ICCAT, 2018a）。大约在北纬 32° 至 34°，雌性
比雄性多，性比例约为 4∶1。

（3）繁殖

加勒比海中部和北部以及巴哈马群岛北部历史上一直被认为是北大西洋西

部蓝枪鱼的主要产卵区，从夏天到秋天产卵，不过也有可能在其他海域产卵（Richardson et al., 2009）。夏季，它们会迁徙到丰饶的温暖水域进行大量取食，而秋季，它们会返回到热带水域进行越冬和产卵（Chiang et al., 2006）。最近的报告显示，蓝枪鱼产卵也可以发生在巴哈马群岛北部百慕大群岛附近的近海区域，大约在北纬32°至34°。科特迪瓦手工渔业捕获的雌性蓝枪鱼卵巢显示出产卵前和产卵后的迹象，但没有产卵的迹象。

在北半球非产卵季节恢复意味着蓝枪鱼不会在一年内产卵两次，即在北半球产卵一次，在南半球产卵一次。

7.2.1.4 生态学特征

大西洋蓝枪鱼栖息在开阔海洋的上部。蓝枪鱼大部分时间都在混合表层（58% 的白天和 84% 的夜间时间）中度过，它们经常在 300 米左右的深度进行短时间潜水，一些垂直偏移下降到 800 米。它们不局限于狭窄的温度范围内，但大多数往往存在于温度高于 17℃ 的水域中。蓝枪鱼的活动深度在昼夜间有着显著不同。晚上，鱼大部分时间都在水面或非常接近水面。在白天，它们通常在 40～100 多米处活动。然而，这些模式在个体之间可能变化很大，并且根据表面混合层的温度和溶解氧而变化。

蓝枪鱼的洄游模式是根据延绳钓渔业的季节性捕捞量估计的（Nakamura, 1985; Anraku, 1959）。然而，尚未确定个体鱼类在其一生中的实际洄游路线。其洄游行为被认为与产卵和摄食活动有关（Anraku, 1959）。准确确定产卵季节和产卵场是了解其洄游规律的关键。蓝枪鱼在很多研究中被认为在南方夏季（10 月至翌年 3 月）洄游到南半球，其身体状况在北太平洋西部下一个产卵季节之前恢复（Anraku, 1959; Nakagome, 1958）。

大西洋蓝枪鱼是海洋生态系统中的高阶捕食者，捕食各种鱼类及头足类，但有报告称最喜欢鲭科鱼类。

7.2.2 渔业及历史捕捞量

在 2018 年蓝枪鱼评估期间，注意到 2013 年、2014 年和 2016 年的捕捞量都超过了建议的 TAC。在过去的 20 年里，安的列斯群岛的手工船队增加了使用停泊式人工集鱼装置（MFAD）来捕获中上层鱼类。据了解，在 MFAD 周围捕获的蓝枪鱼数量很大，而且在一些地区还在增加，但提交给 ICCAT 的关于这些捕捞量的报告并不完整。最近来自西非围网船队的报告表明，与自由金枪鱼鱼群相比，蓝枪鱼更经常与 FAD 相关的金枪鱼鱼群一起捕获。

1956 年，日本作为第一个捕捞方捕捞蓝枪鱼，总捕捞量也最多，高达 7.9 万吨。随着时间的推移，其他捕捞方也陆续加入其中，主要捕捞方包括日本、美国、韩国、加纳及欧盟，从捕捞至今，各捕捞方的总捕捞量均高于 1 万吨（图 7-8）。中国的捕捞量同其他几个主要捕捞方相比，总捕捞量很少，仅 0.19 万吨。中国开始捕捞的时间也相对较晚，1994 年才起步，1999 年达到最高值 201 吨，2021 年捕捞量不足 5 吨（图 7-9）。

蓝枪鱼是大西洋延绳钓和围网金枪鱼渔场的兼捕渔获物，同时杆钓的捕捞方式也一直存在，但捕捞量较少（图 7-10）。20 世纪 50 年代至 60 年代前期，捕捞量大幅上涨，并且于 1963 年达到峰值，捕捞量为 9 083 吨。1963 年后，大西洋蓝枪鱼捕捞量大幅下降，1967 年捕捞量仅 2 246 吨，随后十年捕捞量均在 3 000 吨左右波动。20 世纪 80 年代开始，随着刺网的捕捞方式的增加，大西洋蓝枪鱼捕捞量也逐渐增加，1997 年达到第二峰值 5 670 吨。近二十年来，延绳钓和刺网几乎都呈现一个下降趋势，因此，大西洋蓝枪鱼总捕捞量总体也呈现明显的下降趋势，2021 年捕捞量仅为 1 711 吨，几乎与 1979 年的捕捞量最低值持平。

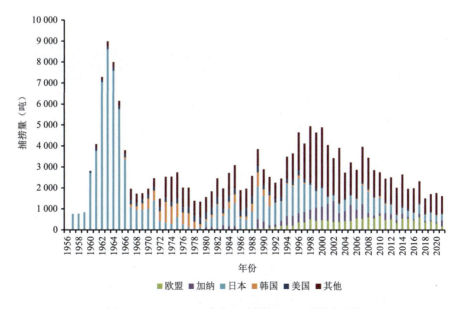

图 7-8　1956—2021 年大西洋蓝枪鱼主要捕捞方捕捞量

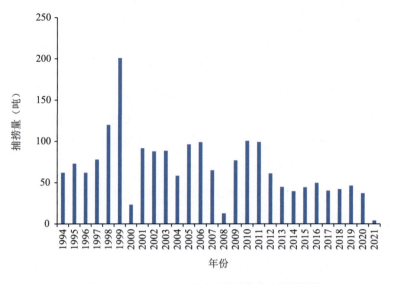

图 7-9 1994—2021 年大西洋蓝枪鱼中国捕捞量

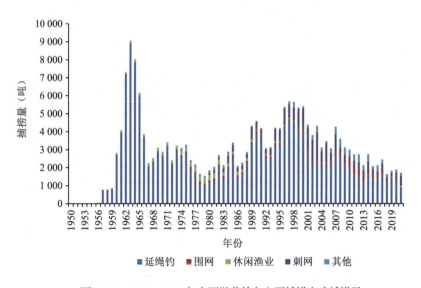

图 7-10 1956—2021 年大西洋蓝枪鱼主要捕捞方式捕捞量

7.2.3 资源状况

2018 年使用 JABBA 和 SS3 模型对蓝枪鱼进行了全面的资源评估，采用截止到 2016 年的现有数据。2018 年评估结果与 2011 年评估结果相似。MSY 被估计为 3 001 吨（90% CI：2 399~3 537 吨）。根据贝叶斯剩余生产模型 JABBA

和种群综合模型的最后基本模型进行预测，假设不断捕获情况，预测的规格为：① 2017 年和 2018 年的捕捞量假定等于 2016 年的名义捕捞量（2 036 吨）；②不同的捕捞情景将从 2019 年开始，持续 10 年（至 2028 年）；③情景包括捕捞量从 0~3 500 吨，在 1 000 吨之后增加 250 吨。

　　两种模型估计的生物量和捕捞死亡率的年度趋势相似（图 7-11 和图 7-12）。2018 年的评估结果表明，$F_{2016}/F_{MSY} = 1.03$（0.74~1.50），$B_{2016}/B_{MSY} = 0.69$（0.52~0.91），目前的种群状态是处于资源型过度捕捞和捕捞型过度捕捞（表 7-5）。自 21 世纪初中期以来，生物量已停止下降，捕捞死亡率自 2003 年的峰值以来呈现下降趋势。Kobe 图中处于红色象限的概率估计为 54%，处于黄色象限的概率估计为 42%，处于绿色象限的概率仅为 4%（图 7-13）。然而，委员会认为蓝枪鱼在数据和种群生产力方面存在高度不确定性。

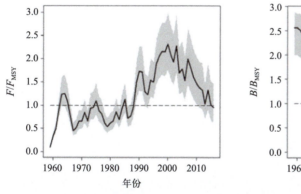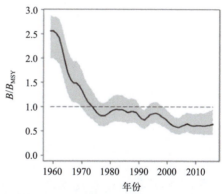

图 7-11　基于 JABBA 模型的大西洋蓝枪鱼相对捕捞死亡率和相对生物量趋势（ICCAT, 2018）

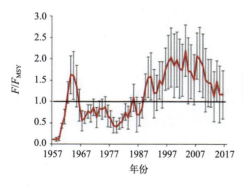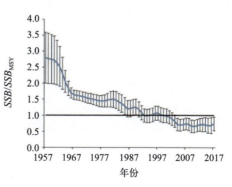

图 7-12　基于 SS 模型的大西洋蓝枪鱼的相对捕捞死亡率和相对产卵群体生物量趋势及其 95% 置信区间（ICCAT, 2018）

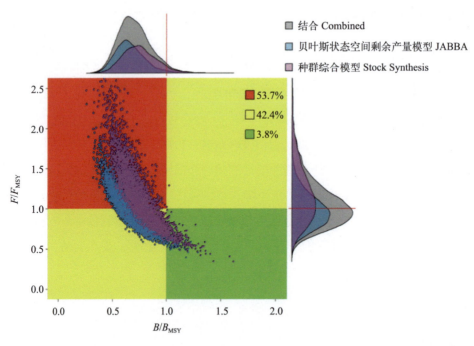

图 7-13　大西洋蓝枪鱼基于 JABBA 模型（蓝色）和 SS 模型（粉红色）的综合 Kobe 图

表 7-5　2018 年大西洋蓝枪鱼资源评估概要

评估结果	
最大可持续产量	3 056（2 384～3 536）吨 [1]
当前捕捞量（2017）	1 987 吨 [2]
相对生物量（SSB_{2016}/SSB_{MSY}）	0.69（0.52～0.91）[1]
相对捕捞死亡率（F_{2016}/F_{MSY}）	1.03（0.74～1.50）[1]
种群状况（2016）	资源型过度捕捞：是
	捕捞型过度捕捞：是
有效管理措施	建议 [建议 15-05]。2016 年、2017 年和 2018 年的总产量减少到 2 000 吨

1. 结合贝叶斯剩余生产模型和年龄结构评估模型的结果。数值与估计中值相对应；括号中提供 80% 的置信区间值。

2. 2017 年的捕捞量为初步估计。

2018 年的评估确认了 2011 年提供的建议，即捕捞量达到 2 000 吨（目前的总可捕量）将使该种群规模增加。由于捕捞量普遍超过 2 000 吨，该种群没有增加。委员会建议，委员会应找到方法确保捕捞量不允许超过既定的总可捕量。因为该种群还没有重建，捕捞量需要低于目前的总可捕量。预计 1 750 吨或更少的捕捞量，将在 2028 年之前提供至少 50% 的重建机会。

7.2.4　管理措施

Rec.06-09 规定，远洋延绳钓船和围网船每年为登陆而收获的蓝枪鱼不得超过 1996 年或 1999 年登陆水平的 50%，两者以较大者为准。此外，2012 年，委员会为 2013 年、2014 年和 2015 年制定了 2 000 吨的 TAC，对休闲渔业的蓝枪鱼进行了额外的捕捞和商业限制，并要求对蓝枪鱼活丢弃量和死丢弃量进行估算。2015 年，委员会进一步加强了重建蓝枪鱼种群的计划，在 2016 年、2017 年和 2018 年延长了蓝枪鱼每年 2 000 吨的限制（Rec.15-05）。然而，2013 年、2014 年和 2016 年的捕捞量都高于建议的 TAC。此外，目前的评估结果表明，捕捞量必须减少到 2 000 吨以下，才能恢复到委员会的目标。

委员会对非工业渔业捕捞量统计表示关切，非工业渔业对蓝枪鱼总捕捞量的贡献显著增加，而这些渔业的捕捞量没有充分计入 ICCAT 目前的数据库。委员会对今后评估数据的这种限制表示严重关切。这种数据限制不利于对现行措施的分析。

目前，ICCAT 四个缔约方（巴西、加拿大、墨西哥和美国）要求或鼓励其远洋延绳钓船队使用环形钩。最近的研究表明，在一些延绳钓渔业中，使用非偏置圆钩可降低蓝枪鱼的死亡率，而一些目标鱼种的捕捞率保持不变或高于使用传统 J 型钩或偏置圆钩观察到的捕捞率。

自 2006 年以来，越来越多的国家开始报告现场释放的数据。对于一些船队来说，已经获得了关于修改捕捞方式以减少兼捕渔获物和增加蓝枪鱼存活率的可能性的额外信息。这些研究还提供了关于这些船队的实际释放率的资料。然而，没有足够的信息说明所有船队释放蓝枪鱼的比例，以评估 ICCAT 关于释放蓝枪鱼的建议的有效性。

7.3 白枪鱼

7.3.1 基础生物学

7.3.1.1 形态特征

白枪鱼（*Tetrapturus albidus*），隶属于剑鱼亚目旗鱼科枪鱼属。白枪鱼鱼体上方是蓝黑色，侧面是银白色和棕色斑点，下方是银白色；有时有超过15行不明显的白色条纹；第一背鳍深蓝色，有黑色小点；第二背鳍深蓝色；胸鳍黑褐色，有些样本有银白色的斑点；腹鳍蓝黑色，有黑色鳍膜；尾鳍黑褐色（图7-14）。它的外部形态与分布在大西洋热带和亚热带地区的环鳍鱼极为相似，但这三种鱼在吻的长度、胸鳍的形状以及肛门的相对位置上有所区别（ICCAT, 2012）。

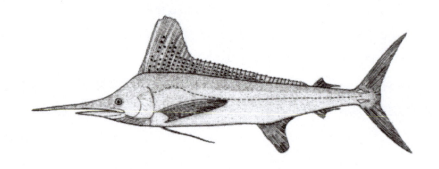

图 7-14　白枪鱼形态示意图（Coad, 1995）

7.3.1.2 种群分类及其分布区域

白枪鱼是一种高度洄游的中上层物种，主要广泛分布于西大西洋的热带、亚热带区域及其邻近水域，另有一些个体进入温带水域（Mather et al., 1972; Nakamura, 1985）。大致分布在西南大西洋的北纬45°至南纬45°和东南大西洋的南纬35°之间。白枪鱼分布在水深20米左右的外洋表层混合层内，但已确认可以进行100～150米的潜水活动（Horodysky et al., 2007; Hoolihan et al., 2015）。下颌叉长大于150厘米的成鱼见于温带、亚热带和热带水域，下颌叉长小于100厘米的幼鱼见于热带水域。在大西洋，较大的鱼种（下颌叉长大于 200 厘米）通常与较冷的水体有关，而较小的鱼种则倾向于温暖的地层。在大西洋西部，沿美国东北海岸、墨西哥湾、加勒比海北部和东部地区、赤道西部地区以及沿巴西海岸一直到乌拉圭海岸都有重要的分布。在北大西洋东部，延绳钓兼捕渔获物记录显示在葡萄牙、西班牙和西撒哈拉附近集中（García-Cortéset al., 2011）。

ICCAT 曾经识别出两个大西洋白枪鱼种群，它们分别位于北纬 5°。这一界线是根据北纬 5° 以北和以南产卵区的渔获分布、季节性迁移，以及标记在北纬 5° 以北的鱼在该纬度以南没有捕获到。然而，利用线粒体和核标记对北纬 5° 以北和以南收集的样本进行遗传比较，发现没有显著的异质性（Graves and McDowell, 2001; Graves and McDowell, 2006）。因此，ICCAT 目前只承认一个大西洋范围的种群（Anon, 2001）。

7.3.1.3　生物学特征

（1）年龄与生长

大西洋白枪鱼体型较小，最大的下颌叉长 205 厘米，体重 67 千克左右（Prager et al., 1995）。小型个体可能被大型齿鲸类、金枪鱼、旗鱼类等捕食。最大体长可以达到 460 厘米左右，最大重量可超过 0.6 吨。不过，这种大小的个体并不常见，它们往往因为被捕捞或其他原因导致数量减少。一般来说，成年白枪鱼的平均体长在 200~300 厘米之间。白枪鱼的平均最大年龄为 15 龄，其生长速率非常快，从幼年开始就每年可以增加约 30 厘米的长度。它们在出生后两年内可以长到大约 100 厘米的长度，并在此后继续快速生长，直到成年。

（2）性成熟度与性别比

大西洋白枪鱼通常在 3~5 龄时达到性成熟。雌性最小的性成熟下颌叉长为 150 厘米，产卵状态下最小雌性的下颌叉长为 152 厘米（Arocha and Bárrios, 2009）。

委内瑞拉中上层延绳钓船队和手工流刺网渔业在大西洋中西部捕获的白枪鱼不同大小的性别比随时间变化而变化；然而，由于样品的空间分辨率低，无法检测到潜在的空间变化。Arocha 和 Bárrios（2006）的研究中观察到的主要趋势是雌鱼的比例随着鱼长（下颌叉长为 140~190 厘米）而逐渐增加，这与使用 1991—2000 年来自同一船队的数据观察到的加勒比海性别比例趋势相似。然而，这些结果与本研究中观察到的性别比例不同，其中下颌叉长 150～200 厘米之间的雌性比例约为 40%～50%。研究之间季节性趋势的这种差异可能是由于没有将样本划分到加勒比海和大西洋而造成的空间效应，以及样本量小会妨碍对空间差异的分析。然而，很明显，正如其他研究所表明的那样，大小的性别比例在时间和空间上有所不同（De Sylva and Davis, 1963; Baglin, 1979）。观察到的大小性别比例差异可能是由于性别二态生长模式，雌性生长更快且体型比雄性更大（Matheret al., 1972; Nakamura, 1985）。

（3）繁殖

白枪鱼产卵区主要分布在热带的北大西洋西部和南大西洋，主要分布在其正常范围内的同一近海地点。据报道，在北大西洋，美国佛罗里达州东部、向风通道（拉伊斯帕尼奥拉岛和古巴之间）和波多黎各北部都有产卵活动。伊斯帕尼奥拉岛和波多黎各东北部以及伊斯帕尼奥拉岛东海岸的季节性产卵集中地。据报道，巴西东北部的赤道大西洋（南纬 5°）和巴西南部的南大西洋也有产卵活动。以前的报告提到，产卵发生在澳大利亚和北方的春夏季。在北大西洋，繁殖事件发生在 4—7 月，产卵活动在 4—5 月左右达到顶峰。在赤道大西洋（5°N 至 5°S），产卵发生在 5—6 月，而在南大西洋，繁殖活动发生在 12 月至翌年 3 月。

早期对大西洋中西部捕获的鱼类的研究表明，160～179 厘米下颌叉长之间的鱼卵母细胞繁殖力范围为 $3.8 \times 10^6 \sim 10.5 \times 10^6$（Baglin, 1979）。科学文献中没有对旗鱼的相对批量繁殖力的估计。Arocha 和 Bárrios（2009）的研究结果表明，白枪鱼的相对批量繁殖力（每克体重 17.1 个卵细胞）大大低于其他大型中上层鱼种。此外，繁殖力的估计与西南太平洋剑鱼（每克体重 11.4 个卵细胞）相当（Young et al., 2003）。然而，与其他鱼种相比，白枪鱼的身体是侧向压缩的，这可能使其无法像剑鱼和金枪鱼那样在体腔内容纳更大的性腺，因此限制了白枪鱼产生大量卵细胞的能力，无法一次性释放。

7.3.1.4　生态学特征

白枪鱼栖息在开阔海域的表面混合层。尽管它们大部分时间都在上层的温暖水域中度过，但它们并不局限于狭窄的温度范围，而是会探索 7.8～29.6℃ 的温度。其栖息地的大部分地区有 0.5～2 节的水流。夏季在温带区域进行摄食，可能捕食鱼类和乌贼类。

来自弹出式卫星标记（PSAT）数据的信息表明，白枪鱼经常进行短时潜水，深度超过 300 米，尽管大多数潜水深度在 100～200 米之间。已确定白枪鱼有两种潜水行为：①持续时间较短的 V 型潜水；②U 型潜水，其特点是那些长期局限于特定深度范围的潜水。然而，这些模式在个体之间可能是高度可变的，而且还取决于表面混合层的温度和溶解氧的变化。至于哪种潜水行为更多，根据个体和海洋环境的不同变异较大，没有特定的倾向（Horodysky et al., 2007）。在 CPUE 数据的标准化过程中，考虑垂直栖息地的使用和影响它的环境因素是很重要的。

7.3.2　渔业及历史捕捞量

白枪鱼由定向手工和休闲渔业捕捞，并作为远洋延绳钓渔业的商业兼捕渔获物，以整个大西洋的金枪鱼和剑鱼为目标。在大西洋中西部，白枪鱼是当地手工流刺网和延绳钓渔业的目标（图 7-15），主要供委内瑞拉当地消费和偶尔的与小安的列斯群岛的区域贸易。此外，墨西哥湾、美国东部、加勒比海东南部和加勒比主要岛屿的休闲渔业大多被标记和释放（Brinson et al., 2006; Ditton and Stoll, 2003）。然而，在大西洋中西部偶然捕获的白枪鱼主要是由委内瑞拉和美国以热带金枪鱼为目标的中上层延绳钓船队捕获的。

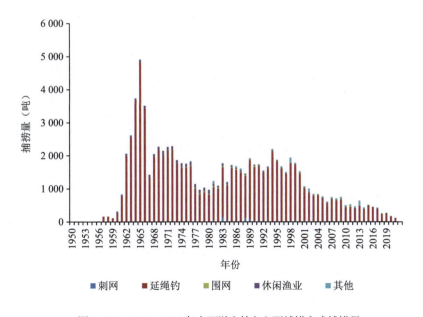

图 7-15　1956—2021 年大西洋白枪鱼主要捕捞方式捕捞量

现在已经证实，向 ICCAT 报告的白枪鱼中有大量的圆鳞四鳍旗鱼（*Tetrapturus georgii*），因此历史统计的白枪鱼很可能是这两个物种的混合体。已经对西大西洋的白枪鱼与圆鳞四鳍旗鱼比率进行了研究，总体估计比率在 23%～27% 之间，尽管它们在时间和空间上有所不同。

尽管数据报告义务要求提供所有白枪鱼估计数量，但在 68 个历史上报告过白枪鱼捕捞量的国家或渔业机构中，自 1990 年以来，仅有 7 个国家或渔业机构报告了白枪鱼死亡丢弃情况，自 2000 年以来，有 6 个国家或渔业机构报告了活体丢弃情况，虽然总捕捞量自 1995 年以来一直在下降，但自 20 世纪 90 年代以来，来自未报告的死亡丢弃量所占比例有所增加，近年来高达 80%。这可能是由于越来越多的死亡白枪鱼被保留而不是被丢弃。

有人指出，欧盟－葡萄牙的大多数捕捞量都是夜间浅层捕捞（剑鱼为目标渔业）。秘书处还估计了 2000—2017 年期间未报告所有船队的白枪鱼的实时丢弃量。根据科学研究，活丢弃物中旗鱼释放后的平均死亡率为 24%（Horodysky and Graves, 2005; Kerstetter and Graves, 2006; Musyl and Gilman, 2019）。然而，不同渔场或渔具的活放鱼平均数不适用于其他船队，因为它没有考虑到地方或国家条例、渔具类型和其他可能影响放鱼存活的因素，例如捕捞区域和季节影响。

大西洋白枪鱼的主要捕捞方为日本、韩国、巴西、古巴和委内瑞拉。与蓝枪鱼相同，日本最早开始捕捞，且捕捞量最多，至今共捕捞了 2.62 万吨，约占总捕捞量的 30%。随着时间的推移，其他捕捞方陆续入场，日本的捕捞量也逐渐下降（图 7-16）。中国于 1994 年开始兼捕白枪鱼的记录，中国 1994—2021 年的总捕捞量仅 209.16 吨，大约只占了白枪鱼总捕捞量的 0.3%，捕捞量最多的年份也仅 30 吨，2014 年的捕捞量为 0（图 7-17）。

从 20 世纪 50 年代中期至 60 年代中期，大西洋白枪鱼的捕捞量呈大幅上涨的趋势，1965 年达到峰值，捕捞量为 4 906 吨。随后两年，捕捞量几乎直线下降，1968—1976 年，捕捞量波动在 2 000 吨左右。20 世纪 80 年代至 90 年代中期，呈现一个波动上涨的趋势，1994 年至今一直波动下降，2021 年大西洋白枪鱼捕捞量仅 120 吨。

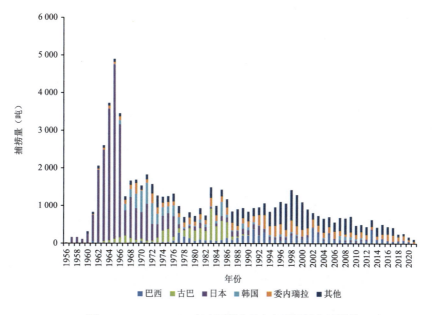

图 7-16 1956—2021 年大西洋白枪鱼主要捕捞方捕捞量

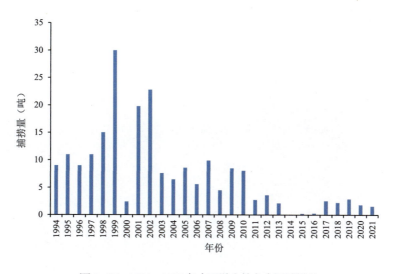

图 7-17 1994—2021 年大西洋白枪鱼中国捕捞量

7.3.3 资源状况

2012 年 ICCAT 对白枪鱼进行了全面评估，其中包括对管理基准的估计。使用 ASPIC 和种群综合模型（SS3）来估计种群状况。SS3 模型的方法与 2011 年蓝枪鱼评估中使用的方法非常接近。

2012 年评估结果表明，种群仍然处于资源型过度捕捞，极有可能未处于捕捞型过度捕捞（图 7-18 和图 7-19）。相对捕捞死亡率在过去十年中一直在下降，现在极有可能低于 F_{MSY}；相对生物量在过去十年中可能已停止下降，但仍远低于 B_{MSY}（图 7-20）。这些结果存在相当大的不确定性。这两种评估模型提供了关于种群生产力的不同估计，SS3 模型表明白枪鱼是一种可以相对快速重建的种群，而 ASPIC 模型表明种群将重建得非常缓慢。两种方法的结果被认为是同样合理的。这些结果的前提是报告的捕捞量真实地反映了白枪鱼的捕捞死亡率。敏感性分析表明，如果许多船队没有报告丢弃物，那么捕捞死亡率比报告的要高，种群状况的估计就会比较悲观，目前的相对生物量就会较低，过度捕捞将继续下去。在已报告的捕捞量和用于估计白枪鱼相对丰度的数据中存在数量未知的圆鳞四鳍旗鱼，增加了该物种种群状况和前景的不确定性。

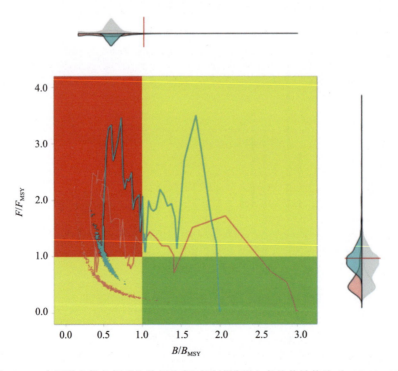

图 7-18 大西洋白枪鱼相对生物量和相对于捕捞死亡率的估计轨迹（ICCAT, 2012）

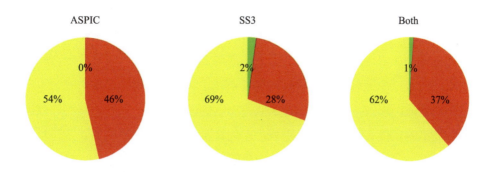

图 7–19 2012 年评估结果 Kobe 图中绿色、黄色和红色象限的比例（ICCAT, 2012）

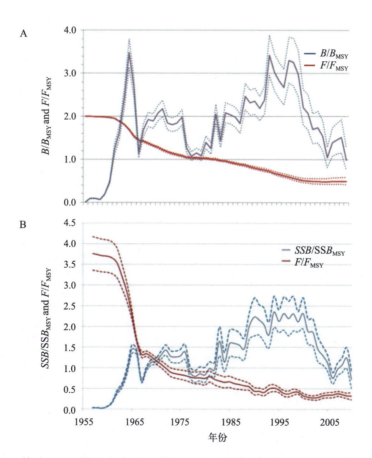

图 7–20 基于 ASPIC 模型（A）和 SS 模型（B）的白枪鱼相对生物量（相对产卵群体生物量）（蓝色）和相对捕捞死亡率估计（红色）（ICCAT, 2012）

在目前约 400 吨的捕捞量水平下，种群规模可能会增加，但在未来十年内极不可能恢复到 B_{MSY}。捕捞死亡率极有可能保持在 F_{MSY} 以下。渔业死亡率的进一步降低可能会加快种群的重建。然而无法准确估计捕捞死亡率将继续损害监测种群恢复的能力。由于对丢弃渔获量的报告不足，以及一些捕捞白枪鱼的手工渔业和休闲渔业缺乏报告。因此，建议采取措施以确保对丢弃渔获物的监测和报告是适当和准确的。仅有估计目前捕捞死亡率的真实程度，才能精确估计重建种群所需的捕捞量。在此之前，委员会至少应确保捕捞量不超过目前水平（表7-6）。

表 7-6 2012 年大西洋白枪鱼资源评估概要

评估结果	
MSY	874^1 ~ 1 604 吨 [2]
当前捕捞量（2011）	344 吨 [3]
相对生物量 B_{2010}/B_{MSY} SSB_{2010}/SSB_{MSY}	0.50（0.42 ~ 0.60）[4] 0.322（0.23 ~ 0.41）[5]
相对捕捞死亡率 F_{2010}/F_{MSY}	0.99（0.75 ~ 1.27）[4] 0.72（0.51 ~ 0.93）[5]
延绳钓和围网：最近捕获 [6]/1996 捕获	0.36
种群状况（2011）	处于资源型过度捕捞
	处于捕捞型过度捕捞
有效管理措施	REC. 06-09：中上层延绳钓船和围网渔船可捕捞并留作上岸用的白枪鱼数量不得超过1996 年捕捞量水平的 33% 或 1999 年捕捞量水平，上岸水平白枪鱼的 1999%，以较大者为准

1. ASPIC 估计。
2. SS3 估计数。
3. 2011 年的产量应被视为临时的，2010 年的产量为 431 吨。
4. ASPIC 估计值，分别为 10% 和 90%。
5. SS3 估计值，置信区间约为 95%。
6. 最近捕捞量是 2008—2010 年年平均延绳钓和围网捕捞量。
7. 如果捕捞量报告不足，可能会发生过度捕捞。

7.3.4　管理措施

　　Rec. 02-13 规定，与 1996 年相比，中上层延绳钓和围网渔船每年可捕捞并保留上岸的白枪鱼数量不得超过 33%。它还规定，所有被带到中上层延绳钓和围网渔船上的活着的白枪鱼应以最大限度地提高其生存能力的方式释放。这一规定不适用于被带到船边时已经死亡的、没有被出售或进入商业领域的白枪鱼。委员会估计了他们认为会受到建议 Rec. 00-13 和 Rec. 02-13 影响的一部分船队的中上层延绳钓捕捞量。这些船队的捕捞量占 1990—2007 年期间所有延绳钓捕获白枪鱼的 93%。自 1996—1999 年以来，白枪鱼的捕捞量有所下降，该时期被建议选定为参考时期。自 2002 年实施 Rec. 01-10 和 Rec. 02-13 以来，白枪鱼的捕捞量一直处于委员会建议的 33% 左右的数值。本分析仅代表延绳钓捕获的枪鱼，即使建议提及中上层延绳钓和围网的综合捕捞量，因为围网剑鱼兼捕渔获量比延绳钓的更难估计。在审议期间，围网捕获的枪鱼占围网和中上层延绳钓报告总捕捞量的 2%。

7.4　锯鳞四鳍旗鱼

7.4.1　基础生物学

7.4.1.1　形态特征

　　锯鳞四鳍旗鱼（*Tetrapturus pfluegeri*），隶属于辐鳍鱼亚纲棘鳍鱼纲鲭形目旗鱼科四鳍旗鱼属。锯鳞四鳍旗鱼是一种体型较小的旗鱼。第一背鳍为 44~53 条，第二背鳍为 6~7 条，第一臀鳍为 13~17 条，第二臀鳍为 6~7 条，胸鳍有 18~21 条，腹鳍有 2 条，7 块支骨，脊椎骨包括 12 块前椎和 12 块尾椎，无鳃耙，成鱼的下颌和腭部有小而锉形的牙齿。体延长且高度低。头部轮廓（颈背）在眶前区域，第一背鳍原点之间几乎是直的。上颌延长成长而粗的吻，横截面呈圆形。第一背鳍长，前叶高度略大于体深，然后向后方适度减小。第一个背鳍和第一个臀鳍尖。腹鳍比胸鳍稍长。尾鳍大且叉深。尾梗两侧有双龙骨，在背侧和腹侧表面有尾凹。单条侧线可见，在胸鳍上方弯曲，然后直向尾巴。肛口位于第一个臀鳍起始处的远前方，一般与最长臀鳍线的高度相等。中外侧鳞片指向前方，并有多个后方点。背部深蓝色，侧面和腹部银白色。没有垂直的障碍或斑点。第一背鳍膜蓝黑色，无斑点。剩下的鳍是棕色到蓝黑色（图 7-21）。具有不对称的性腺和由许多小气泡状腔室组成的鳔。

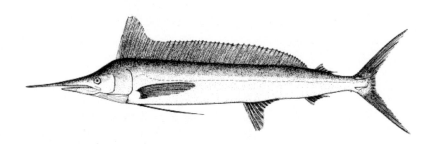

图 7-21　锯鳞四鳍旗鱼形态示意图（Nakamura, 1985）

锯鳞四鳍旗鱼大体形态与同域白枪鱼和圆鳞四鳍旗鱼有些相似，经常导致错误识别（Arocha and Beerkircher, 2012; Shivji et al., 2006）。通过以下差异有助于区分细微的形态：与圆鳞四鳍旗鱼和白枪鱼相比，锯鳞四鳍旗鱼的肛门位置比第一臀鳍的起源更靠前。锯鳞四鳍旗鱼的中侧面鳞片与白枪鱼和圆鳞四鳍旗鱼不同，它们的前部是尖的，后部有多个尖。

旗鱼在解剖和生理上都适应了连续的游泳，而头部的恒温系统（大脑和眼睛）有助于在不同深度觅食。锯鳞四鳍旗鱼和其他旗鱼一样，有一个产热器官，位于大脑下方，靠近眼睛，可以在头部区域产生和维持较高的温度（Block, 1986）。这种器官或"大脑加热器"通过在较低的温度下允许眼睛和身体功能来促进深潜行为。

锯鳞四鳍旗鱼类似于其他旗鱼类物种，并非群居鱼种。它们被认为是稀有和独居的物种，但它们也被认为是成对出现的，但成对鱼的性别是未知的，通常捕获时仅有一对（Nakamura, 1985）。有人认为，这种行为可能是为了捕食，也可能是为了交配。

7.4.1.2　种群特征及其分布区域

锯鳞四鳍旗鱼广泛分布在亚热带、热带，偶尔在大西洋的大西洋温带水域，分布在北纬 40° 至南纬 35° 之间。在大西洋中西部，委内瑞拉盆地是重要的集中地，在苏里南近海，分布在墨西哥湾和美国东南海岸。

锯鳞四鳍旗鱼是一种上层海洋物种，在 100 米深的近海水域发现，通常在温跃层以上。锯鳞四鳍旗鱼的温度偏好是根据科学观察员在延绳钓船上记录的海面温度得出的。锯鳞四鳍旗鱼似乎生活在 24～29℃ 水温范围内的上层海域，但也有人指出，锯鳞四鳍旗鱼可以在海面温度为 22℃ 的水域中找到。Kerstetter 等（2009）报告称，用弹出式卫星档案标签监测的两个样本 97% 和 82% 的时间都在 22～26℃ 的水中度过。一般来说，这个物种的热偏好似乎是开放海洋中最温暖的水域，类似于其他等齿类。

锯鳞四鳍旗鱼深度分布似乎与白枪鱼相似。然而，从海上科学观察员获得的信息似乎表明，圆鳞四鳍旗鱼的捕捞量与锯鳞四鳍旗鱼重叠，当目标物种是黄鳍金枪鱼时，这种情况很常见，在加勒比盆地和 12°N 至 18°N 之间的大西洋地区，捕捞量来自 40～60 米之间。赤道南大西洋用 PATS 分别监测了 11 天和 45 天，发现标记对象大部分时间都在水面附近（＜25 米），很少下降到 150 米以下（Kerstetter et al., 2009）。

人们对锯鳞四鳍旗鱼的溶解氧需求知之甚少，部分原因是在实验室环境中难以维持存活。基于电子标记数据（Prince and Goodyear, 2006; Prince et al., 2010），锯鳞四鳍旗鱼的最低溶解氧浓度要求约为 3.5 毫升 / 升，与热带金枪鱼的高需氧量和相关代谢率相似（Brill, 1996）。研究表明，位于热带大西洋东部氧气最小区（Prince et al., 2010）的锯鳞四鳍旗鱼局限于一个氧气充足的狭窄表层。这反过来又增加了它们被水面渔具捕获的可能性。

7.4.1.3　生物学特征

（1）年龄与生长

锯鳞四鳍旗鱼的年龄测定和生长研究极为有限。Nakamura（1985）研究发现锯鳞四鳍旗鱼的最大长度为 200 厘米，重量为 45 千克。大西洋中西部地区常见的鱼类个体下颌叉长为 158～190 厘米（Arocha et al., 2007; Matsumoto and Miyabe, 2001）。常规标记重捕实验表明，锯鳞四鳍旗鱼的最长标记时间是 5 年（Ortiz et al., 2003）。

（2）性成熟度与性别比

目前尚缺乏关于锯鳞四鳍旗鱼性成熟长度或体重的信息。Arocha 等（2007）

曾报道大西洋中西部的下颌叉长大于150厘米的锯鳞四鳍旗鱼中观察到较高的性腺指数值大于1.0。

锯鳞四鳍旗鱼在颜色图案和外部形态特征上没有明显的性别二态性。在一项关于大西洋中西部（5°N至25°N）锯鳞四鳍旗鱼分布和生殖生物学的研究中，性别比例在三个月之间显示出季节性模式（Arocha et al., 2007）。在妊娠前三个月，几乎所有体型的雌性比例都保持在50%以上。在妊娠中期和晚期，160~170厘米至约大于190厘米的雌性比例，从30%单调下降到接近0%（妊娠中期），从90%左右下降到0%（妊娠晚期）。在妊娠晚期，下颌叉长约大于160厘米的体型较大的鱼类中，雌性所占比例由不足20%增加到100%。值得注意的是，雌性的比例随着体型的增加而减少。

（3）繁殖

锯鳞四鳍旗鱼是批量产卵者，产卵通常发生在与它们栖息大致相同的近海环境。产卵区主要分布在两个半球的热带西部地区。根据对生殖腺的微观评估，在加勒比海的委内瑞拉盆地记录了集中产卵雌性（Arocha et al., 2007）。

（4）自然死亡率

虽然目前还没有针对该物种的具体研究数据，但根据类似物种的经验和观察来看，锯鳞四鳍旗鱼的自然死亡率可能会因年龄、大小和环境因素而异。同时，在恶劣的环境条件下，包括过度捕捞和污染等情况下，死亡率也可能会增加。标记数据不足以完成这项工作。从生长参数估计自然死亡率是有限的，因为它们有很大的局限性。基于最大年龄估计的自然死亡率介于0.15~0.30之间。然而，根据体型、行为和生理以及补充量估计的自然死亡率相当低（Anon, 1994; 1998）。

7.4.1.4　生态学特征

锯鳞四鳍旗鱼是捕食鱼类和鱿鱼的顶级掠食者。在赤道西部的大西洋，最重要的鱼类摄食对象是乌鲂（*Brama Brama*）和蛇鲭（*Gempylus serpens*）。在北大西洋和热带大西洋，超过75%的食物是鱼类，剩下的是头足类。

锯鳞四鳍旗鱼在大西洋的活动鲜为人知。仅有3条被标记和释放的鱼被回收，这些鱼的线性位移为1 924千米（Ortiz et al., 2003）。

7.4.2　渔业及历史捕捞量

大西洋锯鳞四鳍旗鱼的主要作业方式为延绳钓和围网（图 7-22），其中延绳钓入场时间最早，累计捕捞量也最高。围网渔业自 1964 年开始捕捞锯鳞四鳍旗鱼，之后捕捞量增长迅速，1974 年围网渔业的年捕捞量和延绳钓渔业几乎持平，1975—1991 年围网渔业捕捞量甚至高于延绳钓渔业，达到了锯鳞四鳍旗鱼年捕捞量的 70%～80%，但是随后围网渔业的规模迅速下滑，2002 年之后围网渔业不再有锯鳞四鳍旗鱼捕捞量。现如今，延绳钓渔业的捕捞量占锯鳞四鳍旗鱼年产量的 95% 以上。锯鳞四鳍旗鱼的主要捕捞方为日本、混合船旗船队（法国和西班牙）及欧盟（图 7-23）。其中日本入场捕捞最早，直至 1967 年捕捞方几乎都为日本，日本的历史捕捞量约占总捕捞量的 1/3。中国只有近年兼捕了较少的锯鳞四鳍旗鱼，共计捕捞 8.06 吨。

大西洋锯鳞四鳍旗鱼自 1956 年开始捕捞，1960 年之前捕捞量较小，自 1960 年开始锯鳞四鳍旗鱼的捕捞量快速增长，直至 1966 年达到捕捞量最高峰 1 250 吨，随后年产量下滑至 800 吨左右，1972—1974 年捕捞量又出现了较大较快速的下滑，随后波动在 400 吨上下，之后便一直处于波动下滑的状态，近年来锯鳞四鳍旗鱼捕捞量维持在 200～300 吨左右。

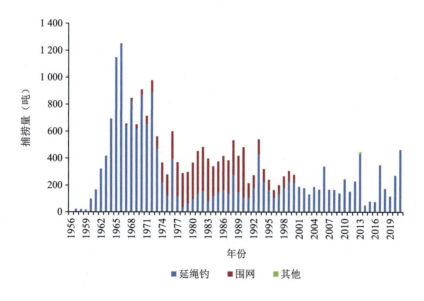

图 7-22　1956—2021 年大西洋锯鳞四鳍旗鱼主要捕捞方式捕捞量

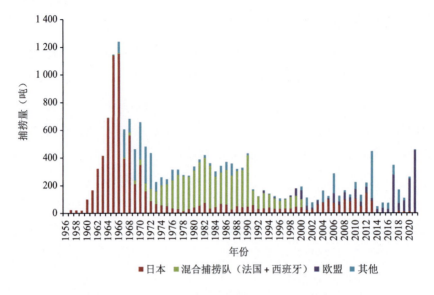

图 7-23　1956—2021 年大西洋锯鳞四鳍旗鱼主要捕捞方捕捞量

第8章　大西洋鲨鱼类渔业资源

8.1　大青鲨

8.1.1　基础生物学

8.1.1.1　形态特征

大青鲨（*Prionace glauca*）隶属于软骨鱼纲板鳃亚纲星鲨总目真鲨目真鲨科。大青鲨的最大全长（TL）为383厘米，有未经证实的报道称个体可以达到约480厘米。雌性和雄性的体型相似（Compagno, 1984; Nakano et al., 2008），身体相当纤细，头部狭窄，有适度的凹陷，非镰刀形。长鼻，眼睛大，没有后部的缺口，唇沟短。背部的第一个背鳍比胸鳍更接近骨盆基部，第二背鳍的大小不到第一背鳍的三分之一；胸鳍长而窄，呈锥形；尾鳍非月牙形，上叶长于下叶。尾柄上有弱的龙骨，缺少背间脊。背部深蓝色，两侧为亮蓝色，底部呈白色（图8-1）。味蕾短小，在鳃弓中有糠状物，鳃弓上有短的鳃耙乳突。

图8-1　大西洋大青鲨形态示意图（ICCAT, 2009）

8.1.1.2　种群分类及其分布区域

基于大量的标记数据，Fitzmaurice等（2005）认为北大西洋存在单一种群。在大西洋标记并在地中海重新捕获的鲨鱼数量少，将地中海种群视为单独的种群。这项研究没有关于赤道以南大青鲨种群结构的信息，但它们可能形成单独的种群。ICCAT 生态系统与兼捕分委会假设北大西洋、南大西洋和地中海有三个不同的种群（Anon, 2005）。

在大西洋，大青鲨的种群结构并不清晰。但现在假设至少存在 3 个种群，北大西洋种群、南大西洋种群和地中海种群（Tavares, 2012）。北大西洋和南大西洋种群的分界线位于 5°N，而地中海种群则以直布罗陀海峡作为分界线。种群的这些假设来源于标记重捕的数据分析，根据北大西洋种群的跨洋区迁徙的数据分析，仅有极少数的标记重捕记录穿越赤道（Tavares, 2012; Kohler, 2008; Fitzmaurice, 2005）。进一步对整个大西洋的大青鲨样本进行微卫星标志分析，表明北大西洋和南大西洋分属两个不同的遗传种群（Tavares, 2012）。

大青鲨是分布范围最广的大洋性鲨鱼之一，在所有大洋中，从 60°N 至 50°S 的热带、亚热带和温带水域都有发现。在西大西洋，其分布从纽芬兰到阿根廷。在东大西洋，从挪威到南非，包括地中海（Bigelow, 1948; Aasen, 1966; Compagno, 1984; Nakano et al., 2008）。

大青鲨是一个大洋性的中上层物种，很少在靠近海岸的陆架狭窄地区发现。在水面到水下 600 米的深度活动（Castro, 1983; Nakano et al., 2008）。这种鲨鱼主要分布在温度介于 12～20℃的水域。虽然它可以忍受更大的温度范围，但在赤道水域大青鲨的相对丰度下降，并随着纬度增加而增加（Compagno, 1984; Nakano, 1994; Nakano et al. 2008）。

8.1.1.3　生物学特征

（1）年龄与生长

在北大西洋和南大西洋，研究表明大青鲨最大年龄约为 20 龄（Nakano et al., 2008; Skomal et al., 2003）。通过脊椎骨来估计大青鲨的最大年龄，结果显示大青鲨最大年龄在 16～21 龄之间。高春霞等（2013）对北大西洋大青鲨进行研究，使用脊椎骨来估计年龄，雌雄个体的最大年龄估计分别为 21.3 龄和 17.1 龄。Joung 等（2017）对南大西洋的大青鲨进行研究，使用脊椎骨估计，理论上的最大年龄至少为 21.4 龄。

在 7 龄之前，两种性别的生长方式相似，7 龄之后，雄性的增长率下降，雌性的增长率保持不变。大西洋大青鲨的 Von Bertalanffy 生长方程参数如表 8-1 所示。

表 8-1　大西洋大青鲨的 Von Bertalanffy 生长方程参数

区域	方法	渐近体长 L_∞（厘米）	生长率常数 K	年龄常数 t_0	来源
北大西洋	脊椎骨和标记	282	0.18	−1.35	Skomal et al.（2002）
北大西洋	脊椎骨和标记	310	0.13	−1.77	Skomal et al.（2002）
北大西洋	脊椎骨和标记	287	0.17	−1.43	Skomal et al.（2003）
南大西洋	脊椎骨	352	0.16	−1.01	Hazin et al.（2005）
北大西洋	脊椎骨	289.4	0.16	−1.61	高春霞等（2013）
北大西洋	脊椎骨	308.3	0.13	−1.77	高春霞等（2013）
南大西洋	脊椎骨	352.1	0.13	−1.31	Joung et al.（2017）

（2）性成熟度和性别比

在北太平洋、北大西洋和南大西洋，雄性在 4~6 龄时性成熟，雌性在 5~7 龄时性成熟（Nakano et al., 2008; Skomal et al., 2003）。通过脊椎骨估计，雌雄都在 5 龄左右达到完全性成熟。

Joung 等（2017）对南大西洋的大青鲨进行研究，使用脊椎骨估计雄性初次成熟年龄为 6.5 龄，雌性 6.7 龄。

在西北大西洋，该种群的 50% 性成熟体长，雄性为全长 218 厘米，雌性为全长 221 厘米（Pratt, 1979）。在东大西洋的几内亚湾，大青鲨的性成熟年龄为 5 龄，在同一地区，50% 的雌性妊娠时体长为 217 厘米（Castro et al., 1995）。

在西北大西洋，50% 的雄性性成熟体长为 218 厘米，有些在 182 厘米时就达到性成熟。雌性在 173~221 厘米之间未达到性成熟，在 221 厘米全部性成熟（Pratt, 1979）。

在巴西附近的西南大西洋，雌性的性成熟体长大约是全长 228 厘米，性成熟年龄大约是 5 龄。雄性的性成熟体长大约是全长 225 厘米，精子产量具有季节性波动（Hazin et al., 1994; Hazin et al., 2000）。在东大西洋，该种群的 50% 性成熟体长，雄性为叉长 191.7 厘米，雄性为叉长 197.5 厘米（Wu et al., 2020）。在西南大西洋，种群的 50% 性成熟体长，雌性为叉长 171.2 厘米，雄性为叉长 180.2 厘米。

Kohler 等（2002）发现，在西北大西洋的北部和南部，雄雌性别比都在 1∶0.8 和 1∶0.9 之间。在东北大西洋，北部和南部的雄雌性别比分别为 1∶2.1 和 1∶0.3。De la Serna 等（2003）在西地中海发现了 1∶1 的性别比例。在西南大西洋，除冬季为 0.59∶1 外，在大多数季节，雄性∶雌性的比例都较大（2.2∶1）（Domingo et al., 2008）。Wu 等（2020）发现，在东大西洋，大青鲨的雄雌性别比为 1∶1.38。

基于 1997—2012 年间收集的数据，葡萄牙中上层延绳钓船队在大西洋主要捕捞区域捕获的大青鲨的性别比如表 8-2（Santos et al., 2014）。

表 8-2　大西洋葡萄牙远洋延绳钓船队捕获的大青鲨性别比例

物种	区域	所占百分比（%）	
		雌性	雄性
大青鲨	大西洋北部	35.4	64.6
	热带北部	69.4	30.6
	赤道	44.6	56.0
	大西洋南部	48.5	51.5

（3）繁殖

大青鲨为卵胎生，有胎盘，一次可生 4～135 只幼鲨。数量的不同可能是由于雌性的大小不同（Nakano, 1994; Compagno, 1984）。正常情况下，大青鲨繁殖力约为 30，雌性在分娩后不久就准备再次排卵和妊娠。Castro 等（1995）基于每年出生的雌性幼鲨的数量发现大西洋大青鲨的繁殖力为 38，从一胎幼鲨的数量计算，胚胎性比为 1∶1。妊娠期为 9～10 个月，幼鲨出生时为全长 35～50 厘米。虽然在一胎中，胚胎处于相同的发育阶段，但通常也会有一些胚胎处于完全不同的发育阶段（Hazin et al., 1994; Hazin et al., 2000）。

Mejuto 等（2005）指出，在北大西洋的一些温带地区，有大量的雌雄幼鲨和未成熟鲨鱼，成年雌性也栖息在该地区。

在中部大西洋的温暖水域，观察到雌性成年样本中很高比例的受精迹象，妊娠的雌性有较小的胚胎。在北大西洋和南大西洋，处于繁殖阶段的雌性比例低于中部大西洋，但是这些雌性有较大的胚胎，存在着可能比中部大西洋数量更多的雌雄幼鲨和未成熟鲨鱼。中部大西洋的温暖水域似乎优先用于妊娠，而不是用于分娩。考虑到在不同地区观察到的胚胎大小，至少对一部分雌性种群来说，胚胎发育的最后阶段和出生在北部或南部的温暖水域，那里提供了更多的食物。这将解释在这个物种中观察到的广泛而复杂的迁徙。在这一论点的基础上，大青鲨可能在交配－妊娠或妊娠－分娩过程中进行两次迁徙，方向相反。此外，在有丰富食物、具有高生产力的温带地区，如在北大西洋和南大西洋的一些地区，出现幼鲨集中的情况，有助于支持这一论点。

Hazin 等（2005）认为，雌性大青鲨会从发生交配的巴西东南部移动到巴西东北部海域进行排卵，并从那里移动到几内亚湾，6—8 月在几内亚湾会发现早期妊娠的雌性大青鲨（Castro et al., 1995）。产卵场不详，但根据其他海洋的数据（Nakano, 1990），产卵场可能位于非洲南部海岸之间，那里是上升流和亚热带汇合处。另一方面，其他学者认为大青鲨的繁殖迁徙过程更为复杂（Amorim, 1992; Legat et al., 2000; Domingo et al., 2008），即所有的繁殖过程（交配、受精、胚胎发育、分娩）发生在南大西洋的不同地方。

（4）自然死亡率

在 2008 年举行的鲨鱼资源评估会议上，使用无渔获物年龄结构产量模型对南、北大西洋种群进行评估，北大西洋种群自然死亡率为 0.15，变异系数大约为 0.044；南大西洋种群自然死亡率为 0.152，变异系数为 0.044 6。

在 2015 年大青鲨资源评估会议期间，使用 SS 模型对北大西洋种群进行评估时，通过六种生活史不变的方法获得各个年龄段的年存活率（Cortés, 2016）。将每个年龄段的特定性别存活率计算为年龄段存活率分布的平均值 $\bar{S}_a$，然后得到年龄的特定性别自然死亡率为 $M_a = -ln(\bar{S}_a)$。最终综合雌雄自然死亡率计算为每个年龄段的雄性和雌性的平均死亡率如表 8-3 所示（Courtney, 2016）。

表8-3　各个年龄段的雄、雌自然死亡率

年龄	雌性	雄性	平均值
0	0.36	0.40	0.38
1	0.30	0.31	0.30

年龄	雌性	雄性	平均值
2	0.26	0.28	0.27
3	0.24	0.25	0.25
4	0.23	0.24	0.24
5	0.22	0.23	0.23
6	0.22	0.23	0.22
7	0.21	0.22	0.22
8	0.21	0.22	0.21
9	0.20	0.22	0.21
10	0.20	0.21	0.21
11	0.20	0.21	0.21
12	0.20	0.21	0.20
13	0.20	0.21	0.20
14	0.20	0.21	0.20
15	0.20	0.21	0.20
16	0.20	0.21	0.20

8.1.1.4 生态学特征

（1）摄食

大青鲨主要摄食较小的被捕食者，特别是硬骨鱼和鱿鱼。无脊椎动物、小鲨鱼、鲸类和海鸟也经常被它所捕食（Compagno, 1984; Clarke et al., 1996）。鱿鱼是大青鲨非常重要的摄食对象，一些鱿鱼种群为了繁殖而形成巨大的育苗群，大青鲨会去那里觅食。大青鲨也在密集鱼群的低处觅食，采取垂直的姿势，自下而上捕获摄食对象（Bigelow, 1948; Compagno, 1984; Harvey, 1979; Kohler, 1987; LeBrasseur, 1964; Stevens 1973; Stevens, 1984; Clarke et al., 1996; Vaske-Júnior et al., 1998）。大青鲨一天 24 小时都在觅食，主要的活动时间在晚上（Sciarrotta et al.1977）。

（2）洄游

大青鲨是一个高度洄游的物种，其复杂的洄游方式与繁殖和摄食对象的分布有关。向高纬度的季节性运动与高生产力海域的存在有关。它们的洄游方式复杂，距离远。该物种在北大西洋两岸和南大西洋进行季节性纬度洄游。

在北大西洋，对个体的标记重捕显示出一个有规律的、顺时针的横跨大西洋迁徙路线。在美国附近被标记的鲨鱼在西班牙附近的水域、直布罗陀海峡和赤道大西洋中北部被找到，而在加那利群岛被标记的鲨鱼在古巴附近的水域找到。

在南大西洋，有两种关于大青鲨洄游的假说。Hazin 等（2000）提出：存在一个与北大西洋类似的模式，即顺时针方向的生殖洄游。在巴西的东南－南区域交配，三个月后在巴西的东北区域受精，在高纬度地区分娩。但佐证该模式的数据很少。另一方面，Amorim（1992），Legat 等（2000）和 Domingo 等（2008）提出，大青鲨在大西洋的西南地区（20°至 42°S，20°至 55°W），发生交配、受精、妊娠和分娩。

1963—2012 年期间，共有 139 026 个大青鲨个体被标记，重捕的个体总数为 9 242 个，平均重捕率约为 6.6%。

8.1.2　渔业及历史捕捞量

8.1.2.1　各种群渔业及历史渔获量

ICCAT 生态系统与兼捕分委会假定在北大西洋、南大西洋和地中海有三个不同的种群（Anon, 2005）。1950—2021 年大西洋大青鲨各种群捕捞量如图 8-2 所示。

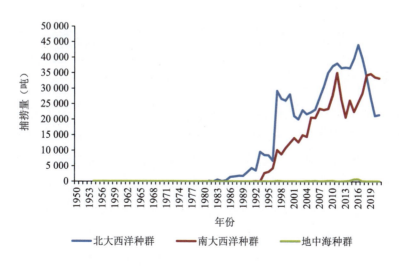

图 8-2　1950—2021 年大西洋大青鲨各种群捕捞量

（1）北部种群

北部种群从 20 世纪 70 年代开始有捕捞量的信息。根据总捕捞量，1970—2021 年北部种群主要捕捞方依次为欧盟 – 西班牙、欧盟 – 葡萄牙、日本、加拿大、美国、摩洛哥，共计占总捕捞量的 96%（图 8-3）。

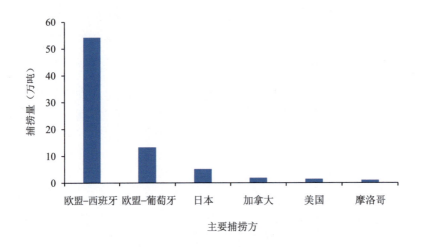

图 8-3　1970—2021 年大西洋大青鲨主要捕捞方总捕捞量

欧盟 – 西班牙从 1997 年开始对北大西洋大青鲨进行捕捞，1997—2021 年捕捞量均超过 1 万吨，其中一半以上年份捕捞量超 2 万吨。欧盟 – 葡萄牙从 1990 年开始对北大西洋大青鲨进行捕捞，1990—2021 年捕捞量范围均在 0.1 万～0.9 万吨之间。日本从 1994 年开始对北大西洋大青鲨进行捕捞，1994—1995 年捕捞量超过 0.1 万吨；随后开始下降，1996—2003 年捕捞量在 300～700 吨之间；随后捕捞量又开始上升，2004—2021 年捕捞量均超过 0.1 万吨。加拿大从 1986 年开始对北大西洋大青鲨进行捕捞，1986—2007 年捕捞量大多在 100～1 000 吨之间，有个别年份捕捞量超过 0.1 万吨；2008—2019 年捕捞量水平低，均低于 100 吨，近两年（2020—2021 年）捕捞量有所增加，超过 100 吨。美国从 1981 年开始对北大西洋大青鲨进行捕捞，1981—2000 年大多数年份捕捞量在 300 吨以上；2001—2021 年捕捞量在 100 吨上下浮动。摩洛哥从 2015 年才开始对北大西洋大青鲨进行捕捞，从 2016 年起到 2021 年捕捞量均大于 0.1 万吨（图 8-4）。

1970—2021 年占比最高的捕捞方式是延绳钓（97%），此外有小部分的北大西洋大青鲨被竿钓（1%）、围网（1%）所捕获，这三种捕捞方式占总捕捞方式的 99%。近十年占比最高的捕捞方式仍是延绳钓（98%），其次是围网（2%）。

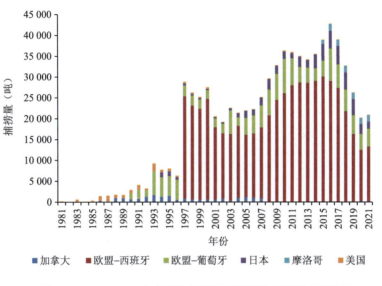

图 8-4　1981—2021 年大西洋大青鲨北部种群主要捕捞方捕捞量

（2）南部种群

南部种群从 1991 年开始有捕捞量的信息。根据总捕捞量，1991—2021 年南部种群主要捕捞方依次为欧盟 - 西班牙、欧盟 - 葡萄牙、巴西、纳米比亚、日本，共计占总捕捞量的 88%（图 8-5）。

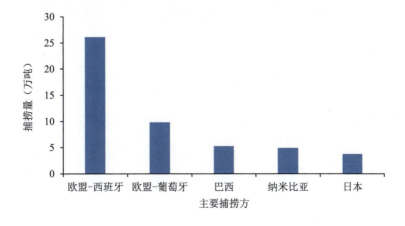

图 8-5　1991—2021 年大西洋大青鲨南部种群主要捕捞方捕捞量

　　欧盟－西班牙从 1997 年开始有大青鲨捕捞量的报告，1997—2008 年捕捞量在 0.5 万 ~ 1 万吨之间，2009—2021 年捕捞量均超过 1 万吨，在 1 万 ~ 2 万吨之间。欧盟－葡萄牙从 1995 年开始有大青鲨捕捞量的报告，1995—2021 年大体呈增长趋势，从 1995 年的 847 吨到 2011 年的 7 642 吨，2012—2015 年捕捞量下降，在 0.1 万 ~ 0.3 万吨之间，2016—2021 年捕捞量又有所增加，在 0.5 万 ~ 0.82 万吨之间。巴西从 1996 年开始有大青鲨捕捞量的报告，1996—1999 年捕捞量较低，均在 0.12 万吨以下，2000—2017 年捕捞量一直在 0.1 万 ~ 0.3 万吨之间，2018—2021 年有所增加，在 0.3 万 ~ 0.5 万吨之间。纳米比亚从 2002 年开始有大青鲨捕捞量的报告，2002—2021 年大多数年份捕捞量在 0.1 万 ~ 0.3 万吨之间，2009 年、2019 年捕捞量极低，在 300 吨以下，2005—2007 年、2018 年、2020—2021 年捕捞量在 0.3 万吨以上，2005 年更是高达 6 616 吨。日本从 1994 年开始有大青鲨捕捞量的报告，1995—2007 年捕捞量均低于 0.1 万吨，2008—2021 年捕捞量增加，在 900 ~ 3 500 吨之间（图 8-6）。

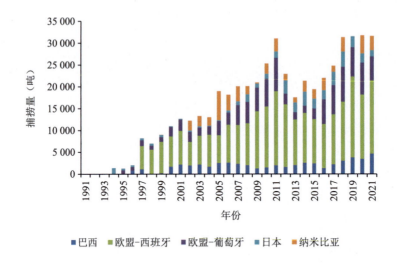

图 8-6　1991—2021 年大西洋大青鲨南部种群主要捕捞方捕捞量

　　1991—2021 年最主要的捕捞方式是延绳钓（99%）。近十年最主要的捕捞方式仍是延绳钓（98%）。

（3）地中海种群

地中海种群从 1954 年开始有捕捞量的信息。根据总捕捞量，1954—2021 年地中海种群主要捕捞方依次为利比亚、欧盟－意大利、欧盟－西班牙、欧盟－马耳他，共计占总捕捞量的 94%（图 8-7）。

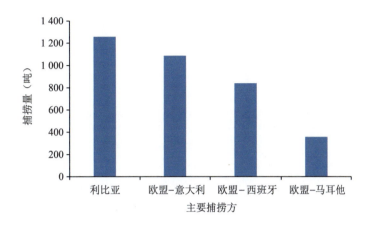

图 8-7 1954—2021 年大西洋大青鲨地中海种群主要捕捞方总捕捞量

利比亚从 2015 年开始对地中海大青鲨进行捕捞，2015 年、2016 年捕捞量均超 500 吨，而后 2017—2021 年捕捞量迅速下降到 10 吨之下。欧盟－意大利从 2004 年开始对地中海大青鲨进行捕捞，2004—2021 年大多数年份捕捞量低于 100 吨，少数年份捕捞量在 100～200 吨之间。

欧盟－西班牙从 1987 年开始对地中海大青鲨进行捕捞，1988—1996 年捕捞量为 0，1997 年捕捞量超过 100 吨，1998—2021 年捕捞量均低于 100 吨。

欧盟－马耳他从 1954 年开始对地中海大青鲨进行捕捞，1954—2021 年捕捞量均在 0～20 吨之间（图 8-8）。

1954—2021 年占比最高的捕捞方式是延绳钓（75%），此外地中海大青鲨还被未分类渔具（未知的、未报告的、无法确定的渔具）（18%）、刺网（5%）所捕获，这三种捕捞方式占总捕捞方式的 98%。近十年占比最高的捕捞方式仍是延绳钓，占总捕捞方式的 94%。

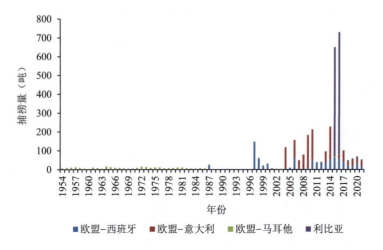

图 8-8　1981—2021 年大西洋大青鲨北部种群主要捕捞方捕捞量

8.1.2.2　我国大西洋大青鲨渔业及历史捕捞量

（1）中国大陆

中国大陆从 2001 年开始捕捞大西洋大青鲨，2007 年达到峰值，捕捞量接近 1 000 吨，而后捕捞量整体呈下降趋势（图 8-9）。中国大陆在 2001—2021 年期间对南大西洋大青鲨和北大西洋大青鲨进行了捕捞，在大多数年份，南大西洋大青鲨的捕捞量大于北大西洋（图 8-10）。中国大陆对大西洋大青鲨的捕捞方式为延绳钓，占比达到 100%。

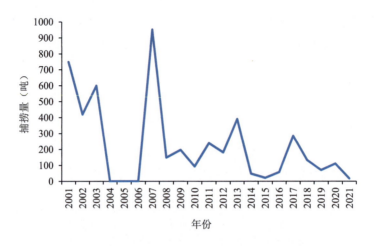

图 8-9　2001—2021 年中国大陆大西洋大青鲨捕捞量

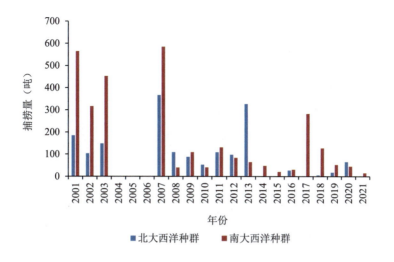

图 8-10　2001—2021 年中国大陆南、北大西洋大青鲨捕捞量

（2）中国台湾地区

中国台湾地区从 1994 年开始捕捞大西洋大青鲨，整体呈先下降再上升再下降的趋势（图 8-11）。1994—2021 年期间中国台湾地区对南大西洋大青鲨、北大西洋大青鲨进行了捕捞，其中南大西洋大青鲨的捕捞量远远大于北大西洋（图8-12）。中国台湾地区对大西洋大青鲨的捕捞方式为延绳钓，占比达到 100%。

图 8-11　1994—2021 年中国台湾地区大西洋大青鲨捕捞量

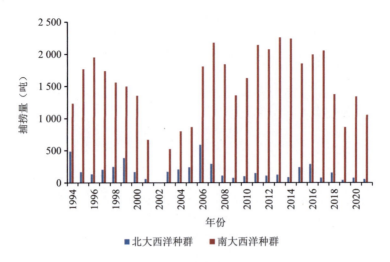

图 8-12　1994—2021 年中国台湾地区大西洋大青鲨各种群捕捞量

8.1.3　资源状况

8.1.3.1　北部种群

北大西洋大青鲨最近一次开展评估（ICCAT，2016a）的时间为 2015 年，评估所用数据截至 2013 年。对于北大西洋种群，选用了贝叶斯剩余产量模型（Bayesian surplus production model，BSP）和种群综合模型（Stock Synthesis，SS3）。上一次对北大西洋大青鲨的评估是在 2008 年，选用了 BSP 模型、年龄结构产量模型（Age Structured Production Model ,ASPM）和无捕捞量年龄结构产量模型（Catch-Free Age Structured Production Model）。

对于北大西洋种群，BSP 模型结果显示该种群没有发生资源型过度捕捞（$B_{2013}/B_{MSY} = 1.50 \sim 1.96$），也没有发生捕捞型过度捕捞（$F_{2013}/F_{MSY} = 0.04 \sim 0.50$）。使用 SS3 模型得到的估计结果差异较大，但仍预测该种群没有发生资源型过度捕捞（$SSB_{2013}/SSB_{MSY} = 1.35 \sim 3.45$），并且没有发生捕捞型过度捕捞（$F_{2013}/F_{MSY} = 0.15 \sim 0.75$）（图 8-13）。委员会承认在数据输入和模型结构假设方面仍然存在高度不确定性，因此不能排除该种群发生资源型过度捕捞和捕捞型过度捕捞的可能性。

将 2008 年的评估结果和本次评估得到的结果进行比较，发现尽管输入数据和使用的模型有很大差异，但资源状况结果没有大的变化（2008 年运行 BSP

模型和无捕捞量年龄结构产量模型得到结果为：$B_{2007}/B_{MSY} = 1.87 \sim 2.74$ 和 $F_{2007}/F_{MSY} = 0.13 \sim 0.17$）。

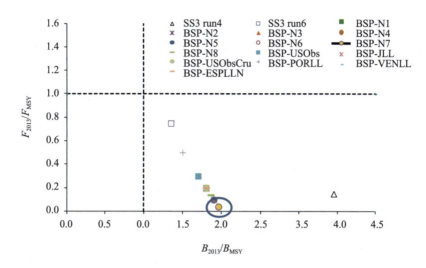

图 8-13　2013 年大西洋大青鲨北部种群资源状况。BSP：贝叶斯剩余产量模型；SS3：种群综合模型。圆圈表示几个 BSP 运行的共同状态（注：SS3 的 x 轴值为 SSB_{2013}/SSB_{MSY}）（ICCAT, 2019）

由于难以确定目前的资源状况，特别是种群的绝对丰度，大青鲨物种小组认为不宜根据会议审议的各种情况对未来的资源状况进行定量预测。

综合结果表明北大西洋种群既未发生资源型过度捕捞，也未发生捕捞型过度捕捞。但是，数据输入和模型结构假设的不确定性很高，工作组未能就具体的管理建议达成一致意见。一些与会者认为不应增加捕捞死亡率，而另一些与会者则认为没有必要。评估结果的不确定性表明有必要通过观察员和港口抽样方案继续监测渔业（表 8-4）。

表 8-4　2018 年大西洋大青鲨北部种群资源评估概要

评估结果		
当前捕捞量（2018）	33 853 吨[1]	
捕捞量（2013）	36 748 吨[2]	
相对生物量	B_{2013}/B_{MSY}	$1.35 \sim 3.45$[3]
	B_{2013}/B_0	$0.75 \sim 0.98$[4]

评估结果		
相对捕捞死亡率	F_{MSY}	$0.19 \sim 0.20^{4}$
	F_{2013}/F_{MSY}	$0.04 \sim 0.75^{5}$
资源状况	资源型过度捕捞	否[6]
	捕捞型过度捕捞	否[6]
现行管理措施		Rec. 16-12

1.Task Ⅰ名义捕捞量。

2. 2015 年评估中使用的估计捕捞量。

3. 用 BSP 模型和 SS3 模型得到的范围。SS3 的值为 SSF/SSF_{MSY}。

4. 用 BSP 模型得到的范围。

5. 用 BSP 模型和 SS3 模型得到的范围。

6. 虽然所探讨的模型表明该种群没有发生资源型过度捕捞，也没有发生捕捞型过度捕捞，但委员会承认仍然存在很大的不确定性。

8.1.3.2 南部种群

南大西洋大青鲨最近一次开展评估（ICCAT，2016a）的时间为 2015 年，评估所用数据截至 2013 年。对于南大西洋种群，选用了 BSP 模型和贝叶斯状态空间剩余产生模型（Bayesian state space surplus production model，SS-BSP）。上一次对南大西洋大青鲨的资源评估是在 2008 年，选用了 BSP 模型和无捕捞量年龄结构产量模型（Catch-Free Age Structured Production Model）。

总体而言，评估结果是不确定的（例如，在具有不同结构的模型之间，绝对丰度水平相差一个数量级），应谨慎解释。

对于大西洋南部种群，BSP 模型结果显示该种群没有发生资源型过度捕捞（$B_{2013}/B_{MSY} = 1.96 \sim 2.03$），也没有发生捕捞型过度捕捞（$F_{2013}/F_{MSY} = 0.01 \sim 0.11$）。用 SS-BSP 模型得到的估计结果不太乐观，特别是在不包括过程误差时，预测该种群可能发生资源型过度捕捞（$B_{2013}/B_{MSY} = 0.78 \sim 1.29$），可能发生捕捞型过度捕捞（$F_{2013}/F_{MSY} = 0.54 \sim 1.19$）（图 8-14）。结果具有高度不确定性，委员会不能排除该种群发生资源型过度捕捞和捕捞型过度捕捞的可能性。

2008 年用 BSP 模型获得的结果和当前评估中使用 BSP 模型获得的结果非常

相似（2008 年运行的结果为：B_{2007}/B_{MSY} = 1.95 和 F_{2007}/F_{MSY} = 0.04）。

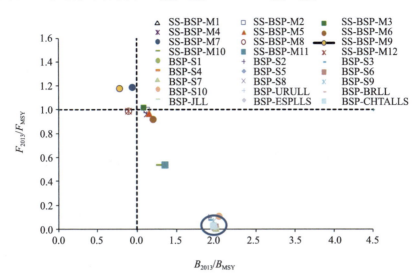

图 8-14　2013 年大西洋大青鲨南部种群资源状况。BSP：贝叶斯剩余产量模型；SS-BSP：贝叶斯
状态空间剩余产量模型。圆圈表示几个 BSP 运行的共同状态（ICCAT, 2019）

由于难以确定目前的种群状况，特别是种群的绝对丰度，大青鲨物种小组认
为不宜根据会议审议的各种情况对未来的种群状况进行定量预测。

鉴于南大西洋资源状况结果的不确定性，近年来种群数量可能处于接近 B_{MSY}
的水平，捕捞死亡率可能接近 F_{MSY}。这意味着，未来捕捞死亡率的增加可能会导
致种群发生资源型过度捕捞和捕捞型过度捕捞。因此，专家组建议，在这种不确
定性得到解决之前，捕捞量不应超过最近几年的水平。评估结果的不确定性表明
有必要通过观察员和港口抽样方案继续监测渔业（表 8-5）。

表 8-5　2018 年大西洋大青鲨南部种群资源评估概要

评估结果		
当前捕捞量（2018）		34 309 吨 [1]
捕捞量（2013）		20 799 吨 [2]
相对生物量	B_{2013}/B_{MSY}	0.78 ~ 2.03 [3]
	B_{2013}/B_0	0.39 ~ 1.00 [3]

评估结果		
相对捕捞死亡率	F_{MSY}	$0.10 \sim 0.20^3$
	F_{2013}/F_{MSY}	$0.01 \sim 1.19^3$
种群状况	资源型过度捕捞	无法确定[4]
	捕捞型过度捕捞	无法确定[4]

1. Task Ⅰ名义捕捞量。
2. 2015 年评估中使用的估计捕捞量。
3. 用 BSP 模型和 SS-BSP 模型得到的范围。
4. 鉴于种群状况不确定性，委员会无法做出决定，但值得注意的是，在近些年种群可能已经发生资源型过度捕捞和捕捞型过度捕捞。

8.1.4　管理措施

ICCAT 关于大西洋大青鲨的现行养护管理措施分为非强制性的决议（Resolutions）和强制性的建议（Recommendations）。

关于大西洋大青鲨的现行通用决议和建议主要包括：① Rec. 19-07 ICCAT 对 Rec. 16-12 的修订建议：在 ICCAT 渔业中捕获的北大西洋大青鲨的养护管理措施；② Rec. 21-10 ICCAT 修订 Rec. 19-07、Rec. 16-12，关于在 ICCAT 渔业中捕获的北大西洋大青鲨的养护管理措施的建议；③ Rec. 19-08 ICCAT 关于在 ICCAT 渔业中捕获的南大西洋大青鲨养护管理措施的建议；④ Rec. 21-11 ICCAT 对 Rec. 19-08 进行修订：关于养护与 ICCAT 渔业有关的南大西洋大青鲨管理措施的建议。

8.1.4.1　北部种群

Rec. 16-12：ICCAT 就与 ICCAT 渔业有关的大西洋大青鲨养护管理措施提出的建议首次对大青鲨这一种群提出管理建议。主要内容为：①大青鲨的捕捞限额。如果自 2017 年起的任何连续两年北大西洋大青鲨的平均总捕捞量超过 2011—2015 年期间观察到的平均水平（即 39 102 吨），委员会应审查这些措施的实施和有效性。在 2021 年或更早的阶段，如果向 SCRS 提供了足够的信息，委员会将考虑采取额外措施。根据下一次资源评估的结果，委员会应考虑可持续利用南大西洋大青鲨种群的必要措施。②捕捞量信息的记录、报告和使用。各 CPC 应确保其在公约区域内与 ICCAT 渔业有关的捕获大青鲨的船只，按照 ICCAT 关于在 ICCAT 公约区域内记录渔船捕捞量的建议（Rec. 03-13）的要求记录其捕捞量。CPC 应实施数据收集方案，以确保完全按照 ICCAT 提供 Task Ⅰ 和 Task Ⅱ 的要求，向 ICCAT 报告准确的大青鲨捕捞量、努力量、体长体重和丢弃数据。CPC 应在提交给 ICCAT 的年度报告中列入它们在国内为监测捕捞量以及养护和管理大青鲨而采取的行动的信息。③科学研究。鼓励 CPC 开展科学研究，提供有关大青鲨关键生物学和生态学参数、生活史、迁徙、释放后存活率和行为特征的信息。这些信息应向 SCRS 提供。根据下一次大青鲨资源评估的结果，SCRS 应在可能的情况下，为 ICCAT 公约区域内该物种的管理提供捕捞控制规则（Harvest Control Rule, HCR）选项，提供相关的限制、目标和阈值参考点。该建议已经失效，在北大西洋区域被 Rec. 19-07，Rec. 21-10 取代。

Rec. 19-07：ICCAT 对 Rec. 16-12 的修订建议：在 ICCAT 渔业中捕获的北大西洋大青鲨的养护管理措施对①大青鲨的总可捕量 TAC 和捕捞限额②捕捞量信息的记录、报告和使用③科学研究④实施及审查做出了规定，Rec. 21-10 ICCAT 修订 Rec. 19-07、Rec. 16-12，关于在 ICCAT 渔业中捕获的北大西洋大青鲨的养护管理措施的建议在 Rec. 19-07 的基础上做出了一些修改。将 Rec. 19-07 和 Rec. 21-10 进行综合得到：①大青鲨的总可捕量 TAC 和捕捞限额。确定北大西洋大青鲨的 TAC 为 39 102 吨。TAC 可根据委员会在 2021 年的 SCRS 的最新建议进行修订，或者在更早的阶段，如果有足够的能力，也可以进行修订。主要捕捞方应受表 8-6 捕捞限制。所有其他 CPC 应努力将捕捞量维持在近期水平。如果在任何一年北大西洋大青鲨的总捕捞量超过 TAC，委员会应审查这些措施的实施情况。根据审查结果和定于 2021 年进行的下一次资源评估的结果，或如果在更早阶段向 SCRS 提供了足够的信息，委员会应考虑采取额外措施。②捕捞量信息的记录、报告和使用。各 CPC 应确保其在公约区域内与 ICCAT 渔业有关的捕捞北大西洋大青鲨的船只，按照《ICCAT 关于记录 ICCAT 公约区域内渔船捕获物（捕捞量）的建议》（Rec. 03-13）的要求记录其捕获物。CPC 应实施数据收集方案，以确保完全按照 ICCAT 提供 Task Ⅰ（名义捕捞量）和 Task Ⅱ（捕捞量、努力量、体长体重）数据的要求，向 ICCAT 报告准确的北大西洋大青鲨捕捞量、努力量、体长体重和丢弃数据。CPC 应在根据 Rec. 18-06 提交 ICCAT 的鲨鱼实施核查表中列入它们在国内为监测捕捞量以及养护和管理北大西洋大青鲨而采取的行动的信息。③科学研究。鼓励 CPC 开展科学研究，提供有关大青鲨关键生物学和生态学参数、生活史、迁徙、释放后存活率和行为特征的信息。该等信息应向 SCRS 提供。根据下一次北大西洋大青鲨资源评估的结果，SCRS 应在可能的情况下，为 ICCAT 公约区域内该物种的管理提供 HCR 选项，提供相关的限制、目标和阈值参考点。④实施及审查。该建议应根据 SCRS 于 2021 年对北大西洋大青鲨下一次资源评估的结果进行审查。本建议废止并取代 Rec. 16-12。

表 8-6　几个捕捞方的捕捞限额

捕捞方	捕捞限额（吨）
欧盟[*]	32 578
日本	4 010
摩洛哥	1 644

* 批准欧盟在 2022 年将 32.58 吨的捕捞限额转让给英国。

8.1.4.2　南部种群

Rec. 16-12：ICCAT 就与 ICCAT 渔业有关的大西洋大青鲨养护管理措施提出的建议首次对大青鲨这一种群提出管理建议。主要内容为：①大青鲨的捕捞限额。在 2021 年或更早的阶段，如果向 SCRS 提供了足够的信息，委员会将考虑采取额外措施。根据下一次资源评估的结果，委员会应考虑可持续利用南大西洋大青鲨种群的必要措施。②捕捞量信息的记录、报告和使用。各 CPC 应确保其在公约区域内与 ICCAT 渔业有关的捕获大青鲨的船只，按照 ICCAT 关于在 ICCAT 公约区域内记录渔船捕捞量的建议（Rec. 03-13）的要求记录其捕捞量。CPC 应实施数据收集方案，以确保完全按照 ICCAT 提供 Task Ⅰ 和 Task Ⅱ 的要求，向 ICCAT 报告准确的大青鲨捕捞量、努力量、体长体重和丢弃数据。CPC 应在提交给 ICCAT 的年度报告中列入它们在国内为监测捕捞量以及养护和管理大青鲨而采取的行动的信息。③科学研究。鼓励 CPC 开展科学研究，提供有关大青鲨关键生物学和生态学参数、生活史、迁徙、释放后存活率和行为特征的信息。

这些信息应向 SCRS 提供。根据下一次大青鲨资源评估的结果，SCRS 应在可能的情况下，为 ICCAT 公约区域内该物种的管理提供 HCR 选项，提供相关的限制、目标和阈值参考点。该建议已经失效，在南大西洋区域被 Rec. 19-08，Rec. 21-11 取代。

Rec. 19-08：ICCAT 关于在 ICCAT 渔业中捕获的南大西洋大青鲨养护管理措施的建议：①南大西洋大青鲨的总可捕量 TAC 和捕捞限额。②捕捞量信息的记录、报告和使用。③科学研究做出了规定，Rec. 21-11：ICCAT 对 19-08 进行修订：关于养护与 ICCAT 渔业捕捞有关的南大西洋大青鲨管理措施的建议在 Rec. 19-07 的基础上做出了一些修改。

将 Rec. 19-08 和 Rec. 21-11 进行综合得到：①南大西洋大青鲨的捕捞限额：a. 南大西洋大青鲨的年度总允许捕捞量（TAC）为 28 923 吨。委员会可于 2023 年根据 SCRS 的最新意见作出决定修改；如果有足够的信息提供给 SCRS，可以在更早的阶段进行修改。b. 未来 TAC 的分配应由委员会决定，如果可能的话，应在 2022 年，而不迟于 2023 年。②渔获物信息的记录、报告和使用 a. 各 CPC 应确保其在公约区域内与 ICCAT 渔业有关的捕获南大西洋大青鲨的船只，按照（Rec. 03-13）的要求记录其渔获物。b. CPC 应实施数据收集方案，以确保完全按照 ICCAT 提供 Task Ⅰ 和 Task Ⅱ 的要求，向 ICCAT 报告准确的南大西洋大青鲨捕捞量、努力量、体长体重和丢弃数据。c. CPC 应在其向 ICCAT 提交的鲨鱼实施核查表中，列入它们在国内为监测捕捞量以及养护和管理南大西洋大青鲨而采取的行动的信息。③科学研究 a. 鼓励 CPC 开展科学研究，提供有关大青鲨关键生物学和生态学参数、生活史、迁徙、释放后存活率和行为特征的信息。这些信息应向 SCRS 提供。b. 根据下一次南大西洋大青鲨资源评估的结果，SCRS 应在可能的情况下，为 ICCAT 公约区域内该物种的管理提供 HCR 选项，提供相关的限制、目标和阈值参考点。

8.1.4.3　鲨鱼现行管理措施

作为兼捕物种，针对大青鲨的特定管理措施较少，因此本书增加了鲨鱼的管理措施作为补充。

关于大西洋鲨鱼的现行通用决议和建议主要包括：① Rec. 95-02 ICCAT 与联合国粮食及农业组织合作研究资源状况及鲨鱼种群兼捕的决议。② Rec. 03-10

ICCAT 关于鲨鱼渔业的决议。③ Rec. 04-10 ICCAT 关于养护在 ICCAT 管理的渔场中捕获的鲨鱼的建议。④ Rec. 07-06 ICCAT 关于鲨鱼的补充建议。⑤ Rec. 13-10 关于由科学观察员对违禁鲨鱼物种进行生物采样的建议。（6）Rec. 18-06 ICCAT 取代关于改进与 ICCAT 渔业捕捞有关的鲨鱼养护和管理措施的合规审查的 Rec. 16-13。

Rec. 95-02：ICCAT 与联合国粮食及农业组织合作研究资源状况及鲨鱼种群兼捕的决议的主要内容为：①以联合国粮食及农业组织为中心，在全球范围内启动一个收集必要的生物学数据的项目，包括种群丰度和兼捕的规模，以及鲨鱼的贸易数据，并在区域或次区域渔业管理组织之间为上述活动发挥协调作用。② ICCAT 缔约方向联合国粮食及农业组织提供信息，并在可能的情况下提供财政援助，以开展所需工作。③国际或区域 / 次区域渔业管理组织与联合国粮食及农业组织合作，提供必要的信息和建议，以回应所提出的要求，包括《濒危野生动植物种国际贸易公约》（CITES）提出的鲨鱼物种国际贸易状况决议。

Rec. 03-10：ICCAT 关于鲨鱼渔业的决议指出 CPC 应采取以下行动：①向计划于 2004 年举行会议的兼捕渔获物小组委员会工作组提供关于其鲨鱼捕捞量、按渔具类型划分的努力量、上岸量和鲨鱼产品贸易的资料。②根据联合国粮食及农业组织通过的《鲨鱼养护和管理国际行动计划》，全面实施《国家行动计划》。

Rec. 04-10：ICCAT 关于养护在 ICCAT 管理的渔场中捕获的鲨鱼的建议的主要内容为：①缔约方、合作非缔约方、实体或渔业实体（CPC）应按照 ICCAT 数据报告程序，每年报告 Task Ⅰ 和 Task Ⅱ 的鲨鱼捕捞量数据，包括现有历史数据。② CPC 应采取必要措施，要求其渔民充分利用全部的鲨鱼渔获物。充分利用的定义是渔船将鲨鱼除头、内脏和皮肤外的所有部位保留到首次上岸时。③ CPC 应要求其船舶在第一个着陆点之前，其船上鳍的总重量不得超过船上鲨鱼重量的 5%。目前不要求在首次着陆时将鱼鳍和死亡个体一起卸载的 CPC 应采取必要措施，通过认证、观察员监督或其他适当措施，确保符合 5% 的比例。④第 3 条所述鲨鱼的鳍重与体重的比率，须由 SCRS 加以审查，并于 2005 年向委员会报告，以便在有需要时作出修订。⑤禁止渔船在船上保留、转运或登陆任何违反本建议而收获的鱼鳍。⑥在非针对鲨鱼的渔业中，CPC 应鼓励尽可能释放偶然捕获的、不用于食物和 / 或生活的活鲨鱼，特别是鲨鱼幼体。⑦ 2005 年，

SCRS 应审查尖吻鲭鲨的评估，并建议可供委员会考虑的管理替代方案，并不迟于 2007 年重新评估大青鲨、尖吻鲭鲨。⑧在可能的情况下，CPC 应进行研究以确定使渔具更具选择性的方法。⑨在可能的情况下，CPC 应进行研究以确定鲨鱼繁殖区。⑩委员会应考虑适当协助发展中国家收集鲨鱼捕捞量数据。⑪本建议仅适用于在 ICCAT 管理的渔场中捕获的鲨鱼。

Rec. 07-06：ICCAT 关于鲨鱼的补充建议主要内容为：①缔约方、合作非缔约方、实体和渔业实体（以下简称 CPC），特别是指导鲨鱼捕捞活动的实体，应在下一次 SCRS 评估之前，按照 ICCAT 数据报告程序的要求提交 Task Ⅰ 和 Task Ⅱ 的鲨鱼数据（包括估计死亡丢弃物的估计和体长体重频率）。②在 SCRS 或其他组织通过同行评议资源评估确定可持续的捕捞水平之前，CPC 应采取适当措施，降低以鼠鲨和北大西洋尖吻鲭鲨为目标的渔业的捕捞死亡率。③尽管有第 2 条的规定，CPC 可在公约区域内将这些物种提交给 SCRS 的科学研究。④ CPC 应尽可能对在公约区域内捕获的中上层鲨鱼品种进行研究，以确定潜在的鲨鱼繁殖区。在此研究的基础上，CPC 应考虑适当的时间和区域关闭以及其他措施。⑤委员会应尽快（但不迟于 2009 年）对鼠鲨进行资源评估，或对现有资源评估信息进行全面审查，并提出管理意见。

Rec. 13-10：关于由科学观察员对违禁鲨鱼物种进行生物采样的建议的主要内容为：①根据 ICCAT 关于禁止在船上保留某些鲨鱼物种的保护措施的减损，经 CPC 正式批准的科学观察员或个人在商业捕捞作业中收集生物样本（例如脊椎骨、组织、生殖道、胃、皮肤样本、螺旋瓣、颌部、整鱼或骨骼用于分类学研究和动物种群清单），在以下条件下获授权收集生物样本：a）生物样本仅从拉回时死亡的动物身上采集。b）生物样本是在已通知 SCRS 的研究项目框架内采集的，并考虑到 SCRS 鲨鱼组建议的研究优先级。研究项目应包括一份详细的文件，说明工作的目标、所使用的方法、所收集样本的数量和类型、取样的时间区域分布和所进行活动的时间表。c）生物样品必须保存在船上，直到卸货港或转运港。d）根据本建议收集的所有此类样品必须有船旗方 CPC 的批准，如果是租船，则须附有租船国 CPC 和船旗方 CPC 的批准，直至最终卸货港。这些样本和所取样的鲨鱼样本的其他部分不得销售。②研究项目成果的年度报告应提交给鲨鱼物种小组和 SCRS。SCRS 应审查和评估该报告，并就后续行动提供意见。

③取样活动只有在有关国家发出授权后才能开始。

Rec. 18-06：ICCAT 取代关于改进与 ICCAT 渔业捕捞有关的鲨鱼养护和管理措施的合规审查的 Rec. 16-13 的建议的主要内容为：①所有 CPC 应在提交年度报告的同时，使用检查表，向 ICCAT 秘书处提交其鲨鱼养护和管理措施的实施和遵守情况的详细情况，检查表可能由 ICCAT 秘书处与履约委员会（COC）和第四管理小组（PA4）主席协商后修订，以反映委员会通过的新的鲨鱼措施。②如果一个 CPC 执行检查表所涵盖的 ICCAT 鲨鱼措施的情况与前一年相比没有变化，并且没有包括额外的报告字段来反映新的鲨鱼措施，则 CPC 不应被要求提交鲨鱼检查表，前提是它在其年度报告中确认没有变化。如果 CPC 的执行情况与前一年相比有变化，或者在鲨鱼检查表中增加了报告字段以反映新的鲨鱼措施，则 CPC 只需要在其年度报告中提交有关执行情况或对新报告字段的响应的更新。但是，在合规委员会按照第 4 段优先审查鲨鱼检查表的年份内，CPC 应提交更新的鲨鱼检查表。③若悬挂其旗帜的船只不太可能捕获上述第 1 段建议所涵盖的任何鲨鱼种类，则有关的 CPC 可免除提交检查单，但有关的 CPC 必须提交必要的资料，获得鲨鱼物种小组的确认。④合规委员会会议应在委员会确定的 ICCAT 会议周期中优先审查 CPC 鲨鱼检查表，在其他年份的年度会议上委员会也会审议鲨鱼措施实施问题。⑤本建议废除了 ICCAT《关于遵守现有鲨鱼保护和管理措施的建议》（Rec.12-05）和《ICCAT 关于改进对与 ICCAT 渔业有关捕捞的鲨鱼保护和管理措施的合规审查的建议》（Rec.16-13）。

8.2 鼠鲨

8.2.1 基础生物学

8.2.1.1 形态特征

鼠鲨（*Lamna nasus*）隶属于软骨鱼纲板鳃亚纲翅鲨总目鼠鲨目鼠鲨科。背部蓝灰色或深灰色。身体的腹部表面呈白色。北大西洋鼠鲨的成鱼一般头部腹侧表面呈白色，腹部无黑色斑点。南半球的一些成鱼头部下部呈深色，腹部有斑点。鼠鲨的第一背鳍呈深蓝灰色，极尖，无白灰色（图 8-15）。鼠鲨身体较重，形状类似海豚。第一个背鳍很大，呈圆形，后尖突兀，几乎是直的。第一背鳍的起始点在胸鳍尖端的上方或后方。胸鳍尖端在腹面，不是绝对的黑色，但有时会显示出黑色的边缘。臀鳍的起点大约在第二背鳍起点的下方。长鳃缝。尾柄上有结实的龙骨脊，尾柄下面有短的副龙骨脊。中等长圆锥形口鼻。眼睛大，占全身长度的 1.6%～2.8%。下颌有直且尖的大牙齿，两侧有小的侧尖，共有 49～60 颗牙齿。椎骨有 150～162 根，尾前椎骨有 85～91 根。吻侧软骨高钙化，长而不连续。肠内约有 38～41 个环型瓣膜。

图 8-15　大西洋鼠鲨形态示意图（ICCAT，2009）

8.2.1.2　种群分类及其分布区域

来自北大西洋的标记重捕数据表明大西洋东北部和西北部的鼠鲨属于不同的种群（Stevens，1990；Campana et al.，1999；Kohler et al.，2002）。西北大西洋的鼠鲨似乎构成了一个单一的种群，夏季在加拿大纽芬兰南部，冬季在美国马萨诸塞州，在两地之间进行大规模迁徙。长期获得的标记数据表明该种群与东北大西洋的种群没有混合（Compagno，2001）。

2009 年 ICCAT/ICES 联合资源评估得出结论，北大西洋有两个鼠鲨种群，东北大西洋种群和西北大西洋种群（Anon，2010）。据了解，南大西洋有两个种群，西南大西洋种群和东南大西洋种群，有人认为这两个南部种群可能延伸到毗邻的太平洋和印度洋。

自 2009 年以来，一些标记重捕、弹出式卫星档案标签研究进一步记录了鼠鲨的活动，尤其是在北大西洋。几乎所有的长期卫星标记、常规标记和生存标记都支持东北大西洋的鼠鲨种群与西北大西洋种群是分开的。来自南大西洋的标记信息很少。除了标记研究外，一项 DNA 基因组研究表明，南北种群之间有遗传差异，而南部和北区区域内部种群没有进一步的遗传差异（ICCAT, 2022）。

2022 年 SCRS 报告指出，委员会认为，根据最新和最佳可用信息，北大西洋有两个种群即西北大西洋种群和东北大西洋种群，南大西洋可能只有一个种群。然而，出于南大西洋渔获数据报告的目的，考虑了西南和东南两个区域（ICCAT, 2022）。

鼠鲨具有沿海和海洋性，温度范围很广，分布中心在北大西洋、地中海，也可能在南大西洋、印度洋和太平洋的温带水域环全球带。西北大西洋的分布范围从格陵兰岛和加拿大到美国。东北大西洋从冰岛、巴伦支海西部到摩洛哥、马德拉、亚速尔群岛，可能到几内亚湾，包括地中海（Castro, 1983; Compagno, 1984, 2001; Last, 1994）。在西南大西洋，鼠鲨的分布从巴西南部到阿根廷南部，从 26°45′S（Sadowsky et al., 1985）至 47°01′S（Nakaya, 1971）。至于东南大西洋，在南非西开普敦发现了鼠鲨（Compagno, 2001）。

鼠鲨主要栖息在开阔的海洋和大陆架上，但也在靠近海岸的地方发现（Francis et al., 2008）。在远离大陆的地方鼠鲨种群非常丰富（Compagno, 2001）。

鼠鲨一般生活在冷水中。在南半球，鼠鲨栖息的温度范围为 1～23℃，超过 19℃，数量就会减少（Francis et al., 2000）。在南大西洋，没有在 28°S 以北发现鼠鲨的报告，也没有在超过 22.5℃发现鼠鲨的报告（Forselledo et al., 2009）。北大西洋的大多数鼠鲨在 −1～15℃之间被捕获，平均温度为 7～8℃（Campana et al., 2004）。就目前所知，鼠鲨不生活在赤道水域。

鼠鲨一般分布在水面到 200 米深的地方，有报道称在海岸 1 米深的地方发现鼠鲨，也有报道称在 350～700 米深的地方发现鼠鲨（Francis et al., 2000; Compagno, 2001）。

在 2006 年对 20 只西北大西洋鼠鲨部署弹出式卫星档案传输标签，得出如下结论：鼠鲨在 2～26℃的温度范围内移动，但它们大部分时间在 6～20℃中度过。在夏季的几个月里，大多数鼠鲨在大陆架附近，在海洋表面和底部之间移动，深度小于 200 米。在秋末和冬季，鼠鲨迁徙到海洋中上层，并表现出与墨西哥湾流热特征相关的两种行为模式：一部分鼠鲨停留在海洋上层，一部分鼠鲨频繁潜入并停留在海洋中层（200～1 000 米）（Skomal et al., 2021）。

8.2.1.3　生物学特征

（1）年龄与生长

鼠鲨的最大长度超过 300 厘米。在西北大西洋，雄性和雌性的最大叉长分别为 262 厘米和 317 厘米。在东大西洋，雌性鼠鲨的最大叉长为 278 厘米，雄性鼠鲨的最大叉长为 253 厘米。在南大西洋，雌性鼠鲨的最大长度为 214 厘米，雄性鼠鲨的最大长度为 204 厘米（ICCAT, 2009）。

Natanson 等（2002）利用脊椎骨的椎环计数、大小频率分析和标记重捕数据，对西北大西洋的鼠鲨进行了生长参数估计。通过注射氧四环素和已知年龄的鲨鱼，验证了两个椎环为 11 年的周期。经过验证，估计最大年龄为 26 龄（Campana et al., 2002；Natanson et al., 2002）。早期的年龄研究根据一条鱼的大小－频率数据和脊椎骨读数，为西北大西洋种群绘制了生长曲线（Aasen, 1963）（表 8-7）。

表 8-7　大西洋鼠鲨的 Von Bertalanffy 生长方程参数

区域	方法	渐近体长 L_∞（厘米）	生长率常数 K	年龄常数 t_0	来源
西北大西洋	脊椎骨	289.4	0.07	−6.06	Natanson et al.（2002）
西北大西洋	脊椎骨	309.8	0.06	−5.90	Natanson et al.（2002）
西北大西洋	脊椎骨	257.0	0.08	−5.78	Natanson et al.（2002）
东北大西洋	脊椎骨	276.6	0.045	8.00	Jung（2010）

（2）性成熟度与性别比

在西北大西洋，雄性的性成熟叉长在 162～185 厘米之间，50% 性成熟叉长为 174 厘米。雌性的性成熟叉长在 210～230 厘米之间，50% 性成熟叉长为 218 厘米（Jensen et al., 2002）。Aasen（1961）的研究结果显示，在西北大西洋，雄性的性成熟叉长在 136～181 厘米之间，雌性的性成熟叉长在 181～226 厘米之间。雄性性成熟年龄在 6～10 龄之间，50% 在 8 龄时达到性成熟。雌性性成熟年龄在 12～16 龄之间，50% 在 13 龄达到性成熟（Jensen et al., 2002; Natanson et al., 2002）。在西南大西洋的乌拉圭，观察到叉长与鳍脚长度之间的关系呈"s"型曲线，叉长在 120~150 厘米之间时鳍脚快速增长。据此，雄性达到性成熟时大约 150~160 厘米。该长度更接近在西南太平洋观测到的叉长范围（140~150 厘米），而非在西北大西洋观测到的 174 厘米叉长（Jensen et al.，2002; Forselledo et al.，2009）。

Kholer 等（2002）发现，在西北大西洋，雄性和雌性的一般性别比例为 1∶1，在东北大西洋为 1∶0.25。Aasen（1963）报道称，在西北大西洋，鼠鲨的一般性别比例为 1∶1，并观察到鼠鲨的大小从西向东增大。在东北大西洋，在亚速尔群岛偶然捕获的鼠鲨中，观察到大约 1∶0.5 的性别比例（Mejuto，1985; Mejuto et al.，1984）。Gauld（1989）观察到，在苏格兰水域的设得兰群岛附近，雄性和雌性的比例为 1∶1.3。

在西南大西洋，发现其性别比例（雄性∶雌性）为 2∶1.1，不同季节表现出不同的比例，从秋季到春季逐渐减少（秋季：1.97∶1；冬季：1.6∶1；春季：0.6∶1）（Forselledo et al.，2009）。

（3）繁殖

鼠鲨是无胎盘的胎生并且卵食（一种同类相食的类型，子宫中的胚胎以母亲产生的其他卵子为食）（Francis and Stevens，2000; Jensen et al.，2002）。在北大西洋两岸，欧洲海岸和不列颠群岛，以及北美从缅因州到加拿大，都有育苗场。在东大西洋的所有区域培育幼鱼。（Bigelow and Schroeder，1948）。在西北大西洋，冬季采集的所有雌性都是妊娠状态，这表明在一次繁殖和另一次繁殖之间没有广泛的休息时间，雌性的繁殖周期持续一年。据报道，从缅因州到马萨诸塞州以及加拿大大西洋都存在胚胎（Bigelow，1948; Jensen et al.，2002）。

从西北大西洋收集的鼠鲨样本的研究结果表明，鼠鲨每年有一个繁殖周期。然而，2019 年对西北大西洋鼠鲨种群的评估结果表明，成熟的雌性鼠鲨存在休息阶段，具有两年一次的繁殖周期，在鼠鲨的生殖周期中包含休息期意味着至少有一部分雌性不是每年繁殖。

在西北大西洋，经过秋季（9—11 月）漫长的交配期后，雌性在春季分娩（从 4 月开始），平均生育 4 只幼崽（Jensen et al.，2002）。妊娠期估计在 8~9 个月之间（Aasen，1963; Jensen et al.，2002）。在东北大西洋，认为妊娠期为一年（Gauld，1989）。

通常一窝有 4 个幼崽，在 1~5 个之间波动（Bigelow, 1948; Gauld, 1989; Francis et al., 2000; Jensen et al., 2002）。西南太平洋、东北大西洋和西北大西洋的幼崽平均数量分别为 3.75 只、3.70 只和 4 只（Gauld, 1989; Francis et al., 2000; Jensen et al., 2002; Francis et al., 2008）。胚胎中的性别比例接近 1（Francis et al., 2000; Jensen et al., 2002）。一般来说，在北大西洋，出生时的大小在 60~75 厘米之间（Aasen, 1963; Compagno, 1984）。在西南太平洋，出生时的大小为 58~67 厘米（Francis et al., 2000），大西洋地区可能与此相似。

（4）自然死亡率

Campana 等（2008）认为鼠鲨的自然死亡率很低。未成年鼠鲨的自然死亡率估计为 0.10，成年雄性为 0.15，成年雌性为 0.20。

2009 年，鼠鲨资源评估会议上估计西北大西洋种群自然死亡率为 0.1~0.2，南半球种群和东北大西洋种群自然死亡率未知（ICCAT, 2009）。

2020 年，鼠鲨资源评估会议上使用偶然捕获量模型（Incidental Catch Model, ICM）进行评估时，使用了 5 种方法估计西北大西洋种群和南大西洋种群的自然死亡率（ICCAT, 2020）。方法 1 和 2 基于 K 和成熟年龄的估计：$M=1.5K$（K：生长率常数）和 $M=\dfrac{1.65}{a_{mat}}$（a_{mat} 为成熟年龄）（Jensen, 1996）。方法 3 的基于最大年龄的 Hoenig（1983）估计量：$M=4.899a_{max}-0.916$（a_{max} 为最大年龄）（Then et al., 2015）。方法 4 修订的基于生长的 Pauly（1980）估计量：$M=4.118K^{0.73}L_{\infty}^{-0.33}$（Then et al., 2015）。（$L_{\infty}$：渐进体长，$K$：生长率常数）。方法 5 基于质量的估计：$M=1.92W-0.25$（$W$ 单位为克）（Peterson and Wroblewski, 1984）。

8.2.1.4　生态学特征

（1）摄食

鼠鲨是一种活跃的捕食者，以小型到中等大小的中上层洄游鱼类为食，其中包括鲐鱼（鲭科）、沙丁鱼和鲱鱼（鲱科）。鼠鲨也以底栖鱼类为食，包括各种鳕科的鱼类（鳕鱼、黑线鳕、牙鳕、无须鳕）和冰鱼（鳄冰鱼科）以及追船鱼（海鲂科）。它还会捕食软骨鱼，包括白斑角鲨和长吻翅鲨和头足类动物，包括鱿鱼和乌贼（Stevens, 1973; Compagno, 1984; Gauld, 1989; Compagno, 2001）。

在西北大西洋，鼠鲨春季的主要食物是中上层鱼类和头足类动物，秋季的主要食物是底栖鱼类。它是一种机会性的食鱼动物，其摄食特点是种类繁多。在从深水迁徙到浅水后，摄食成分会发生季节性变化（Joyce et al., 2002）。

通过对 2010—2020 年在商业渔船上捕获的鼠鲨进行取样，研究西南大西洋鼠鲨的摄食。主要的食物是阿根廷鳕（23.53%）和南蓝白鳕（19.05%），其次为巴塔哥尼亚鲱鱼（4.48%）和南极鱼（1.4%）。头足类和甲壳类动物占食物的10%。广义线性模型表明，随着鼠鲨体重的增加，阿根廷鳕和南蓝白鳕的食用量增加。此外，较小的鼠鲨既捕食小型硬骨鱼，也捕食大型硬骨鱼，而较大的鼠鲨只捕食大型鱼类（Belleggia, 2021）。

（2）洄游

鼠鲨是大西洋中高度迁徙的物种。它栖息于海表面也栖息于海底，单独或集群洄游。通过标记重捕实验的数据获得了鼠鲨在北大西洋的迁徙路径。（Stevens, 1990; Campana et al., 1999; Kohler et al., 2002）。

Campana 等（1999）总结了鼠鲨在加拿大大西洋的年度迁徙，该物种在 1—2 月出现在缅因湾、乔治滩和司考田沙洲南部，并在春季沿着司考田沙洲向东北方向转移，然后在夏季和秋季出现在纽芬兰南部海岸和圣劳伦斯湾。深秋时节的捕捞量表明它又向西南方向迁徙。标记数据支持这种年度迁徙，上半年使用的标签往往在更东边和更北边的地方被发现，而在夏季和秋季使用的标签则相反（Campana et al., 1999）。

标记重捕实验结果表明，在北大西洋，大多数被标记的鲨鱼在大陆架上进行短到中等距离的移动（最多 1 500 千米）（Kohler et al., 1998; O'Boyle, 1998; Campana et al., 1999）。在被标记的个体中，仅有一个横跨大西洋，从爱尔兰到加拿大，移动了 4 260 千米（Kohler et al., 2001）。

根据现有的关于西北大西洋鼠鲨种群的数据，鼠鲨交配发生在秋季，而产卵发生在春季，这时鼠鲨从较深的水域上升到水面，集中进食。妊娠的雌性常常按大小和性别隔离，正如已经报道过的，在妊娠和分娩期间，它们会移动到独立的区域，并与雄性和幼体的育幼场保持隔离（O'Boyle, 1998; Jensen et al., 2002）。

在东北大西洋，标记了 8 只大型雌性和 1 只大型雄性。在距离释放点 2000千米的迁徙后，标记鼠鲨返回标记位置。在夏末离开比斯开湾，并在第二年春天返回（Biais, 2017）。

通过在 2006 年对 20 只西北大西洋鼠鲨部署弹出式卫星标记，得出如下结论，来自缅因湾、斯科舍大陆架、乔治海岸，和远离大陆架沿墨西哥湾流边缘和内部的深海水域的所有鼠鲨都留在西北大西洋。一般而言，种群在夏季和初秋似乎倾向于向大陆架移动，而在冬季和春季则有更广泛的离岸辐射（Skomal，2021）。

在东北大西洋，2008 年 9 月至 2009 年 1 月期间，研究了三条带有弹出式卫星标记的鼠鲨在爱尔兰的迁徙行为。其中一条鼠鲨迁徙到摩洛哥西北部 2 400 千米处，在比斯开湾附近停留了大约 30 天。另外两条则更多地集中在凯尔特海 / 比斯开湾周围、远离爱尔兰西部的远离陆架的区域（Saunders，2011）。

8.2.2 渔业及历史捕捞量

8.2.2.1 各种群渔业及历史渔获量

ICCAT 将鼠鲨按捕捞量划分为五个种群，分别是东北大西洋种群、西北大西洋种群、东南大西洋种群、西南大西洋种群、地中海种群。1950—2021 年大西洋鼠鲨各种群捕捞量如图 8-16 所示，2010 年后鼠鲨捕捞量大幅度下降。2013 年，乌拉圭禁止保留鼠鲨；自 2013 年起加拿大也关闭了鼠鲨定向渔业，而北大西洋的主要鼠鲨定向渔业（欧盟）也于 2010 年关闭。

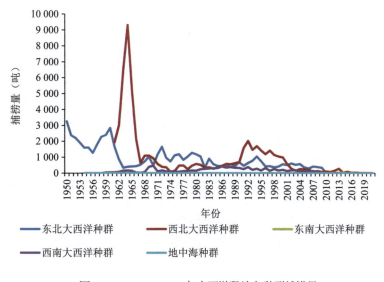

图 8-16　1950—2021 年大西洋鼠鲨各种群捕捞量

8.2.2.1 东北大西洋种群

1950—2021 年，东北大西洋鼠鲨种群根据总捕捞量，主要捕捞方依次为欧盟－法国、挪威、欧盟－丹麦、法罗群岛、欧盟－西班牙、大不列颠，共计占 1950—2021 年总捕捞的 99%。（图 8-17）

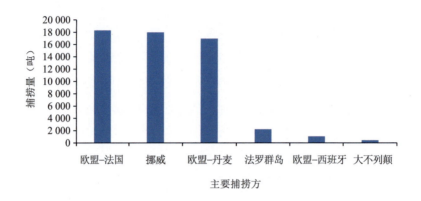

图 8-17　1950—2021 年东北大西洋鼠鲨主要捕捞方总捕捞量

欧盟－法国历史捕捞量最多，但它从 1971 年才开始捕捞鼠鲨，1971—2009 年捕捞量基本都在 200 吨以上；2010 年之后捕捞量变少，均低于 5 吨。挪威从 1950 年开始捕捞鼠鲨，1950—1961 捕捞量水平较高，在 500 吨以上；1962—1976 年大多数年份捕捞量大于 100 吨；1977 至今大多数年份捕捞量小于 100 吨；2013—2021 年的捕捞量水平很低，低于 10 吨。欧盟－丹麦从 1950 年开始捕捞鼠鲨，1950—1953 年捕捞量都超 1 000 吨；随后有所下降，1954—1981 年捕捞量基本都在 100 吨以上；1982 至今大多数年份捕捞量低于 100 吨，尤其是 2005—2021 年捕捞量水平非常低，全部低于 5 吨。法罗群岛从 1953 年开始捕捞鼠鲨，1952—1960 年捕捞量都在 100 吨以上；后来很长一段时间没有关于鼠鲨捕获的报告；1994—2006 年重新开始捕捞，捕捞量有所降低，低于 50 吨；2006—2021 年没有捕捞鼠鲨的记录。欧盟－西班牙从 1950 年开始捕捞，捕捞量水平一直不高，均低于 100 吨；2010—2021 年未捕捞鼠鲨。大不列颠在 1958 年开始捕捞，1958—2009 年捕捞量范围为 0 ~ 30 吨；2010—2021 年未捕捞鼠鲨（图 8-18）。自 2010 年欧盟引入零 TAC 规定，鼠鲨捕捞量有很大比例的减少。

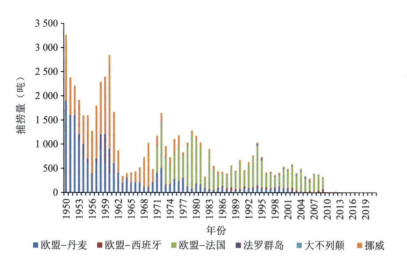

图 8-18　1950—2021 年东北大西洋鼠鲨主要捕捞方捕捞量

1950—2021 年占比最高的捕捞方式是未分类渔具（未知的、未报告的、无法确定的渔具）（64%），其次是延绳钓（35%），这两种捕捞方式占总捕捞方式的 99%。近十年占比最高的捕捞方式是刺网（40%），其次是未分类渔具（25%），后面依次是延绳钓（16%）、拖网（12%）、围网（6%）。以上捕捞方式占总捕捞方式的 99%。但近十年捕捞量很低，不能认为鼠鲨的捕捞方式发生了很大的变化。

8.2.2.2　西北大西洋种群

西北大西洋种群从 1961 年开始有捕捞量的报告，1961—2021 年，西北大西洋种群根据总捕捞量，主要捕捞方为挪威、法罗群岛、加拿大、日本、美国，共计占 1961—2021 年总捕捞量的 97%（图 8-19）。

挪威在 1961—1966 年捕捞量很高，均在 1 000 吨以上，1964 年达到 8 000 吨，但 1966 年之后大多数年份并没有捕捞量的报告。法罗群岛从 1961 年开始进行捕捞，在 1961—1993 年间捕捞量比较稳定，大多数年份捕捞量在 100～1 000 吨之间，1994 年后没有捕捞鼠鲨的报告。加拿大在 1961—1990 年之间捕捞量在 0～100 吨之间，1991—2006 年之间捕捞量上升，基本都在 200 吨以上，最高达到 1 575 吨，2007—2021 年捕捞量下降，基本在 100 吨以下，2015—2021 年捕捞量在 10 吨以下。日本从 1962 年开始进行捕捞，但捕捞量一直处于较低水平，除 1968—1971 年和 1980—1981 年捕捞量高于 100 吨外，其余年份捕捞量均低于 100 吨，2014—2017 年捕捞量在 10 吨以下，2018—2021 年没有捕捞鼠鲨的报告。美国从 1987 年开始有关于鼠鲨捕捞量的报告，1987—2021 年捕捞量均在 0～100 吨之间，捕捞量水平低（图 8-20）。

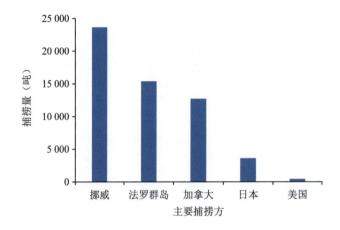

图 8-19　1961—2021 年西北大西洋鼠鲨主要捕捞方捕捞量

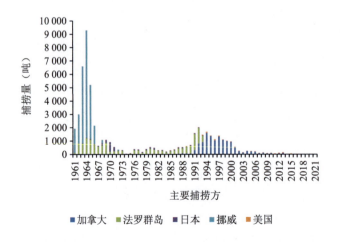

图 8-20　1961—2021 年西北大西洋种群鼠鲨主要捕捞方捕捞量

20 世纪 60 年代初，西北大西洋鼠鲨种群的年捕捞量高达 0.9 万吨，直到 1967 年渔业崩溃。在 20 世纪 70 年代和 80 年代，大约 350 吨的低且明显可持续的捕捞量使种群在 20 世纪 90 年代初得到了部分重建。20 世纪 90 年代初，加拿大和美国对该种群展开捕捞活动，种群丰度再次下降（Campana et al., 2002）。加拿大自 2013 年起关闭鼠鲨定向渔业。

1961—2021 年占比最高的捕捞方式是延绳钓，占所有捕捞方式的 99%。近十年占比最高的捕捞方式是延绳钓（82%），其次是竿钓（13%），再其次是拖网（4%）。以上捕捞方式占所有捕捞方式的 99%。

8.2.2.3　东南大西洋种群

东南大西洋种群从 1996 年开始有捕捞量的报告，捕捞量水平低。1996—2021 年，东南大西洋种群根据总捕捞量，主要捕捞方依次为日本、欧盟－西班牙、加纳、韩国，共计占 1996—2021 年总捕捞量的 96%（图 8-21）。

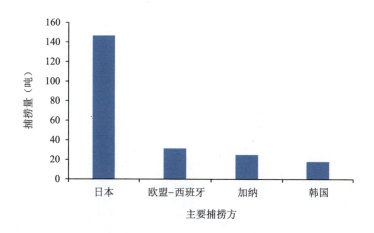

图 8-21　1996—2021 年东南大西洋鼠鲨主要捕捞方总捕捞量

日本从 1996 年开始对东南大西洋大青鲨进行捕捞，1996—2021 年捕捞量在 0 ~ 30 吨之间。欧盟－西班牙从 1997 年开始对东南大西洋大青鲨进行捕捞，1997—2009 年捕捞量在 0 ~ 15 吨之间，2010 年欧盟引入零 TAC，2010—2021 年欧盟西班牙捕捞量为 0。加纳只在 2014 年有过捕捞量的报告。韩国只在 2013 年和 2018 年有过捕捞量报告（图 8-22）。

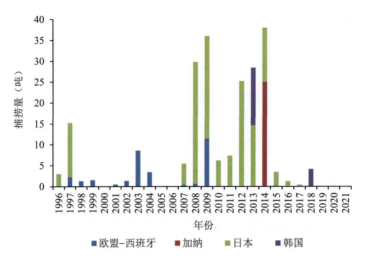

图 8-22   1996—2021 年东南大西洋种群鼠鲨主要捕捞方捕捞量

8.2.2.4   西南大西洋种群

西南大西洋种群从 1956 年开始有捕捞量的报告。1950—2021 年间，西南大西洋种群总捕捞量，主要捕捞方为巴西、日本、乌拉圭，其余捕捞方捕捞量均低于 1 000 吨（图 8-23）。

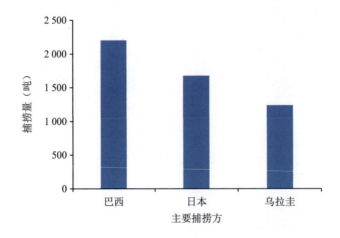

图 8-23   1950—2021 年西南大西洋鼠鲨主要捕捞方捕捞量

与北部种群相比，西南大西洋种群捕捞量水平低，但其捕捞量高于东南大西洋种群。巴西从 1958 年开始有关于鼠鲨捕捞量的报告，最初的年份（1958—

1977 年）捕捞量很少，基本在 20 吨以下，1978—2007 年捕捞量大多数年份在 100 吨以下，少数年份捕捞量在 100～200 吨之间，2008—2021 年基本没有鼠鲨捕捞量的报告。日本在 1956 年开始有关于鼠鲨捕捞量的报告，1956—1991 年大多数年份捕捞量在 100 吨以下，少数年份在 100 吨以上，其中 1969 年、1970 年捕捞量超过 290 吨，1992—2010 年捕捞量均在 20 吨以下，2011—2021 年没有鼠鲨捕捞量的报告。乌拉圭在 1981 年开始有关于鼠鲨捕捞量的报告，1981—2012 年大多数年份捕捞量在 100 吨以下，少数年份捕捞量在 100～220 吨之间，2013—2021 年无鼠鲨捕捞量的报告（图 8-24）。

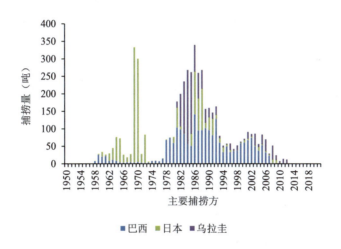

图 8-24　1950—2021 西南大西洋鼠鲨主要捕捞方捕捞量

自 2010 年欧盟引入零 TAC 规定，捕捞量有很大比例的减少。1950—2021 年占比最高的捕捞方式是延绳钓，占所有捕捞方式的 99% 以上。近十年捕捞量很少，占比最高的捕捞方式依然是延绳钓（100%）。

8.2.2.5　地中海种群

地中海种群从 1954 年开始有捕捞量的报告，捕捞水平低。主要捕捞方为欧盟－马耳他和欧盟－意大利，其捕捞量占 1954—2021 年总捕捞量的 100%（图 8-25）。

欧盟－马耳他从 1954 年开始捕捞地中海鼠鲨，1954—2012 年捕捞量在 0～10 吨之间，2013—2021 年捕捞量均为 0。欧盟－意大利从 2004 年开始捕捞地中海鼠鲨，2004—2021 年捕捞量均在 0～2 吨之间（图 8-26）。

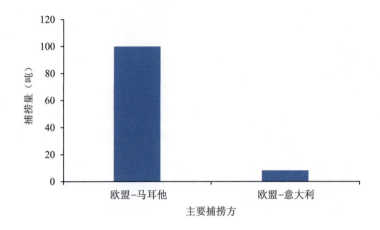

图 8-25　1954—2021 年地中海鼠鲨主要捕捞方总捕捞量

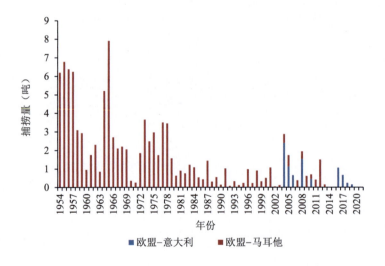

图 8-26　1954—2021 年地中海鼠鲨主要捕捞方捕捞量

8.2.2.2　我国大西洋鼠鲨渔业及历史捕捞量

（1）中国大陆

中国大陆从 1994 年开始捕捞大西洋鼠鲨，2000 年达到峰值，而后捕捞量下降，2008—2021 年捕捞量为 0（图 8-27）。中国大陆在 1994—2021 年期间大西洋鼠鲨的捕捞量均来自于西南大西洋，并未对其他几个种群进行捕捞。中国大陆对大西洋鼠鲨的捕捞方式为延绳钓，占比达到 100%。

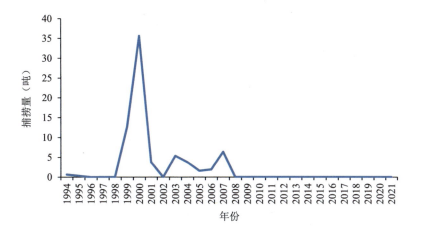

图 8-27　1994—2021 年中国大陆大西洋鼠鲨捕捞量

（2）中国台湾地区

中国台湾地区从 1968 年开始捕捞大西洋鼠鲨，整体呈先上升再下降的趋势（图 8-28）。1968—2021 年期间中国台湾地区对东北大西洋种群、西北大西洋种群、东南大西洋种群、西南大西洋种群、地中海种群鼠鲨进行了捕捞，其中西南大西洋种群和西北大西洋种群的捕捞量较高（图 8-29）。中国台湾地区对大西洋鼠鲨的捕捞方式为延绳钓，占比达到 100%。

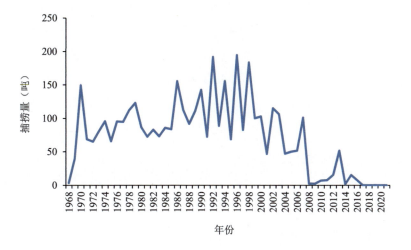

图 8-28　1968—2021 年中国台湾地区大西洋鼠鲨捕捞量

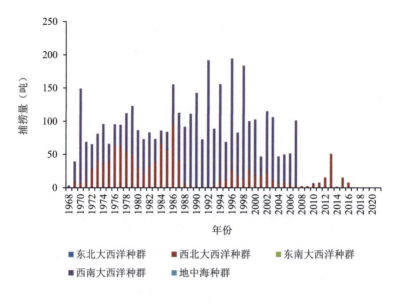

图 8-29　1967—2021 年中国台湾地区大西洋鼠鲨各种群捕捞量

8.2.3　资源状况

委员会认为，根据最新和最佳可用信息，北大西洋有两个种群即西北和东北种群，南大西洋可能只有一个种群。然而，出于南大西洋渔获数据报告的目的，考虑了西南和东南两个区域。

8.2.3.1　西北大西洋种群

2020 年 ICCAT 对西北大西洋种群的资源型捕捞状况和北大西洋的捕捞型过度捕捞状况进行了评估（ICCAT, 2020a）。评估所用数据截至 2018 年。

使用了两种模型方法用于评估，分别是渔业影响的可持续性评估（Sustainability Assessment for Fishing Effects, SAFE）和偶然捕获模型（Incidental Catch Model, ICM）。

SAFE 方法的结果表明，北大西洋种群没有发生捕捞型过度捕捞。值得注意的是，虽然这是一种数据不足的方法，但捕捞型过度捕捞状况结果对于假设的选择性曲线和用于计算捕捞后死亡率的释放后死亡率的值是稳健的。

西北大西洋鼠鲨种群的繁殖可能是一年一次或两年一次的，这些生产力假设被用于 ICM 模型的基本公式。在所有公式中，尽管自 2001 年以来丰度一直在增加，但预计该种群在 2018 年发生资源型过度捕捞的概率大于 70%。ICM 的基本案例公式估计 2018 年的生物量为 B_{MSY}（353 000 条）的 57%，有 98% 的可能性种群发生资源型过度捕捞。

对于西北大西洋鼠鲨，由于缺乏报告，死亡丢弃的数量仍不确定，且释放后死亡率未纳入本次评估，因此状况评估仍存在相当大的不确定性。如果实际总移除量（包括未报告的上岸量、死亡丢弃和活体释放后死亡）没有大大超过估计值，那么随着最近报告的移除量大幅减少，委员会认为该种群不太可能发生捕捞型过度捕捞；但他认为该种群发生资源型过度捕捞（表 8-8）。

表 8-8　2021 年大西洋鼠鲨西北大西洋种群资源评估概要

评估结果		
2019 年捕捞量	28 吨 [1]	
相对生物量	B_{2018}/B_{MSY}	0.57 [2]
MSY 水平的捕捞死亡率	F_{MSY}	0.049 [3]
相对捕捞死亡率	$F_{2010-2018}/F_{MSY}$	0.413 [3]
资源状况（2018）	资源型过度捕捞	是
	捕捞型过度捕捞	否
现行管理措施	Rec. 15-06	

1. 截至 2020 年 9 月 3 日西北大西洋种群的估计捕捞量。这里的捕捞量不包括所有死亡丢弃，也不包括因活体释放而导致的死亡。
2. ICM 模型得到的值。
3. 北大西洋用 SAFE 方法得到的值。

ICM 对西北大西洋种群进行的预测表明，移除量少于 7 000（214 吨），到 2070 年（2.5 代的预测间隔）将有 60% 的概率重建；移除量少于 8 000（245 吨）到 2060 年有 50% 的概率重建（表 8-9 和图 8-30）。如果移除量与 2014—2018 年相似（平均值为 47 吨），则预计该种群在 2030—2035 年之间重建的概率至少为 50%。然而，委员会强调，最近的移除量很可能被低估了，因为很少有 CPC 报告死亡丢弃，并且未考虑活体释放后死亡率。

表 8-9　Kobe Ⅱ策略矩阵。2020—2070 年当西北大西洋鼠鲨移除量从 0 ~ 2.4 万尾
（0 ~ 734 吨）情况下生物量高于 B_{MSY} 的概率（ICCAT, 2020）

Removals (#)	Removals (mt)	2020	2025	2030	2035	2040	2045	2050	2055	2060	2065	2070
0	0	2%	21%	47%	68%	83%	92%	96%	98%	99%	99%	100%
1000	31	3%	21%	44%	63%	77%	87%	92%	95%	97%	98%	99%
2000	61	2%	19%	40%	57%	71%	81%	87%	91%	94%	95%	96%
3000	92	1%	16%	35%	50%	62%	72%	79%	85%	88%	90%	92%
4000	122	2%	15%	32%	47%	58%	66%	73%	78%	82%	84%	87%
5000	153	2%	13%	27%	41%	50%	58%	64%	68%	72%	76%	78%
6000	183	1%	12%	25%	37%	45%	52%	57%	62%	65%	67%	70%
7000	**214**	**2%**	**10%**	**22%**	**32%**	**39%**	**46%**	**50%**	**54%**	**57%**	**60%**	**62%**
8000	245	2%	10%	19%	27%	34%	39%	44%	47%	50%	53%	55%
9000	275	2%	8%	17%	23%	30%	34%	38%	41%	43%	45%	47%
10000	306	2%	8%	14%	20%	25%	29%	31%	34%	36%	38%	39%
11000	336	1%	6%	13%	17%	21%	25%	27%	29%	31%	32%	33%
12000	367	2%	7%	11%	15%	18%	21%	23%	24%	26%	27%	28%
13000	398	2%	5%	9%	12%	14%	16%	18%	19%	20%	21%	22%
14000	428	2%	5%	7%	9%	12%	13%	14%	15%	16%	17%	18%
15000	459	1%	3%	5%	6%	8%	9%	10%	11%	11%	12%	12%
16000	489	2%	3%	4%	5%	6%	7%	8%	9%	9%	10%	10%
17000	520	2%	2%	3%	4%	5%	5%	6%	6%	6%	7%	7%
18000	550	2%	2%	2%	3%	3%	4%	4%	4%	5%	5%	5%
19000	581	2%	1%	2%	2%	3%	3%	3%	3%	3%	3%	4%
20000	612	2%	1%	1%	2%	2%	2%	2%	2%	2%	3%	3%
21000	642	2%	1%	1%	1%	1%	1%	2%	2%	2%	2%	2%
22000	673	1%	1%	1%	1%	1%	1%	1%	1%	1%	1%	1%
23000	703	2%	1%	0%	0%	0%	0%	0%	0%	0%	0%	0%
24000	734	2%	1%	0%	0%	0%	0%	0%	0%	0%	0%	0%

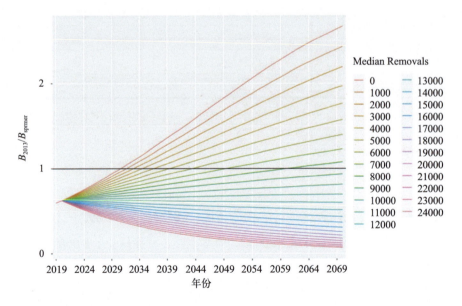

图 8-30　西北大西洋鼠鲨每年移除量从 0 ~ 2.4 万尾时的预测相对丰度。预测从 2021 年开始，持
续 50 年，假设 2019 年和 2020 年的移除量为 2016—2018 年的平均移除量。纵坐标代表相对生物量，
水平线表示参考基准（ICCAT, 2020）

委员会注意到，一些上岸和大部分丢弃捕捞量没有报告，这意味着来自所有来源（即上岸、死亡丢弃捕捞量和因渔具相互作用而死亡的活体释放）的鼠鲨总死亡率被低估了。出于本次评估的目的，委员会初步估计未报告的上岸量和死亡丢弃比报告的高 89%，但未估计活体释放后的死亡率。委员会应意识到实际移除量高于报告的数额，Kobe 图在移除量报告不足的情况下是乐观的。考虑到移除量的低报以及西北大西洋种群目前的低资源状况（$B_{2018}/B_{MSY} = 0.57$），委员会建议总移除量（即上岸、死亡丢弃和活体释放后死亡的总和）不要超过当前水平（包括未报告的移除量）以允许资源恢复。

8.2.3.2　东北大西洋种群

2022 年对东北大西洋种群进行了 ICCAT 与国际海洋考察理事会（ICES）联合资源评估（ICCAT-ICES, 2022）。评估所用数据截至 2021 年。使用了连续时间的剩余产量模型（Surplus Production model in Continuous Time, SPiCT）。

2022 年资源评估是使用 SPiCT 模型进行的，并为最终基准评估商定了先验。在 20 世纪 50 年代初期，生物量减少到 B_{MSY} 以下。尽管自 2010 年以来实施的捕捞限制导致 21 世纪 10 年代生物量有所增加，但到 2021 年 $B_{2021}/B_{MSY} = 0.5$。该种群仍处于资源型过度捕捞状态，但并未发生捕捞型过度捕捞，这与当前 F 的低值一致（表 8-10 和图 8-31）。

表 8-10　2022 年大西洋鼠鲨东北大西洋种群资源评估概要

评估结果		
2021 年 ICES-ICCAT 捕捞量[1]	7.95 吨[2]	
相对生物量	B_{2021}/B_{MSY}	0.464（0.15 ～ 1.43）[2]
MSY 水平的捕捞死亡率	F_{MSY}	0.051（0.021 7 ～ 0.120）[2]
相对捕捞死亡率	F_{2021}/F_{MSY}	0.013（0.002 4 ～ 0.073）[2]
资源状况（2021）	资源型过度捕捞	是
	捕捞型过度捕捞	否
现行管理措施	Rec. 15-06	

1. 报告的值代表 ICES-ICCAT 软骨鱼类工作组（WGEF）确定的总捕捞量。虽然 Task 1 报告的东北种群的捕捞量为 5.25 吨，但所显示的捕捞量不包括所有死亡丢弃，也不包括因活释放而导致的死亡。

2. SPICT 中 95% 贝叶斯置信区间的范围。

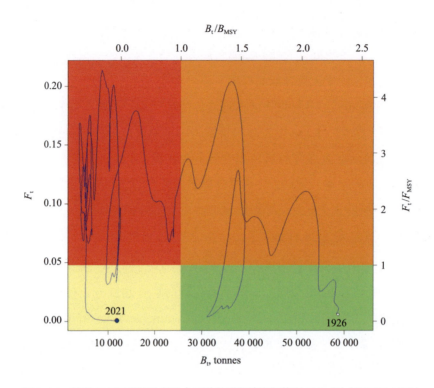

图 8-31　基于 SPiCT 模型的东北大西洋种群鼠鲨资源状况 Kobe 图（ICCAT, 2022）

考虑到移除量少报、东北大西洋种群 $B_{2021}/B_{MSY} = 0.464$（0.15～1.43）的当前资源状况，以及缺乏构建 Kobe Ⅱ 策略矩阵（Kobe Ⅱ Strategy Matrin, K2SM）的可靠预测，委员会建议移除量至少不应超过自实施零 TAC 建议以来报告的 ICCAT 平均捕捞量（即 2010—2021 年，目前估计为 9.3 吨）以允许资源恢复。更低的移除量将使该种群恢复得更快。

8.2.3.3　南大西洋种群

2020 年 ICCAT SCRS 对南大西洋的捕捞型过度捕捞状况进行了评估（ICCAT, 2020a）。评估所用数据截至 2018 年。

使用了渔业影响的可持续性评估（Sustainability Assessment for Fishing Effects, SAFE）来评估南大西洋鼠鲨的状况（表 8-11）。

SAFE 方法的结果表明，南大西洋种群没有发生捕捞型过度捕捞。值得注意的是，虽然这是一种数据不足的方法，但捕捞型过度捕捞状况结果对于假设的选择性曲线和用于计算捕捞后死亡率的释放后死亡率的值是稳健的。委员会指出，南大西洋的结果与 2017 年南半球鼠鲨国家管辖范围以外的地区（ABNJ）评估中的结果一致，两项研究的 F/F_{MSY} 值的大小相当相似（在 2006—2014 年的南半球评估中，年平均值为 0.063，范围为 0.046～0.083；在 2010—2018 年的 SAFE 分析中，年平均值为 0.113，范围为 0.107～0.119）。

表 8-11　2020 年大西洋鼠鲨南大西洋种群资源评估概要

评估结果		
2019 年捕捞量	0 吨 [1]	
相对生物量	B_{2018}/B_{MSY}	未知
MSY 水平的捕捞死亡率	F_{MSY}	0.062[2]
相对捕捞死亡率	$F_{2010-2018}/F_{MSY}$	0.113[2]
资源状况（2018）	资源型过度捕捞	无法确定
	捕捞型过度捕捞	否
现行管理措施	Rec. 15-06	

1. 截至 2020 年 9 月 3 日西南和东南大西洋种群区域的估计捕捞量总和。捕捞量不包括所有死亡丢弃，也不包括活体释放造成的死亡。
2. 通过 SAFE 方法获得的南大西洋的值。

　　虽然南部种群结构存在很大的不确定性，但新信息表明南大西洋只有单一的鼠鲨种群；到目前为止，委员会一直认为南部有两个种群，西南大西洋种群和东南大西洋种群。事实上，可能存在横跨印度洋和太平洋盆地的南大西洋种群。需要对种群结构进行更多研究以确定合适的种群单位。在这项研究完成之前，委员会建议保留当前定义的管理单位。委员会无法对南部种群是否发生资源型过度捕捞得出任何结论。它指出，实际上，无法为任何北部或南部种群收集常规数据（例如，上岸量、代表性长度组成），因此委员会得出结论，替代性数据收集方法——收集 CPUE 或长度频率数据（或其他完全不同形式的数据）以提供更可靠的北大西洋和南大西洋资源状况估计。

8.2.4　管理措施

　　关于大西洋鼠鲨的现行通用决议和建议主要包括：① Rec. 07-06 ICCAT 关于鲨鱼的补充建议；② Rec. 15-06 ICCAT 关于与 ICCAT 渔业相关的鼠鲨的建议。

Rec. 07-06：ICCAT 关于鲨鱼的补充建议指出：在 SCRS 或其他组织通过同行评议资源评估确定可持续的捕捞水平之前，CPC 应采取适当措施，降低以鼠鲨和北大西洋尖吻鲭鲨为目标的渔业的捕捞死亡率。委员会应尽快（但不迟于2009 年）对鼠鲨进行资源评估，或对现有资源评估信息进行全面审查，并提出管理意见。

Rec. 08-08：ICCAT 关于鼠鲨的决议按照 Rec.07-06 的建议在 2009 年召开ICCAT-ICES 闭会期间联合会议，进一步评估鼠鲨。

Rec. 15-06：ICCAT 关于与 ICCAT 渔业相关的鼠鲨的建议是最新的关于鼠鲨的管理措施，其主要内容为：

①CPC 应要求其船只在切实可行的范围内，及时释放在 ICCAT 渔业活动中捕获的、活体捕捞上船的、未受伤害的鼠鲨；

②各缔约方应确保收集鼠鲨 Task Ⅰ 和 Task Ⅱ 数据，并按照 ICCAT 数据报告要求提交数据。丢弃和释放鼠鲨应记录其状态（死亡或存活），并根据 ICCAT数据报告要求报告给 ICCAT；

③如果与 ICCAT 渔业相关的鼠鲨捕捞量超过 2014 年的水平，委员会将考虑采取额外措施；

④鼓励 CPC 实施 2009 年 ICCAT-ICES 闭会期间联合会议的研究建议。特别鼓励 CPC 在公约区域内，在区域（种群）层面开展研究和监测项目，以填补鼠鲨关键生物学数据的空白，并确定重要生活史阶段（如交配、产仔和育幼）的高度丰富地区。SCRS 应继续与 ICES 软骨鱼类工作组合作；

⑤在 SCRS 或酌情与其他公认的科学组织合作对鼠鲨种群进行下一次资源评估后，应对该建议进行审查。

8.3　尖吻鲭鲨

8.3.1　基础生物学

8.3.1.1　形态特征

尖吻鲭鲨（*Isurus oxyrinchus*）隶属软骨鱼纲板鳃亚纲翅鲨总目鼠鲨目鼠鲨科。背部和侧翼呈亮蓝色，活体呈紫色。侧面是一种柔和的金属色。身体的腹部表面通常为白色。鼻下呈白色。头部深色，部分覆盖鳃隔；第二鳃和第三鳃的下部呈白色。第一背鳍的中心呈白色（幼鱼比成鱼更明显）。身体重，形状类似海豚。锥形鼻，长而尖。第一背鳍大，第二背鳍和臀鳍小。第一个背鳍的原点在胸鳍的尖端上方或后方。胸鳍具有相当狭窄的尖端。尾柄上龙骨结实，无副龙骨（图8-32）。有182~195根脊椎骨，大多数少于190根。头盖骨吻侧软骨既不肿胀也不过度钙化。肠瓣数为47~54。

图8-32　大西洋尖吻鲭鲨形态示意图（ICCAT, 2009）

8.3.1.2　种群分类及其分布区域

Casey等（1992）假设西北大西洋部尖吻鲭鲨与东北大西洋的尖吻鲭鲨是单独的种群，但是从穿越亚速尔群岛和欧洲可以看出，它们可能是混合的。西北大西洋尖吻鲭鲨的种群结构存在一些问题，尽管幼崽数量很多，但该地区几乎找不到大型成年个体，尤其是雌性个体。Heist等（1996）和Heist（2008）基于来自北大西洋、南大西洋和太平洋的个体线粒体DNA样本对种群进行了遗传研究。他们的研究结果并不支持存在不同的遗传种群，但是北大西洋种群与南大西洋种群似乎是分开的。ICCAT生态系统与兼捕分委会假设大西洋有三个不同的种群，即北部种群、南部种群和地中海种群（Anon, 2005）。

尖吻鲭鲨分布在海洋中上层，分布在所有海洋的温带和热带水域，大约在50°N至50°S之间。在西大西洋，它分布在缅因湾到阿根廷北部。在东大西洋，从60°N到南非南海岸，包括地中海。

尖吻鲭鲨主要栖息在10~29℃之间的热带和温带水域，最适宜的温度范围为17~22℃。尖吻鲭鲨分布在海面至平均深度450米处，偶尔会达到更深的深度。

8.3.1.3 生物学特征

（1）年龄与生长

对西北大西洋的尖吻鲭鲨进行年龄估计，假设尖吻鲭鲨脊椎骨中央区域每年形成两个生长环。Cailliet 等（1983）对来自太平洋的一些尖吻鲭鲨进行研究，认为每年形成一个生长环。尖吻鲭鲨环的半年周期性理论一直是持续争论的主题，正在使用更新的技术和更大的样本量再次进行审查（Natanson, 2002）。对一个尖吻鲭鲨样本的脊椎生长环上的放射性碳标记的研究支持了每年产生两个环的假设（Campana et al., 2002）。对日本延绳钓船在北太平洋捕获的尖吻鲭鲨的年龄和生长情况的研究支持每年有一对环的假设。Campana 等（2005）关于年龄鉴定的新结果表明，该物种的生长速度比先前报道的要慢，因此种群的生产力降低，并且比先前指出的更容易过度捕捞。

为了评估，ICCAT 生态系统和兼捕分委会假设符合 Senba 的综合性别增长曲线（Anon, 2005）。Cailliet 等（1983）估计尖吻鲭鲨的最大年龄为 45 龄，Pratt 等（1983）采样的最大年龄为 17 龄。

尖吻鲭鲨的最大全长为 408 厘米。雌性达到的最大全长为 396 厘米，雄性为 296 厘米（Compagno, 2001）。尖吻鲭鲨出生时全长约为 70 厘米（Castro, 1983; Mollet et al., 2000; Compagno et al., 2001），长到约 400 厘米（全长）（Bigelow et al., Compagno, 2001; Pratt an et al., 1983）。

据报道，尖吻鲭鲨的最大叉长约为 366 厘米（Bigelow et al., 1948; Compagno 1984），在大西洋测量到的最小样本为叉长 65 厘米（Buencuerpo et al., 1998）。

对西大西洋和中大西洋的尖吻鲭鲨进行研究。无法验证样品中生长环形成的周期性，因此，von Bertalanffy 生长函数通过解释不同情景下的生长环来计算该物种的生长速率：每年 1 个生长环（s1），每年 2 个生长环（s2）和每年 2 个生长环，直到 5 龄（s3）。不同性别的生长参数不同，雌性的渐近体长 L_∞ 在 309.7 厘米 [s3] ~441.6 厘米 [s1] 之间，生长率常数 K 在 0.04[s1] ~ 0.13[s3] 之间，年龄常数 t_0 在 −7.08[s1] 和 −3.27[s3] 之间；雄性的渐近体长 L_∞ 在 291.5 厘米 [s3] ~340.2[s1] 厘米之间，生长率常数 K 在 0.04[s1] ~ 0.13[s3] 之间，年龄常数 t_0 在 −7.08[s1] 和 −3.27[s3] 之间（表 8−12）。

表 8-12　尖吻鲭鲨的 Von Bertalanffy 生长方程参数

区域	方法	渐近体长 L_∞（厘米）	生长率常数 K	年龄常数 t_0	来源
太平洋	脊椎骨	310	0.084	−3.083	Senba（2003）
太平洋	脊椎骨	310	0.13	−1.77	Senba（2003）
太平洋	脊椎骨	282	0.18	−1.35	Senba（2003）

　　采用灵活生长模型（Schnute 模型）对来自西南大西洋的尖吻鲭鲨的脊椎骨剖面进行研究，生长环的沉积周期不确定，假设每年 1 个生长环来进行年龄估计。Schnute 模型很好地描述了 15 龄以前雌雄个体的生长情况，雌性尖吻鲭鲨第一年生长 33.9 厘米，雄性尖吻鲭鲨第一年生长 30.5 厘米。直到大约 15 龄，雌雄的生长相似，叉长达到大约 217 厘米。两性的 s 型生长曲线表明在接近 7 岁时它们的生长模式发生了变化（Barreto，2016）。

　　在东北大西洋剑鱼延绳钓中采集了 262 条尖吻鲭鲨，基于世代分析，确定第一年平均生长 61.1 厘米，第二年为 40.6 厘米。生长具有明显的季节性，夏季月均生长速率为 5.0 厘米，冬季月均生长速率为 2.1 厘米（Maia，2007）。

　　（2）性成熟度与性别比

　　Pratt 等（1983）认为东北大西洋种群每年形成两个生长环，生长速度较快，雄性性成熟年龄约为 2.5 龄（性成熟体长为全长 195 厘米），雌性性成熟年龄约为 6 龄（性成熟体长为全长 265～280 厘米）。

　　Stevens（1983）研究发现雄性和雌性尖吻鲭鲨性成熟体长分别为 195 厘米和 280 厘米。据报道，西北大西洋的雌性性成熟体长的中位数为 275 厘米。

　　根据对北大西洋尖吻鲭鲨样本的研究，雌性性成熟体长为叉长 263～291 厘米，估计性成熟体长中位数（L_{50}）为叉长 280 厘米，性成熟体重中位数（WT_{50}）为 275 千克。雄性性成熟体长为叉长 173～187 厘米，性成熟体长中位数（L_{50}）为叉长 182 厘米，性成熟体重中位数（WT_{50}）为 64 千克（Natanson，2020）。

　　对东北大西洋剑鱼延绳钓中采集的 262 条尖吻鲭鲨进行研究，使用 Schnute 模型估计雄性性成熟叉长为 180 厘米（Maia，2007）。

根据西北大西洋标记研究获得的数据，发现了 1∶1 的性别比例。然而，这一比例随着体型的变化而变化，1∶1 的比例一直保持到大约 240 厘米（叉长），之后雌性占优势（Casey et al., 1992）。另一方面，根据 Mejuto et al., (1984) 关于东北大西洋的报道，在西班牙和亚速尔群岛之间的地区，尖吻鲭鲨的性别比例显示，长度超过 200 厘米（叉长），雄性的比例更高（1∶0.4）。在地中海西部，性别比例接近 1∶0.9，雌性占微弱优势（De la Serna et al., 2002）。

基于从 1997—2012 年间收集的数据，葡萄牙远洋延绳钓船队在大西洋的主要捕捞区域捕获的尖吻鲭鲨的性别比如表 8-13 所示（Santos, 2014）。

表 8-13　葡萄牙远洋延绳钓船队在大西洋捕获的尖吻鲭鲨性别比例

物种	种群	所占百分比（%）	
		雌性	雄性
尖吻鲭鲨	大西洋北部	36.9	63.1
	热带北部	56.0	44.0
	赤道	51.3	48.7
	大西洋南部	50.3	49.7

对 1989—2017 年在大西洋收集到的 42 979 条尖吻鲭鲨进行研究，其中有 24 316 个样本记录了性别。其中，雌性 10 948 条（45%），雄性 13 368 条（55%）。在西北和西南地区有更多的雄性，在热带东北地区有更多的雌性。在大西洋的一些地区，性别比例随季节而变化。

2017 年 10 月至 2019 年 8 月期间在摩洛哥中部大西洋海岸进行捕捞，共检测了 1 690 条尖吻鲭鲨，其中雌性 846 只，雄性 844 只，总体性别比例趋于平衡。尖吻鲭鲨每月的性别比例表明：在冬季，雄性比雌性数量多；在秋天和春天，遇到更多的雌性。在一年中剩下的时间里，性别比例趋于平衡，雄性略占优势（Alahyene et al., 2022）。

（3）繁殖

大西洋水域尖吻鲭鲨繁殖生物学数据不完整。关于雌性妊娠的报道很少。尖吻鲭鲨为无胎盘胎生，存在卵异现象，即宫内同类相食的一种形式，子宫内的胚胎以母体产生的其他卵子为食（Snelson et al., 2008）。

对妊娠和产后雌性子宫扩张指数和性腺－躯体指数的季节性分析表明，妊娠期为 15～18 个月（Mollet et al., 2000, 2002）。

在南北半球，分娩一般发生在冬末到春季，也可能延续到夏季。繁殖周期为三年（Duffy et al., 2001）。

尖吻鲭鲨出生时的全长约为 70 厘米，产仔数从 4～25 只不等，平均 12 只，最多 30 只，这与雌性的大小有关（Mollet et al., 2000, 2002）。根据大多数报告，育幼场似乎位于靠近海岸的地方。

对北大西洋的尖吻鲭鲨进行研究，将墨西哥湾和葡萄牙附近的东北大西洋确定为繁殖区和育苗区，其中最重要的育苗区位于西北大西洋（Natanson, 2020）。

（4）自然死亡率

在 2017 年的尖吻鲭鲨评估会议中，用种群综合模型（SS）对北大西洋种群进行评估时，假设所有年龄段的雄性和雌性的自然死亡率大致相同，为 0.08。对北大西洋尖吻鲭鲨进行种群综合模型运行，每个年龄段的性别特异性自然死亡率（Ma）固定为使用生活史不变方法独立获得的值（Courtney, 2017）（表 8-14）。

表 8-14　各个年龄段不同性别的自然死亡率

年龄	雌性	雄性
0	0.080	0.157
1	0.080	0.157
2	0.080	0.157
3	0.080	0.157
4	0.080	0.149
5	0.080	0.139
6	0.080	0.131
7	0.080	0.125
8	0.080	0.120
9	0.080	0.116
10	0.080	0.113

续表

年龄	雌性	雄性
11	0.080	0.111
12	0.080	0.108
13	0.080	0.107
14	0.080	0.105
15	0.080	0.104
16	0.080	0.103
17	0.080	0.102
18	0.080	0.101
19	0.080	0.100
20	0.080	0.100
21	0.080	0.099
22	0.080	0.099
23	0.080	0.098
24	0.080	0.098
25	0.079	0.098
26	0.079	0.097
27	0.078	0.097
28	0.077	0.097
29	0.076	0.097
30+	0.075	0.097

8.3.1.4　生态学特征

（1）摄食

在西北大西洋和澳大利亚，尖吻鲭鲨主要以硬骨鱼类和头足类动物为食（Stillwell et al., 1982; Stevens, 1984）。而在南非纳塔尔，尖吻鲭鲨主要的摄食对象是其他软骨鱼类（Cliff et al., 1990）。头足类动物是其重要的摄食对象，包括各种鱿鱼，例如枪乌贼。其他食物包括海龟、小型鲸类和无脊椎动物。

在西北大西洋，扁鲹是其最重要的食物，约占尖吻鲭鲨食物的 78%（Stillwell et al., 1982）。对组织中稳定同位素的分析表明，尖吻鲭鲨的摄食习性在春季发生转变，从头足类转向了扁鲹（MacNeil, 2005）。在最近的研究中观察到，扁鲹仍然是尖吻鲭鲨的主要食物，消耗它们体重的 4.6% 来满足尖吻鲭鲨的能量需求。基于此，计算出一只尖吻鲭鲨平均每年消耗 500 千克该物种（Wood et al., 2009）。

在巴西南部的南大西洋，对尖吻鲭鲨胃含物的分析表明，其食物中硬骨鱼占优势，如乌鲂和异鳞蛇鲭（Vaske-Junior et al., 1998）。

所有这些摄食对象都比尖吻鲭鲨小得多。然而，stillwell（1990）认为大型尖吻鲭鲨更喜欢体型几乎相同的大型被捕食者，其中剑鱼是西北大西洋大型尖吻鲭鲨最常见的摄食对象。

（2）洄游

尖吻鲭鲨在冬季向赤道海域迁徙，在夏季向高纬度海域迁徙，以维持适宜的温度范围。

尖吻鲭鲨是游速最快的鲨鱼，具有高度洄游特性。根据北大西洋广泛的标记项目，观察到尖吻鲭鲨进行了长达 4 542 千米的远距离迁徙。被标记的个体中仅有一个跨越了大西洋，这表明跨大西洋迁徙对这个物种来说并不常见。据观察，在冬季，这个物种在哈特拉斯角北部被发现，沿着墨西哥湾流的西部边缘。在 4—5 月间，它向北移动到乔治海岸。6—10 月，在哈特拉斯角和缅因湾之间，它向南朝着墨西哥湾流移动。这可能是西北大西洋的幼鱼和亚成鱼的觅食区。在秋季和冬季，尖吻鲭鲨在海湾水流和马尾藻海中向东移动，一些到达加勒比海和墨西哥湾。西北大西洋的分布中心似乎在北纬 20° 至 40° 之间，与海湾水流接壤（Casey et al., 1992）。

在大西洋获得的标记数据将表明，迁徙仅限于每个半球内或在其附近，一般没有观察到跨赤道的迁徙。迁徙只发生在接近赤道界限的地区（Mejuto et al., 2005）。

8.3.2　渔业及历史捕捞量

ICCAT 将尖吻鲭鲨按捕捞量划分为三个种群，分别是北部种群、南部种群、地中海种群。1950—2021 年大西洋尖吻鲭鲨各种群捕捞量如图 8-33 所示。

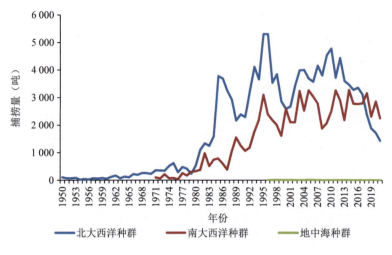

图 8-33　1950—2021 年大西洋尖吻鲭鲨各种群捕捞量

8.3.2.1　北部种群

根据总捕捞量，1950—2021 年，北大西洋种群主要捕捞方依次为欧盟－西班牙、美国、欧盟－葡萄牙、日本、马耳他，共计占 1950—2021 年总捕捞量的 96%（图 8-34）。

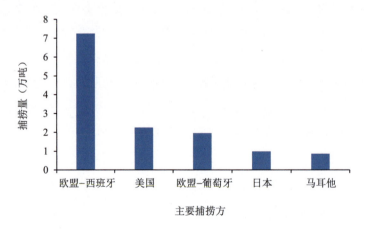

图 8-34　1950—2021 年北大西洋尖吻鲭鲨主要捕捞方总捕捞量

欧盟－西班牙是最早开始报告尖吻鲭鲨捕捞量的国家，在 1950—1970 年间，仅有欧盟－西班牙对尖吻鲭鲨进行了捕捞，欧盟－西班牙一直是捕捞尖吻鲭鲨的主要捕捞方，1950—2021 年持续捕捞尖吻鲭鲨，其中 1986 年起到 2018 年捕捞量均超 0.1 万吨，2019—2021 年捕捞量有所下降，但仍接近 0.1 万吨；

美国从 1981 年开始有捕捞尖吻鲭鲨的报告，大多数年份捕捞量在 100～1000 吨之间，少数几个年份捕捞量大于 0.1 万吨，此外，2019—2021 年捕捞量低于 100 吨；

欧盟－葡萄牙从 1990 年开始有捕捞尖吻鲭鲨的报告，捕捞量在 190～1600 吨之间，其中 2005—2013 年捕捞量持续高于 800 吨，2014—2021 年捕捞量有所下降，在 200～400 吨之间；

日本从 1971 年开始有捕捞尖吻鲭鲨的报告，大多数年份捕捞量在 0～400 吨之间，少数几个年份在 400～900 吨之间，其中，2011—2021 年捕捞量均低于 100 吨，与它的历史捕捞量相比处于一个较低的水平；

马耳他在 2003 年才开始有捕捞尖吻鲭鲨的报告，捕捞开始得晚，但是年捕捞量相对来说比较高，在 140～1 100 吨之间（图 8-35）。

从 1950—2021 年，最主要的捕捞方式是延绳钓（87%），其次是竿钓（12%），其他的捕捞方式使用得较少。

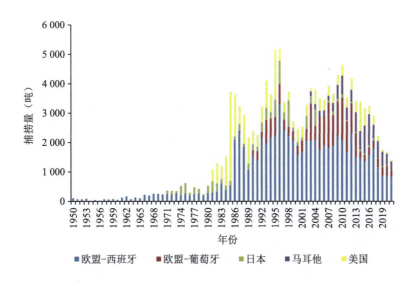

图 8-35　1950—2021 年北大西洋尖吻鲭鲨主要捕捞方捕捞量

8.3.2.2 南部种群

南大西洋种群从 1971 年开始有捕捞量数据。根据总捕捞量，1971—2021 年南大西洋种群主要捕捞方依次为欧盟－西班牙、日本、纳米比亚、巴西、欧盟－葡萄牙、南非，共计占 1971—2021 年总捕捞量的 89%（图 8-36）。

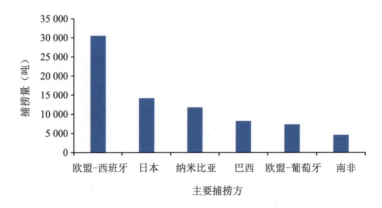

图 8-36　1971—2021 年南大西洋尖吻鲭鲨主要捕捞方捕捞量

欧盟－西班牙从 1986 年开始有尖吻鲭鲨捕捞量的报告，1993 年之后捕捞量一直维持在 500 吨以上，是南大西洋尖吻鲭鲨最主要的捕捞方；日本是最早对南大西洋尖吻鲭鲨进行捕捞的捕捞方，从 1971 年开始有尖吻鲭鲨捕捞量的报告，于 1995 年达到峰值（1 617 吨），而后捕捞量整体呈下降趋势，2016—2021 年更是下降到 100 吨以下；纳米比亚从 1999 年开始有尖吻鲭鲨捕捞量的报告，大部分年份捕捞量在 300 ~ 1 000 吨之间，2005—2007 年突破 1 000 吨，少数年份低于 300 吨；巴西从 1971 年开始有尖吻鲭鲨捕捞量的报告，1971—1989 年捕捞量低于 100 吨，1990—2017 年大多数年份捕捞量在 100 ~ 300 吨之间，2018—2021 年捕捞量有所增加，在 390 ~ 800 吨之间；欧盟－葡萄牙从 1995 年开始有尖吻鲭鲨捕捞量的报告，大多数年份捕捞量在 100 ~ 700 吨之间；南非从 1987 年开始有尖吻鲭鲨捕捞量的报告，大多数年份捕捞量在 20 ~ 300 吨之间，2014—2017 年捕捞量增加到 300 ~ 700 吨之间，后逐渐下降，2019—2021 年降低到 110 吨以下（图 8-37）。1971—2021 年，主要的捕捞方式是延绳钓（99%），其他的捕捞方式使用得较少。近十年，最主要的捕捞方式仍然是延绳钓（99%），其他捕捞方式使用较少。

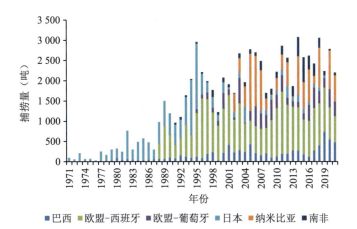

图 8-37　1971—2021 年南大西洋尖吻鲭鲨主要捕捞方捕捞量

8.3.2.3　地中海种群

地中海种群从 1987 年开始有捕捞量数据。根据总捕捞量，1987—2021 年地中海种群主要捕捞方依次为欧盟 - 西班牙、欧盟 - 葡萄牙，共计占 1987—2021 年总捕捞量的 93%（图 8-38）。

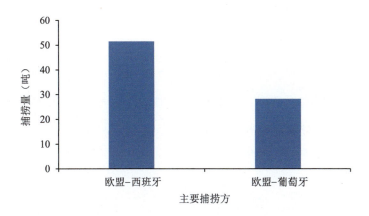

图 8-38　1987—2021 年地中海尖吻鲭鲨主要捕捞方总捕捞量

欧盟 - 西班牙从 1987 年开始有尖吻鲭鲨捕捞量的报告，1988—1996 年捕捞量为 0，1997—2021 年捕捞量为 0～10 吨。欧盟 - 葡萄牙从 1998 年开始有尖吻鲭鲨捕捞量的报告，1998—2006 年捕捞量在 0～15 吨之间，2007—2021 年捕捞量为 0（图 8-39）。

1987—2021 年，主要的捕捞方式是延绳钓（99%），其他的捕捞方式使用得较少。近十年，地中海尖吻鲭鲨捕捞量很低。

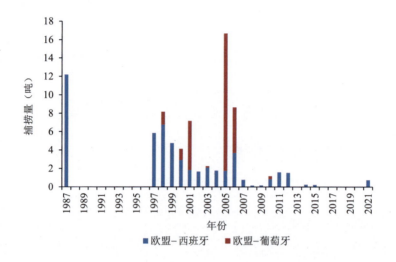

图 8-39　1987—2021 年地中海尖吻鲭鲨主要捕捞方捕捞量

8.3.3　资源状况

8.3.3.1　北部种群

尖吻鲭鲨最近一次开展评估的时间为 2017 年，评估所用数据时间范围为 1950—2015 年（ICCAT, 2017）。对于北大西洋种群，选用了贝叶斯剩余产量模型（Bayesian surplus production model, BSP）、另一种贝叶斯生物量评估模型（Just Another Bayesian Biomass Assessment model, JABBA）以及种群综合模型（Stock Synthesis, SS3）。

在 2019 年举办了尖吻鲭鲨资源评估更新会议（ICCAT, 2020b），使用的数据更新到了 2017 年，主要是对未来进行了预测。

根据 BSP2JAGS 的情景估计，该种群既存在资源型过度捕捞（$B_{2015}/B_{MSY} = 0.63 \sim 0.85$），也存在捕捞型过度捕捞（$H_{2015}/H_{MSY} = 1.93 \sim 3.58$）。处于 Kobe 图红色象限的概率为 82.1% ～ 97.8%。

JABBA 模型表明，该种群已经发生资源型过度捕捞（$B_{2015}/B_{MSY} = 0.57 \sim$ 0.76）并且正在发生捕捞型过度捕捞（$H_{2015}/H_{MSY} = 3.75 \sim 4.37$），发生资源型过度捕捞同时发生捕捞型过度捕捞的概率为 92.6% $\sim$ 99.9%。

SS3 运行获得的估计结果种群可能已经发生资源型过度捕捞（$SSB_{2015}/SSB_{MSY} =$ 0.95），并且正在发生捕捞型过度捕捞（$F_{2015}/F_{MSY} = 4.38$, CV = 0.11），发生资源型过度捕捞并发生捕捞型过度捕捞的概率为 56.1%。

组合 Kobe 图如图 8-40 所示，所有模型在遭受捕捞型过度捕捞的同时处于资源型过度捕捞状态的综合概率为 90%。这些模型一致认为，北大西洋种群已经发生资源型过度捕捞，而且正在遭受捕捞型过度捕捞。

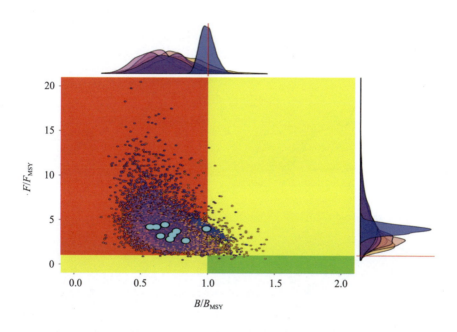

图 8-40　基于贝叶斯产量模型（4 个 BSP2JAGS 和 4 个 JABBA 运行）和基于 SS3 模型的北大西洋尖吻鲭鲨的资源状况。图中彩色小点为所有模型运行的自举法估计值，浅蓝色大点为 9 个模型运行的点估计中位数（SCRS, 2019）

由于输入数据和模型结构发生了显著变化，本次评估结果与 2012 年的评估结果不具有可比性。由于捕获量时间序列不同（2017 年评估中开始于 1950 年，2012 年评估中开始于 1971 年），并且是使用不同的假设得出的；CPUE 序列自

2010 年（2012 年评估模型的最后一年）以来一直在下降；一些生物子参数输入值已经发生了变化，现在是针对性别的；长度组合数据也变得可用。此外，在 2012 年只使用了 BSP1 产量模型和无捕捞量年龄结构的产量模型。这一最新评估表明，对北大西洋尖吻鲭鲨目前资源状况的理解有了重大改进。

仅对北大西洋的 BSP2-JAGS 模型进行了预测。BSP2-JAGS 模型预测表明，北大西洋目前的捕捞水平（C1 = 3 600 吨，C2 = 4 750 吨，过去 5 年的平均值）将导致种群持续下降。根据更为乐观的 C1 和 C2 捕捞量系列 Scheafer 模型预测，捕捞量需要达到 1 000 吨或更低，才能防止种群进一步下降（图 8-41a 和图 8-41b）。对于相应的广义产量模型，捕捞量也必须减少到 1 000 吨以下，才能防止种群进一步下降（图 8-41c 和图 8-41d）。总的来说，这意味着捕捞量减少了 72%～79%。

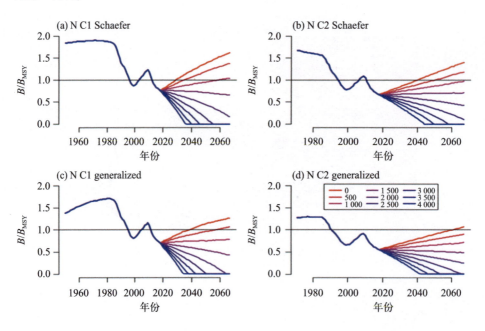

图 8-41　北大西洋种群使用 BSP2-JAGS 对 TAC 设定为 0 ～ 4 000 吨预测的中位数。（a）C1 Schaefer 模型；（b）C2 Schaefer 模型；（c）C1 广义产量模型；（d）C2 广义产量模型（ICCAT, 2017）

虽然就 *SSF* 而言，SS 模型的评估结果相比聚合生物量动态模型更为乐观，但未来资源量前景可能更悲观。这是由于从开捕年龄起，幼鱼即被持续捕捞，导致其无法生长至成熟阶段。可以预见，即使在捕捞压力降低后，产卵群体规模将在许多年内持续下降，直到补充群体达到成熟。

对于北大西洋种群，预测仅以 BSP2JAGS 为基础，该方法表明捕捞量必须减少到 1 000 吨或更低，以防止种群进一步减少。然而，应该注意到，基于这种方法重建种群，将 TAC 设置为 1 000 吨，到 2040 年该种群资源状况在 Kobe 图绿色区域的概率估计仅有 25%。

专家组指出，将活体尖吻鲭鲨放生可能是降低捕捞死亡率的一项潜在有效措施，因为研究表明尖吻鲭鲨放生后的存活率可能约为 70%。此外，遵循正确处理和释放活体的最佳实践可以进一步提高释放后的存活率。然而，目前没有足够的信息来评估仅采用现场放生是否足以将捕捞量减少到 1 000 吨或以下，并阻止种群进一步下降。

2019 年的种群综合模型（SS）预测结果显示：零 TAC 将导致截止到 2045 年有 53% 的概率种群被重建并且不存在捕捞型过度捕捞（在 Kobe 图的绿色象限）；无论 TAC 如何设置（包括 0 吨的 TAC），在生物量出现任何增长之前，种群将继续下降，直到 2035 年；将 TAC 设为 500 吨（包括废弃量）仅有 52% 的概率在 2070 年将种群重建到 SSB_{MSY} 以上和 F_{MSY} 以下的水平；若要确保截至 2070 年种群资源处于 Kobe 图绿色象限的概率达到 60%，则 TAC 须控制在 300 吨或以下；更严格的 TAC 放置（例如低于 300 吨）可以缩短种群重建所需时间。尽管将 TAC 设为 700 吨有 57% 的概率立即结束捕捞型过度捕捞，但该捕捞水平下，到 2070 年种群重建概率仅为 41%（表 8-15）。

尽管对这一种群未来生产率的假设存在很大的不确定性，但 SS 预测显示，从实施管理措施到种群规模开始重建之间有很长的滞后时间。这一事实强调了立即采取行动的重要性（表 8-16）。

表 8-15　根据北大西洋尖吻鲭鲨 BSP2-JAGS 结果，Kobe II 策略矩阵给出 $F < F_{MSY}$ 的概率（上）、$B > B_{MSY}$ 的概率（中）以及 $B > B_{MSY} + F < F_{MSY}$（下）的概率（ICCAT，2017）

Probability that F<F$_{MSY}$

TAC(t)	2016	2017	2018	2019	2020	2021	2022	2023	2024	2025	2026	2027	2028	2029	2030	2031	2032	2033	2034	2035	2036	2037	2038	2039	2040
0	0	0	0	100	100	100	100	100	100	100	100	100	100	100	100	100	100	100	100	100	100	100	100	100	100
500	0	0	0	75	74	75	75	74	75	75	74	76	75	75	75	75	76	76	76	74	75	74	75	75	75
1000	0	0	0	31	32	32	32	31	32	33	34	35	35	35	36	35	35	36	38	37	38	38	38	38	38
1500	0	0	0	11	10	11	10	10	11	13	14	14	12	12	13	14	15	15	16	15	16	17	16	16	16
2000	0	0	0	2	3	4	4	4	4	4	4	5	5	4	4	5	5	5	5	6	5	6	6	6	6
2500	0	0	0	1	1	1	1	1	1	0	0	0	0	0	0	0	0	0	0	1	0	0	0	0	0
3000	0	0	0	0	0	0	0	0	0	0	0	0	0	0	0	0	0	0	0	0	0	0	0	0	0
3500	0	0	0	0	0	0	0	0	0	0	0	0	0	0	0	0	0	0	0	0	0	0	0	0	0
4000	0	0	0	0	0	0	0	0	0	0	0	0	0	0	0	0	0	0	0	0	0	0	0	0	0

Probability that B>B$_{MSY}$

TAC(t)	2016	2017	2018	2019	2020	2021	2022	2023	2024	2025	2026	2027	2028	2029	2030	2031	2032	2033	2034	2035	2036	2037	2038	2039	2040
0	7	7	6	8	10	13	16	19	21	24	27	29	31	33	36	38	41	42	43	45	46	47	50	52	54
500	5.8	5	4	6	9	10	12	14	15	16	19	20	21	23	24	25	27	28	29	31	30	32	33	35	35
1000	6	6	5	7	9	9	10	13	13	14	16	17	18	20	21	21	22	24	23	25	25	25	25	26	27
1500	6	5	5	7	8	8	10	8	11	11	12	12	12	13	13	14	15	15	16	16	17	17	16	16	16
2000	6	6	6	7	8	7	7	8	8	8	9	9	9	8	8	9	9	9	9	9	9	9	8	9	9
2500	6	6	6	6	7	7	5	6	6	6	7	5	6	6	7	6	7	6	6	6	6	6	6	6	6
3000	6	6	6	6	6	5	5	5	5	5	5	5	5	3	4	4	3	3	3	3	3	3	3	3	3
3500	6	6	6	6	5	5	5	5	5	5	3	3	3	3	3	3	2	2	2	2	2	2	2	2	2
4000	0	0	0	5	0	0	0	0	0	0	0	0	0	0	0	0	0	0	0	0	0	0	0	0	0

Probability of being in the green zone (F<F$_{MSY}$ and B>B$_{MSY}$)

TAC(t)	2016	2017	2018	2019	2020	2021	2022	2023	2024	2025	2026	2027	2028	2029	2030	2031	2032	2033	2034	2035	2036	2037	2038	2039	2040
0	0	0	0	8	10	13	16	19	21	24	27	29	31	33	36	38	41	42	43	45	46	47	50	52	54
500	0	0	0	6	9	10	12	14	15	16	19	20	21	23	24	25	27	27	29	31	30	32	33	35	35
1000	0	0	0	3	4	5	6	6	11	12	15	15	15	17	19	19	20	22	21	23	23	23	23	24	25
1500	0	0	0	1	2	2	2	3	3	2	3	3	3	3	3	4	4	4	4	5	4	5	5	5	5
2000	0	0	0	1	1	1	1	1	1	2	3	3	3	2	3	4	4	4	4	5	4	5	5	5	5
2500	0	0	0	0	0	0	0	0	0	0	0	0	0	0	0	0	0	0	0	1	0	0	0	0	0
3000	0	0	0	0	0	0	0	0	0	0	0	0	0	0	0	0	0	0	0	0	0	0	0	0	0
3500	0	0	0	0	0	0	0	0	0	0	0	0	0	0	0	0	0	0	0	0	0	0	0	0	0
4000	0	0	0	0	0	0	0	0	0	0	0	0	0	0	0	0	0	0	0	0	0	0	0	0	0

表 8-16　2019 年大西洋尖吻鲭鲨北部种群资源评估概要

评估结果		
当前捕捞量（2018）	2 388[1]	
捕捞量（2015）	3 227[2]	
相对生物量	B_{2015}/B_{MSY}	0.57～0.95[3]
	B_{2015}/B_0	0.34～0.57[4]
相对捕捞死亡率	F_{MSY}	0.015～0.056[5]
	F_{2015}/F_{MSY}	1.93～4.38[6]
资源状况（2015）	资源型过度捕捞	是
	捕捞型过度捕捞	是
管理措施	Rec. 17-08 Rec. 04-10、Rec. 07-06 Rec. 10-06、Rec. 14-06	

1. Task Ⅰ 名义捕捞量。
2. 在资源评估中使用的 Task Ⅰ 名义捕捞量。
3. 从 8 次贝叶斯产量模型和 1 次 SS3 模型运行中获得的范围。SS3 的值为 SSB/SSB_{MSY}。低值是 4 个产量模型（JABBA）运行的最低值，高值来自 SS3 基础运行。
4. 从 8 次贝叶斯产量模型和 1 次 SS3 模型运行中获得的范围。SS3 的值为 SSB/SSB_0。低值为 4 种产量模型（JABBA）运行的最低值，高值为 4 种产量模型（BSP2JAGS）运行的最高值。
5. 从 8 次贝叶斯产量模型和 1 次 SS3 模型运行中获得的范围。SS3 的值为 SSF_{MSY}。低值是 4 个产量模型（JABBA 和 BSP2JAGS）运行的最低值，高值来自 SS3 基础运行。
6. 从 8 次贝叶斯产量模型和 1 次 SS3 模型运行中获得的范围。产量模型的值为 H/H_{MSY}。低值是 4 个产量模型（BSP2JAGS）运行的最低值，高值来自 SS3 基础运行，最高值来自 4 个产量模型（JABBA）运行。

8.3.3.2　南部种群

尖吻鲭鲨最近一次开展评估的时间为 2017 年（ICCAT, 2017），评估所用数据截至 2015 年。对于南大西洋种群，选用了 BSP 模型、JABBA 模型以及仅有捕捞量的蒙特卡罗方法（Catch-only Monte-Carlo method, CMSY）。

BSP2JAGS 的估计该种群没有发生资源型过度捕捞（B_{2015}/B_{MSY} = 1.69 ~ 1.75），但可能发生捕捞型过度捕捞（F_{2015}/F_{MSY} = 0.86 ~ 1.07）。BSP2-JAGS 模型、2 次运行的结果表明，种群发生资源型过度捕捞同时发生捕捞型过度捕捞的概率为 0.3% ~ 1.4%（Kobe 图中的红色象限），种群没有发生资源型过度捕捞但发生捕捞型过度捕捞的概率，或者种群发生资源型过度捕捞但没有发生捕捞型过度捕捞的概率为 29% ~ 47.4%（Kobe 图中的黄色象限），种群没有发生资源型过度捕捞也没有发生捕捞型过度捕捞的概率为 52.3% ~ 69.6%（Kobe 图中的绿色象限）。

基于 JABBA 模型结果的 Kobe 图显示，南大西洋种群轨迹从未充分开发状态转向恢复，随后是短期的过度捕捞。这种变化不符合实际。因此，该模型结果未被纳入管理建议的依据。

CMSY 模型的结果表明，种群可能发生资源型过度捕捞（B_{2015}/B_{MSY} = 0.65 ~ 1.12），而且很可能发生捕捞型过度捕捞（F_{2015}/F_{MSY} = 1.02 ~ 3.67）。考虑到不同的产量捕捞情景 C1 和 C2，来自 CMSY 的模型估计表明，种群同时发生资源型过度捕捞和捕捞型过度捕捞的概率为 23% ~ 89%（Kobe 图中的红色象限），种群没有发生资源型过度捕捞但正在发生捕捞型过度捕捞，或者种群已经发生资源型过度捕捞但没有发生捕捞型过度捕捞的概率为 11% ~ 48%（Kobe 图中的黄色象限）。种群不发生资源型过度捕捞并且不发生捕捞型过度捕捞概率仅有 0% ~ 29%（Kobe 图中的绿色象限）。

综合结果表明，该种群已经发生资源型过度捕捞并且正在进行捕捞型过度捕捞的概率为 19%。专家组认为，南大西洋种群的资源状况结果极不确定。尽管存在这种不确定性，但不能忽视的是，近年来种群可能已达到或已低于 B_{MSY}，捕捞死亡率可能已超过 F_{MSY}。组合 Kobe 图如图 8-42 所示。

由于资源状况的不确定性，未对南大西洋种群进行预测。专家组建议，在这种不确定性减少之前，捕捞量不应超过过去五年的平均捕捞量（在场景 C1 下为 2 854 吨，在场景 C2 下为 2 933 吨），即约 2 900 吨（表 8-17）。

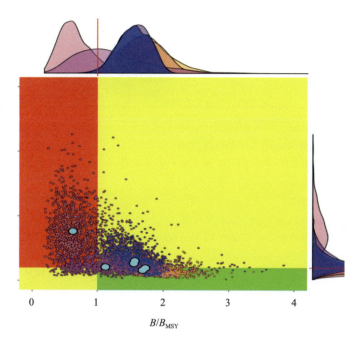

$$B/B_{MSY}$$

图 8-42　于贝叶斯产量模型（BSP2JAGS）和仅有捕捞量模型（CMSY）的南大西洋尖吻鲭鲨的资源状况。图中彩色小点为所有模型运行的自举法估计值，浅蓝色大点为 4 个模型运行的点估计中位数

表 8-17　2019 年大西洋尖吻鲭鲨南部种群资源评估概要

评估结果		
当前捕捞量（2018）	3 158[1]	
捕捞量（2015）	2 686[2]	
相对生物量	B_{2015}/B_{MSY}	0.65 ~ 1.75[3]
	B_{2015}/B_0	0.32 ~ 1.18[4]
相对捕捞死亡率	F_{MSY}	0.030 ~ 0.034[5]
	F_{2015}/F_{MSY}	0.86 ~ 3.67[6]
资源状况（2015）	资源型过度捕捞	可能[7]
	捕捞型过度捕捞	可能[7]

续表

评估结果	
管理措施	Rec. 04-10、Rec. 07-06 Rec. 10-06、Rec. 14-06

1. Task Ⅰ名义捕捞量。

2. 在资源评估中使用的 Task Ⅰ名义捕捞量。

3. 从 2 次 BSP2JAGS 模型和 2 次 CMSY 模型运行获得的范围。低值为 CMSY 模型运行的最低值，高值为 BSP2JAGS 模型运行时的最高值。

4. 从 2 次 BSP2JAGS 模型和 2 次 CMSY 模型运行获得的范围。低值为 CMSY 模型运行时的最低值，高值为 BSP2JAGS 模型运行时的最高值。

5. 从 2 次 BSP2JAGS 模型和 2 次 CMSY 模型运行获得的范围。低值来自 BSP2JAGS 模型运行，高值来自 CMSY 模型运行。

6. 从 2 次 BSP2JAGS 模型和 2 次 CMSY 模型运行获得的范围。低值为 BSP2JAGS 模型运行时的最低值，高值为 CMSY 模型运行时的最高值。

7. 委员会认为，结果有很大的不确定性。

8.3.4　管理措施

ICCAT 关于大西洋尖吻鲭鲨的现行养护管理措施主要有非强制性的决议（Resolutions）和强制性的建议（Recommendations）。

关于大西洋尖吻鲭鲨的现行通用决议和建议主要包括：（1）Rec. 10-06 ICCAT 对与 ICCAT 渔业有关的大西洋尖吻鲭鲨的建议；（2）Rec. 14-06 ICCAT 关于与 ICCAT 渔业有关的尖吻鲭鲨的建议；（3）Rec. 21-09 ICCAT 关于养护与 ICCAT 渔业有关的北大西洋尖吻鲭鲨种群的建议。

Rec. 10-06：ICCAT 对与 ICCAT 渔业有关的大西洋尖吻鲭鲨的建议的主要内容为：

①缔约方应在其 2012 年度报告中包括为实施 Rec. 04-10、Rec. 05-05 和 Rec. 07-06 所采取的行动，特别是为改进 Task Ⅰ和 Task Ⅱ的直接和附带捕捞数据收集而采取的步骤；

②从 2012 年开始，ICCAT 的合规委员会应每年对第 1 条所述的 CPC 采取的行动进行审查；

③从 2013 年起，在 ICCAT 秘书处收到这些数据之前，未按照 SCRS 数据报

告要求报告 Task Ⅰ大西洋尖吻鲭鲨数据的 CPC 将被禁止保留该物种；

④ SCRS 应在 2012 年对尖吻鲭鲨进行资源评估，并就以下问题向委员会提供建议：a）可支持最大可持续捕捞量的尖吻鲭鲨年度捕捞量；b）考虑到物种识别的困难，对尖吻鲭鲨采取其他适当的保护措施；

⑤ SCRS 应在 2011 年委员会会议前完成其鲨鱼识别指南并分发给 CPC。

Rec. 14-06：ICCAT 关于与 ICCAT 渔业有关的尖吻鲭鲨的建议的主要内容为：

① CPC 应改进其捕捞量报告系统，确保向 ICCAT 报告尖吻鲭鲨捕捞量和努力量数据完全符合 ICCAT 的提供 Task Ⅰ和 Task Ⅱ的捕捞量、努力量和体长体重数据的要求；

② CPC 应在其提交 ICCAT 的年度报告中列入其在国内为监测捕捞量以及保护和管理尖吻鲭鲨而采取的行动的信息；

③鼓励海洋科学中心开展研究，提供有关关键生物和生态参数、生活史和行为特征的信息，以及确定尖吻鲭鲨潜在的交配、幼崽和育幼场的信息。此类资料应提供给 SCRS；

④如果现有数据允许，SCRS 应努力在 2016 年之前对尖吻鲭鲨进行资源评估，并应就适当的管理措施进行评估并向委员会提出建议；

⑤本建议取代并废除 Rec. 05-05 和 Rec. 06-10 的全部内容。

Rec. 21-09（ICCAT, 2019c）ICCAT 关于养护与 ICCAT 渔业有关的北大西洋尖吻鲭鲨种群的建议是最新的管理措施，它的主要内容为：

重建计划目标

① CPC 应从 2022 年开始实施北大西洋尖吻鲭鲨重建计划，以立即结束捕捞型过度捕捞，并在 2070 年以至少 60%～70% 的概率逐步达到足以支持最大可持续产量（MSY）的生物量水平。

②为此目的，CPC 应适用本建议中规定的规则，以降低捕捞总死亡率（任何保留、死亡丢弃和活体丢弃释放后死亡率的总和），将死亡率维持在可持续水平以重建种群，并建立一个程序以确定在任何给定年份是否有保留尖吻鲭鲨的可能性。

种群重建的首要步骤及捕捞的许可的后续确定程序

③种群重建的第一步：各缔约方应在 2022 年和 2023 年禁止将与 ICCAT 渔

业有关的北大西洋尖吻鲭鲨全部或部分保留在船上、转运和上岸。

④与第 1 段中确定的概率水平相关的渔业死亡应基于 SCRS 为北大西洋尖吻鲭鲨提供的最新 Kobe Ⅱ 策略矩阵（$F < F_{MSY}$ 和 $SSF_1 > SSF_{MSY}$ 的概率）。在每次资源评估之后，SCRS 应根据第 1 段规定的目标更新 Kobe Ⅱ 策略矩阵，以供委员会使用。根据第 1 段和 2019 年 SCRS Kobe Ⅱ 策略矩阵确定的目标，在向委员会提供新的 SCRS 咨询意见之前，北大西洋尖吻鲭鲨的捕捞总死亡量应不超过 250 吨。

⑤未来允许的保留应遵循以下流程：

a）在 2022 年和 2023 年期间，SCRS 和 PA4 应共同努力，测试和确认附件 1 中的方法或替代方法的适当性，确定未来北大西洋尖吻鲭鲨的允许保留量。除其他因素外，任何替代方法都应考虑到 CPC 在保护、管理和重建种群方面所做的相对贡献（包括一个 CPC 根据 ICCAT 之前 Rec. 17-08 和 Rec. 19-06 建议的目标在降低死亡率方面的表现）以及 Rec. 15-13 中规定的其他标准，以及需要继续激励个体 CPC 问责制，以实现与重建计划目标一致的渔业死亡率下降。为协助这项工作，SCRS 应酌情向委员会提供释放后死亡率的估计数，并在需要时提供死亡丢弃的估计数，同时考虑到 CPC 提交的数据和其他相关信息分析。

b）尽管有第 3 段的规定，在 2022 年，SCRS 将计算 2023 年可能允许保留量，并将结果提供给委员会，委员会将在 2023 年验证任何允许的保留量。

c）从 2023 年开始，此后每年，SCRS 将计算下一年度允许的可能保留水平，包括符合条件的 CPC 的个体保留限额，并将结果提供给委员会。

d）从 2023 年开始，此后每年，委员会应根据 SCRS 根据第 5（c）段提出的建议，在下一年度验证允许保留的量。

⑥凡渔船保留北大西洋尖吻鲭鲨的 CPC，应禁止转运与 ICCAT 渔业有关的全部或部分北大西洋尖吻鲭鲨。

⑦根据第 5 段允许的任何留用，仅当鱼类在运回时死亡，且船上有观察员或运行正常的电子监测系统（EMS）以核实鲨鱼的状况时才被允许。

对于 12 米或以下的船只，每艘船只在进行任何捕捞作业时，不得保留多于一个的北大西洋尖吻鲭鲨样本。

就本款而言，捕捞行程的定义是渔船离开码头、泊位、海滩、海堤、坡道或港口进行捕捞作业开始至返回码头、泊位、海滩、海堤、坡道或港口结束的时间段。

⑧第 3 款至第 7 款不适用于冰岛和挪威，这两个国家的国内法要求将任何死鱼上岸，但条件是：

a）鱼在运输时死亡；

b）定向捕捞尖吻鲭鲨是禁止的；

c）根据 Rec. 18-06 及其后续或修订的要求，在 CPC 的鲨鱼实施检查表中报告北大西洋尖吻鲭鲨的登陆数量；

d）北大西洋尖吻鲭鲨上岸时，它们的鳍自然附着；

e）禁止渔民从这些鱼中提取任何商业价值。

安全处理和释放

⑨在本建议生效后，CPC 应要求悬挂其国旗的船舶在充分考虑船员安全的情况下，实施本建议规定的北大西洋尖吻鲭鲨安全处理和放生程序的最低标准，以便在切实可行的范围内及时放生未受伤害的北大西洋尖吻鲭鲨，并提高活的北大西洋尖吻鲭鲨随船航行时的生存能力。

报告实施情况的要求

⑩根据 Rec.18-06, CPC 应提交鲨鱼实施检查表，以提供本建议如何实施的信息。如果合规委员会确定任何 CPC 未能按照 Rec.18-06 的要求进行报告，则该 CPC 应立即要求其渔船在向 ICCAT 提交要求的报告之前停止保留或上岸北大西洋尖吻鲭鲨。

⑪CPC 应按照 ICCAT 数据报告要求，向 ICCAT 秘书处报告北大西洋尖吻鲭鲨的总捕捞量，包括任何上岸、死亡丢弃和活体释放。对于任何允许的渔获，应每月报告一次，以便密切监测保留限额的使用情况；对于死亡丢弃、活体释放和总渔获，应每年报告一次。根据每月报告的上岸量，当一个 CPC 达到它的保留限额时，秘书处会通知所有 CPC。

⑫一个 CPC 的保留量超过第 5 段计算的保留限额，将导致该 CPC 的限额在下一年度减少，数额与多出部分相等。该 CPC 被禁止保留，直到完全偿还超出部分。

⑬不迟于 2022 年 7 月 31 日，报告 2018—2020 年期间北大西洋尖吻鲭鲨年

平均捕捞量（上岸量和死亡丢弃量），超过 1 吨的 CPC 应向 SCRS 提交用于估计死亡丢弃和活体释放的统计方法。拥有手工渔业和小规模渔业的国家还应提供关于其数据收集计划的信息。SCRS 应审查和批准这些方法，如果 SCRS 确定这些方法在科学上不合理，应向相关的 CPC 提供相关反馈，以改进这些方法。

⑭ 作为年度 Task1 和 Task2 数据提交的一部分，各 CPC 应提供北大西洋尖吻鲭鲨的所有相关数据，包括使用 SCRS 在第 13 段中批准的方法进行死亡丢弃和活体释放的估计。如果合规委员会确定根据第 5 段授权其船只在船上和陆地上保留北大西洋尖吻鲭鲨的 CPC 没有报告其渔获数据，包括死亡丢弃量和活体释放量，则这些 CPC 应要求其渔船在报告此类数据之前不得保留任何数量的北大西洋尖吻鲭鲨。

⑮ SCRS 应评估 Task Ⅰ 和 Task Ⅱ 数据提交的完整性，包括死亡丢弃和活体释放总数的估计。如果在进行评估后，SCRS 确定在数据报告方面存在重大差距，或在第 13 段的审查后，一个或多个 CPC 用于估计死亡丢弃量和活体释放量的方法在科学上不合理，则 SCRS 应通知委员会，这些 CPC 的数据不适合纳入保留限额的计算。在这种情况下，SCRS 应估计这些 CPC 的死亡丢弃量和活体释放量，以用于计算保留限额。

生物取样和观察员覆盖

⑯ 各缔约方应努力逐步将 ICCAT 渔业中可能与北大西洋尖吻鲭鲨有潜在相互作用的所有延绳钓渔船的观察员覆盖范围（包括 EMS）增加到 10%。应根据 Rec. 16-14 的规定，通过在船上部署人力观察员或使用 EMS 来实现覆盖范围的增加，同时考虑到 ICCAT 根据 SCRS 和 PWG 的建议商定的最低标准。

⑰ 在商业捕捞作业中收集生物样本应遵守 ICCAT 关于科学观察员对违禁鲨鱼物种进行生物采样的建议（Rec.13-10）。CPC 应根据本建议的条款和 SCRS 的建议，鼓励收集拉回时死亡的北大西洋尖吻鲭鲨的生物数据和生物样本，如肌肉、椎骨和生殖组织。

⑱ 尽管有第 7 段的规定，但在本建议的范围内，仅对于小于 15 米的船舶，如果存在特殊安全考虑，不允许部署船上观察员，该 CPC 可以例外地采用 Rec. 16-14 中规定的替代方法。对第 7 款的豁免应不妨碍本措施所概述的所有 CPC 关于立即结束捕捞型过度捕捞和降低死亡率的总体承诺。任何 CPC 希望采用这种

替代方法必须：1）根据委员会的建议向委员会提交方法的细节，以供评估；2）获得委员会的批准（如 Rec. 16-14 所规定）。

科研活动

⑲ SCRS 将继续优先研究以下方面：确定北大西洋尖吻鲭鲨的交配、产仔和育幼场以及其他高度集中的地区；时空测量的选择；缓解措施（渔具的配置和修改、部署方案）以及对重建方案目标的利与弊，旨在进一步改善种群资源状况；以及 SCRS 认为有助于改善资源评估、降低尖吻鲭鲨死亡率的其他领域。此外，鼓励 CPC 调查尖吻鲭鲨在船上和释放后的死亡率，包括（但不完全是通过）结合钩计时器和卫星标记程序。

⑳ 考虑到在特定海洋环境条件下的区域和时段，可能出现兼捕热点区域，SCRS 应启动一个试点项目，探讨在自愿参与该项目的延绳钓渔船的干线和支线上安装小型数据记录器的好处，该项目针对的是与尖吻鲭鲨有潜在相互作用的 ICCAT 物种。SCRS 应就小型数据记录仪的基本特征、最小数量和安装位置提供指导，以便更好地了解浸泡时间、捕捞深度和环境特征对尖吻鲭鲨偶然捕捞量的影响。

㉑ a）SCRS 应在 2023 年之前，在获得新信息时，向委员会提供关于旨在进一步降低尖吻鲭鲨死亡率的缓解措施的最新建议。为此，CPC 应在 2023 年 4 月 30 日之前按渔业向 SCRS 提交它们为降低北大西洋尖吻鲭鲨捕捞总死亡率而采取的技术和其他管理措施的信息，但已经向秘书处提供该信息的 CPC 除外。SCRS 应审查这些资料，并就哪些工具和方法在降低捕捞死亡率方面最有效向委员会提出意见，以便建议委员会应考虑通过的具体措施。

b）考虑到 CPC 在上文 a）项中提交的技术和其他管理措施的信息，SCRS 应根据现有的最佳科学，评估活体保留的最小和最大体长限制（单独或结合使用）的潜在益处，特别是在与其他管理措施结合考虑时，以满足降低死亡率的要求。

㉒ SCRS 应审查报告的长鳍尖吻鲭鲨上岸和丢弃情况，以确定任何可能因两种尖吻鲭鲨的错误识别而导致的意外不一致之处，以便制定管理建议。

资源评估及措施有效性的审查

㉓ SCRS 应进行基准资源评估，包括产生 Kobe II 策略矩阵，反映到 2070 年重建北大西洋尖吻鲭鲨的时间框架。应在 2029 年和 2034 年进行进一步评估，以

评估资源状况和发展轨迹，以及根据本建议和后续修订为实现重建计划目标而采取的行动的有效性。

执行

㉔尽管有《公约》第八条第 2 款的规定，但仍强烈鼓励各 CPC 根据其监管程序，尽快并在本建议生效日期之前实施本建议。

㊺2023 年，第四小组将举行闭会期间会议，以促进 CPC 之间分享最佳做法，以减少尖吻鲭鲨的遭遇、捕捞量和捕捞死亡率。第四小组应征求渔业经营者、其他相关利益攸关方和科学家的意见，并应鼓励他们参加本次会议。本次会议关于有可能降低尖吻鲭鲨捕捞死亡率的有效技术措施的任何建议均应提交 SCRS 审查和审议。在该审查的基础上，SCRS 应于 2024 年就应采取的降低尖吻鲭鲨捕捞死亡率的最有效技术措施向委员会提出建议，同时还应就渔业对目标鱼种捕捞量的交易提供信息和建议。

审查和废除

㉖本建议取代并废除《ICCAT 关于养护与 ICCAT 渔业有关的北大西洋尖吻鲭鲨种群的建议》（Rec.19-06）。

㉗在 2024 年年度会议上，委员会应根据重建计划的目标审查这一措施，同时考虑到 SCRS 提供的建议，包括与第 21 段（a）和（b）有关的建议，以及第 4 小组的讨论。

㉘委员会应至不迟于 2024 年年会审查这一措施，以探讨减少捕捞总死亡率的其他措施。

第9章　大西洋金枪鱼渔业
科学发展展望

9.1　管理策略评价

9.1.1　管理策略评价概述

　　管理策略也被称为管理程序（Management Procedure, MP）或可操作的管理程序（Operational Management Procedure, OMP）（Butterworth, 2007; Butterworth, 2008; Rademeyer et al., 2007），是数据收集、数据应用的具体分析以及基于分析结果确定管理行动的捕捞控制规则（Harvest Control Rule, HCR）的组合（Punt et al., 2016）。而管理策略评价（MSE）则是利用计算机模拟来评估不同管理策略为达到管理目标所做出的策略权衡及其不确定性后果（Punt et al., 2016）。过去，管理策略评价的相关表述尚不一致，曾有学者将其称为"管理程序评价框架"（Management Procedure Evaluation Framework）（Kell et al., 2006a）。此外，也有不少学者会采用"管理程序方法"（Management Procedure Approach）来指代"管理策略评价"这一概念（Butterworth, 2007; Geromont et al., 1999）。本质上，这些概念或称谓所蕴含的意义是一致的。

　　国际捕鲸委员会（International Whaling Commission, IWC）于 20 世纪 70 年代首次提出了 MSE 的概念（Punt and Donovan, 2007）。尽管 MSE 方法论及其应用已成为渔业资源评估领域的主流方向之一，但目前针对 MSE 尚未有统一明确的定义。1994 年，Smith（1994）在其文章中认为广义的 MSE 是指对不同管理策略或管理选项进行评估，其评估结果通过一系列管理目标间的策略权衡加以展示。2011 年，联合国粮食及农业组织（FAO）渔业委员会在其刊物"渔业生态系统方法"中对 MSE 做出如下界定，"MSE 是一种基于建模的方法，旨在测试备选管理措施的稳健性。通过测试系列决策规则来调整总可捕量或努力量控制，从而确定能够达到渔业管理目标的表现最佳的系列决策规则"（Hofmann et al.，2019）。而 ICCAT（2015）则在《ICCAT 关于开发捕捞控制规则和管理策略评价的建议》文件中将 MSE 定义为"一个具备包容性、互动式以及迭代性特征的评估过程，用于评价管理相关的捕捞控制规则（HCR）和生物学参考点（Biological Reference Point, BRP），以及包括未能实现管理目标时的风险"。综合上述定义，在此宽泛地将 MSE 定义为一种利用计算机模拟来测试管理策略稳健性并量化评估预期管理目标达成情况的权衡性评价方法，其具体内容包括明确并量化管理目标、筛选确定管理策略以及制定并量化计算管理策略评价标准。

MSE 方法论利用数学表达式来表征两个系统，一个是"真实"系统，另一个是"观测"系统（Kell et al., 2007）。"真实"系统是通过操作模型（Operating Model, OM）来模拟真实世界的情况，而"观测"系统则代表了传统管理程序（MP）的过程，主要包括①从 OM 的"真实"种群中模拟收集数据；②运用模拟的观测数据进行资源评估；以及③根据某些特定规则如捕捞控制规则 HCR 来预设一组管理措施，而这些措施会考虑资源评估的结果。"观测"系统最终会通过管理手段来反馈到"真实"系统，从而形成一个闭环结构（图 9-1）。基于上述两个系统构建的 MSE 框架，一般被细分为下列四个模型，即操作模型（OM）、采样模型（Sampling Model）、评估模型（Assessment Model）和执行模型（Implementation Model）。

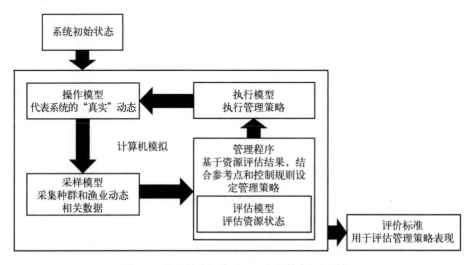

图 9-1　管理策略评价（MSE）的基本框架结构

　　操作模型是整个 MSE 框架的核心组件，其借助模拟来反映真实种群动态。操作模型通过模拟"真实"渔业以测试不同管理策略，从而揭示管理策略可能的后果和风险并加以权衡。操作模型应该囊括"真实"渔业环境中的各个要素，比如资源动态、船队动态、生态系统等，利用数学方法将这些要素过程结合起来作为一个动态系统进行建模研究（李志 , 2015; McAllister et al., 1999）。操作模型还原"真实"渔业的程度直接影响到 MSE 过程能否成功执行（Butterworth et al., 1997; Dichmont et al., 2008）。操作模型描述"真实"系统需要两类参数数据，即渔业依赖数据（Fishery Dependent Data）和渔业独立数据（Fishery Independent Data）。渔业依赖数据主要是通过商业捕捞生产获得的渔业数据，包括捕捞量、捕捞努力量、捕捞选择性等。而渔业独立数据则往往是通过科学调查获取到的渔业相关数据，包括鱼类的生长、自然死亡、性成熟等生物学参数或其先验信息以及丰度指数序列等。为了充分反映真实的种群动态情况，操作模型还需进一步考虑种群初始资源量，并对在引入渔业后种群的相应动态如亲体－补充量关系、体长和年龄结构等变化进行描述。需要留意的是，在构建操作模型、使用历史数据估计其参数以及后续执行模拟预测时，应尽可能确保相关假设的一致性。

　　操作模型的选取和构建并无特定要求，可以与评估模型一致，也可以在合理假设的基础上，结合经验使之成为复杂模型。Kell 等（2006a）在贝叶斯理论背景下，依据模型涉及的知识经验、数据需求以及实现的复杂程度，对操作模型构建的四种模式进行了总结：①第一种是利用当前的资源评估模型作为操作模型，该模式对知识和数据的要求最低。这种模式隐含的假设是评估模型能近乎完全地描述现实世界的情况，而实际上该模式下的管理策略并不能充分考虑不确定性；②第二种模式的操作模型是以数据为导向，即操作模型能够表征所有有效可用的数据，并且其模型参数值仅以数据为基础。该模式下操作模型无须与评估模型一致，但其假设未来的发展动态与过去相似，这往往是不现实的；③第三种模式仍以数据为导向，不同的是操作模型会借助元分析（Meta-Analysis）或蒙特卡洛方法（Monte Carlo Methods）的有信息先验来描述参数；④第四种模式着重强调经验知识和其他可能会影响管理系统未来行为的先验信息，即关注未来而非拟合历史数据。这是一种较少数据，更多以假设为导向的操作模型构建模式。

操作模型的高度灵活并不意味着建模者可以对其肆意处理。操作模型过于简单，将导致种群动态中的某些细节缺失，与"真实"渔业偏离，当偏离程度过大时，会令 MSE 结果不可信；而操作模型过于复杂时，过度参数化会影响参数估计的结果，从而无法获取到预期的模型结果。因此，操作模型的复杂程度需要建模者慎重斟酌。无论构建的操作模型简单或复杂，其核心原则是能够尽可能贴近"真实"渔业，从而为 MSE 的后续步骤提供合理有效的数据基础。

采样模型被用来采集从操作模型中产生的"真实"渔业的数据，即模拟收集商业捕捞生产和科学调查数据的过程。数据收集应包括所有历史数据以及利用不同管理策略模拟渔业产生的数据。采样模型的构建相对简单，其一般形式是有统计误差结构的观测模型（Observation Model）。值得注意的是，为了能够贴近现实中数据收集的过程，应在采样模型中尽可能考虑该过程中的不确定性，将各个不确定性来源纳入统计误差结构中，以产生更具代表性的样本数据。因此，建模者需根据目标种群的生物学特性、渔业行为的特征并结合已有经验来考虑采样模型结构的合理性，细致研判模型中包含的不确定性是否已准确反映真实采样过程。此外，在数据收集时，还需考虑时间尺度，以保证 MSE 的时效性（何珊和陈新军，2016）。

通过将评估模型的参数结果与使用模拟数据估算的生物学参考点（BRP）和捕捞控制规则（HCR）进行对照，从而评估目标种群当前的资源状态。评估模型的参数结果包括资源量、历史和当前捕捞死亡系数、亲体生物量以及补充量，还需估算这些参数的不确定性。评估模型的形式也是高度灵活的，可以是简单的剩余产量模型，也可以是基于年龄（体长）结构的模型。不同形式的模型对数据的要求不尽相同。

执行模型模拟不同管理策略实施后对资源以及渔业动态的影响，并结合评价标准（Performance Statistics）来量化预期管理目标的达成情况。执行模型的结果例如实际捕捞量等将进一步反馈给操作模型，重复循环以完成整个管理策略评价流程。执行模型中备选的管理策略通常分为两类，即无模型（Model-Free）和基于模型（Model-Based）的管理策略（Rademeyer，2007；McAllister et al.，1999）。无模型的管理策略又被称为经验型（Empirical）的管理策略，这类管理策略依靠调查数据和经验，利用渔业调查得到的丰度指数直接作为建议的总可捕量

（TAC）。无模型方法具备开发简单、便于相关利益方理解的特点。在实际操作中，其测试仅需极少的计算机算力，无需多次迭代来拟合数据，大幅减少了渔业资源管理的成本。无模型方法能够在采用绝对丰度估计且相关误差很小的情况下取得较好的结果，但其不足是无法获取资源丰度到达平衡的信息。而基于模型的管理策略是利用资源评估模型的输出结果作为捕捞控制规则的输入数据，这类管理策略的范例是恒定捕捞死亡率或努力量（Kell et al., 2006b）。基于模型的管理策略相比经验方法反映了较长时间序列的资源动态，因此其对应的总可捕量会呈现更少的年间变化。操作简便性往往是度量管理策略方法适合程度的标准之一，当评估模型或经验方法的估计未对模拟数据做出合理的拟合，便需要考虑增加复杂程度。尽管有时增加复杂程度是有必要的（Cooke, 1999; Rademeyer, 2003），但在实际操作中可以固定模型中的某些参数，这样不仅能在有限数据的多参数估计中避免很高的方差，也能使其计算时间控制在合理范围内（Rademeyer, 2007）。

另外，确定某一管理策略的效果通常需要进行模拟测试，根据管理目标来模拟多年管理策略的实施从而诊断表现较好的管理策略（Holland, 2010）。管理策略还应设立临时规则以应对各种例外情况（Exceptional Circumstances）的发生，并且有必要进行周期性的资源评估以确定当前的管理策略是否需要修正。

上述 MSE 框架的基本结构有时会基于实际渔业管理需求或不同学者的经验观点而略有变化，但 MSE 方法论的整体思想是统一的。Punt 等（2016）将实施 MSE 具体划分为以下几个基本步骤：①确定并量化管理目标；②明确不确定性来源（包括生物学、环境、渔业以及管理系统等诸多方面）；③开发一系列模型。首先是操作模型，操作模型须能体现管理对象系统的生物学特性、模拟种群的资源动态、如何从该系统中收集数据以及这些数据与模拟种群间的关系。由于需要尽可能涵盖固有的不确定性，因此往往需要构建多个操作模型。此外，还需开发能够反映管理措施如何在实践中应用的执行模型；④操作模型参数的选择并量化参数的不确定性；⑤筛选并确定备选的管理策略；⑥针对各个操作模型采用不同管理策略进行模拟；以及⑦总结和阐释上述的模拟结果，通过改进管理目标间的加权从而得到更优的量化权衡结果。

Francis 和 Shotton（1997）曾撰文回顾了风险分析（Risk Analysis）的概念，并将风险分析的过程细分为风险评估（Risk Assessment）和风险管理（Risk

Management）两部分。前者涉及向渔业管理者清楚地展示每项备选的管理策略的不确定性以及可能的后果并提出科学建议，后者则涉及在考虑不确定性的前提下，对可接受的风险水平内的管理目标做出决策。从某种程度上而言，风险分析已经具备了 MSE 方法论的雏形，比如二者均考虑到了管理策略的不确定性并对其做出相应的风险评估。MSE 方法相比风险分析更具优势，其特点在于 MSE 框架中的反馈循环机制能进一步考虑到基于未来数据信息所做出的管理上的反应。

MSE 方法也有别于基于资源评估结果所做的预测。MSE 方法论出现之前，渔业管理的主要途径是开发有关资源的"最佳评估"（Butterworth, 2007）。具体过程是通过整合数据和经验知识以数学方法估计过去和未来的资源丰度和生产力，而后将上述结果转化为建议的 TAC。这类做法被称为渔业管理的传统方法（Traditional Approach, TA）。然而，传统方法（TA）忽略了"最佳评估"执行过程中实际存在的年际变化，使得 TAC 的变动独立于真实的种群动态；同时，TA 并未考虑所采纳的"最佳评估"结果存在错误的可能，即不确定性。并且，TA 无法有效地考虑捕捞量和资源风险间的长期权衡（Punt et al., 2016）。稳固的渔业管理是基于这种长期权衡之下的，而只有当决策规则被模拟反复应用时，风险才能被有效评估。此外，确定 TA 的过程中往往耗费大量人力和时间，但其结果却无法给出有真正价值的建设性意见。无法达成一致的局面常常使得管理机构将暂不改变管理行为作为其默认决策。基于上述不足，除个别基础数据较为缺乏的小型和手工渔业外，大多数渔业管理中正逐渐弃用 TA 这类方法。

在渔业管理中应用 MSE 方法能够应对以往传统方法（TA）存在的局限性。虽然二者均通过输入观测数据至模型从而得到建议的 TAC，但核心区别在于 MSE 方法得到的 TAC 是经过模拟测试并满足不同管理目标间权衡的产物。同时，MSE 能够利用反馈控制机制及时调整对于目标资源状况认识上的错误，以消除不确定性影响。

Butterworth（2007）认为 MSE 方法的优点可以概述为以下几点：① MSE 方法预先明确了所需的数据和估计方法，这就极大节省了人力和时间。而节省下来的资源也能够相应投入到更有针对性地解决评估中的不确定性问题；② MSE 方法的模拟测试为风险评估提供了基础；③ TAC 的年际变化频繁往往不利于渔业产业的良性发展，而 MSE 方法能够对 TAC 的年际间变动设定限制；④ MSE

方法涵盖了"最佳评估"并对不确定性进行测试，由此保证了与预防性措施（Precautionary Approach, PA）的一致性；⑤ MSE 方法具备透明性，能够促进渔业管理者、相关利益方和科学家之间的互动，并赋予相关利益方思考和选择的机会，使其充分参与到渔业管理过程中。这一优点也被其他学者广泛认同，Punt 等（2016）认为结构完善的 MSE 将形成科学和政策的纽带，同时能令管理者和科学家各司其职，互不干涉各自的专业决定；Hilborn（2003）认为 MSE 方法的透明性使其既考虑到了管理目标资源的养护，同时也兼顾到了渔业产业的社会及经济回报。

　　MSE 以往被广泛用于了解管理策略的期望行为，如今则越来越多地用于实际渔业管理策略的选择（Punt et al., 2016）。MSE 方法作为管理工具首先被 IWC 科委会开拓性地采纳，这是第一个明确以可量化方式将预防性规则应用于可再生资源管理的 MSE 框架（Garcia, 2000）。但遗憾的是，该框架并未用于商业捕鲸管理，而是仅针对当地生计渔业和一些商业性有鳍鱼类和无脊椎动物渔业的管理（Hammond and Donovan, 2010）。南非的鳀鱼和沙丁鱼渔业是最早利用 MSE 方法进行管理策略选择的案例，同时也是为数不多在复杂策略权衡下成功的典范性实践（Geromont et al., 1999; Butterworth et al., 1997; Butterworth and Bergh, 1993; Cochrane et al., 1998; De Oliverira and Butterworth, 2004; Johnston and Butterworth, 2005）。在往后的数十年间，MSE 方法又陆续应用于南非的南非竹荚鱼（Furman and Butterworth, 2012）、无须鳕（Rademeyer et al., 2008）以及岩龙虾（Johnston and Butterworth, 2005）等主要经济种类的管理策略选择。然而，尽管南非应用 MSE 方法的起步时间较早，但将评价结果用于指导后续研究的进展却极为缓慢（Butterworth and Punt, 1999）。

　　2000 年后，将 MSE 方法应用于管理逐渐变得国际化和多元化。除 IWC 和南非之外，澳大利亚也在早期便开始应用 MSE 方法并取得了广泛的管理成效。这些实践中，不仅涵盖了澳大利亚旭蟹（Dichmont and Brown, 2010）、岩龙虾（Punt et al., 2012）以及鲍鱼（Haddon and Helidoniotis, 2013）等单一种群渔业，还进一步利用 MSE 方法对澳大利亚南部和东部的有鳞鱼类和鲨鱼（the Southern and Eastern Scalefish and Shark Fishery, SESSF）等这类复杂种群结构、多种捕捞方式的渔业进行管理策略的比较和选择（Little et al., 2011; Punt et al.,

2002; Smith et al., 2008）。近年来，MSE 方法在金枪鱼养护管理过程中的重要作用日益凸显（Sharama et al., 2020）。但由于每个金枪鱼区域渔业管理组织（tuna Regional Fishery Management Organization, tRFMO）所致力的管理目标不尽相同，并且 MSE 过程取决于各组织成员间特定的协调磋商机制，因而实质上在金枪鱼管理方面 MSE 的推进工作十分有限。与其他金枪鱼种类相比，南方蓝鳍金枪鱼的 MSE 应用可能稍好一些（Hillary et al., 2016; Kurota et al., 2010）。欧洲渔业的 MSE 方法应用广泛但多限于理论上探索管理策略的绩效表现，而缺乏管理策略的实际应用（Punt et al., 2016）。

近来，MSE 方法的应用研究内容逐渐从某个特定渔业的管理实践转向将 MSE 方法论（MSE 框架）作为辅助工具模拟现实环境以帮助解决某个具体的科学问题。例如，Wiedenmann 和 Holland（2020）利用 MSE 方法探讨当允许捕捞量限额在年度间结转时管理目标的权衡情况。Smith 等（2021）则通过 MSE 方法模拟动态和静态的禁渔制度从而研究其对缓解剑鱼渔业兼捕的有效程度。此外，还有学者将 MSE 方法与数据有限方法（Data Limited Methods, DLMs）结合来探讨不同自然死亡率对管理策略绩效表现的影响（Chen et al., 2018），这类应用研究的实现主要依靠了 MSE 方法在其相关计算机程序方面的进展（Carruthers and Hordyk, 2018）。

MSE 不仅在传统渔业管理上得到了应用，其方法实践也进一步延伸至海洋哺乳动物以及海鸟的科学管理中。美国采用 MSE 方法对鲸类及海豹等海洋哺乳动物的人为死亡率进行估算并进行合理的控制管理，起到了较好的效果（Wade, 1998）。而 Punt 等（2020）借助 MSE 方法对海洋哺乳动物养护目标的实现程度进行量化评估，从而尽可能减少对商业性渔业的影响。Tunk（2011）通过构建 MSE 框架用于测试信天翁和海鸥两种海鸟基于管理规则的兼捕率假设的适用性，并与"潜在生物移除"（Potential Biological Removal, PBR）理论的数值进行比较，结果发现应用兼捕率作为控制规则不足以实现养护目标，应谨慎地考虑应用这类控制规则。

Hilborn（2003）曾指出渔业管理未来的趋势将是通过简便规程来设定捕捞量水平，利用复杂程度较高的模型来验证控制规则的稳健性。MSE 方法恰好可以满足这种管理趋势，同时日益复杂的管理需求也赋予了 MSE 方法更多革新探索的空间。操作模型的开发是 MSE 方法当前和未来的方向之一。例如，渔业产业规模和效益与资源开发程度有着紧密联系，因而操作模型中渔业动态应充分涵盖社会－经济因素；又如操作模型中考虑大尺度环境变化对资源种群的影响，可以通过将环境变化与模型参数以方程形式联立起来实现，也可以应用完整的生态系统模型作为操作模型，已有国外学者采取后者做了相关研究（Lucey et al.，2021）。开发针对特定案例的管理策略也是 MSE 方法改进的另一方向。由于有限的数据和经验，或迫于开发时间和资源，MSE 过程中会采取通用的管理策略。而这类策略在定量上非常保守，以使得在所有情况下都能呈现较好的评价表现，但实际上保守策略常常无法令资源利用程度达到最佳状态，导致社会经济利益受损。因此，在未来计算机算力和人力得以保障的前提下，应尽可能全面收集数据，从而有针对性地开发特定的（case-specific）管理策略。

作为一种良好的管理工具，MSE 方法的应用领域不应仅局限于处理渔业资源与评估问题，其在多种可再生资源的管理决策方面同样具有应用价值和潜力。例如，Milner-Gullend 等（2010）曾呼吁利用 MSE 方法为陆地濒危物种制定保护计划；Bunnefeld 等（2011）针对 MSE 方法应用于陆地系统资源保护展开研究，结果表明，为达到管理目的应强调规范资源开发者的行为。此外，还有研究人员将 MSE 方法应用于确定和测试压舱水管理方案的有效性，实现对入侵海洋生物物种的科学管理（Dunstan and Bax, 2008）。由此可以预见，未来 MSE 方法的适用场景将是多学科交叉和融合领域，其应用也将更丰富且普遍。

9.1.2　ICCAT-MSE 路线图

ICCAT 的 MSE 路线图（MSE roadmap）旨在指导养护管理措施 Rec. 15-07（ICCAT 关于开发捕捞控制规则和管理策略评价的建议）中确定的优先种群，即长鳍金枪鱼北部种群、蓝鳍金枪鱼、剑鱼北部种群和热带金枪鱼的管理策略制定（ICCAT, 2015）。MSE 路线图于 2016 年 ICCAT 委员会会议中首次提出，该路线图提供了一个理想的 MSE 时间表，同时可结合年度各种群的资源评估进度进行更新修订。根据该路线图的最初计划，假定在 2020 年通过针对长鳍金枪鱼北部种群的最终管理策略，在 2022 年通过针对蓝鳍金枪鱼和剑鱼北部种群的临时管理策略，以及最快于 2023 年通过针对热带金枪鱼的临时管理策略。目前，最新的 MSE 路线图于 2022 年 ICCAT 委员会会议上修订通过（表 9–1）。

表 9-1　2022 年修订后的 ICCAT 的 MSE 路线图

	北方长鳍金枪鱼	蓝鳍金枪鱼	北方剑鱼	热带金枪鱼
2015	- 委员会在养护管理措施 Rec.15-04 中确立了管理目标			- 委员会为包括热带金枪鱼在内的优先种群提供了捕捞策略的初步指导（养护管理措施 Rec.15-07）
2016	- SCRS 进行了北方长鳍金枪鱼资源评估 - SCRS 利用 MSE 评估了一系列备选 HCR - Panel 2 会议确定了绩效指标（performance indicators）			委员会确定了绩效指标（养护管理措施 Rec.16-01）。委员会通过了 MSE 路线图，包括 2016-2021 年的热带金枪鱼研究计划
2017	- SCRS 使用 Panel 2 制定的绩效指标，利用 MSE 评估了备选 HCR 的绩效 - SWGSM 缩小了备选 HCR 的范围，并将其提交给委员会 - 委员会选择并通过了 HCR 及相关的 TAC（养护管理措施 Rec.17-04）	- SCRS 进行了蓝鳍金枪鱼资源评估 - 核心建模小组完成了模型框架的开发	- SCRS 进行了资源评估	- SCRS 审查了黄鳍金枪鱼、鲣鱼和大眼金枪鱼的绩效指标 - SWGSM 建议采用多物种方法来制定 MSE 框架

续表

	北方长鳍金枪鱼	蓝鳍金枪鱼	北方剑鱼	热带金枪鱼
2018	- SCRS 与独立专家签约，以完成对 MSE 代码的同行评审 - 发布同行评审招标书 - 根据养护管理措施 Rec.17-04 的要求，SCRS 测试了已通过的 HCR 的绩效，以及 HCR 的变化。SCRS 开发了识别例外情况（exceptional circumstances）的标准	- SCRS 举行了关于蓝鳍金枪鱼和剑鱼 MSE 的联合会议 - SCRS 审查了但并未采纳操作模型（OM）的参考集 - SCRS 开始测试备选管理策略（MP） - SWGSM 审议了定性的管理目标（BFTWG） - 蓝鳍金枪鱼 MSE 开发进展，并制定了详细的路线图 - 委员会通过了概念性管理目标（养护管理措施 Rec.18-03）	- SCRS 举行了关于蓝鳍金枪鱼和剑鱼 MSE 的联合会议 - SCRS 与 MSE 技术专家签订合同，以制定操作模型（OM）框架，确定了初始的操作模型（OM），并对操作模型（OM）进行初步调整 - SWGSM 审议了定性的管理目标	- SCRS 与技术专家签约：开始开发 MSE 框架（第一阶段） - SCRS 对大眼金枪鱼进行资源评估
2019	- SCRS 根据同行评审的建议进行了对应处理 - SCRS 更新了临时 HCR 及其变式的绩效结果 - SCRS 制作了关于 MSE 的综合报告 委员会（COMM）：Panel 2 审查了关于 MSE 可能有助于在发生例外情况时制订适当的管理对策指南的方法，包括其他区域渔业管理组织（RFMO）实施的对策	- SCRS 举行了三次蓝鳍金枪鱼 MSE 技术小组会议，取得了重大进展，但建议至少需要增加一年的工作 - SCRS 继续评估备选管理策略 - 在闭会期间会议上，Panel 2 审查并制定了初步的管理目标并确定了绩效指标 - SCRS 于 12 月举行了网络研讨会，审查 OM 的进展情况 COMM：Panel 2 审查了 MSE 进展，并就下一步措施向委员会提出建议，包括需要更新资源评估结果，以提供至少 2021 年的 TAC 建议	- 剑鱼物种小组（Species Group）会议 - SCRS 与技术专家签约，制定初步的 MSE 框架 - 委员会在年会上通过了概念性管理目标（养护管理措施 Rec.19-14）	- SCRS 对黄鳍金枪鱼进行了资源评估 - SCRS 同意开发一个多鱼种 MSE（东部鲣鱼、大眼金枪鱼和黄鳍金枪鱼） 委员会更新了 2019—2024 年期间的 MSE 路线图，SCRS 路线图完善 MSE 程序，继续测试备选管理策略。在此基础上，委员会应审查备选管理策略，包括事先商定的在不同种群条件下采取的管理行动。这些行动应考虑到捕捞作业（如围网、延绳钓和饵料船）对动鱼死亡率和 MSY 产量的不同影响"（养护管理措施 Rec.19-02）

	北方长鳍金枪鱼	蓝鳍金枪鱼	北方剑鱼	热带金枪鱼
2020	1. COMM（Panel 2）在闭会期间针对对当发生例外情况时的一系列适当的管理对策制定了指南 2. SCRS 进行了北方长鳍金枪鱼资源评估 3. SCRS 评估了是否存在例外情况 4. COMM 根据 HCR 和 2020 年的评估，为 2021 年设定新的 TAC（养护管理措施 Rec.20-04）	1. SCRS 更新了资源评估结果并制定了 2021 年和 2022 年的 TAC 建议 2. 在年度会议上，COMM 根据资源评估的更新情况，至少为 2021 年设定了 TAC（养护管理措施 Rec.20-06, Rec.20-07） 3. SCRS 继续开发 MSE 框架，包括操作模型调节和不确定性网格	1. SCRS 继续开发 MSE 框架，包括操作性模型的完善 2. SCRS 开发了备选管理策略的范例	COVID 延缓了多种群 MSE 的进展，而 SCRS 为西部鲣鱼 MSE 开发了一个初步的 OM
2021	1. SCRS 利用 Stock Synthesis（SS）模型为新 MSE 框架准备输入信息 2. SCRS 评估了是否存在例外情况	1. SCRS 采纳了 OM 参考网格并决定了其权重分配 2. SCRS 启动了对 MSE 代码的独立同行评审	1. SCRS 继续开发和测试备选管理策略，并继续进行 OM 参考网格的工作，包括诊断方法 2. SCRS 考虑到关于北方长鳍金枪鱼的例外情况条款，继续开展的开发工作。	1. 委员会审查并建议更新热带金枪鱼 MSE 路线图 2. SCRS 采纳了 MSE 中考虑的主要不确定性来源以及热带金枪鱼 MSE 的备选绩效指标

续表

	北方长鳍金枪鱼	蓝鳍金枪鱼	北方剑鱼	热带金枪鱼
2021	3. COMM: （1）审查并批准了闭会期间制定的关于在例外情况下的管理对策的指导意见 （2）审查了临时 HCR，并在年会上通过长期备选管理策略，包括 TAC	3. SCRS 继续开发和测试备选管理策略 4. SCRS 和蓝鳍金枪鱼物种小组新设立了两个关于丰度指数和建模的工作小组，以解决关键问题。关于蓝鳍金枪鱼养殖的生长小组继续其工作 5. COMM（Panel 2）- 举行了闭会期间会议，由 SCRS 提供 MSE 的最新进展。于 10 月举行了 MSE 联络员研讨会	3. SCRS 启动了对 MSE 代码的独立同行评审 4. COMM（Panel 4）审查了 MSE 的进展，并在 Panel 4 第一次闭会期间会议上开始考虑绩效指标和一个极限参考点。建议在 2022 年进行额外对话 5. 物种小组在年度会议上向 COMM 和 Panel 4 介绍了 MSE 的最新进展情况	3. SCRS 对大眼金枪鱼进行了资源评估 4. SCRS 建议修改西部鲣鱼 OM，以包括整个西大西洋范围 5. JCAP 和 ICCAT 合作举办了关于 MSE 和 HCR 的研讨会，主要面向葡萄牙语和西班牙语的科学家和管理人员

年份	北方长鳍金枪鱼	蓝鳍金枪鱼	北方剑鱼	热带金枪鱼
2021		6. SCRS 在本年度年会上向 COMM（Panel 2）概述了蓝鳍金枪鱼 MSE 的进展情况，包括对备选管理策略如何工作以及实现不同目标的权衡进行了概念性说明。会议讨论了完成 MSE 的工作计划，包括未来对话会议的计划。Panel 2 提供了反馈，以支持接下来的步骤		
2022	1. SCRS 将启动对 MSE 程序的独立同行评审			
	2. SCRS 将使用 SS 模型为北方长鳍金枪鱼开发一个新的 MSE 参考网格	2. COMM（Panel 2）在闭会期间举行会议，以便 - 建议最终的可操作管理目标并确定绩效指标 - 当有例外情况发生时，针对适当的管理对策范围制定指南	2. COMM（Panel 4）在闭会期间或年会期间建议初步的可操作管理目标并确定绩效指标	2. SCRS 对鲣鱼进行资源评估
	3. SCRS 评估了是否存在例外情况	3. SCRS 举行东部蓝鳍金枪鱼数据筹备会议（基于工作小组的工作进展）	3. SCRS 进行北大西洋和南大西洋剑鱼的资源评估	3. SCRS 商定在 MSE 中要考虑的主要不确定性来源和热带金枪鱼 MSE 的备选绩效指标
		4. SCRS 将完成 MSE，并在与 Panel2 的对话会议上纳入 COMM 的反馈	4. SCRS 考虑到来自资源评估的新信息，重新调整 OM，并最终确定 OM 网格	4. SCRS 与 Panel 1 就用于热带金枪鱼 MSE 的管理目标和绩效指标进行对话

续表

北方长鳍金枪鱼	蓝鳍金枪鱼	北方剑鱼	热带金枪鱼
2022		5. COMM（Panel 2）和 SCRS 在闭会期间举行会议，审议最终的备选管理策略（厘米 P） 6. COMM： （1）审议 SCRS 在闭会期间的关于在例外情况下的管理对策的指导意见，以及 （2）在年度会议上通过一项管理策略（MP），包括总可捕量（TAC） 7. SCRS 将基于北方长鳍金枪鱼的例外情况条款，继续研究并确定例外情况的标准，以纳入将由 Panel 2 制定的蓝鳍金枪鱼例外情况条款中	5. 考虑到关于北方长鳍金枪鱼的例外情况条款，继续开展例外情况标准的开发工作 6. SCRS 与 Panel 4 就备选管理策略（厘米 P），管理目标和绩效指标进行对话 7. COMM（Panel 4）和 SCRS 将 - 完善备选管理策略（厘米 P） - 并于 2022 年委员会年会建议最终的管理目标并确定绩效指标	5. SCRS 根据新的鲣鱼资源评估结果，为西部鲣鱼 MSE 模型中的鲣鱼和混合物种 MSE 模型中的东部鲣鱼重新设定 OM 6. SCRS 开始开发和测试西部鲣鱼的备选管理策略（厘米 P） 7. COMM（在年会或 Panel 1 闭会期间会议）对评价标准（绩效指标）提供反馈，并对西部鲣鱼备选管理策略进行进一步评估 8. SCRS 将与热带金枪鱼 MSE 程序的独立审查和西部鲣鱼 MSE 的技术审查签订合同

	北方长鳍金枪鱼	蓝鳍金枪鱼	北方剑鱼	热带金枪鱼
2023*	1. SCRS 将继续定期进行评估，以确保管理策略仍然适用于该种群。测试中考虑该种群。首次评估定于 2023 年进行	1. 管理策略被采用时，SCRS 将进行评估，以确保在管理策略测试中考虑的条件仍然适用于种群	1. SCRS 继续开发 MSE，通过 Panel 4/SWGSM 接收采纳 COMM 的反馈意见	1. 委员会将审议对西部鲣鱼管理策略的最终评估，并在年会上通过一个临时的西部鲣鱼管理策略
	2. SCRS 将在重新考虑不确定性的主要来源后，在 SS 模型的基础上最终确定参考和稳健性操作模型（OM）的网格，作为新 MSE 的一部分	2. SCRS 将就确定例外情况的标准向委员会提供最终建议	2. COMM 将 （1）在闭会期间审查备选管理策略。与 Panel 4 就备选管理策略（厘米 P）、管理目标和绩效指标进行对话。为此，SCRS 应有 2-3 个备选的管理策略和切实的绩效统计值，以显示权衡的结果。 （2）在年会上通过一个临时管理策略，包括总可捕量（TAC）	2. SCRS 将启动对多种群 MSE 的独立技术审查
	3. SCRS 将评估是否存在例外情况	3. 在制定管理策略的预定时间范围内，SCRS 将评估是否存在例外情况	3. COMM 将审查并最终确定例外情况条款	
	4. 在年会上，COMM 拟将在预定的 MP 设定时间范围内，继续使用 MP 来设定 TAC	4. 在年会上，COMM 拟将在预定时间范围内的 MP 设定时，继续使用 MP 来设定 TAC		

续表

	北方长鳍金枪鱼	蓝鳍金枪鱼	北方剑鱼	热带金枪鱼
2024*	1. SCRS 通过纳入 CPUE 残差的统计特性来改进观测误差模型 2. SCRS 测试现有的(产量模型)和替代的备选 MP(例如基于 JABBA，或经验性的) 3. SCRS 将评估是否存在例外情况		1. COMM 审查并根据需要最后确定关于当发生例外情况时一系列适当管理对策的指导意见	1. SCRS 将进行黄鳍金枪鱼资源评估 2. SCRS 将测试多种群 MSE 的最后一组备选管理策略 3. SCRS 为实施 MP 的例外情况提供建议 4. COMM 将考虑对多种群 MSE 的 MP 进行最终评估 5. SCRS 为委员会提供多种群 MSE，包括完全调节的操作模型和备选管理策略 6. COMM 将 (1) 审查并批准在例外情况下的管理对策指南，以及 (2) 考虑为大眼金枪鱼、黄鳍金枪鱼和东部鲣鱼采取临时管理策略

续表

	北方长鳍金枪鱼	蓝鳍金枪鱼	北方剑鱼	热带金枪鱼
2025及以后续年份*	1. 根据例外情况条款中所列情况，SCRS将评估是否存在例外情况 2. COMM将继续使用MP，在MP预定时间范围内制定管理措施 3. SCRS进行定期评估，以确保在MP测试中考虑的条件仍然适用于种群	1. 根据例外情况条款中所列情况，SCRS将评估是否存在例外情况 2. COMM将继续使用MP，以便在年会上在MP制定时间范围内，根据MP制定TAC 3. 一旦MP被采用，SCRS将进行评估，以确保在MP测试中考虑的条件仍然适用于种群	1. SCRS将按照商定的评估周期进行评估，以确保在MP测试中考虑的条件仍然适用于种群 2. 在预定的时间范围内，SCRS将评估是否存在例外情况 3. COMM将继续使用MP，以便在年会上在预定的MP制定时间范围内，根据MP制定TAC	1. 一旦MP被采用，SCRS将进行定期评估，以确保MP测试中考虑的条件仍然适用于种群 2. 在制定MP的预定时间范围内，SCRS将评估是否存在例外情况 3. COMM将继续使用MP，在MP预定时间范围内制定管理措施

* 假设工作计划按描述完成

注：缩略语

HCR = Harvest Control Rule 捕捞控制规则

MP = Management Procedure 管理程序

MSE = Management Strategy Evaluation 管理策略评价

OM = Operating Model 操作模型

SCRS = Standing Committee on Research and Statistics 研究与统计常设委员会，即ICCAT的科学委员会

SWGSM = Standing Working Group to Enhance Dialogue between Fisheries Scientists and Managers 加强渔业科学家和管理人员之间对话常设工作组

TAC = Total Allowable Catch 总可捕捞量

9.1.3　MSE 进展与展望

近年来，五个主要的金枪鱼区域渔业管理组织（tRFMO），即印度洋金枪鱼委员会（Indian Ocean Tuna Commission, IOTC）、中西太平洋渔业委员会（Western and Central Pacific Fisheries Commission, WCPFC）、美洲间热带金枪鱼委员会（Inter-American Tropical Tuna Commission, IATTC）、南方蓝鳍金枪鱼养护委员会（Commission for the Conservation of Southern Bluefin Tuna, CCSBT）与 ICCAT 都积极致力于制定或实施基于 MSE 的金枪鱼渔业管理（Sharma et al., 2020）。由于认识到在金枪鱼渔业管理组织中广泛实施 MSE 的必要性，在各组织的科学家建议下成立了一个金枪鱼区域渔业管理组织联合 MSE 技术工作组，并且在 ICCAT 的支持下于 2016 年召开了首次工作组会议。目前，CCSBT 是上述五个金枪鱼区域渔业管理组织中首个使用 MSE 方法充分开发管理策略的组织，ICCAT 和 IOTC 都已将 MSE 方法应用于提供管理建议，而 WCPFC 和 IATTC 尚处于 MSE 框架的早期开发阶段（Sharma et al., 2020）。

2012 年，Cooke（2012）向 SCRS 提交了一份关于大西洋蓝鳍金枪鱼备选管理策略的科学报告。2015 年，ICCAT 开始发展基于 MSE 的金枪鱼渔业管理（Sharma et al., 2020），同时 ICCAT 制定了养护管理措施 Rec. 15-07（ICCAT 关于开发捕捞控制规则和管理策略评价的建议），该措施明确界定了 MSE 方法并将其测试备选管理参考点及相关捕捞控制规则以达成 ICCAT 所确定的管理目标。由于应用于大西洋金枪鱼种群管理的 MSE 框架开发工作受限于时间、人力等因素，加之需要科学家、管理者、行业人员等相关利益方多方协调一致，因此 ICCAT 的 MSE 工作花费了比预期更长的时间来完成。目前，大西洋长鳍金枪鱼北部种群已根据所制定的策略实施具体管理，在 2022 年 ICCAT 委员会会议上通过了关于蓝鳍金枪鱼的临时管理策略并制定了基于 MSE 的总可捕捞量（TAC），而针对热带金枪鱼和剑鱼的 MSE 开发工作正在逐步实施中。

ICCAT 的 MSE 开发工作具有严谨、透明的特点。ICCAT 希望通过流程的透明性以促进各相关利益方的沟通，使其提供 MSE 相关的反馈与指导，并将各方的交流成果纳入到最终的管理策略中。以蓝鳍金枪鱼 MSE 为例，从 2015 年开始，MSE 框架的技术开发工作由技术承包商负责，并由 MSE 技术小组（MSE Technical Sub-Group）进行审议，经反复审议更新后的相关开发成果会提交至蓝鳍金枪鱼物种小组（Bluefin tuna species group），在物种小组会议上经由 ICCAT 各成员方科学家进行审议；由科学家多次审议后的开发成果会进一步精简解释，以便非专业研究人员理解，而后在管理小组（Panel 2）会议上经由各成员方管理者进行讨论磋商，经过各方协调一致的结果最终会提交至 ICCAT 委员会（Commission），具体管理策略经由委员会会议通过后正式实施。除上述流程外，ICCAT 还设立了联络人项目（The Bluefin Tuna Ambassadors Program），邀请相关行业人员参加研讨会（Ambassadors Webinars），以便其了解 MSE 开发工作的进度并提供相应的意见建议，蓝鳍金枪鱼 MSE 开发工作流程如图 9-2 所示。

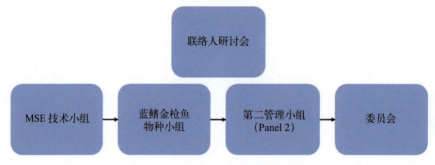

图 9-2　蓝鳍金枪鱼 MSE 开发工作流程

MSE 的广泛应用能够进一步推动金枪鱼渔业管理面向可持续和防范风险的方向发展。MSE 方法将多种不确定性因素纳入，如渔业数据质量、生物学参数、管理政策等，能够更全面地评价不同管理策略的效果，帮助制定更有效的渔业管理措施。通过 MSE 测试获取满足渔业管理目标的适应性方法（如捕捞控制规则），以确保生物量保持在长期可持续的水平，避免种群资源衰退，同时也考虑到行业能够收获较高且稳定的长期利益产出。过去十余年间，通过各金枪鱼区域渔业管理组织的积极实践，已经制定了一系列的 MSE 指导方针与标准，包括评价周期、模型使用规范、数据质量要求等，从而确保了 MSE 方法的准确性和可靠性。

MSE 是一个协作、透明且包容的决策过程。Sharma 等（2020）认为，通过 MSE 方法可以将决策转移到算法上，从而使有关配额的年度谈判得以简化。MSE 方法在实际渔业管理中的作用日益显现，可能将有助于推动渔业走向社会、经济和环境的可持续发展，然而其并不能作为我们实现目标的保证，是否能有效发挥理想水平仍取决于其应用场景。在之后的 MSE 发展中，可能将形成基于最佳实践的更统一且具有普适性的构建方法。例如，根据各金枪鱼区域渔业管理组织的实际管理需求及管理对象种群的变化，将 MSE 纳入更广泛的风险管理框架，这或将涉及通过扩展或开发通用的操作模型，以实现包含更多关于管理目标及潜在风险的复杂性来源。此外，MSE 方法应以一种有利于生态和社会可持续性的方式助力实际渔业管理，因此各金枪鱼区域渔业管理组织需要持续构建良好的相关利益方交流机制（如 ICCAT 的 MSE 联络人项目），确保整个渔业环节中的各方均能够参与到 MSE 过程中并获得有效沟通的机会。

9.2　基于生态系统的渔业管理

9.2.1　基于生态系统的渔业管理概述

基于生态系统的渔业管理（Ecosystem Based Fisheries Management, EBFM），也被称为渔业生态系统方法（Ecosystem Approach to Fisheries, EAF），是一种维护生态系统质量和维持相关利益的整体方法（Brodziak and Link, 2002; Larkin, 1996; Board, 1999; NMFS, 1999）。Brodziak 等（2002）认为实现 EBFM 的方法分为三部分，包括目标、指标和管理。制定政策目标是渔业管理过程的首要一步。设定目标是一个结合科学和公共意见的互动过程（Stanford and Poole, 1996）。目标必须转换为明确的度量，或称为绩效统计或参考点，用于指示系统属性的状态。通常需要多种指标来解释各类社会目标，而这些社会目标往往相互冲突。生物指标的范围从单物种到整个系统的属性。非生物指标描述环境条件。人类指标描述了人类活动，对于管理人类影响至关重要。这些度量可以作为管理过程的决策标准和参考点的基础。可靠和有效的管理可能是 EBFM 中最困难的步骤，原因之一是渔业管理机构的性质和缺乏以管理为导向的样板（De La Mare, 1998）。Link（2002）认为基于生态系统的渔业管理实际上是在生态系统环境中尝试渔业管理，因为从技术上而言，生态系统是无法被管理的。EBFM 是资源分配和管理的更全面方法的有效表达（Larkin, 1996）。

EBFM 的总体目标是通过解决捕捞活动产生的意外后果如栖息地破坏、非目标物种的意外死亡以及生态系统结构和功能的变化，维持健康的海洋生态系统及其所支持的渔业（Zhou et al., 2010; Pikitch et al., 2004）。Gislason 等（2000）

综合了 EBFM 国际研讨会的研究结果，提出 EBFM 方法的生态系统目标是保持生态系统、物种和遗传多样性，包括直接受影响的物种、生态依赖的物种以及营养级平衡。FAO（2003）认为，EBFM 通常有两个关键性目标：保护生态系统的结构、多样性和功能，以及满足社会和人类对食物和经济利益的需求。这两个目标常被认为是相互冲突的（Link, 2002; Hilborn, 2007），而有选择性地捕捞（selective fishing）经常被提议作为这类冲突的解决方法之一（Pikitch et al., 2004; FAO, 2003）。Zhou 等（2010）认为，为了实现 EBFM 目标，必须同时解决捕捞强度和选择性捕捞的问题。

在考虑渔业管理的生态系统方法时，存在着明显的两重性：一种是从整个生态系统的角度进行管理，另一种是从认识到生态系统中考虑的更广泛的单物种的角度进行管理。单物种方法通常不考虑物种间的相互作用、生物量分配、生态系统结构或功能的变化、生物多样性、非渔业生态系统服务、受保护或稀有物种、非目标物种、兼捕丢弃物的生态系统效应或对栖息地的影响。相反，生态系统方法通常不考虑种群参数、密度依赖效应、种群补充关系、遗传多样性、经济效益权衡、参考点和绩效统计。上述两重性实际上是一种错误的二分法，最佳权衡可以并且应该结合两重性各自最好的方面。

Hilborn（2004）认为传统的单鱼种渔业管理缺少：①一种海洋租赁形式，以保证渔民个人或群体在未来的捕捞中获得特定份额。该形式既能够为用户协调他们的经济利益，也能够长期保护以消除捕捞竞争，并减少或消除捕捞船队过度资本化的动机；②认识到最高可持续产量 MSY 是一个较差的渔业管理目标，当捕捞量低于 MSY，因而种群规模较大时，经济和生物结果会更好；③相关利益方直接参与数据收集、数据分析和决策；④设置与鱼类和渔民空间格局相适应的数据收集、科学和管理格局；以及⑤明确争取使捕捞能力与资源的长期生产能力相匹配的管理机构。有别于传统的单鱼种渔业管理，EBFM 包含多层次的内容。Hilborn（2011）认为，EBFM 包含"核心"内容和"扩展"内容两个方面。"核心"内容包括三个主要特征：①对单物种进行管理，即将渔业死亡率保持在 FMSY 水平或以下，并使船队捕捞能力与潜在资源量保持平衡；②防止非目标物种兼捕，可通过调整渔具、提供避免兼捕的激励措施、或通过设置禁渔区和禁渔期来实现，以及③通过关闭敏感地区或禁止使用特定的捕捞方法或渔具，以避免影响物种生境。EBFM"扩展"内容则考虑到了营养级相互作用和区域管理特性。

Pikitch 等（2004）认为应该通过环境质量和系统状态指标来衡量以避免生态系统的退化；尽量减少物种间自然组合和生态系统过程发生不可逆转变化的风险；在不损害生态系统的前提下获得和维持长期的社会经济效益；同时加强对生态系统过程的了解，充分理解人类行动的可能后果。在知识未完备的情况下，应该采用有利于生态系统的健全和预防性的渔业管理措施。EBFM 的另一个目标是减少过度兼捕（即捕杀非目标物种或体型过小的目标物种个体），因为处于幼体阶段的物种和非目标物种通常在生态系统中扮演重要角色（Pope et al., 2000; Balance et al., 1997）。在全球范围内，商业捕捞的丢弃捕捞量估计为 2 700 万吨，约占世界海洋鱼类捕捞量的四分之一（Alverson, 1997）。渔业兼捕问题可以通过禁止在关键区域使用非选择性或破坏性的渔具的海洋分区，以及采用更具选择性、破坏力更小的捕捞技术来改善（Pikitch et al., 2004）。

Link（2002）认为可以通过以下方面来改善基于生态系统的渔业管理。首先，应该在生态系统范围内明确界定渔业目标，并制定解决特定生态系统的相互竞争目标的计划。这将是一个循环更新的过程，需要所有相关利益者都投入到该过程中。第二，需要探索开发一套生态系统指标，有助于确定一个生态系统是否过度捕捞。这些指标需要对变化敏感、具有通用性、可度量，并且能够包含不确定性。第三，需要在总体和系统层面发展和应用更合适的理论、模型和方法。其中的方法可以从单物种方法中扩展出来，但仍需不断探索。第四，应保持和扩大监测。保持监测以便使系统层面的紧要特性可以从现有的资源调查数据中计算出来。而扩大监测项目，包括栖息地特征、环境变量、摄食习性和非目标物种，对于真正实施渔业管理的生态系统方法至关重要。监测扩大化将增强单物种方法，并提供额外的信息，却也耗费巨大。鉴于不断产生的争议诉求，这类耗费仍是值得的。最后，需要在生态系统范围内正式确定渔业计划。

9.2.2　ICCAT 基于生态系统的渔业管理

根据 2019 年 ICCAT 负责科学事务的研究与统计常设委员会（Standing Committee on Research and Statistics, SCRS）的评估结果，ICCAT 负责管理的 25

个种群中，11 个种群（44%）的生物量低于最大可持续产量水平对应的生物量，即处于资源型过度捕捞状态（overfished），5 个种群正处于高强度捕捞死亡率，即处于捕捞型过度捕捞状态（overfishing）。

面对日益严峻的资源状况，ICCAT 委员会认识到当前大西洋金枪鱼渔业管理中的潜在风险，因此于 2015 年开始开发基于管理策略评价（MSE）方法和基于生态系统的大西洋金枪鱼渔业管理模式。同时 ICCAT 委员会于 2015 年制定了一项决议"关于生态系统方法在渔业管理中的应用（Concerning the application of An Ecosystem Approach to Fisheries Management, Rec. 15-11）"，并将关于在大西洋金枪鱼渔业管理中采取预防性方法和生态系统办法，以及开展环境、自然与人类活动对管理种群的影响研究等相关内容列入 2019 年修订后的养护大西洋金枪鱼国际公约条款中。

目前，ICCAT 基于生态系统的渔业管理研究与实践工作仍处于发展阶段。ICCAT（2022）开发基于生态系统的大西洋金枪鱼渔业管理主要分为以下步骤：①综述生态系统方法在全球的应用实例并以此建立最佳实践清单；②提出与 ICCAT 背景相关的备选生态系统指标；③提供参考点设置的指导；④构建框架以连接生态系统科学与渔业管理；⑤提出潜在生态区块以便生态系统方法的应用实施；⑥为选取的实践案例开发生态系统试点计划（图 9-3）。

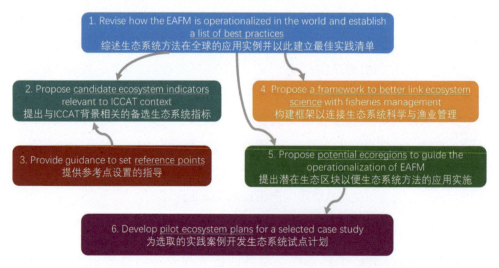

图 9-3 ICCAT 基于生态系统的大西洋金枪鱼渔业管理开发路线示意图

（1）马尾藻海（The Sargasso Sea）案例

马尾藻海位于北大西洋亚热带环流内，其边界由周围的洋流确定，其中最具影响力的洋流是西部的墨西哥湾流。马尾藻海是没有陆地边界的海洋，水深从百慕大的表面珊瑚礁到 4 500 米的深海平原。马尾藻海包含了世界上唯一以漂浮马尾藻为基础的远洋生态系统的大部分，它拥有高度多样化的相关生物群落。马尾藻和马尾藻海为各种物种的关键生命阶段提供了必不可少的栖息地，其中一些物种濒临灭绝或受到威胁，例如四种海龟和欧洲鳗鲡等（Luckhurst, 2014）。马尾藻海的重要性源于其物理结构和性质、生态系统、在全球海洋和地球系统过程中的作用、社会经济和文化价值以及在全球科学研究中的作用等相互依存的综合作用。尽管如此，马尾藻海正遭受到一系列人类活动的威胁，这些负面影响或是直接性的，或是潜在性的（Laffoley et al., 2011）。由于马尾藻海属于大西洋公海中的一部分，不受任何国家政府的管辖和责任，因此它几乎不受保护。2011 年，由百慕大政府支持运作的马尾藻海委员会（Sargasso Sea Commission）开始与 ICCAT 合作，共同致力于马尾藻海生态系统保护，开展该海域基于生态系统方法的实践研究工作。

马尾藻海委员会科学家从 2013 年开始向 SCRS 提交关于马尾藻海生态系统研究的科学报告。2013 年，Luckhurst 撰文描述了马尾藻海的海域内共计 16 个鱼种的生态和洄游模式信息，包括黄鳍金枪鱼等主要金枪鱼物种、蓝枪鱼等剑鱼和旗鱼类物种、刺鲅等小型金枪鱼物种与海豚以及尖吻鲭鲨等大洋性鲨鱼类。研究结果显示，飞鱼（Flyingfishes）是金枪鱼类和旗鱼类的重要捕食对象，其很大程度上依赖马尾藻海作为产卵栖息地，因此马尾藻海在这些高度洄游的大洋性物种的食物网中发挥着重要作用。同时，通过对几种大洋性鲨鱼物种进行弹出式卫星标记（PSAT）进行实验，揭示了马尾藻海在它们生命周期中的重要性（Luckhurst, 2014）。

2014 年，Luckhurst（2015）提交了一份科学报告，主要介绍了马尾藻海生境以及该海域内 15 个鱼种的摄食生态和食性。这些物种被分为四类，与 ICCAT 管辖物种组分类大致对应，即黄鳍金枪鱼等主要金枪鱼物种、蓝枪鱼等剑鱼和旗鱼类物种、刺鲅等小型金枪鱼物种与海豚以及尖吻鲭鲨等大洋性鲨鱼类。利用组织样品中氮的稳定同位素分析和胃含物分析估计了上述各物种的营养位（trophic position, TP）数值，并提出了马尾藻海大洋性食物网（表9-2和图9-4）。研究结果显示，除鲣鱼（3.8）外，其他物种的 TP 值都等于或大于 4.0。大型剑鱼是顶级捕食者（TP = 5.1），其次是白枪鱼（4.9），小型剑鱼和蓝枪鱼以及大眼金枪鱼的 TP 值相同，均为 4.8（Luckhurst, 2015）。大型鱿鱼（Large ommastrephid squid）的 TP 值为 4.7，与其他大型鱼类捕食者处于相似的营养水平，在食物网中既是捕食者也是被捕食者。马尾藻与这些捕食者的摄食习惯和生态密切相关（Luckhurst, 2015）。

表9-2　利用氮稳定同位素（SI-N）和食性研究估算大洋性鱼类捕食者和头足类动物的营养位（TP）

物种	营养位（均值 ± 标准差）	数据来源	地理位置	参考文献
黄鳍金枪鱼	4.5 ± 0.3	氮稳定同位素	北大西洋中部	Logan and Lutcavage（2013）
	4.3 ± 0.7	食性研究		Fishbase.org
长鳍金枪鱼	4.7 ± 0.3	氮稳定同位素	北大西洋中部	Logan and Lutcavage（2013）
	4.3 ± 0.7	食性研究		Fishbase.org
大眼金枪鱼	4.8 ± 0.4	氮稳定同位素	北大西洋中部	Logan and Lutcavage（2013）
	4.5 ± 0.8	食性研究		Fishbase.org
蓝鳍金枪鱼	4.2	氮稳定同位素	西北大西洋	Estrada et al.（2005）
蓝鳍金枪鱼幼体	3.2	氮稳定同位素	西北大西洋	Estrada et al.（2005）
	4.4 ± 0.8	食性研究		Fishbase.org
鲣鱼	3.8 ± 0.6	食性研究		Fishbase.org
剑鱼（叉长 > 150 厘米）	5.1 ± 0.3	氮稳定同位素	北大西洋中部	Logan and Lutcavage（2013）
剑鱼（叉长 ≤ 150 厘米）	4.8 ± 0.3	氮稳定同位素	北大西洋中部	Logan and Lutcavage（2013）
	4.5 ± 0.6	食性研究		Fishbase.org
蓝枪鱼	4.8 ± 0.3	氮稳定同位素	北大西洋中部	Logan and Lutcavage（2013）
	4.5 ± 0.7	食性研究		Fishbase.org
白枪鱼	4.9 ± 0.6	氮稳定同位素	北大西洋中部	Logan and Lutcavage（2013）
	4.5 ± 0.7	食性研究		Fishbase.org
旗鱼类	4.5 ± 0.8	食性研究		Fishbase.org
刺鲅类	4.4 ± 0.8	食性研究		Fishbase.org

续表

物种	营养位（均值 ± 标准差）	数据来源	地理位置	参考文献
海豚类	4.3 ± 0.3	氮稳定同位素	北大西洋中部	Logan and Lutcavage（2013）
	4.4 ± 0.8	食性研究		Fishbase.org
黑鳍金枪鱼	3.3	氮稳定同位素	墨西哥湾	Rooker et al.（2004）
	4.1 ± 0.7	食性研究		Fishbase.org
小鲔	4.0	氮稳定同位素	墨西哥湾	Rooker et al.（2006）
	4.5 ± 0.8	食性研究		Fishbase.org
大青鲨	4.1	食性研究	均值	Cortés（1999）
	4.2 ± 0.7	食性研究		Fishbase.org
尖吻鲭鲨	4.3	食性研究	均值	Cortés（1999）
	4.5 ± 0.7	食性研究		Fishbase.org
大型鱿鱼类 Ommastrephid squid	4.7 ± 0.5	氮稳定同位素	北大西洋中部	Logan and Lutcavage（2013）
小型鱿鱼类	3.7	氮稳定同位素	北大西洋中部	Logan and Lutcavage（2013）

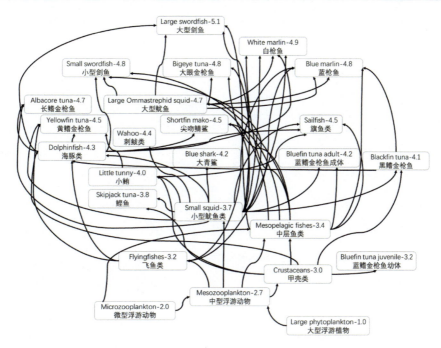

图 9-4　马尾藻海大洋性食物网示意图

2018 年，Kell 和 Luckhurst（2018）在 ICCAT 生态系统与兼捕分委会会议上提交科学报告，提出了可用于评估马尾藻海生态系统状态的指标，以监测人类活动对大西洋生态系统的影响，阐述如何验证这些指标并在此基础上实施管理。该研究基于目前已广泛应用的驱动力－压力－状态－影响－响应（Driver-Pressure-State-Impact-Response, DPSIR）方法，并相应地提出了可能适合马尾藻海的潜在指示因素，包括捕捞、航运、气候变化、塑料、马尾藻、采矿业以及海底线缆等（Kell and Luckhurst, 2018）（表 9–3 和表 9–4）。

表 9-3　马尾藻海驱动－压力－状态－影响－响应（DPSIR）框架范例

驱动	压力	状态	影响	响应
捕捞				
食物	渔获－目标物种	渔业上岸量－目标物种	目标物种过度捕捞	经济损失
食物	兼捕	渔业兼捕－非目标物种	过度兼捕－生态系统动态	渔业管理
经济获益	濒危物种	上岸量－淡水鳗鱼	濒危物种	减轻兼捕养护计划
就业	丢弃的渔具			
食品安全	IUU 捕捞			
航运				
国际贸易	噪声污染－甲壳类	海上运输增加	原油泄漏－生态系统影响	IMO 船只管理
	碳氢化合物污染	船只规模增加	渔业减少	空气污染减少
	空气污染	入侵种传播增加		增加燃料效率
	压舱水－入侵种			
气候变化				
经济增长	温室气体	海洋酸化	钙代谢	尝试限制负面影响
	二氧化碳、甲烷、一氧化二氮	海水温度增加	温度影响	可再生能源
		海平面上升	营养网格改变	绿色经济

续表

驱动	压力	状态	影响	响应
塑料				
经济增长	塑料的广泛使用	塑料含量的增加	微塑料聚集 – 浮游植物、鱼类	循环利用
	塑料包装	经济增长	大型塑料聚集 – 海龟、鲸类	开发可降解塑料
马尾藻				
必需的栖息地	商业产出	赤道附近的新生产	过量影响渔业及旅游业	减缓策略
	海洋化学 – 增长率变化			
采矿业				
经济增长	海床采矿 – 影响底栖生物动态	由于海底地形未知，海床状态很大程度未知	栖息地损坏矿物采集的影响暂时未知	技术手段减少采矿影响
海底线缆				
海底线缆	市场需求增加	铺设电缆造价昂贵	线缆的长期影响未知	最小化线缆铺设的影响
经济增长	通信能力	底栖生物栖息地		

表 9-4　马尾藻海驱动 – 压力 – 状态 – 影响 – 响应（DPSIR）框架的潜在指示因素

驱动	指标	数据来源
捕捞	渔业上岸量 – 目标物种	ICCAT-CADIS
	渔业 – 非目标物种	ICCAT-Task 1
	兼捕物种	ICCAT-Task 2
	上岸量 – 淡水鳗鱼	ICES 出版物 NAFO 报告（2017） EU 共同渔业政策 – 欧盟统计数据库 FAO 渔业数据库 NOAA-NMFS 数据库 DFO – 捕捞数据库

续表

驱动	指标	数据来源
航运	船只数量（按长度和船型）	IMO 数据库
	船只数量（按货物类型）	MARPOL
	渔船数量和类型	NAFO 渔船管理
	跨越大西洋的主要船只	加拿大 DFO – 渔船注册 NMFS 渔船数据库 GESAMP（2015）公海污染物
气候变化	海洋酸化 – 全球	IPCC-2014 报告
	海洋酸化 – 马尾藻海	BIOS – 水电站数据库
	海洋水温升高 – 全球	BIOS-BATS 数据库
	海洋水温升高 – 马尾藻海	ICES – 出版物
	海平面上升	NOAA 技术报告
	墨西哥湾流变化	哥白尼计划 – 海洋环境监测部门 气候数据 – NAO 指数 STCZ
塑料	丢失和遗弃的渔具	FAO 技术报告 615
	丢失的水产养殖渔具	IMO/FAO/UNESCO-IOC/UNIDO/WMO/ IAEA/UN/UNEP/UNDP 联合专家组
	微塑料 – 营养网格	http://www..gesamp.org/
	陆源废品	GESAMP（2016）– 海洋环境中的微塑料
马尾藻	必需的鱼类栖息	Huffard et al.（2014）
	滩岸 - 经济影响	Wang and Hu（2017）
	商业产出	www.usm.edu/gcrl/sargassum Franks, Johnson, Ko（2016） SAFMC – 马尾藻渔业管理计划
采矿业	海床栖息地的破坏	ISA 管理
	深海栖息地大型沉积物	Miller et al.（2018）
	深海化学、光、噪声污染	Sharma R（2015）
海底线缆	海床栖息地的潜在扰动 可能的最小影响但很少有研究涉及 极少有线缆跨越马尾藻海	De Juvigey et al.（2015）

关于马尾藻海案例，目前有 2 个支持该海域案例研究的项目。分别是由 Le Fonds 资助的 SARGADOM 项目 FFEM，该项目计划是致力于混合治理，以保护和管理热穹和马尾藻海等两个公海区域；以及全球环境基金（Global Environment Facility, GEF）在国家管辖范围以外地区的共同海洋可持续利用和生物多样性保护方案下的项目，其主题为加强对经济和生物意义重大的公海地区的管理。FFEM 项目的具体任务包括：①社会生态系统分析诊断，定义社会生态系统，识别可持续性问题；描述压力及其影响，并提出策略，以提高社会生态系统的可持续性；②基于生态系统管理的治理模型，通过讨论建立一个混合参与式的治理模型，以及③能力建设和沟通：从这两个地点取得的成果中吸取的经验教训，包括知识和治理、能力建设计划的制定和知识传播。GEF 项目将对整个马尾藻海生态系统进行生态系统诊断分析（Ecosystem Diagnostic Analysis, EDA），为马尾藻海的监测和适应性管理提供基础。为采用基于生态系统的治理和保护方法制定路线图和预算，制定策略行动计划，确定管理措施以及相关的优先行动知识管理、监测和评估。马尾藻海案例研究目前正在驱动力 – 压力 – 状态 – 影响 – 响应（DPSIR）框架下开发 EDA 分析，确定不同的影响来源并确定策略计划。开展的活动部分是由 Oceana 的开放海洋项目建立的，它特别关注于评估 DIPSIR 的不同元素如何相互作用，并有一些具体的研究案例，如鲭鲨类。

（2）大西洋亚热带案例

关于大西洋亚热带案例，目前有一项关于热带生态系统的试点研究，重点是营养生态学和生态系统模型如 Ecopath 的开发情况。当前的研究目标及研究重点是将胃含物数据、栖息地模型和气候变化整合到生态系统模型中。胃含物样品来自 3 个目标物种，且正试图在可能情况下从兼捕渔获物中获取胃含物。

（3）西部地中海案例

关于西部地中海案例。该研究项目的主要目标是探索环境变化对地中海金枪鱼物种的影响，设计新的工具来监测环境变化，并确定有效的方法来整合这些信息，以进行金枪鱼物种的评估和管理，如改进单位捕捞努力量捕捞量 CPUE，模拟生存的环境驱动因素和开发种群补充量模拟等。同时，生态系统与兼捕分委会鼓励加强目前 ICCAT 渔业影响监测工具 EcoCard 的环境部分框架内开展的活动，以实现：①改进地中海范围内对金枪鱼物种有意义的现有环境变化指标；②在当前渔业评估处理中实际整合这些指标；③与其他地中海倡议和机构建立联系；④以及弥合养护和渔业方法之间的差距。

9.2.3　ICCAT 渔业影响监测工具（Ecocard）

EcoCard（Ecosystem Report Card）是 ICCAT 近年来正在开发的一种生态系统渔业影响监测工具。EcoCard 是基于指标的监测工具，其开发分为 5 个阶段（Juan-Jorda et al., 2022）（图 9-5）。

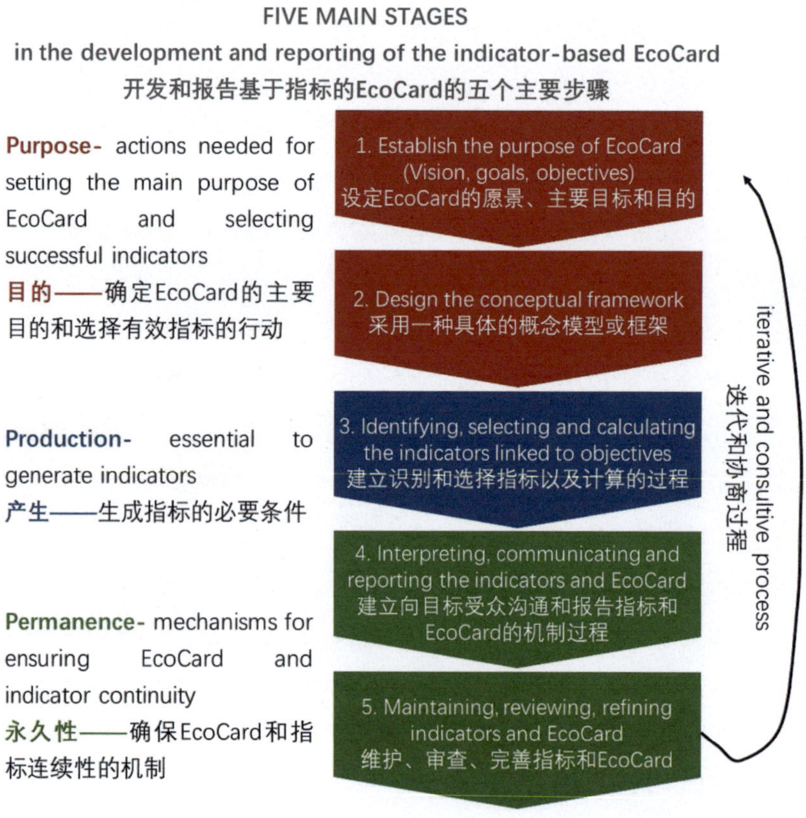

图 9-5　EcoCard 开发阶段示意图

第一阶段包括商定和确立 EcoCard 的主要目的，包括设定 EcoCard 的愿景、主要目标和目的，以及确定目标受众。这一阶段对于建立总体框架和聚焦工作重点非常重要。拥有清晰的愿景和目标也有助于指导生态系统组成部分的识别和范围，并确定所需开发指标的范围。第二阶段是采用一种具体的概念模型或框架，以协助和指导开发 EcoCard。概念模型被用作建立和连接指标的工具。第三阶段是建立识别和选择指标以及计算的过程，是生成与 EcoCard 概念模型和目标相连接的指标的必要阶段。此外，还需建立一个选择标准来评估有效性及其意义，敏感性和特异性与潜在现象等（Brown, 2009）。第四阶段是建立向目标受众沟通和报告指标和 EcoCard 的机制过程。该阶段需要选择技术报告和可视化产品等的最优类型和格式。最终阶段是建立一个审查过程，通过开放性地讨论和修改，以反映不断变化的需求和出现的新数据或需要考虑的新问题。在 EcoCard 的所有阶段都应与管理人员、技术专家和指标制订者、数据提供者和目标对象进行公开协商。

ICCAT 生态系统分委会 EcoCard 小组根据上述 5 个开发阶段总结了当前各阶段面临的挑战与潜在解决方案。关于第一阶段，小组认为可能需要重新考虑 EcoCard 某些组分（例如生境）的范围，包括主要概念和操作性目标。并且小组建议 ICCAT 委员会尽早参与进程，并由委员会提供明确的指导以更好地开发 EcoCard。为此，小组建议委员会建立起主人翁意识，另一方面建议编制一份"参考指导性文件"，以更好地记录 EcoCard 的主要愿景及目的。该文件将保持更新，并向潜在的新成员通报 EcoCard 进程，以更透明的方式向 ICCAT 通报 EcoCard 进程。关于第二阶段，EcoCard 的一些组分（如生境）的范围没有被很好地定义，需要加以改进和更新，以便结果更符合委员会目标。并且生态系统组分（例如环境压力、生境）在范围上可能稍有重叠，亟需解决。此外，EcoCard 的社会经济组分的相关性仍然模糊。对此，小组建议制定和使用"参考指导性文件"，以更好地记录 DPSIR 概念性框架以及如何使用该框架指导 EcoCard 的开发，并描述 EcoCard 中正在监测的不同生态系统组分及其在该框架内的联系。同时，小组建议在指导文件中增加术语表，以确定关键词和术语的理解和使用。关于第三阶段，小组认为有必要建立一种机制，就 EcoCard 的指标和开发事项与 SCRS 和委员会内的其他工作组进行沟通和协商，使指标符合 SCRS 和委员会的需要和优先事项。对此，小组建议编制一份"参考指导性文件"，以记录议事规则和指标选择标准，以便制定和报告 EcoCard 所使用的指标。同时，小组建议 EcoCard 评估人员针对 EcoCard 的所有组分制定一个包括优先事项的短期计划。此外，小组鼓励和支持专门的研讨会以使各缔约方之间共享数据集，增加合作，并支持指标开发。关于第四阶段，目前有关报告和可视化指标的协议仍需要修改，以便为报告和可视化指标（考虑到时间趋势、空间模式、信息图、仪表板图等）提高更多灵活性。为此，小组建议在科学家和管理者之间的对话会议、委员会物种小组以及 SCRS 物种小组会议上交流 EcoCard 的目的及其开发进程。同时，小组还建议各缔约方科学家讨论并告知其委员会代表有关 EcoCard 的目的和开发进程。此外，小组建议在 SCRS 报告中确定相关章节（如展望部分），在这些章节中描述 EcoCard 工作的相关性并使其广泛可见，还建议在给委员会的答复中提出生态系统的观点。小组建议通过实例展示 EcoCard 的优势（如监测环境的好处、监测环境变化的指标类型及其对金枪鱼资源的影响）。关于第五阶段，小组认为有必要建立一个正式机制，以便 SCRS 和委员会审查和协商 EcoCard 的开发事项。为此，小组建议通过 SCRS 会议、委员会物种小组会议以及对话会议寻找机会，开启协商进程，以获得反馈，分享 EcoCard 的开发进展并提高其知晓度。

9.2.4　ICCAT 渔业对生态系统的影响

目前，围绕 ICCAT 渔业对生态系统的影响，ICCAT 生态系统分委会主要针对海龟、鲨鱼等兼捕物种进行研究（ICCAT, 2022）。

关于海龟，目前主要通过分析延绳钓和围网船队约 20 年的兼捕渔获物数据，开展了大西洋、印度洋和地中海金枪鱼渔业影响的合作评估工作（ICCAT, 2022）。此外，正在修订关于海龟资源状况及其与除大西洋、印度洋和地中海以外的金枪鱼渔业相互作用的资料，从而能够在全球范围内考虑金枪鱼渔业的影响。当前可获得的数据来源于 13.5 万钩次，主要是对三种兼捕海龟物种即红海龟，棱皮龟和丽龟的初步分析。截至目前，已为每个物种和渔业建立了考虑几个环境变量的随机森林和广义可加模型。此外，目前正在更新海龟资源状况以及地中海海龟与 ICCAT 和非 ICCAT 渔业的相互作用研究。

关于鲨鱼，当前正在开发热带金枪鱼围网渔业减少兼捕渔获物装置（Bycatch Reduction Devices, BRDs）（Murua et al., 2022）。一些装置原型正在接受测试，以减少兼捕渔获物，节省时间并提高船员安全。这些装置原型包括鲨鱼尼龙搭扣，移动分选网格，释放坡道和带坡道的漏斗。此外，开展了关于修改终端网具对尖吻鲭鲨可捕性和拖曳至甲板时的死亡率影响的研究。结果表明，圆形钩对尖吻鲭鲨的可捕性没有显著影响。

关于海鸟，有 ICCAT 技术报告建议制定一项多年海鸟策略和行动计划，以帮助指导和评估在 ICCAT 渔业中减少海鸟兼捕渔获物的努力。这些目标和行动可能包括但不限于 ICCAT 有关减少海鸟兼捕渔获物的现行养护管理措施，同时该策略的另一部分可以通过审查南方蓝鳍金枪鱼保护公约（Convention for the Conservation of Southern Bluefin Tuna）多年海鸟策略，为 ICCAT 制定特定策略提供参考。ICCAT 生态系统分委会认为，在制订 ICCAT 特定策略时可以考虑 CCSBT 的某些方面。然而由于差异，包括其渔业的作业范围和管辖权问题，ICCAT 须考虑自身组织的经验。

除上述物种目前开展的研究外，还针对钓钩、钓饵和接钩绳类型对延绳钓渔业捕获的目标和兼捕渔获物的滞留和拖曳至甲板时的死亡率影响进行了元分析研究。研究表明，圆形钩显著降低了红海龟、棱皮龟和丽龟的滞留率，甚至比鱼类饵钩的滞留率更低。圆形钩的使用被证明可以显著降低剑鱼的滞留率。圆形钩还与一些其他物种包括大青鲨、尖吻鲭鲨和双髻鲨等，在拖曳至甲板时的死亡率较低有关。此外，当前大西洋进行的标记重捕实验项目，主要目的是评估金枪鱼围网渔船的释放个体在释放后的存活情况，并确定降低这些个体死亡率的最有效处理方法。到目前为止，已部署了 9 个弹出式标记，另有 17 个标签计划在 2022 年部署。

9.2.5　研究展望

根据正在进行的 EcoCard 和生态系统渔业管理方法（Ecosystem Approach to Fisheries Management, EAFM）框架的实施工作，ICCAT 生态系统分委会将工作计划设定为多项具体 Task，包括继续开发 EcoCard、举办生态区域发展研讨班、开发生态风险调查和管理优先级工具、继续进行生态系统案例研究以及进行兼捕影响的研究等（Hilborn, 2011）。

关于举办生态区域发展研讨会。为此，生态系统分委会建议开发试验性产品并于 2023 年末举办第二次 ICCAT 生态区域研讨会，研讨内容包括生态区域目标和实现目标的方法，细化生态区域边界，以及测试其有效性等。

关于开发生态风险调查和管理优先级工具。该工具开发所需步骤包括：建立包含物种生态和栖息地特征的数据库，以及某些网具捕捞操作的特点，尤其是用作鱼饵的物种清单，观察到的与 ICCAT 渔业相互作用的物种清单，渔具的深度以及任何吸引鱼类的装置等（例如，人工集鱼装置 FAD、诱饵、荧光棒）。此外，基于物种的生态和栖息地特征开发一种基于机器学习的风险筛选工具。在机器学习训练过程中，观察到的相互事件将被用作显示积极敏感性的案例。一旦确定了一系列风险种类和确定管理优先级的判断标准，开发一个管理优先级工具作为机器学习模型的进一步扩展。

关于兼捕影响的研究。将继续开展有关海龟的合作工作；将举办为期 5 天的研讨会，重点讨论地中海兼捕渔获物中的海龟（包括棱皮龟）；将继续与鲨鱼物种小组就兼捕渔获物展开合作；将继续进行渔具改良小组的工作；将继续审查和清理兼捕渔获物种清单；将讨论海鸟兼捕渔获问题并谋求持续性进展；将探讨利用参考点管理兼捕渔获物种。

参考文献

崔利锋, 许柳雄, 2011. 世界大洋性渔业概况 [M]. 海洋出版社, 4.

戴小杰, 许柳雄, 2007. 世界金枪鱼渔业渔获物物种原色图鉴 [M]. 北京: 海洋出版社.

戴瑛, 李新宇, 2016. 浅议 IUU 捕捞及我国规制措施 [J]. 河北渔业, (07): 52-55.

何珊, 陈新军, 2016. 渔业管理策略评价及应用研究进展 [J]. 广东海洋大学学报.

李志, 2015. 印度洋黄鳍金枪鱼渔业管理策略评价的初步研究 [D]. 上海海洋大学.

刘艳红, 黄硕琳, 2009. 公海渔业制度的发展及我国的公海渔业权益 [J]. 海洋湖沼通报, (01): 162-170.

吕翔, 2016. 大西洋金枪鱼资源开发与保护现状分析 [D]. 上海海洋大学.

沈卉卉, 2019. 金枪鱼渔业资源管理制度研究 [D]. 上海海洋大学.

张丽, 2022. 养护大西洋金枪鱼国际委员会大眼金枪鱼捕捞配额制度研究 [D]. 上海海洋大学.

ALIÇLI T Z, ORAY I K, 2001. Age and growth of swordfish (*Xiphias gladius* L., 1758) in the eastern Mediterranean Sea[J]. Col. Vol. Sci. Pap. ICCAT, 52(2): 698-707.

ANDRADE H A, TOZETTO A L, SANTOS J A T, 2005. The effect of environmental factors and of the fishermen strategy on the Skipjack tuna (*Katsuwonus pelamis*) CPUE in the Southwest Atlantic[J]. Col. Vol. Sci. Pap. ICCAT, 58(1): 350-358.

ANON, 2005. Report of the 2004 inter-sessional meeting of the ICCAT sub-committee on by-catches: shark stock assessment[J]. Collect. Vol. Sci. Pap. ICCAT, 58: 799-890.

ARANDA G, MEDINA A, SANTOS A, et al., 2013b. Evaluation of Atlantic bluefin tuna reproductive potential in the western Mediterranean Sea[J]. Journal of Sea Research, 76: 154-160.

AROCHA F, BEERKIRCHER L, CODE F A O I, 2012. Guide for the identification of Atlantic istiophorids[J]. ICCAT, 4.

AROCHA F, MARCANO L, 2006. Life history characteristics of *Makaira nigricans*, *Tetrapturus albidus*, and *Istiophorus albicans* from the eastern Caribbean Sea and adjacent waters[C]. Proceedings of the Fourth World Fisheries Congress: Reconciling

Fisheries with Conservation. Amer. Fish. Soc. Symp. 49: 587-597.

BARRETO R R, DE FARIAS W K T, ANDRADE H, et al., 2016 Age, growth and spatial distribution of the life stages of the shortfin mako, *Isurus oxyrinchus* (Rafinesque, 1810) caught in the western and central Atlantic[J]. PLoS One, 11(4): e0153062.

BELLEGGIA M, COLONELLO J, CORTÉS F, et al., 2021. Eating catch of the day: the diet of porbeagle shark *Lamna nasus* (Bonnaterre 1788) based on stomach content analysis, and the interaction with trawl fisheries in the south-western Atlantic(52° S–56° S)[J]. Journal of Fish Biology, 99(5): 1591-1601.

BIAIS G, COUPEAU Y, SÉRET B, et al., 2017. Return migration patterns of porbeagle shark(*Lamna nasus*)in the Northeast Atlantic: implications for stock range and structure[J]. ICES Journal of Marine Science, 74(5): 1268-1276.

BRAUN C D, GAUBE P, AFONSO P, et al., 2019. Assimilating electronic tagging, oceanographic modelling, and fisheries data to estimate movements and connectivity of swordfish in the North Atlantic[J]. ICES Journal of Marine Science, 76(7): 2305-2317.

BRODZIAK J, LINK J, 2002. Ecosystem-based fishery management: what is it and how can we do it?[J]. Bulletin of Marine Science, 70(2): 589-611.

BRODZIAK JKT, IANELLI JN, LORENZEN K, et al., 2011. (Eds.). Estimating natural mortality in stock assessment applications[M]. US Department of Commerce, National Oceanic and Atmospheric Administration, National Marine Fisheries Service.

BROWN D, 2009. Good practice guidelines for indicator development and reporting[C]. Third World Forum on statistics, knowledge and policy, Busan, Korea: 27-30.

BUTTERWORTH D S, COCHRANE K L, DE OLIVEIRA J A A, 1997. Management procedures: a better way to manage fisheries? The South African experience[J]. Global trends: fisheries management, 20: 83-90.

BUTTERWORTH D S, PUNT A E, 1999. Experiences in the evaluation and implementation of management procedures[J]. ICES Journal of Marine Science, 56(6): 985-998.

BUTTERWORTH D S, 2008. A commentary on: salvaged pearls: lessons learned from a floundering attempt to develop a management procedure for Southern Bluefin Tuna[J]. Fisheries Research, 94(3):351-354.

BUTTERWORTH D S, 2007. Why a management procedure approach? Some positives and negatives[J]. ICES Journal of Marine Science, 64(4): 613-617.

CAMPANA S E, JOYCE W, MARKS L, et al., 2008. The rise and fall(again)of the porbeagle shark population in the Northwest Atlantic[J]. Sharks of the Open Ocean: Biology, Fisheries and Conservation: 445-461.

CAMPANA S E, MARKS L, JOYCE W, et al., 1999. An analytical assessment of the porbeagle shark (*Lamna nasus*) population in the northwest Atlantic[M]. Fisheries & Oceans Canada, Canadian Stock Assessment Secretariat.

CARDOSO L, SANTOS E, SANT'ANA R, et al., 2022. Preliminary Western Atlantic Skipjack Tuna Stock Assessment 1952-2020 Using Stock Synthesis[M].

CARRUTHERS T R, HORDYK A R, 2018. The Data-Limited Methods Toolkit(DLM tool): An R package for informing management of data-limited populations[J]. Methods in Ecology and Evolution, 9(12): 2388-2395.

CASEY J G, KOHLER N E, 1992. Tagging studies on the shortfin mako shark(*Isurus oxyrinchus*)in the western North Atlantic[J]. Marine and Freshwater Research, 43(1): 45-60.

CHEN N, ZHANG C, SUN M, et al., 2018. The impact of natural mortality variations on the performance of management procedures for Spanish mackerel(*Scomberomorus niphonius*)in the Yellow Sea, China[J]. Acta Oceanologica Sinica, 37(8): 21-30.

COOKE J G, 1999. Improvement of fishery-management advice through simulation testing of harvest algorithms[J]. ICES Journal of Marine Science, 56(6): 797-810.

COOKE J G, 2012. Outline of a candidate management procedure for Atlantic Bluefin tuna[J]. Collect. Vol. Sci. Pap. ICCAT, 68(1): 312-318.

CORRIERO A, HEINISCH G, ROSENFELD H, et al., 2020. Review of sexual maturity in Atlantic bluefin tuna, *Thunnus thynnus* (Linnaeus, 1758)[J]. Reviews in Fisheries Science & Aquaculture, 28(2): 182-192.

CORTÉS E, 2016. Estimates of maximum population growth rate and steepness for blue sharks in the north and south Atlantic Ocean[J]. Collect. Vol. Sci. Pap. ICCAT, 72(5): 1180-1185.

COSTA F E S, BRAGA F M S, AMORIM A F, et al., 2005. Fishery Biology of the Yellowfin Tuna, Thunnus albacares in Southern Brazil[J]. Collective volume of scientific papers of the International Commission for the Conservation of Atlantic Tunas, 58(1): 309-349.

COURTNEY D, CORTÉS E, ZHANG X S, 2017. Stock synthesis(ss3)model runs conducted for North Atlantic shortfin mako shark[J]. Collect. Vol. Sci. Pap. ICCAT, 74(4): 1759-1821.

COURTNEY D, 2016. Preliminary stock synthesis (SS3) model runs conducted for North Atlantic blue shark[J]. Collect. Vol. Sci. Pap. ICCAT, 72(5): 1186-1232.

DA SILVA G B, HAZIN H G, HAZIN F H V, et al., 2019. Diet composition of bigeye tuna (*Thunnus obesus*) and yellowfin tuna (*Thunnus albacares*) caught on aggregated schools in the western equatorial Atlantic Ocean[J]. Journal of Applied Ichthyology, 35(5): 1111-1118.

DE LA SERNA J M, VALEIRAS J, 2003. Contribution to the biological study of blue shark (*Prionace glauca*) incidental catch by the Spanish surface longline fisheries for swordfish in the western Mediterranean[J]. Col. Vol. Sci. Pap. ICCAT, 55(1): 154-159.

DE METRIO G, ARNOLD G P, BLOCK B A, et al., 2002. Behaviour of post-spawning Atlantic bluefin tuna tagged with pop-up satellite tags in the Mediterranean and eastern Atlantic[J]. ICCAT Col. Vol. Sci. Pap, 54(2): 415-424.

DE OLIVEIRA J A A, BUTTERWORTH D S, 2004. Developing and refining a joint management procedure for the multispecies South African pelagic fishery[J]. ICES Journal of Marine Science, 61(8): 1432-1442.

DICHMONT C M, BROWN I W, 2010. A case study in successful management of a data-poor fishery using simple decision rules: the Queensland spanner crab fishery[J]. Marine and Coastal Fisheries, 2(1): 1-13.

DICHMONT C M, DENG A, PUNT A E, et al., 2008. Beyond biological performance measures in management strategy evaluation: bringing in economics and the effects of trawling on the benthos[J]. Fisheries Research, 94(3): 238-250.

DOMINGO A, AMORIM A, MILLER P, et al., 2008. Aspectos del ciclo reproductivo y estructura de la población del tiburón azul(*Prionace glauca*)en el Océano Atlántico Sur[J]. Revista Área de Recursos Pelágicos(SCRS), 144: 1-8.

DUARTE-NETO P, HIGA F M, LESSA R P, 2012. Age and growth estimation of bigeye tuna, Thunnus obesus(Teleostei: Scombridae)in the southwestern Atlantic[J]. Neotropical Ichthyology, 10: 148-158.

DUFFY C, FRANCIS M P, 2001. Evidence of summer parturition in shortfin mako (*Isurus oxyrinchus*) sharks from New Zealand waters[J]. New Zealand Journal of Marine and Freshwater Research, 35: 319–324.

DUNSTAN P K, BAX N J, 2008. Management of an invasive marine species: defining and testing the effectiveness of ballast-water management options using management strategy evaluation[J]. ICES Journal of Marine Science, 65(6): 841-850.

FARLEY J H, EVESON J P, DAVIS T L O, et al., 2014. Demographic structure, sex ratio and growth rates of southern bluefin tuna (*Thunnus maccoyii*) on the spawning ground[J]. PloS one, 9(5): e96392.

FARNHAM T T, 2005. Genetic variation in Atlantic yellowfin tuna (*Thunnus albacares*) to assess stock structure and reproductive variance[D]. Texas A&M University.

FENG J, ZHANG F, ZHU J F, 2022. A brief review of natural mortality for the eastern Atlantic and Mediterranean bluefin tuna, Pacific bluefin tuna and Southern bluefin tuna[J]. Col Vol Sci Pap ICCAT, 79(3): 598-605.

FITZMAURICE P, GREEN P, KEIRSE G, et al., 2005. Stock discrimination of the blue shark, based on Irish tagging data[J]. Collective Volume of Scientific Papers, International Commission for the Conservation of Atlantic Tuna, 58: 1171-1178.

FONTENEAU A, MAGUIRE J J, 2014. On the natural mortality of eastern and western Atlantic bluefin tuna[J]. Col Vol Sci Pap ICCAT, 70: 289-298.

FONTENEAU A, PALLARES P, 2005. Tuna natural mortality as a function of their age: the bigeye tuna (*Thunnus obesus*) case[J]. ICCAT Col. Vol. Sci. Pap, 57: 127-141.

FORSELLEDO R, PONS M, DOMINGO A, 2009. Análisis de la información de Lamna nasus obtenida por el Programa de observadores de Uruguay en el Atlántico Sudoccidental[J]. SCRS/2009/089. Col. Vol. Sci. Pap. ICCAT.

FRAILE I, ARRIZABALAGA H, SANTIAGO J, et al., 2016. Otolith chemistry as an indicator of movements of albacore (*Thunnus alalunga*) in the North Atlantic Ocean[J]. Marine and Freshwater Research, 67(7): 1002-1013.

FRANCIS M P, NATANSON L J, CAMPANA S E, 2008. The biology and ecology of the porbeagle shark, Lamna nasus[J]. Sharks of the Open Ocean: Biology, Fisheries and Conservation: 105-113.

FRANCIS R, SHOTTON R, 1997. "Risk" in fisheries management: a review[J]. Canadian Journal of Fisheries and Aquatic Sciences, 54(8): 1699-1715.

FRITSCHES K A, BRILL R W, WARRANT E J, 2005. Warm eyes provide superior vision in swordfishes[J]. Current Biology, 15(1): 55-58.

FROMENTIN J M, POWERS J E, 2005. Atlantic bluefin tuna: population dynamics, ecology, fisheries and management[J]. Fish and fisheries, 6(4): 281-306.

FROMENTIN J M, 2003. Why uncertainty in the management of the East Atlantic Bluefin tuna has constantly increased in the past few years[J]. Scientia Marina, 67(1): 51-62.

FURMAN L B, BUTTERWORTH D S, 2012. Proposed catch control rules for horse mackerel bycatch in the small pelagics fishery and directed catch in the midwater trawl fishery[J].

GAERTNER D, HALLIER J P, 2003. Estimate of natural mortality of bigeye tuna (*Thunnus obesus*) in the Eastern Atlantic from a tag attrition model[J]. ICCAT Col. Vol. Sci. Pap, 55: 1868-1879.

GARBIN T, CASTELLO J P, 2014. Changes in population structure and growth of skipjack tuna, *Katsuwonus pelamis* during 30 years of exploitation in the southwestern Atlantic[J]. Latin American Journal of Aquatic Research, 42(3): 534-546.

GARCIA S M, 2000. The precautionary approach to fisheries. Progress review and main issues: 1995-2000[J].

GARCÍA-CORTÉS B, MEJUTO J, QUINTANS M, 2003. Summary of swordfish (*Xiphias gladius*) recaptures carried out by the Spanish surface longline fleet in the Atlantic Ocean: 1984-2002[J]. Collect. Vol. Sci. Pap. ICCAT, 55(4): 1476-1484.

GARCÍA-CORTÉS B, RAMOS-CARTELLE A, MEJUTO J, 2012. Observations of the white marlin(*Tetrapturus albidus*)carried out on board of the Spanish surface longline fleet targeting swordfish from 1993-2010[J]. Collect. Vol. Sci. Pap. ICCAT, 68(4): 1432-1445.

GONI N, LOGAN J, ARRIZABALAGA H, et al., 2011. Variability of albacore(*Thunnus alalunga*)diet in the Northeast Atlantic and Mediterranean Sea[J]. Marine Biology, 158: 1057-1073.

GOODYEAR C P, 2016. Modeling the time-varying density distribution of highly migratory species: Atlantic blue marlin as an example[J]. Fisheries Research, 183: 469-481.

GRAVES J E, MCDOWELL J R, 2006. Genetic analysis of white marlin (*Tetrapturus albidus*) stock structure[J]. Bulletin of Marine Science, 79(3): 469-482.

HADDON M, HELIDONIOTIS F, 2013. Legal minimum lengths and the management of abalone fisheries[J]. Journal of Shellfish Research, 32(1): 197-208.

HAMMOND P S, DONOVAN G P, 2010. The RMP: managing whales in an uncertain world[J]. J. Cetacean Res.Manage. Spec, (3).

HAMPTON J, 2000. Natural mortality rates in tropical tunas: size really does matter[J]. Canadian Journal of Fisheries and Aquatic Sciences, 57(5): 1002-1010.

HAZIN F H V, LESSA R, 2005. Synopsis of biological information available on blue shark, *Prionace glauca*, from the southwestern Atlantic Ocean[J]. Col. Vol. Sci. Pap. ICCAT, 58(3): 1179-1187.

HILBORN R, 2007. Defining success in fisheries and conflicts in objectives[J]. Marine Policy, 31(2): 153-158.

HILBORN R, 2004. Ecosystem-based fisheries management: the carrot or the stick? [J]. Marine Ecology Progress Series, 274: 275-278.

HILBORN R, 2011. Future directions in ecosystem based fisheries management: a personal perspective[J]. Fisheries Research, 108(2-3): 235-239.

HILLARY R M, PREECE A L, DAVIES C R, et al., 2016. A scientific alternative to moratoria for rebuilding depleted international tuna stocks[J]. Fish and fisheries, 17(2): 469-482.

HOFMANN E, MADDISON L, VAN PUTTEN I, 2019. Management strategy evaluation:

Transdisciplinary and transparent natural resource management[J]. APN Science Bulletin, 9(1).

HOLLAND D S, 2010. Management Strategy Evaluation and Management Procedures: Tools for Rebuilding and Sustaining Fisheries[J]. OECD Food, Agriculture and Fisheries Papers, (25):0(1).

HOOLIHAN J P, LUO J, AROCHA F, 2019. Age and growth of blue marlin *Makaira nigricans* from the central western Atlantic Ocean[J]. Fisheries Research, 220: 105346.

HOOLIHAN J P, LUO J, GOODYEAR C P, et al., 2011. Vertical habitat use of sailfish(*Istiophorus platypterus*)in the Atlantic and eastern Pacific, derived from pop-up satellite archival tag data[J]. Fisheries Oceanography, 20(3): 192-205.

HOOLIHAN J P, LUO J, SNODGRASS D, et al., 2015. Vertical and horizontal habitat use by white marlin *Kajikia albida* (Poey, 1860) in the western North Atlantic Ocean[J]. ICES Journal of Marine Science, 72(8): 2364-2373.

ICCAT, 2016a. Report of the 2015 ICCAT Blue Shark stock assessment session[J]. Collect. Vol. Sci. Pap. ICCAT, 72(4): 866-1019.

ICCAT, 2016b. Recommendation by ICCAT on management measures for the conservation of Atlantic blue shark caught in association with ICCAT fisheries[EB/OL].(2016-12) [2023-07-31]. https://www.iccat.int/Documents/Recs/compendiopdf-e/2016-12-e.pdf.

ICCAT, 2019a. Recommendation by ICCAT amending the recommendation 16-12 on management measures for the conservation of the North Atlantic blue shark caught in association with ICCAT fisheries[EB/OL].(2019-07)[2023-07-31]. https://www.iccat.int/ Documents/Recs/compendiopdf-e/2019-07-e.pdf.

ICCAT, 2019b. Recommendation by ICCAT on management measures for the conservation of South Atlantic blue shark caught in association with ICCAT fisheries [EB/OL].(2019-08)[2023-07-31]. https://www.iccat.int/Documents/Recs/compendiopdf-e/2019-08-e.pdf

ICCAT, 2020a. Report of the 2020 Porbeagle Shark stock assessment meeting [J]. Collect. Vol. Sci. Pap. ICCAT.

ICCAT, 2020b. Report of the 2019 Shortfin Mako Shark stock assessment update meeting[J]. Collect. Vol. Sci. Pap. ICCAT, 76(10): 1-77.

ICCAT, 2021a. Recommendation by ICCAT amending recommendation 19-07 amending the recommendation 16-12 on management measures for the conservation of the North Atlantic blue shark caught in association with ICCAT fisheries[EB/OL].(2021-10)[2023-07-31]. https://www.iccat.int/Documents/Recs/compendiopdf-e/2021-10-e.pdf

ICCAT, 2021b. Recommendation by ICCAT amending recommendation 19-08 on management measures for the conservation of South Atlantic blue shark caught in association with ICCAT fisheries [EB/OL].(2021-11)[2023-07-31]. https://www.iccat.int/Documents/Recs/compendiopdf-e/2021-11-e.pdf

ICCAT, 2021c. Recommendation by ICCAT on the conservation of the North Atlantic stock of Shortfin Mako caught in association with ICCAT fisheries [EB/OL].(2021-09)[2023-07-31]. https://www.iccat.int/Documents/Recs/compendiopdf-e/2021-09-e.pdf.

ICCAT, 2017. Report of the 2017 ICCAT Shortfin Mako assessment meeting[J]. Collect. Vol. Sci. Pap. ICCAT, 74(4): 1465-1561.

ICCAT, 2004. Recommendation by ICCAT concerning the conservation of sharks caught in association with fisheries managed by ICCAT [EB/OL]. [2023-07-31]. https://www.iccat.int/Documents/Recs/compendiopdf-e/2004-10-e.pdf.

ICCAT, 2010. Recommendation by ICCAT on Atlantic Shortfin Mako Sharks caught in association with ICCAT fisheries[EB/OL]. [2023-07-31]. https://www.iccat.int/Documents/Recs/compendiopdf-e/2010-06-e.pdf

ICCAT, 2015. Recommendation by iCCAT on Porbeagle caught in association with ICCAT fisheries [EB/OL]. [2023-07-31]. https://www.iccat.int/Documents/Recs/compendiopdf-e/2015-06-e.pdf.

ICCAT, 2014. Recommendation by ICCAT on Shortfin Mako caught in association with ICCAT fisheries [EB/OL]. [2023-07-31]. https://www.iccat.int/Documents/Recs/compendiopdf- e/2014-06-e.pdf.

ICCAT, 2015. Recommendation by ICCAT on the Development of Harvest control rules and of management strategy evaluation[EB/OL].

ICCAT, 2018. Recommendation by ICCAT to replace recommendation 16-13 on improvement of compliance review of conservation and management measures regarding sharks caught in association with ICCAT fisheries [EB/OL]. [2023-07-31]. https://www.iccat.int/Documents/Recs/compendiopdf-e/2018-06-e.pdf

ICCAT, 2013. Recommendation on biological sampling of prohibited shark species by scientific observers [EB/OL]. [2023-07-31]. https://www.iccat.int/Documents/Recs/compendiopdf-e/2013-10-e.pdf

ICCAT, 2003. Report of the 2002 Atlantic Bluefin Tuna Stock Assessment Session[J]. Col Vol Sci Pap ICCAT, 55(3): 710-937.

ICCAT, 2009. Report of the 2009 Atlantic swordfish stock assessment session[J].

ICCAT, 2009. Report of the 2009 porbeagle stock assessments meeting[J]. Collect. Vol. Sci. Pap. ICCAT.

ICCAT, 2013. Report of the 2013 ICCAT North and South Atlantic albacore data preparatory meeting[J].

ICCAT, 2016. Report of the 2015 ICCAT Bluefin Data Preparatory Meeting[J]. Col Vol Sci Pap ICCAT, 72(5): 1233-1349.

ICCAT, 2017. Report of the 2016 ICCAT Bluefin Tuna Data Preparatory Meeting[J]. Col Vol Sci Pap ICCAT, 73(6): 1861-1956.

ICCAT, 2018a. Report of the 2017 ICCAT Bluefin Stock Assessment Meeting[J]. Col Vol Sci Pap ICCAT, 74(6): 2372-2535.

ICCAT, 2018b. Report of the 2017 ICCAT Bluefin Tuna Data Preparatory Meeting[J]. Col Vol Sci Pap ICCAT, 74(6): 2268-2371.

ICCAT, 2018. Report of the 2018 ICCAT Blue Marlin stock assessment meeting[J].

ICCAT, 2022. Report of the 2022 Eastern Atlantic and Mediterranean Bluefin tuna Data Preparatory Meeting(including BFT MSE)[J]. Col Vol Sci Pap ICCAT, 79(3): 1-140.

ICCAT, 2022. Report of the 2022 ICCAT Intersessional Meeting of the Subcommittee on Ecosystems and Bycatch[J]. Col Vol Sci Pap ICCAT, 79(5): 1-79.

ICCAT, 1997a. Report of the Bluefin Tuna Methodology Session[J]. Col Vol Sci Pap ICCAT, 46(1): 187-268.

ICCAT, 2022. Report of the Standing Committee on Research and Statistics(SCRS)[R]. Madrid, Spain: SCRS.

ICCAT, 2008. Resolution by ICCAT on porbeagle shark (*Lamna nasus*) [EB/OL]. [2023-07-31]. https://www.iccat.int/Documents/Recs/compendiopdf-e/2008-08-e.pdf

ICCAT, 2003. Resolution by ICCAT on the shark fishery [EB/OL]. [2023-07-31]. https://www.iccat.int/Documents/Recs/compendiopdf-e/2003-10-e.pdf.

ICCAT, 2007. Supplemental recommendation by ICCAT concerning sharks [EB/OL]. [2023-07-31]. https://www.iccat.int/Documents/Recs/compendiopdf-e/2007-06-e.pdf.

ICCAT-ICES, 2022. Report of the joint ICES-ICCAT benchmark workshop in advance of the North-Eastern Atlantic Porbeagle stock assessment[J]. Collect. Vol. Sci. Pap. ICCAT.

IDRISI N, CAPO T R, LUTHY S, et al., 2003. Behavior, oxygen consumption and survival of stressed juvenile sailfish (*Istiophorus platypterus*) in captivity[J]. Marine and Freshwater Behaviour and Physiology, 36(1): 51-57.

IEO, 2006. Description of Atlantic bigeye tuna (BET)[J]. ICCAT Manual: 11.

IEO, 2006. Description of Atlantic yellowfin tuna (YFT)[J]. ICCAT Manual: 11.

JOUNG S J, LYU G T, SU K Y, et al., 2017. Distribution pattern, age, and growth of blue sharks in the South Atlantic Ocean[J]. Marine and Coastal Fisheries, 9(1): 38-49.

JUAN-JORDA M J, MURUA H, DIAZ G, et al., 2022. Report of the First Meeting of the Sub-Group on the Ecosystem Report Card[J]. Col Vol Sci Pap ICCAT, 79(5): 152-164.

JUNG A, LORRAIN A, CHEREL Y, et al., 2010. Data On French Targeted Porbeagle(*Lamna nasus*)Fishery In The Northeast Atlantic Ocean: Captures And Biological Parameters[J]. SCRS/2009/188. Collect. Vol. Sci. Pap. ICCAT.

KELL L T, DE OLIVEIRA J A A, PUNT A E, et al., 2006a. Operational management procedures: an introduction to the use of evaluation frameworks[M]. Developments in Aquaculture and Fisheries Science. Elsevier, 36: 379-407.

KELL L T, LUCKHURST B E, 2018. Extending the indicator-based ecosystem report card to the whole ecosystem; a preliminary example based on the Sargasso Sea[J]. Collect. Vol. Sci. Pap. ICCAT, 75(2): 258-275.

KELL L T, MOSQUEIRA I, GROSJEAN P, et al., 2007. FLR: an open-source framework for the evaluation and development of management strategies[J]. ICES Journal of Marine Science, 64(4): 640-646.

KELL L T, PILLING G M, KIRKWOOD G P, et al., 2006b. An evaluation of multi-annual management strategies for ICES roundfish stocks[J]. ICES Journal of Marine Science, 63(1): 12-24.

KERSTETTER D W, ORBESEN E S, SNODGRASS D, et al., 2009. Movements and habitat utilization of two longbill spearfish *Tetrapturus pfluegeri* in the eastern tropical South Atlantic Ocean[J]. Bulletin of Marine Science, 85(2): 173-182.

KNAPP J M, ARANDA G, MEDINA A, et al., 2014. Comparative assessment of the reproductive status of female Atlantic bluefin tuna from the Gulf of Mexico and the Mediterranean Sea[J]. PloS One, 9(6): e98233.

KUROTA H, HIRAMATSU K, TAKAHASHI N, et al., 2010. Developing a management procedure robust to uncertainty for southern bluefin tuna: a somewhat frustrating struggle to bridge the gap between ideals and reality[J]. Population Ecology, 52(3): 359-372.

LAFFOLEY D A, ROE H S J, ANGEL M V, et al., 2011. The Protection and Management of the Sargasso Sea[R]. Sargasso Sea Alliance.

LEZAMA-OCHOA A, BOYRA G, GOÑI N, et al., 2010. Investigating relationships between albacore tuna (*Thunnus alalunga*) CPUE and prey distribution in the Bay of Biscay[J]. Progress in Oceanography, 86(1-2): 105-114.

LIMING S, LIUXIONG X, XINJUN C, 2005. Preliminary analysis of the Fork length-weight relationships and round weight-dressed weight relationships of bigeye tuna (*Thunnus obesus*) sampled from China tuna longlining fleet in Central Atlantic Ocean[J]. Collect. Vol. Sci. Pap., ICCAT, 58(1): 283-291.

LITTLE L R, WAYTE S E, TUCK G N, et al., 2011. Development and evaluation of a cpue-based harvest control rule for the southern and eastern scalefish and shark fishery of Australia[J]. ICES Journal of Marine Science, 68(8): 1699-1705.

LUCEY S M, AYDIN K Y, GAICHAS S K, et al., 2021. Evaluating fishery management strategies using an ecosystem model as an operating model[J]. Fisheries Research, 234: 105780.

LUCKHURST B E, 2015. A preliminary food web of the pelagic environment of the

Sargasso Sea with a focus on the fish species of interest to ICCAT[J]. Collected Volume of Scientific Papers, International Commission for the Conservation of Atlantic Tuna, 71: 2913-2932.

LUCKHURST B E, 2014. Elements of the ecology and movement patterns of highly migratory fish species of interest to ICCAT in the Sargasso Sea[J]. Collect. Vol. Sci. Pap. ICCAT, 70(5): 2183-2206.

M. ORTIZ, D. DIE, 2021. Report of the 2021 ICCAT Atlantic Bigeye stock assessment meeting[J].

M. ORTIZ, 2019. Report of the 2019 ICCAT Atlantic Yellowfin Tuna stock assessment meeting[J].

M. ORTIZ, 2022. Report of the 2022 ICCAT Skipjack stock assessment meeting[J].

MACNEIL M A, SKOMAL G B, FISK A T, 2005. Stable isotopes from multiple tissues reveal diet switching in sharks[J]. Marine Ecology Progress Series, 302: 199-206.

MAIA A, QUEIROZ N, CABRAL H N, et al., 2007. Reproductive biology and population dynamics of the shortfin mako, *Isurus oxyrinchus* Rafinesque, 1810, off the southwest Portuguese coast, eastern North Atlantic[J]. Journal of Applied Ichthyology, 23(3): 246-251.

MARTÍNEZ P, ZARDOYA R, 2005. Genetic structure of bigeye tuna (*Thunnus obesus*) in the Atlantic Ocean[J]. Collect. Vol. Sci. Pap, ICCAT, 57(1): 195-205.

MAUNDER M N, 2012. Preliminary analysis of historical and recent skipjack tuna tagging data to explore information on exploitation rates[J]. Inter-Amer. Trop. Tuna Comm., Stock Assessment Report, 13: 77-101.

MCALLISTER M K, STARR P J, RESTREPO V R, et al., 2001. Formulating quantitative methods to evaluate fishery-management systems: what fishery processes should be modelled and what trade-offs should be made?[J]. ICES Journal of Marine Sciencex, 56(6): 900-916.

MEDINA A, 2020. Reproduction of Atlantic bluefin tuna[J]. Fish and Fisheries, 21(6): 1109-1119.

MEJUTO J, GARCÍA-CORTÉS B, 2005. Reproductive and distribution parameters of the blue shark *Prionace glauca*, on the basis of on-board observations at sea in the Atlantic, Indian and Pacific Oceans[J]. Collect. Vol. Sci. Pap. ICCAT, 58(3): 974-1000.

MERINO G, URTIZBEREA A, GARCÍA D, et al., 2020. Final Report of the ICCAT short-term contract: Modelling approaches-support to ICCAT tropical tunas MSE process[J]. Col. Vol. Sci. Pap. ICCAT, 76(6): 997-1009.

MONTEALEGRE-QUIJANO S, CARDOSO A T C, SILVA R Z, et al., 2014. Sexual development, size at maturity, size at maternity and fecundity of the blue shark *Prionace glauca*(Linnaeus, 1758)in the Southwest Atlantic[J]. Fisheries Research, 160: 18-32.

MURUA J, FERARIOS J M, GRANDE M, et al., 2022. Developing bycatch reduction devices in tropical tuna purse seine fisheries to improve elasmobranch release[J]. Collect. Vol. Sci. Pap. ICCAT, 79(5): 212-228.

NAKANO H, STEVENS J D, 2008. The biology and ecology of the blue shark, *Prionace glauca*[J]. Sharks of the open ocean: Biology, fisheries and conservation: 140-151.

NATANSON L J, WINTON M, BOWLBY H, et al., 2020. Updated reproductive parameters for the shortfin mako(*Isurus oxyrinchus*)in the North Atlantic Ocean with inferences of distribution by sex and reproductive stage[J]. Fishery Bulletin, 118(1): 21-36.

NIKOLIC N, MORANDEAU G, HOARAU L, et al., 2017. Review of albacore tuna, *Thunnus alalunga*, biology, fisheries and management[J]. Reviews in fish biology and fisheries, 27: 775-810.

OHSHIMO S, SATO T, OKOCHI Y, et al., 2018. Long-term change in reproductive condition and evaluation of maternal effects in Pacific bluefin tuna, *Thunnus orientalis*, in the Sea of Japan[J]. Fisheries Research, 204: 390-401.

ORTIZ M, PALMA C, DIE D, et al., 2012. Report of the 2012 white marlin stock assessment meeting[J].

PUNT A E, BUTTERWORTH D S, DE MOOR C L, et al., 2016. Management strategy evaluation: best practices[J]. Fish and Fisheries, 17(2): 303-334.

PUNT A E, MCGARVEY R, LINNANE A, et al., 2012. Evaluating empirical decision rules for southern rock lobster fisheries: a South Australian example[J]. Fisheries Research, 115: 60-71.

PUNT A E, SIPLE M, SIGURÐSSON G M, et al., 2020. Evaluating management strategies for marine mammal populations: an example for multiple species and multiple fishing sectors in Iceland[J]. Canadian Journal of Fisheries and Aquatic Sciences, 77(8): 1316-1331.

RADEMEYER R A, PLAGANYI E E, BUTTERWORTH D S, 2007. Tips and tricks in designing management procedures[J]. ICES Journal of Marine Science, 64(4):618-625.

ROMERO J, CATRY P, HERMID A M, et al., 2021. Tunas off northwest Africa: the epipelagic diet of the bigeye and Skipjack tunas[J]. Fisheries Research, 238: 105914.

SALMAN A, KARAKULAK F S, 2009. Cephalopods in the diet of albacore, *Thunnus alalunga*, from the eastern Mediterranean[J]. Journal of the Marine Biological Association of the United Kingdom, 89(3): 635-640.

SANTOS M N, COELHO R, LINO P G, et al., 2014. Preliminary observations on elasmobranchs by-catch-at-size and sex-ratios on the Portuguese pelagic longline fishery in the Atlantic Ocean[J]. Collect. Vol. Sci. Pap. ICCAT, 70(5): 2416-2432.

SHARMA R, LEVONTIN P, KITAKADO T, et al., 2020. Operating model design in tuna Regional Fishery Management Organizations: Current practice, issues and implications[J]. Fish and Fisheries, 21(5): 940-961.

SHIAO J C, LU H B, HSU J, et al., 2017. Changes in size, age, and sex ratio composition of Pacific bluefin tuna(*Thunnus orientalis*)on the northwestern Pacific Ocean spawning grounds[J]. ICES Journal of Marine Science, 74(1): 204-214.

SHIMOSE T, FARLEY J H, 2015. Age, growth and reproductive biology of bluefin tunas[M]. Biology and ecology of bluefin tuna. London, UK: CRC Press: 47-77.

SKOMAL G, MARSHALL H, GALUARDI B, et al., 2021. Horizontal and vertical movement patterns and habitat use of juvenile porbeagles (*Lamna nasus*) in the western north Atlantic[J]. Frontiers in Marine Science, 8: 1-16.

STRAMMA L, PRINCE E D, SCHMIDTKO S, et al., 2012. Expansion of oxygen minimum zones may reduce available habitat for tropical pelagic fishes[J]. Nature Climate Change, 2(1): 33-37.

TAVARES R, ORTIZ M, AROCHA F, 2012. Population structure, distribution and relative abundance of the blue shark (*Prionace glauca*) in the Caribbean Sea and adjacent waters of the North Atlantic[J]. Fisheries Research, 129: 137-152.

TEO S L H, BOUSTANY A M, BLOCK B A, 2007. Oceanographic preferences of Atlantic bluefin tuna, *Thunnus thynnus*, on their Gulf of Mexico breeding grounds[J]. Marine Biology, 152: 1105-1119.

TUCK G N, 2011. Are bycatch rates sufficient as the principal fishery performance measure and method of assessment for seabirds?[J]. Aquatic Conservation: Marine and Freshwater Ecosystems, 21(5): 412-422.

WIEDENMANN J R, HOLLAND D S, 2020. Trade-offs in fishery management objectives when allowing catch limit carry-over between years[J]. ICES Journal of Marine Science, 77(7-8): 2825-2839.